Languedoc · Roussillon
Südfrankreich

Dirk Althoff

Unter Mitarbeit von Veronika Richter

Fotos von Heiko Specht

Inhalt

Languedoc-Roussillon – Eine Landeskunde

Reisen im Languedoc-Roussillon

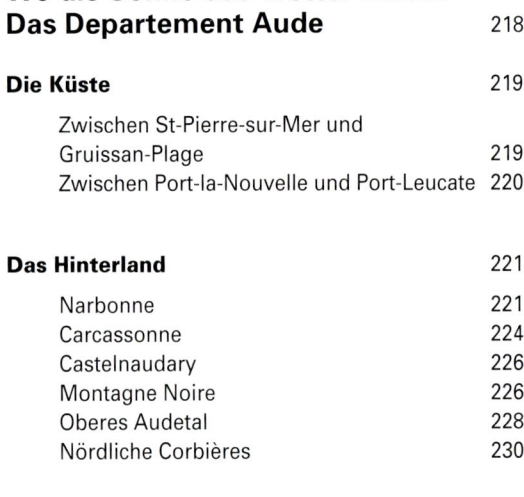

Serviceteil

Verzeichnis der Karten und Pläne

Fremde Kulturen kennenlernen und gastfreundlichen Menschen begegnen – wie sehr genießen wir das auf Reisen. Zu Hause bei uns jedoch wird mancher Ausländer von einer kleinen Minderheit beschimpft und sogar mißhandelt. Alle, die in fremden Ländern Gastrecht genossen haben, tragen hier besondere Verantwortung. Deshalb: Lassen Sie uns gemeinsam für die Würde des Menschen einstehen.

Verlagsleitung, Mitarbeiterinnen und Mitarbeiter des DuMont Buchverlages

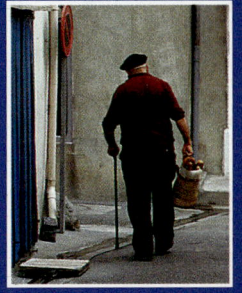

Dourbietal ▷

Languedoc-Roussillon – Eine Landeskunde

Geographie macht Geschichte – Eine Einführung

20 000 Jahre Geschichte in drei Stunden: Die Rhône macht's möglich. Sie hat Platz geschaffen für Autobahnen und Schnellzugtrassen, auf denen ohne Zeitverlust die letzten 280 km zwischen Lyon und dem Mittelmeer zu bewältigen sind. Man läßt das rhônenahe Ardèchetal hinter sich, wo mit Höhlenmalereien der Cromagnonmenschen die Geschichte des »wilden Südens« kulturhistorisch bedeutsame und exakt datierbare Jahresringe ansetzte. Vorbei führt der Weg an rätselhaften Dolmen und Menhiren prähistorischer Megalithkulturen, die hier ihre tonnenschweren Steinmonumente so zahlreich wie nirgendwo sonst in den südlichen Departements errichteten.

Das Mittelmeer rückt näher, und die Geschichte gewinnt an Dynamik. Mit dem antiken Nîmes und der mittelalterlichen Festungsstadt Aigues-Mortes passiert man architektonische Musterbeispiele der prägenden Epochen dieser Region, erreicht La Grande-Motte, die umstrittene Ikone mediterraner Freizeitpolitik, und Montpellier, die Kapitale der Verwaltungsregion Languedoc-Roussillon.

Auch wenn küstennahe Schlafstädte und Industrieansiedlungen rings um die Midimetropole immer mehr Land fressen, kratzen die neuen Architekturen nur die Oberfläche der südfranzösischen Kulturlandschaft an. Überall tritt in unmittelbarer Nachbarschaft moderner Zweckbauten traditionelle Alltagskultur hervor, leben an den Küsten und im Hinterland Altertum und Mittelalter fort. Tagein, tagaus versinken Städte und Dörfer in einen langen Mittagsschlaf, sitzen Angler seelenruhig an verkehrsreichen und abgasverpesteten Kanalbrücken, verwandeln Boulespieler Parkplätze in beschauliche Kampfstätten mediterraner Männlichkeitsriten. Vor den Kulissen antiker Stätten und mittelalterlicher Städte werden in ungebrochener Tradition archaisch anmutende Karfreitagsprozessionen und Dorffeste abgehalten, erleben Schifferstechen und Stierkämpfe eine Renaissance. All das vermittelt den Eindruck einer zeitlosen südfranzösischen Lebenswelt. Gemächlich ist die Geschwindigkeit, mit der sich ungeachtet erholungsuchender Menschenmassen das tägliche Leben abspielt, denn wie in anderen mittelmeernahen Regionen werden auch im Languedoc-Roussillon Lebensrhythmus und Alltagskultur der Menschen seit Jahrhunderten von einer eigenwilligen und nur langsam sich verändernden Geographie geprägt.

Sommerliche Hitze verknappt das Wasser und erzwingt seit Menschengedenken schweißtreibende Anbaumethoden. An Berghängen, wo der spärliche Regen kleine Mulden für Humusablagerungen aus dem Kalkgestein gewaschen hat, wie auf den Hochflächen der Cevennen und Causses, legten Bauern Terrassen an. Entlang der Côte Vermeille im Roussillon reichen sie bis ans Meer und werden teilweise heute noch für den Anbau eines in Banyuls-sur-Mer gekelterten Dessertweins genutzt. Die reiche römische Kolonialmacht, ebenso arm an Wasser, nicht aber an kostensparenden Sklaven, leistete sich im westlichen Midi aufwendigere Bewässerungssysteme und Aquädukte, von denen der Pont du Gard der bekannteste ist.

Volksfest mit Tradition: das Schifferstechen in Sète erlebt eine Renaissance

Jahr für Jahr treiben Mistral und Tramontane die Menschen in ihre Häuser, die, wo immer möglich, den eisigen Nordwinden ihre kalte, weitgehend fensterlose Kehrseite zeigen, um Wärmeverlust und Zugluft zu mindern. Bis in unser Jahrhundert hinein fehlte der überwiegend ländlichen Bevölkerung das Geld für aufwendige Hauskonstruktionen und Brennholz, das in einer baumarmen Region ein kostbares Gut war. So rückten die Menschen in engen Dorfgassen zusammen und suchten gemeinsam Wärme in ihren Wohnküchen.

Und das Mittelmeer? Der Wellengang spülte beständig Treibsand an und ließ im Mittelalter die Hafenstädte Narbonne, Perpignan und die Kreuzzugsfestung Aigues-Mortes im Schwemmsand stranden. Die Menschen mieden die unberechenbaren und malariaverseuchten Uferstreifen, deren Böden durch einströmende Gezeitenfluten nicht zur Landwirtschaft taugten. Das Meer selbst, schon immer nährstoffarm, versprach den Kleinfischern nur selten gute Fischfänge, die überdies schwer an Land zu bringen waren, weil es an der flachen Sandküste bis zum Bau von Le Grau-du-Roi und Sète keine sicheren Häfen gab. In vielen Küstenorten werden das Jahr über Feste gefeiert, die ihren mythischen Ursprung unschwer erkennen lassen und ursprünglich Riten zur Beschwörung des launischen Mittelmeers gewesen sein mögen. Mit einer systematischen Uferbebauung wurde erst begonnen, als das Meer von der Freizeitindustrie entdeckt wurde.

Ein mit rotem Saharasand vermischter Regen, der allsommerlich aus Afrika über das Mittelmeer zieht und die Küstenbewohner heutzutage allenfalls zu unliebsamen Putzaktionen nötigt, ließ die mittelalterlichen Menschen scharenweise in die Kirche strömen, weil sie in dem Naturphänomen einen Fingerzeig Gottes sahen. Der fernen französischen Zentralmacht in Paris und den wohlgenährten Päpsten im nahen Avignon war's recht. Der Aberglaube der ländlichen Gesellschaft wurde mit kirchlichem Segen gefördert und dazu mißbraucht, die Herrschaftsstrukturen zu zementieren und die Klingelbeutel zu füllen. Gottgefälliges Verhalten wurde zur Existenzfrage, hatten doch die überwiegend in grundherrlicher Abhängigkeit lebenden Kleinbauern den ständig drohenden Kälteeinbrüchen, Überschwemmungen und Dürreperioden wenig mehr als ihre Gesundheit und Körperkraft entgegenzusetzen. Wer wollte es sich da mit einer außerirdischen Macht verderben, wo es auf der Erde schwer genug war, die Bäu-

che der Grundherren zu füllen und unabhängig vom Ernteerfolg der Kirche den Zehnten zu leisten?

Erst in der zweiten Hälfte des 19. Jh. gelang es, widerstandsfähige Kulturpflanzen und Rebstöcke zu züchten, witterungs- und schädlingsbedingte Ernteeinbrüche zu vermindern und die Erträge durch zunehmende Technisierung erheblich zu steigern. Die Winzer aber kamen vom Regen in die Traufe, denn plötzlich versprach der Weinbau ein gutes Geschäft zu werden: nicht für sie allerdings, sondern für Großinvestoren aus den reicheren Küstenstädten und Paris, die im großen Stil Ländereien aufkauften, um sie rational und gewinnbringend bewirtschaften zu lassen. Seither plagen die Winzer nicht mehr existenzgefährdende Ernteausfälle, sondern einkommensmindernde Überproduktionen von billigem Konsumwein.

Geblieben ist den Bauern ihr althergebrachtes Mißtrauen gegenüber Fremdinvestitionen und politischen Entscheidungen, die in der Regel nicht in der Provinz, sondern in Paris und Brüssel getroffen werden. Mit Skepsis begegnet man einer zentralen Staatsmacht, als deren Verbündeter heute nicht mehr die Kirche, sondern die EU gilt, hinter deren agrarpolitischen Entscheidungen sich Paris, so die landläufige Meinung, nur allzu gern verstecke und die zuließe, daß Winzer und Bauern schutzlos den freien Kräften des Marktes und der Konkurrenz preiswerter Wein- und Agrarimporte anderer EU-Mitgliedsländer ausgeliefert seien.

Not und Ohnmacht haben die Landbevölkerung des Languedoc-Roussillon, die stärkste Bevölkerungsgruppe der Region, in einem langen historischen Prozeß zu einer politisch unbequemen Wählerschaft gemacht. Sie bezieht ihre politische Kraft aus dem gemeinsamen Widerstand gegen zentralstaatliche Allmacht und der Einbindung in *la France profonde*, das »tief« in sich verwurzelte Frankreich der ländlichen Provinzen, fernab der hektischen Touristenzentren.

Natur und Klima mögen den Zeittakt vorgeben, mit dem seit Erscheinen der ersten menschlichen Lebewesen im

Den Nutzen der schattenspendenden Platane erkannte bereits Napoleon, der ihre Anpflanzung und Pflege förderte

Languedoc-Roussillon das geschichtliche Uhrwerk abläuft. Was der kulturellen Entwicklung im westlichen Midi aber stets Antrieb und neuen Schwung verlieh, war seine geographische Lage. Seit dem Altertum querten afrikanische, arabische und europäische Völkerscharen die Ebene am nordwestlichen Mittelmeer, und wie ein roter Faden durchziehen Menschen auf Reisen die Geschichte der westlichen Mittelmeerregion: Iberer, Phönizier, Ligurer, Kelten, Griechen und Römer, Kimbern und Teutonen, Westgoten, Franken und Araber, Kreuzzügler und Jakobspilger, Muslime, Christen, Juden, Katharer und Hugenotten, Mönche, Sklaven, Söldner, Bauern, Ritter, Könige und Militärs, Päpste und Prediger, Troubadoure, Handwerker, Kaufleute, Architekten, Künstler, Politiker, Schriftsteller und Tagelöhner.

Die rege Reisetätigkeit hat Alltagsbräuche begründet und das Landschaftsbild geprägt. Die südfranzösische Küche bewahrt in vielen Gerichten die Tradition ländlicher Hausmannskost und einfacher Massenverköstigung. Auch Platanenalleen und Klöster sind nicht zufällig im Languedoc-Roussillon so zahlreich, denn schattenspendende Straßen waren in einer weitgehend waldlosen Gegend für reisende Menschen ebenso wichtig wie Klöster. Sie wurden vor allem von Jakobspilgern auf ihrem Büßergang nach Santiago de Compostela aufgesucht, nicht allein um den göttlichen Segen für die beschwerliche Weiterreise zu empfangen, sondern auch weil sie die preiswertesten und sichersten Beherbergungsbetriebe jener Zeit waren.

Historische Bauwerke und Städte sind in so großer Vielzahl erhalten geblieben, daß sie sich neben moderneren Architekturen behaupten und in weiten Teilen das Bild einer sich nur wenig verändernden Kulturlandschaft vermitteln. Das heutige Dorf- und Stadtleben Südfrankreichs verstärkt diesen Eindruck, weil die historischen Gemäuer dem Straßenverkehr und der Hektik einer modernen Konsumgesellschaft bauliche Grenzen setzen und als langlebige und wohltuende Konstante empfunden werden. Man vergißt aber, daß die alten Bauwerke und engen Gassen aus Epochen stammen, in denen die Ebene des heutigen Languedoc-Roussillon zu den dichtest besiedelten Regionen Europas gehörte und sich die Lebenswelt der Menschen zwar langsamer, aber ebenso kontinuierlich veränderte. Dabei mag die zeitweilig fieberhafte, von Staats- und Kirchenmacht initiierte Bautätigkeit zur Errichtung monumentaler Sakral- und Repräsentationsbauten ähnliche Empfindungen hervorgerufen haben wie Südfrankreichs Kathedralen des 20. Jh., die jüngst aus dem Boden gestampften Einkaufs-, Museums- und Messepaläste entlang der Küste.

Weitreichende Eingriffe in die Landschaften wurden über Jahrhunderte als Leistung menschlicher Schöpferkraft und gottgewollte Erfüllung des Bibelgebots gepriesen, sich die Erde untertan zu machen. Aus gutem Grund, denn Straßen- und Kanalbau verkürzten die Reise- und Transportwege. Waldrodungen und der Anbau bisher unbekannter Kulturpflanzen aus der Neuen und Alten Welt erweiterten die spärliche Nahrungspalette der von Hungersnöten und einseitiger Ernährung geplagten Bevölkerung. So wandelten sich seit der Antike die Landschaften des südwestlichen Frankreich und glichen sich allmählich dem Erscheinungsbild der Nachbarländer an, das man heute als typisch mediterran empfindet.

Tatsächlich aber sind nur Olivenbäume, Wein und Getreide seit vorchristlichen Jahrhunderten im Mittelmeerraum verbreitete Gewächse. Die Araber führten Orangen, Zitronen und Mandarinen aus dem Fernen Osten ein, der Feigenkaktus hat seine Heimat in Amerika, der Eukalyptus in Australien. Auberginen stammen aus Indien, Pfirsiche gediehen ursprünglich nur in China. Auf römischen Galeeren und den Schiffen portugiesischer und spanischer Weltumsegler, auf gekrümmten Sklavenrücken und geschundenen Lasttieren, klapprigen Ochsenkarren und natürlich zu Fuß schafften zunehmend mobiler werdende Völkerschaften, Händler und Weltreisende Pflanzensamen und Setzlinge heran, machten sie rings ums Mittelmeer heimisch und halfen mit exportierten Früchten, den Handel unter den Mittelmeeranrainern in Schwung zu halten. Ins Stocken geriet der lebhafte Warenaustausch zwischen den Mittelmeerstaaten und dem südlichen Teil Frankreichs, als sich Anfang des 17. Jh. das wirtschaftliche und politische Schwergewicht zunächst in nördlichere Regionen Europas verlagerte. Seit dem 18. Jh. weckte dann der nordafrikanische und nahöstliche Wirtschaftsraum auch bei französischen Regenten koloniale Begehrlichkeiten, die erst mit dem Algerienkrieg ein blutiges Ende fanden.

Die von de Gaulle begonnene und unter Mitterrand fortgesetzte Politik der Dezentralisierung, die eine teilweise Verlagerung zentralstaatlicher Wirtschafts- und Kulturpolitik in die zu Wirtschaftsregionen zusammengeschlossenen Departements bedeutete, schreckte die Region Languedoc-Roussillon aus dem Tiefschlaf. Doch der Traum von einer erfolgreichen und raschen ökonomischen Aufholjagd war schnell verflogen. Zu lange hatte man versäumt, in Paris die Unterstützung bei der Ansiedlung von Dienstleistungs- und Industrieunternehmen in der fast ausschließlich agrarisch genutzten Küstenebene einzufordern. Ein Glück, wie das Tourismusministerium in Paris und Kapitalgeber aus allen Teilen Frankreichs befanden. Sie waren Anfang der 60er Jahre durch die Entdeckung der etwa 200 km langen und weitgehend unbebauten Sandküsten auf eine »Goldader« gestoßen und erwarben mit dem Versprechen wirtschaftlichen Aufschwungs und verbesserter Infrastrukturen von den Kommunen und Küstenanwohnern die touristischen Schürfrechte. Als die Baugruben geschlossen und die Bettenburgen errichtet waren, begannen, wie erhofft, die Urlauber an die Küsten zu strömen und die Gelder in die Taschen der Großinvestoren zu fließen. Erneut und nicht zum letzten Mal haben Küste, Klima und Lage des Languedoc-Roussillon Geschichte gemacht.

Einen gänzlich anderen Part spielt die mediterrane Geographie Südfrankreichs bei einem Konflikt, der die südfranzösische Gesellschaft längst in zwei unversöhnliche politische Lager gespalten hat. Es ist der Konflikt zwischen Franzosen und nordafrikanischen Einwanderern, die sich seit dem Ende des Algerienkrieges vornehmlich im Süden Frankreichs ansiedelten, weil in den strukturschwachen ländlichen Gebieten die Mieten bezahlbar waren und lange Zeit billige Arbeitskräfte für die Weinlese und andere agrarische Tätigkeiten gesucht wurden. Vor allem aber ähneln Klima und Vegetation der afrikanischen Heimat. Eine Erklärung für die vorausgesagten Spannungen ist in der lahmenden Wirtschaft und dem neuerlichen Automatisierungsschub in der Landwirtschaft zu suchen, was einen Verlust an Arbeitsplätzen für Arbeitnehmer aus Frankreich und Afrika gleichermaßen bedeutet. Harte Zeiten für Toleranz.

Landschaft und Natur

Das Mittelmeer wird eine Wüste – Eine Vision

»Was wir wissen, ist ein Tropfen, was wir nicht wissen, ein Ozean.« (Isaac Newton)

Wie Irrlichter huschen Luftspiegelungen über den südlichen Horizont. Plötzlich verhüllt ein rötlicher Staubnebel die flimmernde Wüste und verschluckt das gleißende Licht der Mittagssonne. Mit rasender Geschwindigkeit jagt ein Sandsturm aus Afrika über die glutheißen Dünenkuppen nach Norden, treibt eine bedrohlich anwachsende Staubwolke vor sich her, reißt die dürre Ufervegetation eines Salzsees in Stücke und fräst wie ein Sandstrahlgebläse tiefe Furchen in die porösen Abhänge der 4000 m steil aus der Tiefebene emporragenden Abbruchkante des südeuropäischen Festlandsockels, unweit der heutigen Stadt Montpellier.

Am östlichen Horizont vermischt sich die Staubwalze mit dem Gischtschleier der Rhônefluten, die einen kilometertiefen Cañon in das Hochplateau geschnitten haben und sich als Wasserfall in den Talgrund stürzen, wo die Wassermassen zu einem Rinnsal verkommen, bevor sie endgültig im ausgedörrten Boden versickern. Auch der sintflutartige Regen, der aus kontinentalen Gewitterwolken niedergeht, erreicht die Ebene nicht; die schweren Wassertropfen sind längst in der aufgeheizten Luft verdampft, die während der Sommermonate auf der Wüste lastet.

Weit draußen im lebensfeindlichen Sandmeer ragen Korsika, Sardinien, Sizilien, die Balearen und Malta als gigantisch erscheinende Inselberge aus der Wüstenlandschaft. Der heiße Orkan hat sich in ihren Höhenlagen zu einem eisigen Sturm abgekühlt und das wenige Grün mit Rauhreif überzogen. Bei den ersten Strahlen der wärmenden Morgensonne verlassen die Tiere das schützende Unterholz und ziehen zu ihren spärlichen Weideplätzen.

Was Geologen und Klimaforscher für den Mittelmeerraum prognostizieren, war schon einmal Wirklichkeit, lange bevor erste menschliche Lebewesen begannen, die Küsten zu besiedeln und ihre Umwelt zu verändern: Vor 6,5 Mio. Jahren hatte sich das Mittelmeer in eine Wüste verwandelt. Es war der Kontinentaldrift zum Opfer gefallen, die im Laufe von 200 Mio. Jahren den Urkontinent in ein Puzzle von langsam über die Oberfläche des Planeten gleitenden Erdteilen zerlegt hatte, von denen sich zwei, Afrika und Eurasien, so nahe gekommen waren, daß sie vor 20 Mio. Jahren im Mittleren Osten miteinander kollidierten und allmählich die Meerverbindung zum Indischen Ozean unterbrachen. Das so entstandene Mittelmeer war jedoch eine Totgeburt, denn in erdgeschichtlich kurzer Zeit von kaum 14 Mio. Jahren gingen beide Erdteile auch bei Gibraltar eine feste Verbindung ein, die dem Mittelmeer den Hahn abdrehte. Ohne den Zustrom atlantischen Wassers war es in weniger als 1000 Jahren verdunstet.

Das rasante Verschwinden derartiger Wassermengen führte zu erheblichen Kräfteverschiebungen und tektonischen Reibereien im Untergrund, die sich

Die Umweltprobleme machen auch den Mittelmeerfischern zu schaffen

durch vulkanische Eruptionen und heftige Erdbeben Luft machten und die mediterrane Wüste in Bewegung hielten. Vor etwa 5 Mio. Jahren gab die atlantische Landverbindung zwischen Spanien und Marokko dem Druck nach und brach auf. Über den eingerissenen, vermutlich bis zu 3000 m hohen Rand des ausgetrockneten Meeresbeckens schwappten täglich geschätzte 160 km^3 Atlantikwasser in die Tiefe. Sie verhalfen dem Mittelmeer in kaum 100 Jahren mit Wasserfällen, die anfänglich fünfzigmal höher waren als die Niagarafälle, zu seiner dramatischen Wiedergeburt.

Der Beweis für diese Theorie liegt unter dem felsigen Meeresgrund und wurde 1970 durch Tiefseebohrungen des amerikanischen Forschungsschiffes Glomar Challenger ans Licht befördert. Die salzhaltigen Gesteinsproben mit einer mineralogischen Zusammensetzung, wie man sie dort findet, wo sich

flaches Salzwasser unter intensiver Sonnenbestrahlung verflüchtigt, ließen den Schluß zu, daß von einer ersten Mittelmeergeneration nur Salztümpel übriggeblieben waren. Einige der in verschiedenen Meeresregionen geborgenen Bohrkerne enthielten überdies Reste von Algen, die zur Existenz viel Licht benötigen, das niemals in große Meerestiefen hätte vordringen können. Letzte Zweifel beseitigten die ehemaligen, 1000 m unterhalb der heutigen Rhône- und Nilströme entdeckten Flußläufe, die als tief ins Küstengestein geschnittene Rinnen weit unterhalb der heutigen Meeresoberfläche nachweisbar sind und deshalb einst bis nah zum ausgetrockneten Meeresgrund hinabgeführt haben müssen. Als der wieder ansteigende Meeresspiegel allmählich an die Küstenfelsen heranreichte, verminderte sich das Gefälle der beiden Ströme, und die Flußtäler füllten sich in ihren Mündungsgebieten mit Schwemmsand und Geröll aus dem Hinterland, so daß Deltalandschaften wie die Camargue entstehen konnten.

Wesentlich schneller bildete sich ein mittelmeertypischer Kreislauf heraus, den bis heute die 14 km schmale und teilweise nur 300 m unter dem Meeresspiegel gelegene atlantische Schwelle in Gang hält. Sie wirkt wie ein Ventil, durch das beständig mehr Atlantikwasser in das mediterrane »Überlaufbecken« gesogen wird, als Mittelmeerwasser ausströmt. Der Klimawechsel von Sommer und Winter unterstützt diese Zirkulation: Unter der heißen Sommersonne verdunstet ein Teil des einströmenden Oberflächenwassers; es dickt ein, sinkt durch das zunehmende Gewicht des ansteigenden Salzgehalts ab und fließt als Tiefenströmung in den Atlantik zurück. Während der Wintermonate bleibt der Salzanteil im Mittelmeer zwar konstant, nun aber kühlt dessen Oberflächenwasser ab, wird schwerer und verbindet sich mit dem wärmeren, zum Atlantik strömenden Tiefenwasser. Auf diese Weise mischen sich zweimal im Jahr sauerstoffreiches Oberflächen- und nährstoffreiches Tiefenwasser. Dieses Klärsystem ist dennoch hoffnungslos überfordert: Die Küstenstädte des Mittelmeers produzieren 500 000 t Müll, nicht etwa pro Jahr, sondern am Tag. Rund 800 000 t gelangen jährlich unentsorgt ins Meer, und da bleiben sie, zumindest die nächsten 100 Jahre. So lange dauert es nämlich, bis sich das Mittelmeerwasser einmal gänzlich ausgetauscht hat, weil atlantisches Frischwasser nur mit einer maximalen Geschwindigkeit von 4 km/h durch das enge Füllrohr von Gibraltar zufließt.

Der Geburtsfehler des Mittelmeers, nur über einen zu hoch und schmal geratenen Durchlaß mit lebensnotwendigem Ozeanwasser versorgt zu werden, macht seiner Tier- und Pflanzenwelt das Leben schwer. Schon die Besiedlung des jungen Meers war problematisch, denn nur wenige aus dem Atlantischen Ozean durch den Gibraltartrichter gesogene Fische überlebten den anfänglich tiefen Sturz in das sich füllende Becken. Später, als der Wasserspiegel zwischen den Meeren ausgeglichen war, fanden hauptsächlich Fische aus den oberen Wasserschichten des Atlantiks den Weg über die flache Schwelle ins Mittelmeer. Für die meisten Lebewesen großer Meerestiefen blieb das seichte Schlupfloch jedoch ein unüberwindliches Hindernis, so daß in den bis zu 5000 m tiefen östlichen Mittelmeergebieten nur wenige Meerestiere aus ähnlichen Tiefen des Nachbarozeans vorkommen.

Aber auch Haie, Thunfische und alle anderen in geringer Meerestiefe lebenden Raubfischarten haben unter der geophysikalischen Besonderheit des Mittelmeers zu leiden. Sie hängen am Tropf des Atlantiks, der ihre Nahrungsversorgung nur mühsam aufrechterhält. Raubfische finden ihre Beute unter Schwarmfischen, die sich von Plankton ernähren, mikroskopisch kleinen, im zuströmenden Oberflächenwasser des Atlantiks enthaltenen Lebewesen und

Auch der viel gegessene Thunfisch ist bei wachsender Verschmutzung des Mittelmeers in seinem Bestand gefährdet

Pflanzen. Ein großer Teil dieser nährstoffreichen Organismen wird sehr viel schneller als in anderen Meeren von der beständigen Tiefenströmung des überaus salzhaltigen Wassers zurück in den Atlantik gespült.

Sein Markenzeichen, klares, tiefblaues Wasser, verdankt das Mittelmeer also dem betrüblichen Umstand, nährstoffarm zu sein, ein Manko, das Anchovis- und Sardinenschwärme klein und den Speisezettel größerer Raubfische karg hält. Die unverminderte Überfischung und Einleitung ungeklärter Abwässer haben den seit Urzeiten labilen, aber funktionstüchtigen Nährstoffkreislauf im Mittelmeer bereits geschwächt. Gefahr droht auch von oben. Durch die Abnahme der Ozonschicht nimmt die ultraviolette Strahlung zu. Auch sie hemmt die Reproduktion von Meeresplankton. Wird die labile Nahrungsmittelkette unterbrochen, sind die Tage der mediterranen Unterwasserwelt gezählt.

Über Wasser, auf den Mittelmeerinseln, hatten vor Tausenden von Jahren schon einmal zahlreiche heute unbekannte Tierarten den Tod gefunden. Bei Ausgrabungen auf Malta und Mallorca war man auf Knochenreste gestoßen, die sich von erstaunten Paläontologen zu Gerippen von Zwergelefanten und Riesenspitzmäusen zusammensetzen ließen. Wie aber hat es die urzeitlichen Lebewesen auf die Inseln verschlagen, und was ließ sie wieder aussterben?

Ehe die atlantischen Wassermassen das ausgetrocknete Mittelmeerbecken unter Wasser setzten, war vermutlich Leben in die Wüste gekommen. Trockenen Fußes hatten afrikanische, asiatische und europäische Tiere die Erhebungen inmitten des Sandmeers besiedeln und die begrünten Hochlagen erklimmen können. Daß die letzte jener urzeitlichen Tierarten erst vor etwa 6000 Jahren auf einem der mittelmeerischen Eilande ausstarb, erhärtet die Vermutung, die Vorfahren jener Urtiere seien auf die Berge gelangt, bevor die Sintflut sie zu Inseln machte. Nur auf dem Landweg nämlich hatten artgleiche Elterntiere in ausreichender Zahl zuwandern können, um über einen so langen Zeitraum die gesunde genetische Vielfalt innerhalb der verschiedenen Gattungen zu gewährleisten. Der Zufall wollte es, daß außerdem auf keiner der Inseln jemals Raubtiere vorkamen, die den Neuansiedlern hätten gefährlich werden können. Hatten Löwen und Tiger in der Wüstenhitze schlappgemacht?

Die entwicklungsgeschichtliche »Aufgabe«, Millionen Jahre eines abgeschiedenen Inseldaseins zu überstehen, wurde nur von solchen Tierarten gelöst, denen es gelungen war, ihre Körpergröße an das beschränkte Nahrungsangebot anzupassen. Dieser langsame Entwicklungsprozeß führte bei jeder Art zu inselspezifischen Ausprägungen. Während auf Mallorca eine große Spitzmaus langfristig weniger Schwierigkeiten bei der Nahrungssuche gehabt haben mag als ihre kleineren Verwandten, verlief die evolutionäre Überlebensstrategie bei den nach Malta eingewanderten Elefanten wohl umgekehrt. Nur die zu klein geratenen Artgenossen wurden satt und blieben widerstandsfähig: Die maltesischen Umweltbedingungen hatten die Entwicklung eines »Sparelefanten« erzwungen.

Diesen dünnhäutigen Zwergelefanten wurde wahrscheinlich eine globale Kälteperiode zum Verhängnis. Vor etwa 300 000 Jahren kühlte der Planet so sehr ab, daß Europa unter einer Eisdecke begraben wurde, die auch dem Mittelmeer bedrohlich nahe kam. Die Kälte entzog dem erdumspannenden Wasserkreislauf Feuchtigkeit, die auf dem Festland als Eis gebunden wurde und allmählich auch den Wasserspiegel des Mittelmeers senkte. Sein Wasserstand fiel jedoch nie so stark, daß die Tiere sämtlicher Inseln auf dem Trockenen saßen und sich allesamt über Landbrücken in wärmere Gefilde hätten flüchten können. Einigen der verbliebenen Tierarten mag die Zeit nicht für eine neuerliche Anpassung an unaufhörlich sinkende Temperaturen gereicht haben. Vielleicht bekamen so die Zwergelefanten allmählich kalte Füße und starben aus.

Kaum 10 000 Jahre ist es her, daß sich die Erde von der Kälte der letzten großen Eiszeit erholt hat, und schon droht eine neue Klimakatastrophe. Diesmal allerdings scheint sich eine »Heißzeit« anzubahnen, die auch den Mittelmeerraum erneut in Mitleidenschaft ziehen würde. Billionen Tonnen Kohlendioxid, beim Verbrennen von Kohle, Holz, Erdgas und Öl erzeugt, scheinen aus der bisher hitzedurchlässigen Lufthülle des Globus ein erdumspannendes Treibhausfenster zu machen, das einen wachsenden Anteil der vom Erdball reflektierten Sonnenstrahlen zurückhält und den Planeten aufzuheizen droht. Ist der zunehmende Wassermangel in den mediterranen Anrainerstaaten bereits ein Ergebnis dieses Treibhauseffekts? Bringen schmelzende Polkappen das Mittelmeerbecken zum Überlaufen? Werden Aigues-Mortes und Narbonne wieder Hafenstädte?

Die jährliche Sommerdürre ist hauptsächlich eine Folge wirtschaftlichen Wachstums und intensivierter Landwirtschaft, die zu steigendem Wasserverbrauch führt. Das begann schon bei den alten Römern. Während sie jedoch den Durst einer Stadt wie Nîmes noch mit dem Quellwasser eines Bergflüßchens löschten, das Architekten über den Pont du Gard ins Tal leiteten, sieht man sich heute gezwungen, den Grundwasservorrat anzuzapfen, um den wachsenden Wasserbedarf rings ums Mittelmeer zu decken. Aus immer größeren Tiefen wird Wasser heraufgepumpt und gelangt über den Abwasserkreislauf ins Meer. Das Festland verliert an Volumen und sinkt ab, gleichzeitig läßt der vermehrte Wasserzulauf den Meeresspiegel steigen, allerdings so minimal, daß nur schwer zu berechnen ist, welchen Anteil dieser Vorgang am Anstieg der Weltmeere hat.

Was aber geschähe mit dem Wasserstand, wenn erhöhte Erdtemperaturen die Eisberge am Nordpol zum Schmelzen brächten? Nichts! Selbst wenn das gesamte auf dem arktischen Becken schwimmende Nordmeereis dahinflösse, der Meeresspiegel stiege um keinen Millimeter, weil Eisschollen exakt die gleiche Menge Wasser verdrängen, wie sie wiegen. Zu höheren Wasserständen könnte es allerdings kommen, falls die 2,6 Mio. km^3 des kontinentalen Grönlandeises unter einem globalen Hitzeschild schmölzen und das Inlandeis des Südpols, eine durchschnittlich 1800 m dicke, die Landmasse des antarktischen Kontinents bedeckende Schicht, als Schmelzwasser in die Ozeane geriete. Dazu aber reicht der befürchtete globale Temperaturanstieg um maximal 5° Celsius nicht aus. Selbst wenn das antarktische Thermometer von minus 60° auf minus 55° Celsius stiege, könnte das Eis nicht schmelzen. Auf den Gletscheroberflächen entstünden allenfalls Wasserlachen, die sofort wieder in die Gletscherspalten dringen und gefrieren würden.

Doch auch diese Folge einer drohenden Erderwärmung dürfte in absehbarer Zukunft nicht eintreten, denn augenblicklich geschieht eher das Gegenteil. Satellitenaufnahmen der NASA bestätigen, daß die polaren Eisschilde in jüngerer Zeit anscheinend dicker werden, ein Phänomen, zu dem das Mittelmeer einen nicht unerheblichen Beitrag leisten dürfte. Ein Großteil seines verdunstenden Oberflächenwassers reichert sich zwar wie das aller Ozeane als Wasserdampf in der Atmosphäre an und vermischt sich dort mit anderen, den Treibhauseffekt fördernden Gasen. Je heißer es wird, desto mehr Wasser verdunstet aber auch zu tiefhängenden Wolken, aus denen, sofern die Windrichtung stimmt, über den Polen Schnee fällt, der die Gletscher wachsen läßt. Gleichzeitig reflektiert die zunehmende Bewölkung mehr Sonnenlicht, wodurch die polaren Temperaturen sinken und die Eisschilde erhalten bleiben.

So wird auch dem Mittelmeer ständig Wasser entzogen, was dem Anstieg seines Wasserspiegels bisher noch recht effektiv entgegenwirkt. Versagen eines fernen Tages die sich gegenseitig aufhebenden Verdunstungseffekte, könnte sich der Wasserstand der Weltmeere stark erhöhen. Ein vorausgesagter Anstieg um nur 30 cm würde die Meeresküste weltweit durchschnittlich um etwa 30 m zurückverlegen. Die schmale, flache Sandküste wäre vermutlich stärker betroffen und würde sich in eine Lagunenlandschaft verwandeln; sämtliche küstennahen Städte wären dann wohl, wie teilweise in der Camargue, von flachen Brackseen umgeben.

Für das Klima in Europa könnte die raschere Verdunstung des ozeanischen

Sitzen Küstenstädte wie La Grande-Motte eines Tages plötzlich auf dem Trockenen?

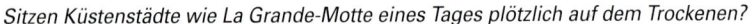

Oberflächenwassers im Gefolge eines Treibhauseffekts ebenso unkalkulierbare Auswirkungen haben. Kommt es zu den prognostizierten Turbulenzen in der Troposphäre, werden Wettervoraussagen vermutlich zum Glücksspiel. Vorbei wäre es mit sanft gekräuselten Brandungswellen am südfranzösischen Mittelmeerstrand – und das ausgerechnet während der heißen Sommermonate. Wenn das Klima Kapriolen schlägt, werden sich über dem Mittelmeer sintflutartige Regengüsse mit orkanartigen Stürmen abwechseln und regelmäßige Springfluten auslösen, die den Sand von den Küsten ins Meer saugen und ihn wohl kaum bis zur nächsten Badesaison wieder anschwemmen – eine betrübliche Perspektive nicht nur für die Tourismusindustrie.

Es könnte jedoch ganz anders kommen. Wendet man den gesetzmäßigen Klimaverlauf der letzten Millionen Jahre auch für zukünftige Wettervorhersagen an, dann steuert die Erde langsam, aber sicher auf eine neue Eiszeit zu. Die Wärmeperiode der letzten Jahre ließe sich ebenso als natürliche Abweichung vom Mittelwert erklären wie die schon etwas länger zurückliegenden extrem kalten Winter. Für Astronomen und Geophysiker, die in wesentlich längeren Zeiträumen denken als Klimatologen, befindet sich das Erdklima in einer Übergangsphase, während der es auch ohne äußere Einwirkungen, etwa eines Treibhauseffekts, aus sich selbst heraus schwankt. In dieses Klimamodell fügt sich das besonders kalte letzte Jahrhun-

dert genauso ein wie die Wärmeperiode seit 1945.

Das Klimaoptimum vor zwei bis drei Jahrtausenden, das dem östlichen Mittelmeerraum augenscheinlich paradiesische Wetterverhältnisse beschert und Tunesien wie auch Libyen zu Kornkammern des Römischen Reiches gemacht hatte, dürfte leider auf lange Zeit nicht mehr erreicht werden. So zynisch es klingen mag: Nicht nur der Sonnenfleckenzyklus wirkt dem Trend zur Eiszeit entgegen, indem er die Sonne augenblicklich intensiver strahlen läßt, auch der Treibhauseffekt verhindert, daß die Erde allzu rasch abkühlt und die eiszeitliche Kälte schon in wenigen tausend Jahren die alleinige Wetterregie übernimmt.

Wäre die momentane Erderwärmung ausschließlich natürlich erzeugt und bestünde nicht die Gefahr, durch erhöhten Schadstoffausstoß den überlebensnotwendigen Hitzeschild aufzublähen, könnte man sich am Mittelmeer ohne schlechtes Gewissen auf einen neuen Garten Eden freuen: Bliebe die Erderwärmung bei einer Erhöhung von nur 2–3° Celsius stehen, käme es nicht etwa zu Dürre und Klimaschocks, sondern das vermehrt verdunstende Meerwasser würde aus tiefhängenden Wolken auf die Mittelmeerküsten abregnen und eine üppige Vegetation erzeugen. Im ganzjährig milden Küstenklima Südfrankreichs fänden die Flamingos der Camargue wieder jene Bedingungen vor, die sie für dauerhafte Brutkolonien benötigen.

Es steht aber zu befürchten, daß die Umweltbelastungen weltweit eher zunehmen, der Treibhauseffekt weiter unnatürlich angeheizt und der Wasserspiegel der sich erwärmenden Weltmeere auf Dauer wohl doch ansteigen wird. Daß ein bereits 1926 in Frankreich belächelter Vorschlag, das Mittelmeerbecken durch zwei Staudämme bei Gibraltar und am Roten Meer vor Überflutung zu schützen, auf der Zweiten Weltklimakonferenz 1990 in Genf zwar erneut aufs Tapet kam, dann jedoch endgültig ad acta gelegt wurde, hat der Menschheit viel Geld gespart: Die Plattentektonik wird den Mittelmeeranrainern eines fernen Tages ohnehin die Arbeit abnehmen und die seichter werdende Straße von Gibraltar zu einem Staudamm zusammenschieben. Wie vor 6,5 Mio. Jahren schon einmal geschehen, werden die Wassermassen bis

auf den letzten Tropfen verdunsten. Die Erdgeschichte wiederholt sich. Das Mittelmeer wird eine Wüste.

Berge, Wasser und Wind – Klimatische Vielfalt

Landschaft und Klima des westlichen Midi sind außerordentlich vielfältig. Im Norden durchziehen die Ausläufer des Massif Central (Zentralmassiv) die Departements Lozère und Gard und bilden die überwiegend vegetationsreichen Mittelgebirgslagen der Cevennen sowie die kargen Kalkplateaus der Causses. Höchste Erhebungen dieser Region sind der Mont Lozère (1699 m) und der Mont Aigoual (1567 m). Während die Südausläufer der Cevennen und Causses im Einflußbereich des Mittelmeers liegen und sich durch trocken-heiße Sommer und recht milde, niederschlagsarme Winter auszeichnen, herrschen rund um die höchsten Erhebungen extremere Wetterverhältnisse vor: Die Sommer sind auch hier trocken und heiß, die Frühherbstmonate von stabilen Wetterlagen gekennzeichnet; der Spätherbst bringt bereits schwere Niederschläge, die im kalten Winter in reichlichen Schneefall übergehen, der bis in den April hinein die beiden Bergkuppen weiß färbt.

Das Zentralmassiv prägt in erheblichem Maße auch das Landschaftsbild und Klima des mittleren Languedoc. Die Gebirgsausläufer nehmen etwa die Hälfte der Fläche des Departements Hérault ein und verebben am Nordrand des Departements Aude nach Westen hin. Zu flach und mittelmeernah für länger anhaltende Schlechtwetterperioden, Schneefall und strenge Winterkälte, bilden die bis zu 1200 m hohen Ausläufer dennoch eine Wasser- und Klimascheide. Sofern atlantische Tiefausläufer während der stabilen, heißen Monate Mai bis Mitte Oktober diese trockene Region erreichen, kommt es in den Höhenlagen zu kräftigen Wolkenbrüchen und sehr kurzzeitigen, aber spürbaren Temperaturrückgängen. Die extremsten geographischen und klimatischen Gegensätze herrschen im Roussillon, wo Mittelmeersaum und alpine Hochlagen nur 50–60 km auseinanderliegen. In den Bergregionen der Pyrenäenausläufer und rund um den 2784 m hohen Pic du Canigou verliert die »Klimaanlage Mittelmeer«, die im Sommer kühlt und im Winter wärmt, an Einfluß. Sommerlich warm wird es in den Hochtälern erst im Juni, und auf einen kurzen Herbst folgt

ein alpiner, schneereicher Winter. Zwischen Küste und Bergen breitet sich von Norden nach Süden eine 25–40 km breite Ebene aus, zu zwei Dritteln eine ruppig-karstige, sanft gewellte Garriguelandschaft, die sich im Sommer rasch aufheizt. Das Landschaftsbild ist mediterran geprägt. Platanen, Steineichen, Oliven, Pinien und Zypressen dominieren unter den Bäumen, und Obstplantagen wechseln sich mit Weinreben ab. Entlang der Verkehrsachsen Richtung Spanien und Atlantik reihen sich sämtliche größeren Städte, in deren engen Gassen und gepflasterten Plätzen sich im Sommer die Hitze staut. In Perpignan, der heißesten Stadt Frankreichs, erreicht das Thermometer im Sommer regelmäßig 40° Celsius im Schatten.

Etwa 180 km ist die westliche Mittelmeerküste lang. Sie besteht bis auf ein 20 km langes Stück Felsenküste im Roussillon aus einem seichten, von flachen Strandseen, den *étangs*, durchbrochenen Sandsaum. Auf einem Küstenabschnitt von 160 km erstrecken sich Badestrände, bis auf wenige Ausnahmen 100–200 m breit. Durch spärliche Dünen

Strandsee an der Audeküste: Etang de Bages

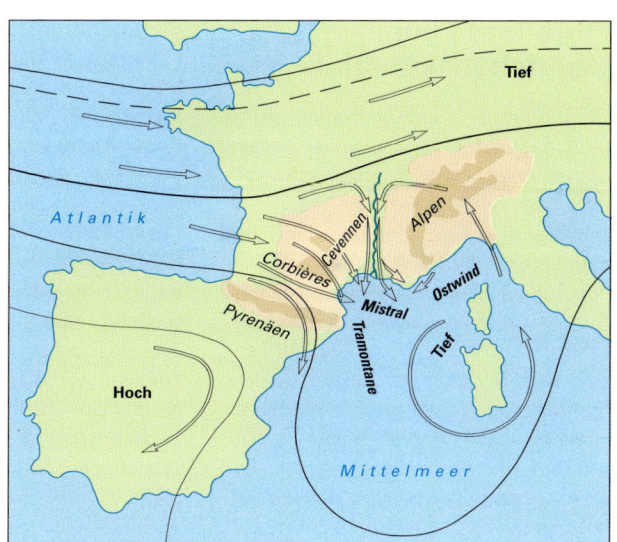

Klimafaktor Fallwinde: Die Entstehung von Tramontane und Mistral

vom Hinterland getrennt, sind sie heiß und schattenlos, weil in dem salzhaltigen Schwemmland kaum ein Baum oder Strauch Wurzeln schlägt. Vom Mittelmeer, das sich im Juli auf 25° Celsius erwärmt, darf man während der Sommermonate kaum Erfrischung erwarten.

Neben dem Hauptklimafaktor Mittelmeer gestalten zwei Fallwinde das Wetter im Languedoc-Roussillon. Sie sind daran beteiligt, daß in der Küstenregion etwa 300 Tage im Jahr die Sonne scheint. Der eine bläst ganzjährig mit unterschiedlicher Stärke und heißt Tramontane, weil er sich über (lat. *trans*) den Bergen (lat. *mons*, frz. *montagne*) des Zentralmassivs und der Pyrenäen aufbaut. Er sorgt für einen klaren Himmel an der Küste, auch wenn landeinwärts schlechtes Wetter ist, und paniert frisch eingeölte Sonnenanbeter mit einer gleichmäßigen Schicht des feinen Ufersandes. Überwiegend zwischen Herbst und Frühsommer bekommt man es in der Camargue und dem nördlichen Hérault immer mal wieder mit dem ge-

fürchteten Mistral zu tun, dessen Hauptwucht allerdings die benachbarte Provence trifft. Eigentlich sollte man sich über den Wind freuen, der nach drei bis neun Tagen so plötzlich abflaut, wie er aufgekommen ist, denn der Mistral sorgt wie der Tramontane für einen blauen Himmel am Mittelmeer, selbst wenn es ringsum regnet. Herrscht demgegenüber eine stabile Wetterlage, dann bleibt auch der Mistral aus – ein durchaus praktischer und urlauberfreundlicher Wind also, wäre er nicht so eisig kalt, und würde er nicht mit einer Windstärke bis zu zehn blasen. Was den trockenen Nordwind so in Fahrt bringt, ist ein Tiefdruckgebiet über dem Golfe du Lion, das aus dem engen Rhônetal wie durch eine Düse kalte, kontinentale Luft anzieht. Selten und kaum wetterbestimmend ist ein warmer, meist mit Regen vermischter Saharawind, der aus Nordafrika über das Mittelmeer weht und auf Stadt und Land, Campingzelte und blitzblanke Autos eine gleichmäßig rote Sandschicht legt.

Flora und Fauna –
Überlebenskünstler

Die immergrüne, an Trockenheit, Hitze und nährstoffarme Kalkböden angepaßte Strauch- und Krüppelbaumvegetation der Garrigue und der Mittellagen zwischen den Cevennen und den Pyrenäen bestimmt das Landschaftsbild der Region Languedoc-Roussillon. Der Name »Garrigue« leitet sich aus dem keltischen Wort *garric* bzw. vom provenzalischen *garoulia* ab. Er ist zugleich Synonym für sperriges Gestrüpp, stacheliges, undurchdringliches Buschwerk und die *Herbes de Provence*, Thymian, Rosmarin, Oregano und Salbei, mit ihrem würzigen, mittelmeertypischen Duft. Was uns anlockt, soll eigentlich abschrecken, z. B. Tiere, die den Duft der als Verdunstungsschutz wirkenden ätherischen Öle verabscheuen, aber auch Pflanzen, die ihr Wachstum im Dunstkreis der Kräuter verlangsamen

und so den Duftpflanzen genügend Freiräume lassen, sich auszubreiten. Warum gerade den Kräutern? Ihr hartes Wurzelwerk dringt tief in die spärlich mit Erde angefüllten Felsspalten und hält auf diese Weise das bißchen Nährboden fest, von dem noch andere Pflanzen profitieren müssen. Auch Sträucher und Bäume wie der leicht an seiner schuppigen Rinde erkennbare Erdbeerbaum, die schirmförmige Pinie, der Wacholder- und Pistazienbaum sind Überlebenskünstler, weil sie sich mit einer dünnen Krume zufriedengeben und immergrün sind, um Energie und Feuchtigkeit zu sparen, die eine jährliche Begrünung erfordern würde. Auch der Olivenbaum ist äußerst genügsam. Seine Erträge steigen jedoch, wenn er auf nährstoffreicheren und feuchteren Böden der Ebene kultiviert wird.

Die markantesten, heimischen Kiefernarten sind die Schirmpinie und die Zypresse. Sie bevorzugen die Böden der

Die anpassungsfähige Schirmpinie gehört zu den Überlebenskünstlern der Region

Gleichermaßen genügsam: Erdbeerbaum   *... und der allgegenwärtige Olivenbaum*

Ebenen zwischen Küste und Bergland und werden als landschaftsgestaltende Alleebäume und Windbrecher gepflanzt, ähnlich der Platane, die sich als eine der anpassungsfähigsten Laubbaumarten erwiesen hat und als »Schattenspender der Nation« hier wie überall in Frankreich Stadtplätze und Straßen ziert.

In den höheren, kühleren Lagen gedeihen vereinzelt auch die mitteleuropäischen Laubbäume Kastanie, Buche, Bergahorn und Eiche. Selten sind die Maulbeerbäume geworden, deren Blätter den Seidenraupen als Kraftfutter dienten, als in den Cevennen und im oberen Hérault die Seidenspinnerei noch ein wichtiger Erwerbszweig war (s. S. 124 f.). Im 18. und 19. Jh. fand auch die Eßkastanie in Mittelgebirgshöhen größere Verbreitung als heute, da die Maronen nicht nur als süße Crêpe-Paste oder Beilage zu Wildgerichten verwendet wurden, sondern als Brei oder gebackene Fladen in der entsprechenden Jahreszeit täglich auf die Teller der armen Landbevölkerung kamen.

In den Waldgebieten der Mittellagen, dort, wo es frisches Grün, Bucheckern, Kastanien und Eicheln gibt, sind vereinzelt Wildschweine anzutreffen. Neben den weitverbreiteten Kaninchen, Hasen, Fasanen und Rebhühnern sind sie die verbliebene Beute der Jäger, deren Jagdleidenschaft in dieser Region längst zur Ausrottung des Großwilds geführt hat.

Das Languedoc-Roussillon ist ein Paradies für seltene Vögel, aber auch all jene mediterranen Reptilien- und Insektenarten, die so mancher als lästig empfindet: aufdringliche Stechmücken, lärmende Zikaden sowie giftige Skorpione und Schlangen. Doch nur die Bisse der scheuen und seltenen Kreuzottern und Vipernarten, die nur zubeißen, wenn sie sich in die Enge getrieben fühlen, können lebensbedrohend sein.

Olivenöl und »Herbes de Provence« – Regionale Küche im Languedoc-Roussillon

Eine regionale Küche im Languedoc-Roussillon? »Die gibt es nicht!« Selten ist die wohlgerundete, stets auf neue Köstlichkeiten lauernde Kritikerzunft Frankreichs so einheliger Meinung wie bei der Bewertung hiesiger Kochkünste. Ihr Argument, daß wohl kaum eine ideenreiche Kochkunst von einem bäuerlichen Landstrich zu erwarten ist, in dem bis ins 20. Jh. ein breites Bürgertum fehlte und ein Großteil der Bevölkerung froh war, täglich satt zu werden, klingt überzeugend. Doch die Testschmecker werden ihr Urteil vermutlich revidieren müssen, denn seit man in Frankreich wieder Deftigeres auf die französischen Teller bringt und zum

Essen keine Lupe mehr benötigt, weil die Portionen wohlproportionierter geworden sind, beginnt auch die unkapriziöse, bodenständige Küche des Languedoc-Roussillon bei Feinschmekkern Beachtung zu finden.

Über die Verwaltungsgrenze, die das Languedoc-Roussillon zumindest administrativ vom allzu dominierenden Norden trennt, sind viele Südfranzosen durchaus froh, geradezu heilig ist ihnen jedoch eine andere Grenze. Sie verläuft quer durch das Departement Lozère, durchtrennt die Cevennen und teilt das Departement Ardèche in eine »Butter-« und eine »Ölhälfte«, *Ardèche du beurre* und *Ardèche de l'huile* genannt. Gemeint ist die Klimagrenze: Südlich davon gewinnt das mediterrane Wetter Einfluß auf die Vegetation und ermöglicht die zeitintensive Kultivierung des Ölbaums. So sind es denn auch im Languedoc und Roussillon stets ein paar Tropfen dieses sanften Anmachers, die Salate, Rohkostvorspeisen (*Crudités*), Fleisch- und Fischgerichte mit wenig Aufwand in eine Delikatesse verwandeln. Dazu ein paar sparsam auf Lammschulter (*Epaule d'agneau*), Stiersteak (*Steak de taureau*), in Rotwein geschmortes Rindfleisch (*Bœuf en daube*) oder Wildschweinbraten (*Rôti de sanglier*) gestreute Basilikum-, Rosmarin- und Thymiankräuter – besser bekannt als *Herbes de Provence*, die auch in der Garrigue rund um Nîmes wie Unkraut sprießen –, und schon schmeckt es nach Süden.

Ganz anders im bergigen Hinterland, wo wesentlich deftiger als in der Ebene gekocht wird, zumeist mit Butter und ohne Sonnenkräuter, dafür aber, wie in ganz Frankreich, mit frischem Knoblauch, dessen Zöpfe auch die Marktstände der abgelegenen Bergdörfer zieren. Über die langen, kalten Cevennenwinter kommen die Einheimischen am besten mit etwas Fett auf den Rippen, das ganz von alleine dorthin gelangt, wenn man sich den Magen mit den kalorienreichen Würsten und Schinken des Berglandes füllt. Nach Norden und Südwesten hin wird diese mächtige *Charcuterie* mehr und mehr abgelöst von edler verwursteten Schweineteilen und eingemachten Gänse- und Entenstücken, den *Confits*. Es sind die Einflüsse der Auvergne und des nahen Périgord, die sich hier bereits bemerkbar machen.

Südlich der Montagne Noire und der Monts de l'Espinouse wird man mit einer jahrhundertealten und bislang unbeantworteten Glaubensfrage konfrontiert: In welcher Audestadt schmeckt das berühmte *Cassoulet* am besten? In Castelnaudary, wo das Nationalgericht des südlichen Languedoc angeblich erfunden wurde, oder in Carcassonne, wo vermutlich bischöfliche Köche den einfachen Bauerneintopf aus weißen Bohnen, Schweine- und Geflügelklein so zu verfeinern wußten, daß er die höheren Weihen von Frankreichs Küchenpäpsten erhielt? Wo auch immer man *Cassoulet* ißt, wer Eintöpfe liebt, wird beide mögen, denn sie schmecken fast immer gut, sofern sie aufgewärmt und nicht gleich nach der Zubereitung frisch auf den Tisch kommen.

Nichts anderes als täglich frisch gefangen und zubereitet sollten Südfrankreichs Fische sein, besonders wenn man sie in einem der Fischrestaurants entlang der Küste bestellt. Denn in der Mitte liegt schließlich Sète, der größte Fischereihafen Frankreichs. Frisch aus dem Mittelmeer kommt aber nur noch ein Teil der Fänge. Längst ist das nährstoff- und deshalb von jeher fischarme Binnenmeer überfischt, tun Abwasserleitungen ein übriges (s. S. 21 f.).

Ganz und gar mittelmeerisch ist glücklicherweise die Verfeinerung der Fische geblieben, mit *Aïoli* z. B., jener in der Provence erfundenen Knoblauchmayonnaise, die für manchen Midibewohner das Wichtigste am Fisch ist: zum Eintunken oder Getunktwerden, je nachdem ob man den Fisch in der *Aïoli* »badet« oder den delikaten Klacks aus Öl, frischem Knoblauch und Eigelb zusammen mit geriebenem Käse und geröstetem Weißbrot in einer würzigen Fischsuppe (*Soupe de poisson*) versenkt. Die Austern und Muscheln aus dem Bassin de Thau kommen mit weniger intensiven Geschmacksverstärkern aus und schmecken am besten in den Restaurants von Mèze und Bouzigues (s. S. 179).

Spezialität an der Küste: Meeresfrüchte

Neben den variationsreichen Fischge-richten sind es vor allem zwei Käsesor-ten, die Languedoc und Roussillon kuli-narisch vereinen, hergestellt aus der

Milch von Ziegen und Schafen, die das Hochland beider Regionen bevölkern. *Lactaires* nennt man die kleinen Frisch-käse, die aus einem Liter Ziegenmilch gemacht werden und mit zunehmender Reife und Grünfärbung an Würze gewinnen. Zur Herstellung des relativ milde schmeckenden, *Tomme* genann-ten Hartkäses verwendet man Schafs-käse, der zu Laiben von etwa 25 cm Durchmesser geformt wird und mit einem trockenen Rotwein am besten schmeckt. Ein Wein, der kräftig genug ist, um es mit den scharfen *Roquefort* (s. S. 135 ff.) oder *Bleu des Causses* (s. S. 136) aufzunehmen, die man aus-schließlich in dem Örtchen Roquefort-sur-Soulzon bzw. in den Causses er-zeugt, muß allerdings noch erfunden werden. Die Edelschimmelkäse gelten daher mit Recht als wirksamste Magen-schließer unter Frankreichs Käsesorten.

Krönender Abschluß: Käsevielfalt

Côtes du Rhône & Co.
Qualitätsweine und Weinanbaugebiete

Im Languedoc-Roussillon, dem größten geschlossenen Weinanbaugebiet der Welt, werden nahezu 40 % aller französischen Weine erzeugt. Masse statt Klasse? Im Prinzip ja. Obwohl man auf den Großimport billiger Konsumweine und Verschnitte aus anderen EU-Ländern und Nordafrika zunehmend mit dem Anbau qualitätvoller Weine reagiert, machen minderwertige Tafelweine 25 % der gesamten Produktion aus; der Rest sind höherwertige Qualitätsweine. Unter diesen findet man mittlerweile manch edlen Tropfen, sofern man den Wein nicht unbedingt nur im Supermarkt ersteht und die Etikettierungen zu deuten weiß.

Die französischen Weine werden in vier Qualitätsstufen unterteilt, die auf den Weinflaschen vermerkt sind:

Appellation d'Origine Contrôlée (A.O.C.): Mit dieser kontrollierten Herkunftsbezeichnung werden Qualitätsweine ausgewiesen. Anstelle des Wortes *Origine* (Herkunft) wird auf dem Weinetikett der Name des Anbaugebietes bzw. der Lage, der Gemeinde oder des Bereichs eingefügt: z. B. »Appellation Côtes du Rhône Contrôlée«. Mit diesem Prädikat wird nur solch ein Wein ausgezeichnet, der aus einem streng begrenzten Anbaugebiet stammt, bestimmte Rebsorten enthält, einen Höchstertrag pro Hektar Anbaufläche nicht übersteigt, einen Mindestalkoholgehalt nicht unterschreitet und nach geregelten Anbau- und Kellereiverfahren hergestellt wurde.

Zur geschmacklichen Qualität trägt diese strenge Reglementierung allerdings nur z. T. bei, denn erst eine gute Lage, bei der Klima, Boden und Rebsorten ideal harmonieren, und die gute Nase und Erfahrung des Winzers machen aus einem Qualitätswein einen edlen Tropfen. Der Zusatz *Supérieur* deutet auf eine überdurchschnittliche Qualität hin. Trägt das Etikett die Bezeichnung *Cru* oder sogar *Grand Cru* (wörtlich: Weinberg, Gewächs) weist das den Wein als ein Spitzenerzeugnis aus. Ähnliches gilt für den Zusatz *Cuvée* bzw. *Grande Cuvée* (wörtlich: Wein aus einem Faß).

Vins Délimités de Qualité Supérieure (V.D.Q.S.): Auf den Etiketten dieser »Weine höherer Qualität bestimmter Gegenden« ist zumeist nur das Anbaugebiet ausgewiesen und nur in seltenen Fällen der Name des Bereiches oder der Gemeinde. Die einzelnen Qualitätskriterien sind mit jenen der A.O.C.-Weine vergleichbar, allerdings sind diese nicht ganz so streng. Das Languedoc hat den größten Anteil an der Gesamtproduktion von V.D.Q.S.-Weinen.

Vins de Pays: Die leichteren, generell 11 % Vol. Alkohol enthaltenden Landweine werden nach bestimmten Produktionszonen unterschieden, die jedoch nicht mit denen der Qualitätsweine übereinstimmen und andere Namen tragen, um Verwechslungen auszuschließen. Auch diese überwiegend gut trinkbaren, schlichten Weine müssen bestimmte Qualitätsanforderungen erfüllen und werden regelmäßigen Untersuchungen auf Reinheit und Geschmack unterzogen.

Vins de Table: Die zumeist unter einem phantasievollen französischen Markennamen verkauften und aus diversen Rebsorten verschnittenen Tafelweine müssen keinerlei Hinweise auf ihre Herkunft tragen und stammen häufig nicht aus einem französischen Anbaugebiet. Eine geschmackliche Offenbarung darf man von diesen auf stets gleichbleibenden Geschmack getrimmten Weinen nicht erwarten.

Sorten und Anbaugebiete der A.O.C.- und V.D.Q.S.-Weine
Collioure: Im südlichsten Weinanbaugebiet Frankreichs, das nur die vier Kommunen Collioure, Port-Vendres, Banyuls-sur-Mer und Cerbère umfaßt, wird ausschließlich Rotwein angebaut, der sich durch einen kräftigen, körperreichen Geschmack auszeichnet. Darüber hinaus werden hier die berühmten, als Aperitif oder Dessertwein getrunkenen natürlichen Süßweine (*Vin Doux Naturel*, V.D.N.) »Banyuls« und der nach 30 Monaten Faßlagerung abgefüllte »Banyuls Grand Cru« erzeugt.

Das Produktionsverfahren der V.D.N.-Weine ist streng reglementiert: Durch Zusatz von reinem Alkohol (Weingeist) wird die Gärung des Mostes unterbrochen, damit ein Großteil des natürlichen, fruchtigen Traubenzuckeranteils erhalten bleibt und sich dieser nicht, wie bei der Weinerzeugung üblich, im Verlauf einer fortgesetzten Gärung in Alkohol umwandelt. Nach Abschluß des Produktionsprozesses enthält ein V.D.N.-Wein mindestens 15 und höchstens 21,5 % Vol. Alkohol. Nur der berühmte »Banyuls Grand Cru« bringt es auf 22 % Vol. Alkohol.

Côtes du Roussillon/Côtes du Roussillon Villages: Im Anbaugebiet Côtes du Roussillon zwischen den Flüssen Agly und Tech werden neben frischen Weißweinen vor allem vollmundige, herb-kräftige Rotweine erzeugt. Dieselben Gütemerkmale zeichnen auch die Rotweine »Côtes du Roussillon Villages« aus, die noch höheren Qualitätsanforderungen standhalten müssen und nur von etwa 25 Gemeinden (*Villages*) zwischen dem Agly und den Corbières produziert werden. Auch in diesen beiden Anbaugebieten des Roussillon wird V.D.N.-Wein erzeugt, und zwar in Maury und

Weinanbaugebiete im Languedoc-Roussillon

Cabardès	großes Anbaugebiet
Maury	natürlicher Süßwein
Caramany	mittleres und kleines Herkunftsgebiet

Rivesaltes. Letztere Gegend bringt Frankreichs bekanntesten Muskatwein hervor (»Muscat de Rivesaltes«), der wegen seines starken Nuß-, Trauben- und Honigaromas ebenso wie die übrigen V.D.N.-Weine als Aperitif oder Dessertwein getrunken wird.

Blanquette de Limoux: In dem kleinen Weinanbaugebiet, das bereits vom ozeanischen Klima beeinflußt wird, erzeugt man hauptsächlich aus der ehemals »Blanquette« und heute »Mauzac« genannten Traubensorten nach der Champagnermethode einen der ältesten Qualitätsschaumweine der Welt.

Cabardès und Côtes de la Malpère: Die beiden Regionen zu seiten des Aude nördlich und östlich von Carcassonne erzeugen bisher nur in relativ kleinen Mengen fruchtige, elegante und recht süffige Rosé- und Rotweine.

Fitou: Das alte Herkunftsgebiet ist zweigeteilt. Im Bereich des Etang de Leucate reifen auf kargem Boden und in trockener Hitze rustikale, gerbstoffreiche und vollmundige Rotweine heran. Noch wuchtiger und körper-

reicher sind die Rotweine aus den anderen malerischen Lagen inmitten der Corbièreshügel, wo die Rebstöcke auf schieferhaltigen Böden und in einem ausgewogeneren Klima gedeihen.

Corbières: In dem 25 000 ha großen Weinanbaugebiet, das den größten Anteil von Frankreichs V.D.Q.S.-Weinen erzeugt (zu 95 % Rotweine), ist der Charakter der Weine so unterschiedlich wie das von Norden nach Süden mediterraner werdende Klima dieser Hügellandschaft. In den oberen Corbières fallen die Weine am harmonischsten aus, in den mittleren Corbières überwiegen fruchtige Sorten, während in den küstennahen Corbières eher leichte, einfache Weine gedeihen.

Minervois: Zwischen den südlichen Ausläufern des Zentralmassivs und des Aude produziert man in einer weitläufigen Terrassenlandschaft Rosé-, Rot- und Weißweine, die in der Ebene fruchtigleicht und in den Höhenlagen würziger und schwerer ausfallen. Bei St-Jean-de-Minervois werden 2000 hl recht harmonischen Muskatweins erzeugt.

Coteaux du Languedoc: Die ausgedehnte Anbaufläche dieses ältesten Weinanbaugebiets Frankreichs umfaßt zwölf A.O.C.-Anbauzonen durchschnittlicher Güte mit variantenreichen, durchweg herb-süffigen und körperreichen Rosé-, Rot- und Weißweinen sowie die drei Spitzenlagen Clairette du Languedoc, Faugères und St-Chinian im Norden der Region.

Am Südrand dieses größten zusammenhängenden Weingebiets im Languedoc-Roussillon (und strenggenommen nicht mehr zu diesem Bereich gehörend) produzieren die Winzer der zwei Küstenlagen Frontignan, Mireval und des Städtchens Lunel am Nordrand der Camargue insgesamt 35 000 hl durchweg ausgewogener, vollwürziger Muskatweine.

Costières du Gard: Die aromatischen, herben und gehaltvollen Rotweine und die eher fruchtigen Roséweine dieser Anbauzone gleichen geschmacklich bereits denen der östlichen Nachbarregion Côtes du Rhône. Inmitten dieser kleinen Weinregion gedeiht auf Rollkieselboden der hervorragende Weißwein »Clairette de Bellegarde«, ein trockener, blumiger Tropfen, von dem jährlich nur etwa 1500 hl auf Flaschen gezogen werden.

Côtes du Rhône/Côtes du Rhône Villages (Rive Droite): Dieses durch geschicktes Marketing in Deutschland wohl bekannteste Weinanbaugebiet Südfrankreichs hat seinen Namen von den rechts der Rhône gelegenen Hanglagen im Gebiet des Gard. Es reicht weit in die Provence hinein und erzeugt vielfältige, gerbstoffreiche Rotweine, besonders aus der Gegend um Lirac. Aus dem Gebiet um Tavel stammt der wohl berühmteste Roséwein Frankreichs, der an seiner rubinroten Farbe und seinem blumig-eleganten Geschmack zu erkennen ist. Weniger bekannt sind die »Côtes du Rhône Villages« aus der Gardregion, obwohl sie mit ihrem Bouquet den anderen Rotweinen des rechtsrhônischen Herkunftsgebiets meist durchaus das Wasser reichen können.

Landeskunde im Schnelldurchgang

Größe und Verwaltung: Die Wirtschaftsregion Languedoc-Roussillon bedeckt eine Fläche von 27 448 km², was etwa der Ausdehnung des Bundeslandes Nordrhein-West-falen gleichkommt. Das Verwaltungsgebiet umfaßt fünf unterschiedlich große und dicht bevölkerte Departements: **Lozère** (5168 km², 80 000 Einw., Departementssitz Mende); **Gard** (5848 km², 535 000 Einw., Departementssitz Nîmes); **Hérault** (6113 km², 750 000 Einw., Departementssitz Montpellier); **Aude** (6232 km², 300 000 Einw., Departementssitz Carcassonne); **Pyrénées-Orientales** (Roussillon) (4087 km², 350 000 Einw., Departe-mentssitz Perpignan). Hauptstadt der Region und Sitz des im wesentlichen für Wirt-schafts- und Kulturfragen der Region zuständigen *Conseil Régional* ist die Universitäts-stadt Montpellier (250 000 Einwohner, davon 60 000 Studenten).

Staatsform: Frankreich ist eine Präsidialdemokratie; das Staatsoberhaupt wird in all-gemeiner Wahl auf sieben Jahre gewählt. Das Parlament setzt sich zusammen aus Na-tionalversammlung (490 Abgeordnete, auf fünf Jahre in Direktwahl) und Senat (306 Se-natoren von Abgeordneten, Regional- und Stadträten auf neun Jahre gewählt) . Haupt-stadt ist Paris mit über 10 Mio. Einw. im Großraum. Frankreich hat insgesamt 57,6 Mio. Einw. und ist mit 551 695 km² das größte Land der EU.

Wirtschaft und Tourismus: Das Languedoc-Roussillon lebt, so heißt es, vom Wet-ter und vom Wein. Zwar verfügt die Region über das größte zusammenhängende Weinanbaugebiet der Welt, die Jahresproduktion von ca. 30 Mio. hl Wein ist jedoch nur ein – wenn auch wichtiger – agrarischer Wirtschaftsfaktor. Obst- und Gemüsean-bau, Schaf- und Ziegenzucht nehmen eine ähnlich bedeutende Rolle ein. Die Umsätze beim Fischfang verlieren kontinuierlich an Bedeutung, weil das Mittelmeer zuneh-mend überfischt wird und Großreedereien ihre Treibnetzfänge aus dem Atlantik we-sentlich preiswerter auf den französischen und europäischen Markt bringen können. Einen wirtschaftlichen Aufschwung erhofft sich die Region von der Ansiedlung infor-mationstechnologischer Produktionsbereiche rund um Montpellier. Der Mangel an In-dustrieproduktionen und das völlige Fehlen von Schwerindustrie kommen dem Tou-rismus zugute. Das Languedoc-Roussillon wurde 1997 von über 5 Mio. Urlaubern be-sucht und nimmt damit den dritten Rang unter den französischen Reisegebieten ein. Die Einkünfte aus dem Tourismus betragen jährlich über 6 Mrd. Francs.

Bevölkerung: Die meisten antiken Städte in der Ebene wurden im 20. Jh. zu Magne-ten für die landflüchtige Bevölkerung des *arrière-pays* und ins milde Klima drängende Franzosen aus nördlichen Landesteilen. Während das strukturschwache, schwer zu bewirtschaftende Hinterland mit etwa 10 Einw. pro km² zu den am dünnsten besiedel-ten Regionen Frankreichs zählt, wohnen in den küstennahen, überwiegend von Dienstleistung und Tourismus lebenden Zentren fast vier Fünftel der rund 2 Mio. Einw. des Languedoc-Roussillon.

Kleine Stolpersteine der »Großen Nation« – Geschichte, Politik und Wirtschaft

Dünnhäutige Dickschädel

Dickschädel haben in Südfrankreich eine lange Tradition. Etwa 2 Mio. Jahre ist es her, seit der *Homo erectus*, ein Nachfahre des ca. 4,2 Mio. Jahre alten »Kenianers« *Australopithecus anamensis*, in den nördlichen Mittelmeerraum einwanderte und dort allmählich sein Fell abzulegen begann. Ein Fehler der Evolution und ein Glücksfall für die Forschung, denn die dünnhäutigen Menschenwesen mußten während der eiszeitlichen Kälteperioden Zuflucht im geschützten Bergland suchen, das sich als hervorragender Konservator der Urzeit erwies.

Aus zwei Schädelfragmenten, die 1971 und 1979 in einer Höhle bei Tautavel (s. S. 236), einem Dorf im Roussillon, gefunden wurden, ließ sich erstmals der Kopf eines vor 455 000 Jahren verstorbenen 20jährigen rekonstruieren: Europas zweitältester erhaltener Schädel – Schädelfunde im spanischen Alta puerca wurden 1995 auf mind. 780 000 Jahre datiert –, der mit seinem Gehirnvolumen von 1150 cm^3 aber schon um 450 cm^3 oberhalb der Grenze dessen lag, was die Forschung als *Homo* gelten läßt.

Dennoch hat seine Hirnmasse wohl nicht ausgereicht, um das Feuer zu »erfinden«; in der Aragohöhle sind keinerlei Spuren etwaiger Feuerstellen gefunden worden, wie sie in der heutigen Provence schon 250 000 Jahre vor seiner Zeit in Gebrauch waren. Wenn er also auch des öfteren fror und seine Jagdbeute roh verspeisen mußte, kann es ihm und seinen Hordengenossen so

Schädel des »Homme de Tautavel«

schlecht nicht ergangen sein. Ausgrabungen haben ergeben, daß im Verdoubletal nicht nur ausreichend jagdbare Tiere wie Pferde, Elefanten und Rentiere sowie verschiedene Raubtierarten lebten, sondern auch wilder Wein gedieh, dessen wärmende Eigenschaft ihm allerdings unbekannt war, weil er die Trauben nur in fester Form zu sich nahm.

Weinreben während der Eiszeit? Die erste europäische Eiszeit begann vor 2 Mio. Jahren, die vorläufig letzte endete vor etwa 12 000 Jahren. Dazwischen wechselten sich lange Kältephasen mit ebenso ausgedehnten Wärmeperioden ab, ohne daß Frankreich jemals, mit Ausnahme der Hochlagen, unter einem

Gletscher begraben wurde. Das warme Mittelmeer und der atlantische Golfstrom brachten das von Norden her vordringende Eis zum Schmelzen und machten den Mittelmeerraum dauerhaft bewohnbar. Dies blieb auch dem Neandertaler nicht verborgen, der um 100 000 vor unserer Zeitrechnung, vermutlich von Südosten her, den europäischen Lebensraum eroberte und als *Homo sapiens* den *Homo erectus* ablöste. In seinem Schädel steckte schon ein recht kluger Kopf, und seine Hirnmasse von etwa 1600 cm^3, durchschnittlich 200 cm^3 mehr, als heutige Menschen zum Denken befähigt, sicherte seiner Gattung das Überleben – bis um etwa 35 000 v. Chr. der *Homo sapiens sapiens* in Südeuropa auftauchte.

Sicher ist, daß die neue Spezies in den ersten 20 Jahrtausenden ihrer Existenz als Sammler und Jäger lebte und sich mit der Erfindung effizienter Jagdwerkzeuge viel Zeit ließ, denn Fische und andere Tiere gab es im Überfluß. Damit war es vorbei, als um 10 000 v. Chr. die Eiszeit zu Ende ging und die Temperaturen kontinuierlich anstiegen. Eine Klimakatastrophe immensen Ausmaßes bahnte sich an und erforderte die schnelle Anpassung an völlig neue Lebensumstände: Der europäische Riesengletscher taute und führte dem Mittelmeer jenes Wasser zu, das ihm lange Zeit zuvor bei der Eisbildung entzogen worden war. Der Meeresspiegel stieg und überflutete küstennahe Jagdreviere. Im Hinterland entstanden Wälder, in deren Dickicht sich jene Tiere zurückzogen, die nicht auf der Suche nach weitläufigen Weideflächen in den kühleren Norden abgewandert waren. Der aufrechte Gang und primitive Wurfgeräte reichten nun nicht mehr aus, um genügend Vierbeiner für die tägliche Ernährung zur Strecke zu bringen. Not

macht erfinderisch, und der *Homo sapiens sapiens* bewies mit der Entwicklung von Pfeil und Bogen, daß er den ehrenvollen Doppeltitel zu Recht erhalten hat.

Was aber mag die Menschen dazu bewogen haben, die Wände ihrer Höhlen in den Pyrenäen, an der Garonne und Ardèche zwischen etwa 20 000 und 12 000 v. Chr. mit Tierdarstellungen und geometrischen, bislang nicht enträtselten Zeichen zu überziehen, in den Stein geritzt oder mit Ockerfarben aufgetragen? Es liegt nahe, daß Existenzängste und religiöse Motive zur Verehrung jener Tiere führten, mit denen die Künstler ihr Leben teilten und von denen ihr Auskommen abhing. Erst allmählich stellten die prähistorischen Menschen ihre Ernährungsgewohnheiten um und lernten, von kleineren Tieren, Süßwasserfischen, Wildgräsern und Hülsenfrüchten zu leben.

Später tauchen zum ersten Mal Schafe und Ziegen im westlichen Mittelmeerraum auf, die seither nicht mehr aus dem mediterranen Leben wegzudenken sind. Bereits im 5. Jt. v. Chr. zogen Schäfer mit ihren domestizierten Tieren über die Anhöhen der Corbières und Cevennen und schufen im Verlauf von Jahrhunderten Schneisen, sogenannte *drailles*, auf denen noch heute die Herden zu ihren Sommerweiden getrieben werden und im Herbst in die küstennahen Ebenen zurückkehren.

Schafe und Ziegen stammen vermutlich aus dem Nahen Osten und waren Vorboten der sogenannten Neolithischen Revolution, die auch im westlichen Mittelmeerraum auf fruchtbaren Boden fiel und seit dem 6. Jt. v. Chr. Jäger in Bauern und Viehzüchter verwandelte: In nahöstlichen Regionen hatte man entdeckt, daß Grassamen, die auf gerodetem Land in die Erde gebracht wurden, austrieben und das mühsame Einsammeln verstreut wachsender Gräser überflüssig machten. Der Ackerbau war entstanden und beschleunigte Seßhaftigkeit, Vorratshaltung und schließlich die Erfindung der Töpferei. Die Technik der Tonverarbeitung führten vermutlich zwei Völkerschaften ein, die sich im westlichen Mittelmeerraum im 5. und 4. Jt. v. Chr. niederließen und anhand der Verzierungen ihrer Töpferwaren unterschieden werden.

Und damit nehmen die Probleme der Forschung zu, denn neue und beweglicher werdende Völkerschaften wandern ein, mischen sich mit Einheimischen, bilden – im Vergleich zur Urgeschichte – recht kurzlebige Kulturgemeinschaften und hinterlassen den Archäologen doch kaum mehr als Scherbenhaufen. In der Grotte de la Madeleine an der Ardèche holte man z. B. Keramikreste mit geometrischem Dekor aus dem prähistorischen Boden. Sie kündigen eine kultu-

relle Weiterentwicklung um 2500 v. Chr. an, die sich auch in der Pyrenäenregion nachweisen läßt und vermutlich auf küstennahem Boden entstanden ist.

Gleichzeitig geht der Kulturimport aus anderen Regionen weiter. Diesmal sind es Metallverarbeitungstechniken aus dem Orient und Balkan, die das Leben der Menschen verändern. Seit 2500 v. Chr. werden die Kupfererzvorkommen in den Cevennen, im Lozère und Languedoc ausgebeutet, es entstehen erste Hüttenzentren. Ab 1800 v. Chr. hinterläßt die härtere Bronze erste Spuren in Frankreichs Süden, eingeführt von Völkergruppen, die bereits eine Arbeitsteilung kennen und gesellschaftliche Hierarchien etablieren.

Von Portugal und der Bretagne, vermutlich aber auch von Südosteuropa her drängen seit dem 3. Jt. v. Chr. Megalithkulturen in den westlichen Mittelmeerraum – und stiften mit ihren Dolmen und Menhiren bei den Forschern

Rätselhafte Menhir- und Dolmenansammlung auf der Hochebene La Cham des Bondons

noch immer Verwirrung. Die exponierte Lage hat die Steinsetzungen besonders auf den Hochebenen der Cevennen und Causses der Erosion preisgegeben und verhindert, daß größere Mengen aufschlußreicher Grabbeigaben unter Erdablagerungen konserviert wurden. Die Anhäufung von über 1000 Dolmen in sogenannten Hünengräbern im östlichen Languedoc und die vermehrte Ansammlung von Menhiren, Hinkelsteinen, in nordwestlichen Bereichen der Region läßt vermuten, daß es sich um zwei verschiedene Megalithgesellschaften gehandelt hat.

Sie existierten wahrscheinlich zeitgleich nebeneinander und praktizierten unterschiedliche Bestattungsformen, die womöglich von anderen Gesellschaften adaptiert wurden. Die Dolmen bringt man mit einer Gesellschaft in Verbindung, die im fruchtbaren Tiefland der Departements Ardèche, Gard, Lozère und Hérault seßhaft wurde und ihre eingeäscherten Toten überwiegend in Urnen bestattete. Ihr folgte wohl eine zweite Gesellschaft, die in unfruchtbare Cevennen- und Garriguelandschaften abgedrängt wurde und deren Hügelgräber, Tumuli, teilweise neben Menhiren entdeckt wurden. Hatte das kriegerische Volk, das vermutlich gezwungen war, von halbnomadischer Viehzucht und der Jagd zu leben, ein besonders starkes Bedürfnis entwickelt, hochgestellte Persönlichkeiten tief in der Erde zu begraben, um sie vor einer Vertreibung aus den »ewigen Jagdgründen« – und die Lebenden vor Wiedergängern – zu schützen?

Die Eisenzeit gibt etwas weniger Rätsel auf. Sie führte mit ihrer neuen Veredelungstechnik seit etwa 700 v. Chr. im Südwesten Frankreichs zu Veränderungen von Lebenswelt und Landschaften, die allerdings ohne eine zeitgleich einsetzende Kälteperiode weniger einschneidend gewesen wären: Lang anhaltende Regenfälle ließen den Grundwasserspiegel des ausgedörrten Bodens steigen und auch im Süden die Wälder entstehen, die für die Eisenverhüttung benötigt wurden. Der Holzverbrauch war immens, weil für die Einschmelzung der Eisenerze erheblich größere Temperaturen erforderlich waren als für die Gewinnung von Bronze. Schnellwachsende Gehölze und großflächige Kahlschläge veränderten das Aussehen weiter Landstriche ebenso wie der steigende Wohlstand, der sich an aufwendigen Bestattungsarten und kostbaren Grabbeigaben ablesen läßt und vermutlich eine Folge des zunehmenden Handels mit Eisengütern war. Das Ende der Vorzeit deutete sich an.

Die Gallier kommen

Die Griechen gehörten zu den ersten Völkern, die es mit ihnen im westlichen Mittelmeerraum zu tun bekamen, und nannten sie *Keltoi*. Später lehrten sie die römischen Eroberer, von denen sie *Galli* getauft wurden, das Fürchten. Wer sind diese Kelten oder Gallier, deren Unterwerfung Cäsar ein ganzes Opus wert war, denen Frankreich das Nationalsymbol des »Gallischen Hahns« verdankt, die sich im Namen von Charles de Gaulle (Karl von Gallien) und der gaullistischen Partei wiederfinden, denen längst schon der Mythos der Unbesiegbarkeit anhaftete, bevor sie als Witzfiguren die Comicwelt eroberten – und nach denen eine kräftige Zigarettenmarke benannt ist, deren Genuß auch hartgesottenen Rauchern eine gehörige Portion gallischen Humors abverlangt?

Les Gaulois sind die Ahnen der Franzosen, ein kriegerisches Reitervolk, das

sich im 5. Jh. v. Chr. mit einem Teil seiner Völkerschaften auf den Weg in den sonnigen Süden Europas gemacht hatte. Als loser Verbund von über 100 Stämmen fielen sie in den größten Teil des heutigen Frankreich ein, wo sie vermutlich auf wenig Widerstand trafen. So suchten sie die Feinde in den eigenen Reihen und vergeudeten ihre überschüssigen Kräfte in gegenseitigen Gemetzeln. Immerhin nahmen die Bewohner des besetzten Landes ihre Lebensart und Sprache an, und es gelang ihnen, die Hallstattkultur des 8.–5. Jh. v. Chr. durch eine eigene zu ersetzen. Daß die Kelten dabei gallischen Humor bewiesen, ist wohl ebenso eine Legende wie die Behauptung, daß den Gegnern schon beim Anblick der waffenstrotzenden und, wie antike Autoren überlieferten, nackten Horden das Lachen und die Lust zum Widerstand vergingen. Ihr Vordringen an die nordwestliche Mittelmeerküste wurde im 4. Jh. v. Chr. an den

südlichen Ausläufern des Massif Central von Völkerschaften beendet, die den Wettlauf um den verheißungsvollen Wirtschaftsraum zunächst gewonnen hatten und die Kelten zur Assimilierung zwangen. Um dies zu beweisen, machten sich Generationen von Archäologen die Hände schmutzig.

Seit der frühen Eisenzeit wickelten Etrusker und seefahrende Phönizier einen Teil ihres Handels über die »Straße des Herakles« ab, die Ligurien mit Gibraltar verband und das Rhônetal in eine mittelmeerumspannende Handelsroute einbezog. Die Rhône hieß in antiken Zeiten *Rhodanus*, neben Fundstücken aus dem 7. Jh. v. Chr. ein sprachliches Indiz für die Anwesenheit griechischer Kauffahrer aus Rhodos. Griechische Handeltreibende aus Phokäa, einer athenischen Kolonie in Kleinasien, waren es auch, die um 600 v. Chr. mit der Gründung der Hafenanlage Massalia (Marseille) und der Handelsniederlassung Agathè (Agde) dem Mittelmeerhandel neue Impulse gaben.

Der Erfolg hat viele Neider. Im Osten bedrohten Ligurer den freien Warenverkehr, im Westen stritten sich die Karthager mit den Griechen um wirtschaftlichen Gewinn. Der wurde beiden wiederum von Iberern aus Spanien streitig gemacht, die bis an die Corbières vorgedrungen waren, wo sie dem Siegeszug der Kelten aus den nordwestlichen Landesteilen ein vorläufiges Ende setzten. Im äußersten Westen blieben die Iberer dominierend. Sie legten vermutlich mit Illiberis und Caucoliberis die Grundsteine der späteren Siedlungen Elne und Collioure, waren wohl auch an der Gründung von Ruscino beteiligt und schufen mit ihrer Präsenz beidseits der Pyrenäen erste historische Grundlagen für das katalanische Selbstverständnis des späteren Roussillon.

In jenen unruhigen Zeiten entstanden *oppida*, Fluchtburgen aus Lehmmauerwerk, die wegen ihrer strategischen Lage Freund und Feind Schutz boten, wie das Oppidum d'Ensérune (s. S. 214) südwestlich von Béziers zu beweisen scheint. Hier finden sich Spuren griechischer und vermutlich iberischer Siedler aus dem 4. Jh. v. Chr., jedoch keinerlei Anzeichen einer gewaltsamen Einnahme des Oppidums durch eine der beiden Kulturen. Haben sich in den Gemäuern Angehörige zweier sich eher feindlich gesonnener Völker zusammengetan im Kampf gegen den lachenden Dritten, die Kelten? Tatsächlich war es den Kriegern aus dem Norden Ende des 3. Jh. v. Chr. in einer neuen Angriffswelle gelungen, den Küstensaum zu erobern und dabei auch Ensérune in Schutt und Asche zu legen. Ein Beweis für diese Vermutung sind unmittelbar übereinanderliegende Bodenschichten mit Hinweisen auf eine gewaltsame Zerstörung und mit keltisch beeinflußten Fundstücken, wichti-

Etang de Montady mit Oppidum d'Ensérune

gen Teilen für ein fast komplettes Geschichtspuzzle. Daß die Kelten keine lange Freude an der eroberten westlichen Mittelmeerregion gehabt haben, ist jedoch unbestritten. In Rom begann man bereits 100 Jahre später, ein Auge auf das strategisch und wirtschaftlich interessante Kuchenstück am Mittelmeer zu werfen, lange bevor Cäsar dem Römischen Reich den Rest der gallischen Torte einverleibte.

»Gallia est omnis divisa in partes tres ...«

»Gallien ist in drei Hauptteile gegliedert. Den einen bewohnen die Belger, den zweiten die Aquitaner, den dritten die Stämme, die in ihrer eigenen Sprache ›Kelten‹, in unserer ›Gallier‹ heißen [...]. Der eine Teil, den [...] die Gallier bewohnen, beginnt an der Rhône, wird begrenzt von der Garonne, dem [Atlantischen] Ozean und dem Gebiet der Belger ...«. Warum läßt Cäsar in der Einleitung seines »De Bello Gallico« die mediterrane Südregion zwischen Alpen und Pyrenäen unerwähnt? Der Klassiker des Lateinunterrichts ist ein Kriegsbericht über die Eroberung des freien Gallien in den Jahren 58–52 v. Chr.; am Mittelmeer war die Schlacht jedoch längst geschlagen und Südgallien seit 70 Jahren eine römische Provinz – dank griechischer Mithilfe.

Rom fühlte sich der griechischen Niederlassung Massalia seit dem Zweiten Punischen Krieg zu Dank verpflichtet, weil die Massalioten den Römern den Vormarsch Hannibals gemeldet hatten und 217 v. Chr. helfen konnten, ein Seegefecht gegen die Karthager zu gewinnen. So ließen sich die Römer nicht lange bitten, als Massalia 125 v. Chr. den militärischen Beistand gegen vordrin-

gende keltoligurische Salyer aus dem Hinterland erfragten. Einmal mehr gelang es Rom, neben dem Dank der Verbündeten die Früchte der Militärhilfe alleine zu ernten. Seinem siegreichen Feldherrn überließ es den Triumph, in Anspielung auf die einstige Niederwerfung Hannibals auf einem Elefanten durch Rom zu ziehen.

Der Mann, dem diese Ehre zuteil wurde, hieß Gnaius Domitius Ahenobarbus. Nachdem 123 v. Chr. andere Heerführer das salysche Machtzentrum Entremont bei Aix-en-Provence dem Erdboden gleichgemacht hatten, regten sich die Allobroger und Arverner, zwei im Rhônetal seßhafte keltische Stämme, deren Unmut in einem zweiten Feldzug von Gnaius Domitius mit Hilfe eines Kriegskollegen gnadenlos erstickt wurde. Das war die Stunde von Domitius, Roms neuem Mann am Mittelmeer. Von strategischem und politischem Weitblick geleitet, zwang er den gesamten westlichen Mittelmeerraum unter die römische Knute. Als Brückenkopf zu Spanien gründete er 118 v. Chr. Roms erste außeritalische Kolonie, die Colonia Narbo Martius. Narbonne wurde das zukünftige Verwaltungszentrum der Provincia Narbonensis, wie das gesamte Gebiet zwischen Pyrenäen und Alpen später benannt wurde. Dazwischen lagen erste schöne Jahre für römische Veteranen, Kaufleute, Landwirte und Architekten – und harte Zeiten für die unterworfenen Kelten. Domitius ließ den Besiegten keine Zeit zur Trauer. Er benötigte ihre Muskeln, solange sie noch stark waren, um ein gigantisches Straßenbauprojekt zu verwirklichen, den Ausbau der alten »Straße des Herakles« zu einer durchgängig gepflasterten Schnellstraße zwischen Beaucaire und den Pyrenäen, der nach ihm benannten Via Domitia (s. S. 48 f.).

Via Domitia
Die römische Rennpiste am Mittelmeer

In schnurgeraden Linien durchliefen die Straßen das Gelände, sie wurden mit behauenen Steinen gepflastert oder mit Sandaufschüttungen bedeckt, die dann festgestampft wurden. Vertiefungen wurden ausgefüllt; wo Gießbäche oder Schluchten das Gelände durchschnitten, baute man Brücken, und da man beide Ufer gleichmäßig erhöhte, gewann die ganze Anlage ein ebenmäßiges, erfreuliches Aussehen.« (Plutarch) Der römische Straßenzustandsbericht aus griechischer Philosophenfeder könnte auch der Via Domitia gegolten haben, einem Glanzstück römischer Straßenbaukunst und Teil des etwa 5000 km umfassenden befestigten Straßennetzes zur Blütezeit des römischen Imperiums.

118 v. Chr. begann der Bau der 250 km langen Via Domitia entlang der alten »Straße des Herakles«. Nach ihrer zügigen Fertigstellung verband die Trasse die Pyrenäenschneise am Col du Perthus mit den ehemaligen keltoiberischen Siedlungen Elne und Ruscino, führte über das Oppidum d'Ensérune, Narbonne (Fahrbahndecke und Meilenstein, s. S. 224), Béziers, Substantion (Castelnau-le-Lez, Grabungsstelle mit Meilenstein und Fahrbahndecke, s. S. 189 ff.), Ambrussum (besterhaltenes Teilstück einer Zufahrt und Brückenfragment, s. S. 152) nach Nîmes und erhielt in Beaucaire Anschluß an das Straßennetz der östlichen Provincia.

Die gepflasterte Straßendecke ruhte auf sehr tragfähigen, mit Kies und Schotter abgedeckten Fundamenten, wurde seitlich durch hochgestellte Steinplatten begrenzt und mit Hilfe von Entwässerungsgräben und Ablaufrinnen einigermaßen trocken gehalten. Daß dies nicht immer gelang und schwerbeladene Zugtiere bei Regen auf dem glitschigen Pflaster unweigerlich ausgerutscht sein müssen, hat den Bauherrn Domitius und seine Architekten augenscheinlich wenig beeindruckt. Die Straße sollte ursprünglich nicht zivilen, sondern militärischen Zwecken dienen und eine schnelle Verlegung großer Truppenkontingente ermöglichen. Die aber marschierten zu Fuß, und die wenigen Streit- und Kurierwagen waren leicht und solide genug gebaut,

Map legend:

- Standort einer *civitas* (Stadt)
- Via Domitia (bekannte Strecke)
- Via Domitia (vermutete Strecke)
- ★ Oppidum oder Poststation
- Römische Brücke

Map labels:
Uzès · Nîmes · Nages · Beaucaire/Ugernum · Lodève · St-Guilhem-le-Désert · Sommières · Ambrussum · Substantio · Lunel · St-Gilles · Clermont-l'Hérault · Montpellier · Etang de Mauguio · Aigues-Mortes · Etang de Vaccarès · Lac du Salagou · Valmagne · Pézenas · Stes-Maries-de-la-Mer · Béziers · Sète · Ensérune · Etang de Thau · Narbonne · Valras · Carcassonne · Etang de l'Ayrolle · Mittelmeer · Sigean · Aire Lapalme · Etang de Lapalme · Etang de Leucate · Perpignan · Ruscino · Etang de Canet · Prades · Elne · Collioure · Col du Perthus

N
0   20 km

um auf dem holprigen Pflaster nicht zusammenzubrechen. Alle 12 km konnten die Pferde gewechselt werden, im Abstand von 45 km sorgten Rasthäuser für das leibliche Wohl der Kuriere, Meilensteine zeigten die Entfernungen zu den Siedlungszentren an (eine römische Meile = 1,481 km).

Mit dem Untergang des Römischen Reiches verfiel auch die Via Domitia, denn es fehlte den neuen Machthabern an Geld und Know-how zur Instandhaltung der Schnellstraße. Im Mittelalter hatte man die Existenz der Via Domitia längst vergessen oder – abergläubisch wie man war – als Teufelswerk abgetan, denn angesichts der katastrophalen Verkehrsverbindungen fiel es schwer zu glauben, daß Menschen jemals zum Bau derartiger Straßen in der Lage gewesen waren.

Unter Ludwig XIV. wurde das Straßennetz im Midi erheblich ausgeweitet, aber erst 2000 Jahre nach dem Bau der Via Domitia stand im westlichen Mittelmeerraum mit einer neuen Autobahn wieder eine entsprechend schnelle Straßenverbindung zur Verfügung.

Im Niederen Languedoc hatten die Ligurer und Iberer angesichts der römischen Überlegenheit die Waffen gestreckt, Massalia beugte sich der kulturellen Übermacht des römischen Verbündeten, und bis auf einen Beutezug der Helvetier, durchmarschierende Kimbern und Teutonen und aufständische Tektosagen gingen die römischen Geschäfte gut – Friede herrschte in der Provinz. Es entstanden erste Siedlungen und *villae*, römische Güter mit ausgedehnten Ländereien, auf denen wenige freie Kleinbauern und Scharen von Sklaven den Rücken für ihre Grundherren krümmten. Die *pax romana* garantierte dem römischen Kolonialplebs Reichtum und ein Leben in sicheren Grenzen.

Rom meinte es gut mit seinen Bürgern, denn Cäsar brauchte die Ruhe vor dem Sturm, den er im restlichen, immer noch freien Gallien 58 v. Chr. mit einem raschen militärischen Schlag zu entfesseln gedachte. Tatsächlich gelang es Cäsars Truppen, Gallien in nur sieben Jahren in die Knie zu zwingen und 52 v. Chr. den legendären Vercingetorix in Alesia vernichtend zu schlagen. Der

Schlüssel zu Cäsars raschem Erfolg lag in der politischen Zerrissenheit der Gallier, ihren unflexiblen Verteidigungstechniken und vor allem in der Provincia Narbonensis, die ihm den Rücken freihielt und durch gesicherten Nachschub stärkte. Nachdem Cäsar seinen politischen Gegenspieler Pompeius ausgeschaltet und die Massalioten wegen der Unterstützung des Widersachers bluten gelassen hatte, verordnete er als Alleinherrscher über das Imperium Romanum 46 v. Chr. der Provinz neue Handelsniederlassungen, von denen Arles die wirtschaftliche Nachfolge Massalias antrat.

Das Gesicht der Provincia Narbonensis änderte sich mit der Machtergreifung von Augustus 27 v. Chr., der aus der senatorischen eine kaiserliche Provinz machte und einen Bauboom initiierte. Narbonne, Béziers und Nîmes entwickelten sich in den folgenden zwei Jahrhunderten zu blühenden Städten, Aquädukte stellten die Deckung des steigenden Wasserverbrauchs und Tempelbauten den Segen der Götter sicher. Der Anstieg der Bevölkerungszahl auf geschätzte 1,5 Mio. glich den Menschenverlust durch die vorangegangenen Eroberungskriege aus, und ein Heer von Sklaven und abhängigen gallischen Kleinbauern füllte Taschen und Mägen der Provinzbewohner.

Um den Unfreien die Lust auf Widerstand und Flucht zu nehmen und den Nachschub an jungen Sklaven sicherzustellen, bedurfte es einer starken Staatsgewalt und erfolgreicher Eroberungszüge Roms. Wohl deshalb bekam die Provinz den schleichenden Konjunkturabschwung der spätantiken römischen Weltwirtschaft und die Folgen der Verlagerung des politischen Schwerpunktes nach Nordosten schneller zu spüren als das Zentralreich, das sich zuerst selbst versorgte. Bereits im 3. Jh. begann der Wohlstand zu bröckeln, mehrten sich innere Machtkämpfe und erschütterten erste Barbareneinfälle die erfolgsverwöhnte Provincia Narbonensis. Ob das Christentum von den wachsenden Sorgen der Menschen profitierte, ist fraglich. Zwar missionierten schon im 2. Jh. vereinzelte Griechen und Orientalen in Marseille und Lyon, im westlichen Mittelmeerraum nahm man aber offensichtlich nur langsam Abschied von den kulturellen und religiösen Traditionen des alten Rom und ließ sich erst bekehren, als das Mailänder Edikt von 313 schon etwa 100 Jahre lang den Bewohnern des römischen Zentralreiches Glaubensfreiheit gewährte.

Als die Westgoten im 5. Jh. endgültig die Herrschaft in Gallien übernahmen, waren die Römer mit ihrem Latein aber noch nicht am Ende. Mit ihrer Sprache, aus der das Französische hervorging, hatten sie neben ihrer Weltanschauung auch ihre Rechtsauffassung exportiert, die sich im »geschriebenen Recht« manifestierte und im westlichen Mittelmeerraum noch im Mittelalter teilweise unverändert zur Anwendung kam.

Diese »Latinität« findet sich auch im Kulturverständnis der meisten Franzosen wieder, für die, wie in der römischen Antike, das zivilisatorische Moment kultureller Betätigung gleichberechtigt neben dem schöpferischen steht. Wissenschaft und Weinbau genießen ein ebenso hohes Ansehen wie Mode, Malerei und Menüs, denn sie sind Ausdruck von Kreativität und Überwindung unzivilisierter »barbarischer« Unkultur. Das französische Kulturverständnis ist weniger exklusiv und bietet jedem die Möglichkeit, allein schon durch seine im Ausland so beneidete Lebensart des Savoir-vivre an der Kultur teilzuhaben und sich auf breiter Basis mit dem eigenen Land zu identifizieren.

Aber auch der Umgang mit der Natur und die großzügige Preisgabe schützenswerter Land- und Küstengebiete zugunsten von Industrie- und Atomanlagen sind vom antiken Zivilisationsbegriff beeinflußt. Erst nachdem auch im relativ dünn besiedelten Frankreich irreparable Umweltschäden als Folge unreflektierter Zivilisationsgläubigkeit erkannt wurden, nimmt das Umweltbewußtsein zu und wird die Problematik des römisch geprägten Kulturverständnisses thematisiert.

Der gezähmte Süden

Zwei große Karls – Charlemagne und Charles de Gaulle – und viele kleinere, dazu diverse Philipps, Ludwigs und Napoleons lehrten ihre südfranzösischen Opponenten das Fürchten und hielten für Politik oder Guillotine ihren Kopf hin, damit aus dem karolingischen Frankenreich das werden konnte, was es bis heute ist: La Grande Nation, die »Große Nation« Frankreich. Zwölf Jahrhunderte machten diese Männer französische Geschichte und sorgten dafür, daß der Süden keine Geschichten machte.

Dabei hatte es für Roms einstige Musterprovinz am nordwestlichen Mittelmeer gut angefangen. Die von Karl dem Großen zur besseren Regierbarkeit des Riesenreiches eingesetzten Lehnsherren nutzten im Süden die Schwäche seiner Nachfolger, um sich mit der Kirche zu arrangieren und politisch, wirtschaftlich und militärisch Einfluß zu gewinnen. Der Mittelmeerhandel trug Früchte, und der Warenaustausch mit den katalanischen Nachbarn ließ die feudalen und kirchlichen Kassen klingeln. Okzitanien erlebte den ersten und einzigen kulturellen Höhenflug seiner kurzen eigenständigen Geschichte. In einem wahren »Bauboom« entstanden Kirchen, Klöster und Burgen, man verständigte sich in der okzitanischen Regionalsprache, der langue d'oc, mit der bürgerliche und adlige Troubadoure ihre Herzensergüsse in literarisch wegweisende Worte faßten.

Im Norden aber, jenseits der Loire, sprach man eine andere Sprache, die langue d'oïl. Sie unterschied sich durch das Wort oïl, das spätere oui, für »ja«, von der im Süden gesprochenen Sprache, in der man seine Zustimmung mit oc zu geben pflegte. Im Norden hatte mit Hugo Capet ein Mann das Wort, der die Karolinger beerbte, ihre Lehnsherren entmachtete und 987 den westfränkischen Thron bestieg. Der neue König bewies Familiensinn und führte für seinen Kapetingerclan die erbliche Thronfolge ein. Ohne es zu wissen, tat Hugo Capet damit den ersten Schritt zur Herausbildung eines Zentralstaates und ging als Geburtshelfer für die französische Nation in die Geschichtsbücher ein.

Die Politik seiner Thronerben wird von der Geschichtsschreibung bereits als bewußte Verwirklichung zentralstaatlicher Ziele beurteilt. Mit dem Sieg Philipps II. über die Engländer, 1214 bei Bouvines errungen, erweckten die Kapetinger auch bei ihren Untertanen erste Ansätze zu einem »nationalen« Zusammengehörigkeitsgefühl und stärkten zudem durch die Ausdehnung ihrer Krondomäne rund um Paris die Stellung der königlichen Zentralgewalt. Languedoc und Roussillon waren für die französische Krone nichts als Stolpersteine auf dem Weg zum geeinten Frankreich.

Einer ließ sich rasch beiseite räumen. Den willkommenen Anlaß dazu bot die Katharersekte, deren Mitglieder die Sympathie des Lokaladels genossen, weil sie der prunksüchtigen und machthungrigen Kirche durch eine asketische

Lehre Paroli boten. Der Papst fühlte sich provoziert, ließ die Katharerbewegung zerschlagen und 1209–29 mit Billigung der Krone den größten Teil des Languedoc samt seines Adels unterwerfen. Der nordfranzösische König wurde damit Herr im sprachlich und kulturell so verschiedenen okzitanischen Haus.

Das katalanische Roussillon blieb länger Stein des Anstoßes, war bei seiner Annexion 1659 aber längst kein Hindernis mehr für die Bildung eines französischen Nationalstaates. Er existierte praktisch schon, seit Franz I. einen zentral geleiteten Beamtenapparat aufgebaut und 1539 per Gesetz anstelle des Lateinischen das (Nord-) Französische zur landesweiten Amtssprache gemacht hatte. Einziges Problem dieser nationalen Glanztat: Die Bevölkerung im Süden (und nicht nur dort) verstand nicht, was ihr der König zu sagen hatte.

Zu jener Zeit war Frankreich das westeuropäische Land mit der höchsten Zahl von Regionalsprachen und Dialekten. So mußten noch vor 200 Jahren die Bastillestürmer ihre Beschlüsse in die *langue d'oc*, die okzitanische Sprache des Midi, übersetzen, um in der westlichen Mittelmeerregion verstanden zu werden und den revolutionären Geist der Südfranzosen zu wecken. Doch gerade auch die jakobinischen Revolutionäre dachten zentralistisch. Sie und die nachfolgenden Regierungen brachten zentrale Schulgesetze und Direktiven auf den Weg, um die Segnungen der Revolution, »Freiheit, Gleichheit, Brüderlichkeit«, mit nur einer Sprache im In- und Ausland zu verbreiten. Es erstaunt deshalb nicht, daß für die Franzosen die Sprache in nur zwei Jahrhunderten zum unbestrittenen Teil ihrer kulturellen Identität werden konnte.

Das gilt ebenso für das Languedoc-Roussillon, obwohl gerade im Süden

Mit vier bluttriefenden Fingern zog der vom Mörder seines Vater verletzte Wilfried vier Linien über seinen goldgelben Schild, symbolisiert im katalanischen Wappen

die *langue d'oc* und das Katalanische über Jahrhunderte hinweg wichtige Träger der von Paris negierten Regionalkultur waren. Aber auch hier zeigte die rigide Schulpolitik Wirkung, vor allem die des späten 19. Jh., deren Kernstück das Verbot von Dialekten als Unterrichtssprache war. Darüber hinaus haben von Brüssel diktierte agrarische Strukturanpassungen, die steigende Zahl nordafrikanischer Immigranten und nicht zuletzt die jährlichen Urlauberströme bei einem großen Teil der Bevölkerung Unsicherheiten erzeugt und den alten Oppositionsgeist des Midi gegenüber dem zentralistischen Staat gelähmt. Aus Angst vor Überfremdung sucht auch die traditionell eher staatsverdrossene Landbevölkerung ihre Identität in der nationalen Kulturgemeinschaft und grenzt sich, nicht ohne Stolz, mit Hilfe der landesweiten Hochsprache von den Fremden ab. Daß sich dennoch jeder gebürtige Südfranzose durch seinen weitgehend auf Nasale verzichtenden Akzent als Midibewohner zu erkennen gibt, ist durchaus erwünscht. Mag der Süden auch gezähmt worden sein, die eigene Stimme wird es ihm niemals völlig verschlagen.

»Teile und herrsche«

Föderalismus hat im vereinten Europa Konjunktur. Auch im Zentralstaat Frankreich? Die Verlagerung politischer Kompetenz in die Regionen beschäftigt das zentralistisch regierte Frankreich zwar schon lange, aber seitdem der europäische Binnenmarkt Realität geworden ist, klingeln in den Regionen erneut die Alarmglocken. Trotz erkennbarer Fortschritte der von De Gaulle begonnenen Dezentralisierungspolitik fühlt man sich nach wie vor von Paris gegängelt und fürchtet mehr denn je die ökonomische Konkurrenz jenseits der offenen Grenzen.

Das industriell wenig entwickelte Languedoc-Roussillon macht da keine Ausnahme. Es sieht sich überflügelt von politisch autonomeren und produktiveren Wirtschaftsgebieten wie der italienischen Lombardei, dem spanischen Katalonien und den süddeutschen Bundesländern. Ist die bisherige Politik der Dezentralisierung gescheitert? Kritiker werfen Paris vor, gesetzliche Maßnahmen zur Stärkung der Regionen eher als demokratische Imagepflege der Nation denn als wirkliche Teilung der zentralstaatlichen Macht zu betreiben. Es scheint so, als wären Frankreichs Volksvertreter der von Ludwig XI. im 15. Jh. verkündeten Staatsmaxime *Diviser pour régner*, »teilen, um zu herrschen«, treu geblieben. Man gibt den Regionen zwar mehr Leine, die politischen Fäden werden aber um so entschlossener in der Hauptstadt gesponnen und nicht aus der Hand gegeben.

Ein Vorwurf, der bereits de Gaulle traf, als er im Jahre 1969 ein erstes Regionalisierungsprojekt auf den Tisch brachte, das unverkennbar zentralistische Züge trug. Die Gesetzesvorlage scheiterte, weil sie den einen zu weit, den anderen

Place de la République in Pézenas

nicht weit genug ging. Der General trat daraufhin zurück. Weder Pompidou noch sein Nachfolger Giscard d'Estaing waren überzeugte Dezentralisten. Immerhin sorgte man dafür, daß die von Napoleon ins Leben gerufenen und seit ehedem von Paris eingesetzten Departementpräfekten diverse Kompetenzen an wählbare, die 96 Departements vertretende Präsidenten und Departementparlamente (*Conseil Général*) abtraten. Selbst eine so geringfügige Machtverschiebung wie diese ließ Giscard d'Estaing befürchten, daß die traditionelle Verwaltungseinheit durch die Kompetenzverlagerung in die Regionen auseinanderbrechen und die *Grande Nation* ins Wanken geraten könne.

Nichts dergleichen geschah; statt dessen brachten Wähler die Konservativen zu Fall, und die neue Linksregierung unter Mitterrand unternahm 1982 einen neuen Anlauf zur Dezentralisierung. Die bereits 1956 aus bis zu acht Departe-ments gebildeten und mit den vorrevolu-tionären Landschaftsnamen versehenen 22 Regionen (weitere vier in Übersee) wurden in Wirtschaftsregionen umge-wandelt und mit einem größeren finan-ziellen sowie administrativen Spielraum ausgestattet. Darüber hinaus erhielten sie den departementalen Parlamenten (*Conseil Général*) nebengeordnete, ebenso direkt wählbare Regionalparla-mente (*Conseil Régional*), geführt von Präsidenten, denen auf einigen Gebie-ten die Finanzhoheit zuerkannt wurde.

Auch die über 36 000 Bürgermeister (*Maires*), neben den Präfekten die einsti-gen Hätschelkinder Napoleons, gingen nicht leer aus. Das Gesetzeswerk ge-stand den Staatsdienern das lang er-sehnte Recht zu, ohne Gnaden von Paris Baugenehmigungen zu erteilen. Unver-sehens bekam Mitterrand, mit seinen gigantischen Pariser Architekturen der unbestrittene erste Baumeister der Na-tion, Konkurrenz. Als *Leurs Majestés les Maires*, »Eure Majestäten die Bürger-meister«, bespöttelte man in den 80er Jahren solche Stadtvorsteher, die das neue Baurecht weidlich nutzten, um sich fürstliche Rathäuser zu genehmigen und den Gemeinden herrschaftliche Kongreßzentren und hypermoderne Wohntempel zu spendieren. Im Langue-doc-Roussillon waren es die Stadtväter von Montpellier und Nîmes, die mit ihren postmodernen Prestigebauten um die Lorbeeren für dezentrale Tatkraft buhlten – und dem Bürgermeister der Regionalhauptstadt den erwarteten Sieg einbrachten. Paris sollte es recht sein, solange sich die Betonmischer drehten und die Steuern flossen.

Seit Beginn der 90er Jahre herrscht Katerstimmung in den Regionen, nicht allein wegen einiger Dellen in den Wirt-schaftskurven. Die Gründe sind weitaus vielschichtiger. Während sich viele Bür-ger von der Dezentralisierung eine Ver-änderung des starren Verhältnisses zwi-schen Staat und Gesellschaft erhofft hatten, kritisieren Politiker den Kompe-tenzwirrwarr zwischen den Gebietskör-perschaften und ungeklärte Statusfra-gen der regionalen Volksvertreter.

Enttäuscht sind zahlreiche Wortführer okzitanischer Bewegungen, die der Re-gierung Mitterrand eine Rückbesinnung auf die regionalen Ursprünge der fran-zösischen Nation zugetraut und eine Förderung ihrer Kulturen und Sprachen erwartet hatten. Immerhin erreichten sie, daß Okzitanisch mittlerweile als Wahlfach in Gymnasien angeboten wird, sozusagen als Fremdsprache. Ka-talanische Autonomisten beklagen an-dererseits, daß die Zusammenfassung von Roussillon und Languedoc zu einer Verwaltungseinheit die historischen Un-terschiede der Gebiete negiert und eine ähnlich zentralistische Zwangsvereini-gung darstellt wie die Annexion Roussil-lons durch den Pyrenäenvertrag von 1659.

An den Schulen und Universitäten wird der Vorwurf lauter, die Präsident-schaft des Neogaullisten Jacques Chirac habe nach anfänglichen Erfolgen zur Rückkehr des Zentralismus geführt, un-terstützt von Pariser Technokraten im Elyséepalast, dem Amtssitz des Präsi-denten. Mit landesweiten Streiks zeigen die Pennäler alle Jahre wieder, wie wenig sie von einem Erziehungswesen halten, das 1 Mio. Beamte ernährt – die größte europäische Bürokratie –, aber nicht in der Lage ist, in den schlecht aus-gestatteten öffentlichen Schulen ein ähnlich gutes Unterrichtsniveau wie in den teuren Privatschulen zu garantieren.

Der soziale Zündstoff dürfte so bald nicht zu entschärfen sein, denn ein de-zentrales Schulsystem, das auf die regionalen gesellschaftlichen Strukturen und Probleme flexibel reagieren könnte, ist im Dezentralisierungsgesetz nicht vorgesehen. Nach wie vor hört eine Mehrheit der Franzosen auf die alten Mahnungen der jakobinischen Revolutionäre, allen politischen Maßnahmen zu mißtrauen, die den Zentralstaat in seinen Grundfesten bedrohen könnten. Die Reduzierung dieses staatlichen Einflusses auf das Erziehungswesen käme nach Auffassung vieler Franzosen einem Sakrileg gleich, das die zentralstaatliche Autorität unterminieren würde. Keine Regierung will das riskieren, und so begnügt sie sich mit kosmetischen Korrekturen und Finanzspritzen.

Frustriert sind auch zahlreiche Regionalpolitiker, weil sie ihr politisches Fortkommen gefährdet sehen, und das aus zweierlei Gründen: Zum einen sorgt man sich um Wählerstimmen, weil notorisch dürftige Finanzetats immer wieder zur Revision von Wahlversprechen und zu Ausgabenkürzungen zwingen – beileibe kein französisches Politikerschicksal. Zum anderen gefährdet das regionale Engagement die ungemein begehrte Politikerkarriere in Paris. Um das zu begreifen, muß man sich näher mit den Tücken politischer Sprungbretter beschäftigen.

1985 trat ein Gesetz in Kraft, das Politikern nur mehr zwei ähnliche Wahlmandate zuerkennt. Provinzpolitiker mit Ambitionen müssen sich nun an den Fingern abzählen, für welche der fünf interessanten Posten sie kandidieren sollen: für das Amt des Bürgermeisters, den Präsidenten- oder Abgeordnetenstuhl im Regionalparlament, den Sitz in der Nationalversammlung oder einen Platz im Senat. Keine Frage, daß viele von vornherein auf den ungeliebten Job im Regionalparlament verzichten, weil er weder ein gutes Einkommen noch Prestige und Ein-

fluß verspricht und, viel schlimmer sogar, die Aussichten auf eine spätere Tätigkeit in einem nationalen Gremium erschwert. Der beste Startplatz für den Sprung nach Paris ist in alter Tradition der Amtssessel eines Gemeindebürgermeisters, was sich an der erstaunlich großen Anzahl ehemaliger Stadtväter in der Nationalversammlung ablesen läßt.

Die Regionen und Departements stehen vor dem Dilemma, die leer gebliebenen Stühle in den regionalen Gremien mit ausgeliehenen Staatsdienern und Verwaltungsexperten der Zentralverwaltung besetzen zu müssen. Ob dieser Personaltransfer der Dezentralisierung dienlich ist, mag bezweifelt werden, denn durch die Hintertür verschafft sich der Zentralstaat erneut Zugang in die Regionen und nimmt mit Hilfe seiner personellen Leihgaben Einfluß auf die Regionalpolitik.

So ist Frankreich, mit oder ohne dezentrale Anstrengungen, in vielerlei Hinsicht ein geteiltes Land. Auf der einen Seite die schwerreiche Region Paris mit besten Ausbildungs- und Karrieremöglichkeiten, dem höchsten Pro-Kopf-Verdienst der gesamten EU und großer Attraktivität für in- und ausländische Investoren, auf der anderen Seite die wirtschaftlich schwachen Regionen mit nur geringem Steueraufkommen und industriellen Standortnachteilen.

»Vive le sud?«

»Es lebe der Süden!« Im Languedoc-Roussillon macht man sich mit Slogans wie diesem Mut, seit es der Region dämmert, daß sich die Regierung Mitterrand an ihren Dezentralisierungsinitiativen der 80er Jahre überhoben hat und vor dem alten zentralstaatlichen Denken der Staatsbürokratie vorerst in die Knie ge-

Das Regionalparlament in Montpellier

gangen ist. Wenn sich Paris derart bereitwillig der französischen Tradition beugt, so fragen sich Regionalpolitiker nicht ohne Hinterlist, warum soll sich dann nicht auch der Süden von seiner Geschichte leiten lassen? Die aber weist den westlichen Mittelmeerraum als eine ehemals reiche Region aus, die bereits vor 2000 Jahren einem von nördlichen Landesteilen unabhängigen Wirtschaftskreislauf angehörte und Händler aus allen Teilen des europäischen Kontinents anzog. Ob auch die Zukunft dem Süden gehört und am Mittelmeer ein neuer »Supermarkt« für den alten Kontinent entsteht, wie es viele Regionalpolitiker hoffen, wird jedoch kaum in Paris, geschweige denn in Montpellier, sondern in der EU-Zentrale Brüssel und den Chefetagen der multinationalen Konzerne entschieden.

Dort ist man sich gar nicht so sicher, daß auf der historischen mediterranen Handelsroute nach der Jahrtausendwende 2000 wieder ein vergleichbar reger Warenaustausch in West-Ost-Richtung herrschen wird, denn man bezweifelt, daß sich nach Wegfall der Handelsschranken die bisherigen südlichen Wirtschaftskonkurrenten Languedoc-Roussillon und Provence auf der einen, Katalonien, Lombardei und Süddeutschland auf der anderen Seite zu einer eng kooperierenden Wirtschaftsregion zusammenschließen werden. Und das, obwohl in Brüssel bereits gesetzliche Maßnahmen diskutiert werden, um den länder- und grenzüberschreitenden Regionalisierungsprozeß zu fördern und beispielsweise ein europäischer Regionalrat geschaffen werden soll, der die Rechte der gestärkten Regionen gegenüber den EU-Mitgliedsstaaten vertritt, die sich bis dahin voraussichtlich zu einer politischen Union zusammengeschlossen haben werden.

Was spricht angesichts dieser europäischen Einigungsprozesse gegen eine Wiederbelebung der Wirtschaftsachse Barcelona-Montpellier-Mailand und deren Verlängerung bis München, wo Katalonien und das Languedoc-Roussillon doch so viel verbindet? Die Nachbarregion jenseits der Pyrenäen stellte im frühen Mittelalter den einzigen fränkischen Besitz in Spanien dar, demgegenüber war das Roussillon etwa 500 Jahre lang Teil des unabhängigen Katalonien, und Montpellier gehörte im 13. Jh. zum Königreich Mallorca. Darüber hinaus findet der Großraum Barcelona, in dem heute etwa 25 % des spanischen Bruttosozialprodukts erwirtschaftet werden, in den dynamischen Elektro-, Mode- und High-Tech-Metropolen Mailand und München eine attraktive Entsprechung.

Das Problem stellt das Languedoc-Roussillon selbst dar, denn es ist fraglich, ob der ländlichen Region, die ihre Haupteinkünfte aus der Landwirtschaft bezieht, der Spagat zwischen den Industrieregionen im Westen und im Osten gelingt. Dazu müßten Nîmes, Montpellier, Narbonne und Perpignan gewaltige Anstrengungen unternehmen, um viele neue Industrie- und Forschungseinrichtungen anzusiedeln, die zudem nicht in Konkurrenz zu Toulouse, der europäischen Metropole des Flugzeugbaus, sowie der katalanischen Kapitale Barcelona stehen, sondern sich mit deren Industrien ergän-

zen. Trotz der von Paris verfügten Ansiedlungsprämien für Unternehmen in den Regionen ist es bisher nur Montpellier gelungen, zahlreiche High-Tech-Firmen und Niederlassungen großer internationaler Firmen anzusiedeln.

Ein weiteres Hindernis für die Schaffung einer mediterranen Wirtschaftsregion mit dem Languedoc-Roussillon in ihrer Mitte ist der hierfür erforderliche massive Ausbau der Verkehrswege sowie der Flugplätze in der Küstenebene. Bisher gelangen die südwestlichen Warenströme zu einem Großteil über Toulouse in den Norden Frankreichs, während der südöstliche Wirtschaftsverkehr durch das Rhônetal fließt. So ganz wohl ist keinem Regionalpolitiker bei dem Gedanken, daran mehr als das unbedingt Notwendige zu ändern. Das Verkehrsnetz ist für den Transport der agrarischen Erzeugnisse mit wenigen Ausnahmen ausreichend, und ein umfänglicher Neubau von Trassen für den Schwerverkehr brächte womöglich den zweitgrößten Kapitalstrom des westlichen Midi zum Stocken: den Tourismus.

Über 6 Mio. Urlauber, darunter ein Viertel Ausländer, verbringen Jahr für Jahr ihre Ferien an den Sandstränden und im Hinterland des Languedoc-Roussillon. 1960, bevor entlang der Küste sieben moderne Feriencentren aus dem Sandboden gestampft wurden und das europäische Wirtschaftswunder noch nicht in Erfüllung gegangen war, zählte die westliche Mittelmeerregion keine 300 000 Besucher im Jahr. Heute fließen jährlich etwa 6 Mrd. Francs in diese drittgrößte Ferienregion Frankreichs. »Vive le sud!« ist die Devise der regionalen Wirtschaftsplaner, »vive les devises!« die der Steuerbehörden.

Wirtschaftsfaktor Fischfang: Le Grau-du-Roi

Kreuz oder Kopftuch?
Der ethnisch-religiöse Konflikt
in Frankreich

Von den muslimischen Schulmäd-chen Leila und Fatima ist wenig zu sehen; zu wenig, wie der Verwaltungsdirektor der Schule befindet, woraufhin er den Schwestern die weitere Teilnahme am Unterricht verweigert. Dabei haben die zwei Schwestern noch nie die Schule geschwänzt. Ihr Vergehen ist weitaus schlimmer, denn ihre Eltern schickten sie mit dem tief in die Stirn gezogenen *higab* in die Schule, einem Kopftuch, mit dem Frauen islamischer Fundamentalisten ihren Kopf bedecken müssen, weil Haare ein tabuisiertes Sexualsymbol darstellen. Der Vorfall geschah 1989 und ließ sich noch auf diplomatischem Wege lösen. Der Vater wurde von der Botschaft seines marokkanischen Geburtslandes aufgefordert, seine Töchter zu »entschleiern«, um die ohnehin schlechte Atmosphäre für die in Frankreich lebenden Muslime und Araber nicht unnötig zu belasten.

Dennoch war der Graben wieder tiefer geworden, der einen Teil der Franzosen von den etwa 3 Mio. Arabern im Lande trennt. Und trotz der erfolgreichen diplomatischen Intervention blieb dieser, viele Jahre zurückliegende und verglichen mit der jüngsten Anschlagserie algerischer Fundamentalisten in Paris eher harmlose Religionskonflikt bis heute in der französischen Presse das meistzitierte Synonym für die ethnisch-religiösen Spannungen in der französischen Gesellschaft.

Die wachsende Kritik an den arabischen Mitbürgern auf der einen und die kompromißlose Religiosität einiger weniger Muslime auf der anderen Seite gefährden zunehmend die vielrassige Gesellschaft, die *société multiraciale*, und stellen einen zentralen Teil der französischen Geschichte in Frage. Seit der Französischen Revolution gilt nämlich der nur selten angefochtene Grundsatz, daß ein »Franzose ist, wer Französisch spricht und sich als Franzose fühlt«. Generationen von Schulkindern verschiedenster Herkunftsländer und Hautfarben finden es deshalb völlig normal, in ihren Geschichtsbüchern den Satz zu lesen, daß ihre Vorfahren die Gallier sind.

Gewöhnt sind sie es auch, daß in staatlichen Schulen weder christliche Kreuze noch arabische Kopftücher geduldet und, anders als in den öffentlichen Bildungsanstalten der Bundesrepublik, kein Religionsunterricht angeboten wird. Es war die Dritte Republik, die 1905 für eine Trennung von Staat und Kirche sorgte und den Laizismus als demokratischen Grundstein in der französischen Verfassung verankerte. Neben dem Versprechen von »Freiheit, Gleichheit und Brüderlichkeit« sowie liberalen Einwanderungsgesetzen machte auch der Laizismus das Land zu einem geschätzten Ziel für Immigranten aller Religionen, besonders für arbeitssuchende Araber aus den entkolonialisierten Ländern Nordafrikas und des Nahen Ostens.

Seit den frühen 80er Jahren schwanden die Stimmen, die in der toleranten Einwanderungspolitik eine Möglichkeit zur Wiedergutmachung für den kolonialen Übereifer Frankreichs sahen, der erst mit dem Algerienkrieg 1962 ein blutiges Ende nahm. Und nur noch eine knappe Mehrheit der Gesellschaft, die selbst zu einem Drittel von »Fremden« abstammt, befürwortet heute eine großzügige Einbürgerungspraxis des Staates und die Arbeitserlaubnis für Asylsuchende. Bedeutet die zunehmende Ablehnung arabischer Einwanderer – und nur sie trifft augenblicklich der Volkszorn – ein Versagen der meinungsbildenden Parteien und Gesellschaftsgruppen? Weder den Vertretern der ethnischen und religiösen Minderheiten noch den Parteien in Regierung und Parlament gelang es bis heute, diesen in Frankreich geäußerten Vorwurf zu entkräften.

1981 gewährte die frisch ins Amt gekommene Regierung Mitterrand mehr als 100 000 illegalen Einwanderen ein Bleiberecht und erwies sich damit einen wahren Bärendienst. In Scharen wechselten verängstigte Wähler in das Lager des rechtsextremen Front National. Dessen Parteigründer Le Pen verstand es, die bis dato sachliche Diskussion um die Integrationsmöglichkeiten der Einwanderer zu emotionalisieren. Sein populistisches Konzept, das Eingliederungsproblem durch eine völlige Zuzugsbeschränkung von Ausländern, zumindest aber von Arabern zu lösen, fand auch in den Reihen der bürgerlichen und linken Parteien Sympathie, so daß es zunächst nicht gelang, ein ausgewogenes Gesetz zur Integration von Ausländern zu verabschieden. Die Unsicherheiten auf beiden Seiten waren ein Nährboden für wachsenden Rassismus.

Die in Frankreich geborenen Kinder arabischer Einwanderer reagierten darauf mit der Gründung der landesweiten Selbsthilfeorganisation »SOS Racisme«. Sie wurde zum Sprachrohr der *Beurs*, wie sich junge Araber in modisch silbenverdrehender Ableitung von *Arabe* selber nennen, und warb, unterstützt durch eigene Medien, um Verständnis für ihre Integrations- und Identitätsprobleme – mit mäßigem Erfolg. Kaum ein Politiker, der gelernt hat, zwischen Muslimen und Arabern zu unterscheiden. Kaum eine Zeitung, die deutlich macht, daß nur ein verschwindend kleiner Teil der Muslime zu militanter Religiosität neigt. Kaum eine Fernsehsendung, die klarstellt, daß die große Mehrheit der *Beurs* sich als Franzosen fühlt und den Kopf lieber dem Tanzpartner als Mekka entgegenbeugt.

Was unter einer sozialistischen Regierung unmöglich gewesen wäre, verwirklichte die konservative Regierung Balladur nur wenige Monate, nachdem sie von den Wählern 1993 ins Amt gewählt worden war. Die Nationalversammlung billigte eine Reform des Staatsbürgerschaftsrechts, mit der die Einbürgerung von Ausländern erschwert wird. Kernpunkt ist eine Bestimmung, daß ein in Frankreich geborenes Kind ausländischer Eltern mit 18 Jahren nicht mehr automatisch die französische Staatsbürgerschaft erhält, sondern zwischen dem 16. und 21. Lebensjahr selbst beantragen muß.

Dem Siegeszug der rechtsradikalen Nationalen Front (FN) haben die neuen Gesetze zunächst keinen Abbruch getan. 1995 wuden die ersten Rathäuser von Großstädten an der Côte d'Azur erobert. Ob der FN sein erklärtes Ziel erreicht, bis 2004 auch die Bürgermeister in Perpignan, Narbonne und Nîmes zu stellen, scheint jedoch fraglich. 1999 kam es wegen des Führungsstils von Le Pen zur Spaltung der Partei.

Zeittafel: Vom Mittelalter bis zur Neuzeit

Languedoc und Roussillon im frühen Mittelalter

450–500	»Barbarische« Völkerschaften, u. a. Germanen, fallen in Gallien ein, erschüttern den Zusammenhalt des Römischen Reiches und erzwingen die Verlagerung der Reichspolitik nach Norden und Osten. Die Provincia Narbonensis gerät ins politische Abseits. Mit Billigung der Ordnungsmacht Rom siedeln sich die Westgoten im Gebiet des heutigen Languedoc-Roussillon an, das nach 418 Teil eines den Westen und Süden Frankreichs sowie Spanien umfassenden Großreichs mit der Kapitale Tolosa (Toulouse) wird.
507	Franken und Burgunder erstreiten sich unter Führung des Merowingers Chlodwig bei Vouillé Aquitanien und das westliche Languedoc samt Toulouse. Die Küstenebene und das Roussillon verbleiben als sogenannte Septimania mit den sieben Städten Nîmes, Maguelone, Béziers, Agde, Carcassonne, Narbonne und Elne bis ins 8. Jh. beim Westgotenreich, in dem seit 587 der katholische Glaube an Boden gewinnt.
719	Araber verleiben ihren iberischen Eroberungen Narbonne ein und bringen die Septimania für 40 Jahre unter ihre Herrschaft. Wie schon die Westgoten tolerieren die Araber römisch geprägte Sitten, belassen dem Lateinischen den Status der Verkehrssprache und gewähren Glaubensfreiheit.

732	Karl Martell siegt bei Tours und Poitiers über Abd ar-Rahman, den Statthalter des Kalifen in Spanien. Die Septimania bleibt aber in arabischer Hand, da sich Narbonne mit den liberalen Arabern gegen das befürchtete fränkische Joch zur Wehr setzt.
759	Der frischgesalbte König Pippin I. rächt die Schmach seines Vaters Martell, »befreit« mit der Eroberung Narbonnes die Septimania und gliedert sie mitsamt des wenig später besiegten Aquitanien seinem fränkischen Reich ein.
778	Der Plan Karls des Großen, Spanien »heim ins Christenreich zu holen«, scheitert durch Niederlagen vor Saragossa und im Pyrenäental Roncesvalles, wo Hruodland, der Held des späteren »Rolandliedes«, fällt.
803	Wilhelm »Kurznase«, Markgraf von Toulouse, gelingt, was seinem Vetter Karl dem Großen mißlang: durch Inbesitznahme Barcelonas die karolingische Reconquista, die Rückeroberung Spaniens, einzuleiten und die Voraussetzung zur Gründung der Spanischen Mark (fränkisch *marka* = Grenze) zu schaffen, mit der das Karolingerreich über die Pyrenäen hinaus nach Katalonien ausgedehnt wird.

Karl der Große etabliert im westlichen Mittelmeerraum das fränkische Feudalsystem. Er sichert seine Herrschaft durch Teilung der Macht mit neu eingesetzten Grafen und altgedienten, autonomen Herzögen, die er jedoch durch den Vasalleneid fest an sich bindet. Nach dem Tode Karls des Großen gewinnen die örtlichen Feudalherren an politischem Einfluß. Sie regieren nunmehr für etwa 600 Jahre praktisch souverän die wechselnd vereinigten und wieder getrennten Gebiete des heutigen Languedoc und des Roussillon.

Katalanisches Roussillon

11. Jh.	Auch die Herausbildung einer katalanischen Nation beidseits der Pyrenäen im 11. Jh. ist dem gewachsenen Selbstbewußtsein eines lokalen Feudalgeschlechts zu verdanken, den Grafen von Barcelona und ihren verbündeten Lehnsherren. Sie entledigen sich der königlichen Lehnshoheit, nachdem sie iberische Araber ohne karolingische Mithilfe abgewehrt haben, und dehnen ihren Einfluß bis an die Corbières aus. Entlang des Gebirges verläuft bis heute die historisch gewachsene Sprachbarriere zwischen dem Katalanischen und dem Okzitanischen.
1137	Der mächtige katalanische Graf Raimund Berenguer IV. von Barcelona wird Herrscher des Königreichs von Aragón.

1172	Raimund Berenguer erbt das Roussillon, das bis zum Anschluß an Frankreich im Jahre 1659 mit Katalonien eng verbunden bleibt und zum benachbarten Languedoc kulturelle und auch wirtschaftliche Beziehungen pflegt. Dem politischen Bündnis zwischen Katalonien und Okzitanien (Languedoc) jedoch setzen die französische Krone und der Papst unter dem Deckmantel eines Kreuzzugs gegen kirchenkritische Katharer ein Ende.
1213	Peter II., König von Aragón (Katalonien), findet in Muret den Tod beim Versuch, seinen Schwager Raimund VI., Graf von Toulouse (Okzitanien), vor dem Angriff der französischen Kreuzzügler zu schützen.
1258	Jakob I. von Aragón, der Sohn Peters II., tritt alle nördlich der Corbières gelegenen Gebiete und die Fenouillèdes an Ludwig IX. ab und läßt sich im Gegenzug dafür den französischen Verzicht auf Katalonien einschließlich des Roussillon im Vertrag von Corbeil zusichern.
1272	Jakob I. teilt sein Königreich samt der eroberten Gebiete unter seinen Söhnen auf. Peter III. wird mit einem Großteil Aragóns und Valencias bedacht; sein Halbbruder Jakob II. erhält die zum Königreich Mallorca zusammengefaßten Besitztümer Montpellier, Roussillon und Cerdagne nebst den Balearen.
1276	Jakob II. läßt sich als Jakob I. zum König von Mallorca krönen und beginnt mit dem Bau eines Palastes in Perpignan – neben Mallorca die zweite Hauptstadt des Königreiches. Roussillon profitiert von dem regen Handelsverkehr zwischen den Mittelmeerinseln und den aragonesischen Besitzungen. Perpignan, Montpellier, Collioure und Port-Vendres werden blühende Zentren des mediterranen Land- und Seehandels. Mit französischer Hilfe schützen die schwachen Könige von Mallorca ihr Erbteil vor den Besitzansprüchen der aragonesischen Verwandtschaft.
1344	Peter IV. nutzt die Schwäche des französischen Königtums während des Hundertjährigen Krieges mit England aus, um das durch Erbteilung entstandene Königreich Mallorca wieder in das aragonesische Herrschaftsgebiet einzugliedern. Montpellier geht an Frankreich. Ein Konjunkturabschwung und der Ausbruch der Pest beenden die 70 fetten Jahre des Roussillon.
1410	Mit Martin dem Menschlichen stirbt der letzte König aus dem Hause Aragón, ohne einen Erben zu hinterlassen.
1412	Das Machtvakuum füllt die kastilische Familie Trastámara mit der Inthronisierung eines ihrer Sprößlinge als Ferdinand I.
1458	Der Kastilier Johann II. eignet sich gewaltsam den aragonesischen Thron an und löst damit unter den Katalanen eine Revolte aus.

1462	Johann II. von Aragón bedankt sich bei Ludwig XI. für einen Militärkredit zur Bekämpfung rebellierender Katalanen und überläßt ihm die Cerdagne und das Roussillon als Pfand, das der Franzose alsbald in Besitz nimmt.
1469	Johann II. gelingt es, zwischen Isabella von Kastilien und seinem Sohn Ferdinand II. eine Ehe zu stiften und mit den Liebenden auch Aragón und Kastilien zu vereinigen. Der Konflikt mit Katalonien wird beigelegt. Diese neue Einigkeit macht Spanien stark und lehrt die Franzosen das Fürchten.
1493	Karl VIII. von Frankreich, in Auseinandersetzungen mit Italien verwickelt, erhofft sich die Neutralität Spaniens durch Rückgabe der Cerdagne und des Roussillon erkaufen zu können.
1497	Ferdinand II. zeigt den Franzosen Flagge mit dem Bau des Châteaufort de Salses im Grenzgebiet der Corbières.

Châteaufort de Salses

1640	Die Toleranz gewohnten Katalanen wehren sich gegen das zentralistische und erzkatholische Herrschaftsgebaren der Kastilier und erbitten militärische Nachbarschaftshilfe, die Frankreich nur allzu gerne und sehr erfolgreich gewährt.
1659	Mit dem Abschluß des Pyrenäenvertrages erfüllt sich der langgehegte Traum Frankreichs von der endgültigen Rückgewinnung des Roussillon und einer »natürlichen« Gebirgsgrenze zu Spanien. Das französische Hexagon (die annähernd sechseckige Form des Staatsgebiets) nimmt Konturen an und ist nur noch an seiner Südostseite zu Italien hin instabil. Für die freiheitsliebenden Katalanen diesseits der Pyrenäen jedoch geht die Rechnung nicht auf, denn sie tauschen den zentralistischen Herrschaftsstil Kastiliens gegen den Absolutismus Frankreichs unter Ludwig XIV. ein.

Die historische Entwicklung im Languedoc

11.–12. Jh.   Was Barcelonas Grafendynastie für Katalonien bedeutete, sind die Grafen von Toulouse für das Languedoc des 11. und 12. Jh.: machtvolle und geschickte Initiatoren einer selbstbewußten und liberalen Politik in ihrem okzitanischen Herrschaftsbereich, der sich nach Norden weit über die heutigen Regionalgrenzen ausdehnt. Ihre politische Autonomie verdanken sie den Nachfolgern Karls des Großen, die nicht in der Lage sind, das große Karolingerreich bis in die Grenzgebiete zu kontrollieren, und sich daher die Gunst der regionalen Grafen durch Landschenkungen erkaufen müssen.

Gemeinsame Profitgier und gegenseitige Einflußnahme auf Kirchen- und Regierungsgeschäfte kennzeichnen das Verhältnis zwischen okzitanischem Adel und Klerus. Die päpstliche Politik im Vorfeld des sogenannten Investiturstreits kontert mit dem »Dictatus Papae« und der gregorianischen Reform, die den Bischof von Rom über die weltlichen Würdenträger stellt und zwischen Laien und Priestern eine größere Distanz schafft. Die okzitanischen Adligen wagen daraufhin den Machtkampf mit der Kirche, bekunden der sich im 12. Jh. im Süden ausbreitenden antiklerikalen Katharerbewegung demonstrativ ihre Sympathie und unterstützen deren asketische Frömmigkeit.

1207   Raimund VI., Graf von Toulouse, wird exkommuniziert.

1209   Der vom Papst befohlene Kreuzzug gegen die ketzerischen Katharer und ihre teilweise adligen Sympathisanten artet in ein Gemetzel aus, bei dem allein in Béziers 15 000 Menschen den Tod finden.

1229   Die katharische Opposition ist zerschlagen. Die französische Krone wird zum Nutznießer des Kreuzzugs und erhält freien Zugang zum Mittelmeer. Die großen Verlierer sind das bislang selbständige Okzitanien und die eigentlichen Initiatoren der blutigen Wallfahrt, die katholische Kirche und ihre päpstlichen Repräsentanten.

1348   Im westlichen Mittelmeerraum breitet sich die Pest aus und dezimiert bis Mitte des 15. Jh. die Bevölkerung um etwa die Hälfte.

1339–1453   Frankreich ist in den Hunderjährigen Krieg mit England verwickelt, der besonders im Norden und Westen des Landes ausgefochten wird, das Languedoc aber weitgehend verschont.

1598   Das Edikt von Nantes gewährt den blutig verfolgten Protestanten Glaubensfreiheit. Die Hugenotten finden besonders im Süden viele Anhänger.

1622	Ludwig XIV. erhebt Montpellier zum Verwaltungszentrum des Niederen Languedoc.
1662	Pierre Paul de Riquet gewinnt Ludwig XIV. für den Bau des Canal du Midi und gründet 1666 die Hafenstadt Sète.
1685	Ludwig XIV. hebt das Edikt von Nantes auf und löst eine Massenflucht der Hugenotten ins westliche Ausland aus.
1702–04	Es kommt zur blutigen Verfolgung der *Camisards*, der hugenottischen Restgemeinde in den unwegsamen Cevennen. Eine Gleichbehandlung mit Katholiken erreichen die Hugenotten erst in der Französischen Revolution.

Languedoc und Roussillon
seit der Französischen Revolution

1789	Auch der Süden feiert die Revolution und hofft auf ein Ende zentralstaatlicher Repression.
1790	Die traditionellen, feudalistisch »vorbelasteten« Provinzen werden nach geographischen Kriterien in annähernd gleich große Departements gegliedert. Aus der ehemaligen Provinz Roussillon wird das Departement Pyrénées-Orientales, und das Languedoc zerfällt in neun Departements, die im Norden weit über die historische Provinzgrenze hinausreichen. Bis zu einer Verwaltungsreform in den 60er Jahren dieses Jahrhunderts dienen die alten Grafschafts- bzw. Provinznamen »Roussillon« und »Languedoc« aussschließlich zur geographischen Benennung der hiesigen Mittelmeerlandschaften.
1799–1804	Napoleon I. strafft die Zentralgewalt und setzt zur Durchsetzung seiner Machtinteressen in den Departements Präfekten und Bürgermeister als Staatsrepräsentanten ein. Die Hoffnung des Midi auf größere regionale Autonomie erfüllt sich nicht. Eine industrielle Entwicklung hingegen scheitert u. a. an den schlechten Verkehrsverbindungen und der agrarischen Struktur. Der Süden gerät erneut ins Abseits.
1857	Der Bau der Eisenbahnlinie Bordeaux–Tarascon beginnt, ab 1864 gefolgt von der Linie Paris–Toulon, um die Kohlevorkommen der Cevennen für die nordfranzösischen Industrien nutzbar zu machen.
1875	Die Reblausplage vernichtet einen Großteil der Weinstöcke. Der Weinbau bleibt jedoch agrarischer Haupterwerbszweig.
1882	Mit der Einführung der allgemeinen Schulpflicht wird Französisch verbindliche Unterrichtssprache. Den Schulkindern wird der Gebrauch ihrer als *patois* (Dialekt) diskreditierten okzitanischen Regionalsprachen bei Androhung des Schulverweises untersagt.

1907 500 000 Winzer und ihre Angehörigen revoltieren gegen einen rapiden Preisverfall des Weins, ausgelöst durch Überproduktion und Importe aus der Kolonie Algerien. Der Versuch, die Demonstrationen mit militärischem Einsatz niederzuknüppeln, mißlingt zunächst, weil in dem beorderten Regiment zu viele Winzersöhne dienen. Am Ende z. T. blutiger Auseinandersetzungen mit 30 000 Soldaten aus anderen Regionen gelingt ein staatlich diktierter Kompromiß, der zwar die Existenz der Winzer garantiert, sie jedoch nahe an die Armutsgrenze drückt.

1942 Im Zuge der deutschen Okkupation wird nun auch Südfrankreich von der Wehrmacht besetzt. Zahlreiche Emigranten finden bei der Landbevölkerung Unterschlupf. Das unwegsame Bergland der Südcevennen erweist sich für die Résistance als ideales Operations- und Rückzugsgebiet.

1962 Nach Beendigung des Algerienkrieges lassen sich viele Algerienfranzosen bevorzugt in und um Montpellier nieder.

1964 Montpellier wird Kapitale der noch in den Kinderschuhen steckenden Wirtschaftsregion Languedoc-Roussillon.

1982 Nach Amtsübernahme Mitterrands tritt das Dezentralisierungsgesetz in Kraft, das die Wirtschaftsregionen in autonome Gebietskörperschaften mit direkt wählbaren Regional- und Departementparlamenten umwandelt. Dieser Wegfall zentraler Verwaltungskontrolle durch Paris zeigt in der Region Languedoc-Roussillon erste wirtschaftliche Erfolge. Der rechtsextreme Front National gewinnt, vor allem in den Ballungszentren mit vielen arabischen Einwanderern, Wählerstimmen.

1990–2000 Der »Dezentralisierungseuphorie« der 80er Jahre ist Ernüchterung gewichen. Noch immer bestimmt zentralstaatliches Denken das politische Tagesgeschäft. Die 1995 von Präsident Jacques Chirac und seiner konservativen Regierung begonnene Privatisierung von Staatsbetrieben ist unter der Linksregierung Jospins 1999 ins Stocken geraten. Das Ziel, die Midi-Region zu einem gewichtigen Standort für multinationale Hightech-Industrien zu machen und neue Arbeitsplätze in der Software- und Multimediabranche zu schaffen, gelang nur Montpellier. Der von Brüssel betriebene Abbau von Agrarsubventionen hat weitere Arbeitsplätze und Wählerstimmen für die bürgerlichen Parteien gekostet.

Eine verläßliche und stetig wachsende Einnahmequelle der Region wird auch nach der Jahrtausendwende der Tourismus sein. Ab 2001, so die Prognose, werden jährlich 6,6 Mio. Urlauber erwartet, eine Steigerung von 10%.

Stein auf Stein – Die romanische und gotische Sakralarchitektur

Die Romanik

»Sehr wenig Menschen – einsame Gegenden, die sich nach Westen, nach Norden und nach Osten erstrecken, unüberschaubar werden und schließlich alles bedecken – Brachland, Sümpfe, unstete Flußläufe, die Heide, das Dickicht und die Weiden, alle Arten verkümmerten Waldes als Hinterlassenschaft von Buschbränden und den flüchtigen Einsaaten der Brandroder – hier und dort Lichtungen, einmal erobertes, doch nur halbwegs gezähmtes Land, leicht kümmerliche Furchen, die von mageren Ochsen gezogene Holzgeräte auf dem widerspenstigen Boden hinterlassen haben. […] eine wilde Welt, eine Welt in den Fängen des Hungers.

Das ganze Jahr satt zu essen zu haben erschien damals als ein außerordentliches Privileg einiger Adliger, einiger Priester und einiger Mönche. Alle anderen waren Sklaven des Hungers. Sie empfanden ihn als die spezifische Bedingung des menschlichen Daseins. Das Leiden, so dachten sie, liegt in der Natur des Menschen. Und dieser Mensch fühlt sich nackt, völlig entblößt, dem Tod, dem Bösen und dem Schrecken ausgeliefert. Weil er Sünder ist. Seit Adams Fall quält ihn der Hunger, und wegen der Erbsünde kann niemand von sich behaupten, ihn überwunden zu haben. Diese Welt lebt in Angst, insbesondere der Angst vor ihren eigenen Schwächen.«
(Georges Duby)

So sieht es aus im Abendland vor der Jahrtausendwende, am Vorabend einer neuen Kunstepoche, der Romanik. Eine ihrer Wiegen steht im Roussillon. Dort wird um 1020 die Klosterkirche St-Martin-du-Canigou errichtet, die zu den ersten komplett eingewölbten Gotteshäusern im Europa des Mittelalters zählt. Wie kommt es, daß hier und im benachbarten Languedoc über 500 romanische Sakralbauten aus dem 11. und 12. Jh. versammelt sind, so viele wie kaum in einer anderen Region Frankreichs?

Der um das Jahr 1000 einsetzende Bauboom hat politische, wirtschaftliche und natürlich religiöse Ursachen. Sie reichen zurück in die Zeit, als der westliche Mittelmeerraum noch eine römische Kolonie war und sich das Christentum aufgrund der im römischen Zentral-

Skulpturen an der Fassade St-Gilles

reich gewährten Glaubensfreiheit auch in der Gallia Narbonensis ausbreiten konnte. Mitte des 3. Jh. gab es im Süden Galliens bereits mehrere Missionsbischöfe, die sich in Narbonne, Béziers, Lodève, Uzès und Nîmes als Bauherren betätigten. Sie trafen auf eine Bevölkerung, die noch bis ins 5. Jh. hinein heidnischen Kulturen anhing und vermutlich dafür verantwortlich war, daß die frühchristlichen Nekropolen wieder zerstört wurden.

Dem Siegeszug des Christentums tat dies keinen Abbruch. Während für das römische Imperium und seine Götter die Sterne in der Kolonie sanken, weil Merowinger Anfang des 5. Jh. das Gebiet zwischen Rhône und Pyrenäen erobert hatten, machte die christliche Erleuchtung des heidnischen Abendlandes gute Fortschritte. In Maguelone, Agde und Carcassonne wurden ungeachtet der politischen Wirren neue Bischofssitze gegründet und Kathedralen geweiht. Offensichtlich hatte die Kirche mit den germanischen Kriegern leichtes Spiel, denn die »Barbaren« trafen in Südgallien nicht nur auf gut funktionierende römische Verwaltungs- und Gesellschaftsstrukturen, die den christlichen Würdenträgern wohl vertraut waren, sondern hatten überdies dem Universalanspruch der christlichen Missionsreligion nichts Vergleichbares entgegenzusetzen. Sie erlagen vermutlich rasch der Überzeugungskraft von Missionaren. Diese waren wie sie von Aberglauben und Ängsten vor überirdischen Mächten geplagt, hatten aber offensichtlich ihren Seelenfrieden durch Heiligenverehrungen gefunden, die sich vom heidnischen Götzenkult so sehr nicht unterschieden.

St-Guilhem-le-Désert

Auch die arabische Besetzung des Roussillon und weiter Teile des Languedoc im Jahre 719 bedeutete für die Christianisierung Südeuropas auf lange Sicht nur einen unbedeutenden Rückschlag. Die Kirche wußte sehr wohl, daß das Abendland ein Vordringen des Islam nicht hinnehmen würde. So erteilte die Kirche Karl Martell bereitwillig den Segen, als er der islamischen Konkurrenzreligion 732 den Kampf ansagte, wohl wissend, daß der Karolinger weniger aus religiösen als aus politischen Gründen handelte. Dennoch scheiterte Martell, weil er übersehen hatte, daß sich die Bevölkerung am Mittelmeer unter ihren muslimischen Besatzern recht wohl fühlte. Sie profitierte von den kulturellen Segnungen der Araber und ihrer Toleranz gegenüber Andersgläubigen. Besatzer und Besetzte verbündeten sich gegen den fränkischen Christenfreund Karl Martell, der unverrichteter Dinge umkehren mußte.

Sein Sohn Pippin I. war erfolgreicher. 759 vertrieb er die Araber aus der südwestfranzösischen Mittelmeerregion, gliederte das »befreite« Gebiet dem fränkischen Reich ein und brachte die Organisation der Kirche als romtreue Reichskirche zum Abschluß. Den Katholiken überließ er die Aufgabe, die Bevölkerung geistig auf die Segnungen des Abendlandes einzustimmen.

Ihren größten Gönner fand die Kirche allerdings in Karl dem Großen, der aus politischen Gründen den Klerus förderte. Er war auf die Mithilfe der Kirche angewiesen, um ein Riesenreich zu regieren, dessen Grenzen bei seinem Tode im Jahre 814 von Katalonien bis zur Elbe reichten. Unter der Herrschaft des Kaisers wurden deshalb nicht nur allzu selbstbewußte, autonome Herzöge durch willfährige neue Grafen aus den Reihen der karolingischen Reichsaristo-

kratie ersetzt und das Lehnswesen fest verankert, sondern auch die Bischofskirchen mit Königsgut ausgestattet, da sich die Bischöfe als Kulturträger und Kenner der römischen Verwaltungspraxis für den Aufbau der fränkischen Reichsverwaltung als unentbehrliche Helfer erwiesen.

Auch die Mönche dienten Karl dem Großen als dienstbare Geister. Vom Klosterreformer und kaiserlichen Beichtvater Benedikt von Aniane zu einer Rückbesinnung auf eine gehorsame, einfache und enthaltsame Lebensweise aufgefordert, zogen sie sich in die entlegenen und unwirtschaftlichen Gebiete des Karolingerreiches zurück. Im Roussillon trafen sie auf ihre Glaubensbrüder aus dem Emirat Córdoba, das diese aus Angst vor den Muslimen verlassen hatten. Karl der Große veranlaßte seine Gebietsgrafen, den Mönchen Ländereien abzutreten, so daß aus Missionsplätzen Klosterbetriebe entstehen konnten, deren Unterhalt durch eine klösterliche Lehnsherrschaft gewährleistet war. Hundertschaften von Bauern, die fortan für ihre geistlichen Dienstherren den Rükken krümmen und Abgaben leisten mußten, füllten die Mägen der Mönche.

Die Betbrüder konnten sich nun voll und ganz der ihnen zugedachten Rolle als »Lehrer der Nation« widmen. Ein größeres Geschenk hätte ihnen der Kaiser, vermutlich selber Analphabet, kaum machen können. Neben dem göttlichen hatten die Mönche jetzt auch den kaiserlichen Segen, ihr Wissen ungehindert im Reich zu verbreiten. Woran es noch weitgehend fehlte, waren Ehrfurcht gebietende Gebetsstätten und Repräsentationsbauten als sichtbarer Beweis christlicher Geistesmacht. Das sollte sich bald ändern.

Gute Erträge aus den Pfründen und Sprengeln lösten eine erste, »frühromanische« Bauwelle aus und brachten die Steine ins Rollen, mit denen innerhalb weniger Jahre Kirchen und Klöster errichtet werden konnten. In Nîmes und Narbonne ließen Bischöfe neue Kathedralen bauen, schon bestehende Gebäude wie St-Gilles in der Camargue und St-Aphrodise in Béziers wurden großzügig erweitert. Eines der berühmtesten Klöster aus jener Zeit ist St-Guilhem-le-Désert, eine Gründung des seinem Kaiser treu ergebenen Kriegsherrn Wilhelm »Kurznase«, der aus Liebeskummer das Eremitendasein wählte und sich 806 in die Einsamkeit des Verdustals zurückzog (s. S. 199). Aber auch die Adligen betätigten sich als Bauherren, stifteten Klöster und verordneten Familienmitgliedern Karriere als geistliche Würdenträger. Im Languedoc machte besonders das Grafengeschlecht von Toulouse auf diese Weise von sich reden.

Nachdem Karl der Große den Weg alles Weltlichen gegangen war, führten Machtstreitigkeiten unter seinen drei Enkeln zu einer Reichsteilung, die 843 im Vertrag von Verdun besiegelt wurde. Karl der Kahle, dem das westliche Reichsgebiet zugesprochen wurde, und seine Nachfolger mit so sprechenden Namen wie Ludwig der Stammler, Karl der Einfältige und Ludwig der Überseeische waren zunehmend darauf angewiesen, das fränkische Teilreich mit Hilfe der großen westfränkischen Adelsfamilien zu regieren. Die Entlohnung für ihren Beistand, etwa bei der Bekämpfung der Araber und Normannen, war üppig: Gewinnbringende Abteien wechselten den Besitzer, und ursprünglich nur als Lehen überlassenes Krongut wurde in erblichen Privatbesitz umge-

Glockenturm der Kathedrale in Uzès

Stilmerkmale romanischer Baukunst im Languedoc-Roussillon

Ursprünge: Die Romanik des westlichen Midi übernimmt Bauweisen der römischen Antike. Die Kapitell- und Gesimsgestaltung der Portalanlage von St-Gilles zeigt beispielhaft die Anlehnung an römische Fassadenarchitektur.

Einflüsse: Byzantinische Architekturmerkmale aus der Lombardei (Ravenna) wie kleinteiliges Bruchsteinmauerwerk und sparsame Verwendung von Gliederungselementen für die Wandgestaltung machen sich bemerkbar: Zumeist beschränkt sich der Dekor auf Blendarkaden (auf Stützpfeilern ruhende Bogen, die keine Maueröffnungen überspannen, sondern geschlossenen Wänden vorgeblendet sind) und Lisenen (zur optischen Gliederung von Fassaden dienende, vertikale Mauerverstärkungen). Die Verbreitung des »lombardischen Stils« findet durch Architekten Oberitaliens statt, die über Nordspanien einwandern und von dort zusätzlich westgotische Techniken der Deckeneinwölbung einführen (vgl. St-Martin-du-Canigou, s. S. 267 ff.).

Grundprinzip: Der starke Seitenschub des Tonnengewölbes läßt aus statischen Gründen nur massive Außenmauern mit kleinen, den Druck zur Seite ableitenden rundbogigen Fenstern zu. Diese besonders bei frühromanischen Bauten wie St-Guilhem-le-Désert (s. S. 199) archaisch wirkende Bauweise bleibt im Languedoc und Roussillon von den spätromanischen Neuerungen anderer Regionen des Westfrankenreichs unberührt.

Kirchtürme: Die zentrale Bedeutung des Gottesdienstes für die Verbreitung christlicher Glaubenssätze verlangt in den Jahrhunderten des Analphabetismus und ungenauer Zeitvorstellungen nach einem wirksamen Mittel, den jeweiligen Messebeginn weithin hörbar anzukündigen. Während im Islam – wie das Christentum eine Verkündigungsreligion – noch heute der Muezzin zum Gebet ruft, übernimmt die Kirche um 500 die Sitte nordafrikanischer Klöster, durch Glockengeläut zum Kirchgang aufzufordern. Um das Geläut weithin hörbar zu machen, geht man, erstmalig in der Lombardei (Ravenna), dazu über, für ursprünglich an Holzgerüsten aufgehängte Glocken hohe, freistehende Türme zu errichten. Mit dem Einzug des romanischen Baustils der Lombardei im westlichen Mittelmeerraum wird der neben dem Kirchengebäude errichtete Kampanile auch bei hiesigen Sakralbauten gebräuchlich (vgl. den mit einer Blendbogengliederung versehenen Rundturm der Kathedrale St-Théodorit in Uzès, s. S. 150).

Der Vierungsturm, über dem tragfähigen Quadrat der sich kreuzenden Lang- und Querhäuser errichtet, findet indes mehr Verbreitung. Die Eckpunkte der Vierung werden im Kircheninnern durch massive Pfeiler betont, die zusätzlich das Gewicht eines Turmaufbaus tragen können.

Kirchenraum: Mit der Entdeckung des angeblichen Jakobsgrabes in Santiago de Compostela im Jahre 818 kommen

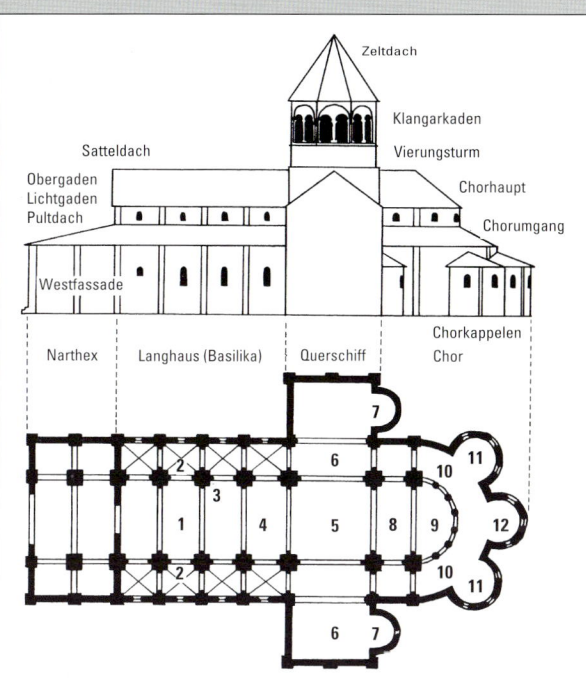

Idealplan einer romanischen Basilika

1 Mittelschiff
2 Seitenschiff
3 kantonierter Pfeiler
4 Vierungspfeiler
5 Vierung
6 Querschiff
7 Querschiff-kapellen
8 Chorjoch
9 Chorhaupt
10 Chorumgang
11 Chorkapellen
12 Scheitelkapelle

Labels in figure: Zeltdach, Klangarkaden, Vierungsturm, Chorhaupt, Chorumgang, Satteldach, Obergaden, Lichtgaden, Pultdach, Westfassade, Chorkappelen, Chor, Narthex, Langhaus (Basilika), Querschiff

Wallfahrten und Reliquienverehrungen in Mode. Die Aussicht, durch Betasten der Reliquienschreine eines Heiligen bereits zu Lebzeiten einen ersten Kontakt zum seligmachenden Jenseits herzustellen, läßt Scharen von Pilgern die beschwerliche Reise nach Nordwestspanien unternehmen. Es bilden sich feste Routen heraus, von denen eine über St-Gilles und St-Guilhem-le-Désert ins iberische Nachbarland führt. Um der Pilgermassen Herr zu werden, entstehen entlang des Weges zahlreiche, ebenfalls mit Reliquien ausgestattete Kirchen. Ihre Innenräume werden so konzipiert, daß die Wallfahrer auf einem Umgang an den Kultgegenständen vorbeigeleitet werden können, ohne eine gleichzeitig zelebrierte Messe zu stören. Zu diesem Zweck erweitert man den Chorraum durch Kapellenanbauten, in denen die ursprünglich im Kirchenraum verteilten Altäre samt der Reliquien Platz finden, oder errichtet über dem Grab des Heiligen eine Krypta.

Steinplastik: Die Steinskulpturen an den Fassaden der Kirchen – auf Türstürzen, Tympana und Gewändekapitellen – und die Kapitelle im Innern der Gotteshäuser sollten den überwiegend leseunkundigen Gläubigen, gleichsam als mittelalterlicher »Comic-Strip«, die Inhalte der Bibel vor Augen führen. Ihre meist flächenhaft-ornamentale, auf den heutigen Betrachter so »expressionistisch« wirkende archaische Darstellungsform weist sie als integrierten Bestandteil der Sakralarchitektur aus – nicht die künstle-

Die älteste eindeutig datierte Skulpturarbeit der Romanik Frankreichs: der Türsturz der ehemaligen Klosterkirche St-Genis-des-Fontaines

rische Aussage an sich, das neuzeitliche *l'art pour l'art*, sondern ihre Funktion als Vermittler von Glaubensinhalten bestimmt ihre Form.

Dies zeigt sich eindringlich an der frühesten romanischen Plastik des Roussillon, dem Türsturz der ehemaligen Klosterkirche St-Genis-des-Fontaines (1020; s. S. 272 f.): Die flächenhaften, schematisierten Figuren werden von den rahmenden Arkaden geradezu eingezwängt, in den architektonischen Zusammenhang eingebunden. Die Skulpturen von St-Michel-de-Cuxa (um 1140; s. S. 266) sollten wegweisend für die Romanik des Roussillon werden, die insgesamt weniger figürliche Darstellungen als die anderen romanischen Regionalstile kennt. An den Kapitellen und der berühmten Sängerkanzel von Serrabone (s. S. 263 f.) sowie an den Kapitellen von St-Martin-du-Canigou (s. S. 267 ff.), vor allem aber an den Kreuzgangkapitellen von Elne (s. S. 259) findet diese Schule mit ihren so genormt wirkenden, geometrischen und präzise gemeißelten Figuren, Fabelwesen und vegetabilen Ornamenten ihren schönsten Ausdruck.

Eine Sonderstellung nimmt die großartige Fassade von St-Gilles (s. S. 163 ff.) ein, deren plastische, römischen Vorbildern verpflichtete Skulpturen vom Einfluß der provenzalischen Romanik zeugen.

Wehrkirchen: In Küstennähe errichtete Kirchenbauten, etwa die Kathedralen von Agde (s. S. 177 ff.) und Maguelone (s. S. 174), werden zum Schutz vor etwaigen Angriffen vom Meer zu Wehrkirchen ausgebaut und erinnern durch hochangesetzte Fenster und imposante Mauern an mittelalterliche Verteidigungsanlagen.

wandelt. Dieser Macht- und Einkommenszuwachs des Regionaladels führte letztlich zu einem Verfall der karolingischen Königs- und Kirchenherrschaft und einer Zersplitterung des Landes. Die Bautätigkeiten erlahmten, denn Kirche und Krone gingen die Gelder aus, und die Adelsfamilien waren zunächst damit beschäftigt, ihrem gewachsenen politischen Einfluß auf Kirche und Königshaus eine machterhaltende Struktur zu verleihen.

Was dabei herauskam, war ein gefestigtes Feudalsystem, das den neuen Stand der adligen, landbesitzenden Grundherrn zunehmend von ökonomischen Sorgen befreite. Der Adel hatte nun Zeit und Geld, um der erlahmten Bautätigkeit zu neuem Aufschwung zu verhelfen und seinem Machtzuwachs durch repräsentative Kirchen- und Klosterstiftungen Glanz zu verleihen, tatkräftig unterstützt von Bischöfen und Äbten, die großteils aus den Reihen des Adels stammten und den weltlichen Einfluß auf die Kirchen- und Klostergeschäfte sicherstellten.

Neben der gefestigten Position des Adels war die veränderte politische Großwetterlage Ende des 10. Jh. mindestens ebenso entscheidend für das rasante Wiederaufleben der einstigen Bautätigkeiten. Das westliche Frankenreich erlebte eine neue Phase der Konsolidierung und eine erste, wenn auch bescheidene Wiederbelebung der Wirtschaft. Kaufleute aus ganz Europa eroberten sich die alten, vordem überwiegend militärisch genutzten Handelswege für einen friedlichen Warenverkehr zurück.

In Paris hatte sich 987 der Begründer der Kapetingerdynastie, Hugo Capet, die Königskrone aufs Haupt gesetzt und unverzüglich damit begonnen, das westfränkische Reichsgebiet einer zentralen Königsmacht mit Sitz in Paris zu unterstellen. Noch aber reichte sein langer Arm nicht über die Krondomäne der Ile de France im Herzen des Westfrankenreiches hinaus. Dem mächtigen Toulouser Grafengeschlecht gelang es, sich während des 11. und 12. Jh. dem Zugriff der kapetingischen Zentralgewalt zu entziehen und das Gebiet des Languedoc, das schon damals im Süden bis zum Rhônedelta reichte, frei von königlicher Einmischung zu regieren. Das Roussillon blieb mit wenigen Unterbrechungen bis zur endgültigen Einverleibung unter Ludwig XIV. dem benachbarten Katalonien kulturell und politisch eng verbunden. Hier wie dort profitierte die Bevölkerung von dem Pioniergeist der Mönche und der zeitweiligen Toleranz, mit der der ansässige Klerus und die Adligen ihre Herrschaft ausübten. Entlang der Küste spuckten Mönche und Bauern gleichermaßen in die Hände und legten weite Teile des versumpften Küstensaums trocken, um anbaufähiges Land zu gewinnen. Die Aktivitäten sprachen sich in kurzer Zeit herum. Aus dem Norden eingewanderte Siedler ließen sich in der Küstenebene nieder oder machten durch weitflächige Rodungen die Höhenzüge der Montagne Noire und der Cevennen urbar.

Trotz des raschen Bevölkerungszuwachses nahmen die Hungersnöte ab, nicht zuletzt, weil sich die starken Klimaschwankungen vorangegangener Jahrhunderte einpendelten und höhere Temperaturen größere Erträge ermöglichten. Der für die Jahrtausendwende von abergläubischen Sündern prophezeite Weltuntergang blieb aus – das von Predigern angekündigte »Jüngste Gericht« hatte sich vertagt. Die »dunklen Epochen« des frühen Mittelalters schienen vorbei zu sein. Was blieb, waren die Mühsal des täglichen Lebens und die

Ohnmacht vor Krankheiten, Naturereignissen und der Willkür der meisten Grundherren.

Daß die Konstrukteure und Bauherren von Sakralbauten zu einem weitgehend einheitlichen Baustil fanden, der das 11. und 12. Jh. beherrschte (und als sogenannte Romanik auch von ungeübten Betrachtern recht leicht erkannt wird), läßt sich aus den wirtschaftlichen, gesellschaftlichen und kulturellen Entwicklungen erklären, die der Epoche der Romanik den Boden bereitet haben. Darüber hinaus spiegelt die Architektur – wie zu allen Zeiten – das bautechnische Know-how und das weltanschauliche und politische Umfeld der Jahre ihres Entstehens wider. Beinahe jeder Stein hat eine Bedeutung, und die Art seiner Verwendung ist Ausdruck der Funktion, die das Bauwerk für seine Bauherren ausüben soll.

Die Gotik

Während der Norden Frankreichs bereits Anfang des 13. Jh. der zentralen Königsgewalt der Kapetinger unterstellt war, teilte sich im Languedoc zu jener Zeit noch das Toulouser Grafengeschlecht die Macht mit ländlichen Klostervorstehern und Bischöfen in unentwickelten Städten. Erst nach der Zerschlagung der ketzerischen Katharerbewegung und dem Aussterben der Toulouser Territorialherren im Jahre 1271 gelang es den Kapetingerkönigen, deren politischer Einfluß seit Ende der Katharerkriege bis ans Mittelmeer reichte, sich bis in den Südwesten und ins Roussillon auszudehnen und auch hier eine zentralstaatliche Machtstruktur aufzubauen.

Erneut wird die Architektur zum Spiegel sozialer und wirtschaftlicher Umbrüche. Neue Gesellschaftsschichten lösen die alten Führungseliten der regionalen Adelsgeschlechter ab. An die Stelle von ländlichen romanischen Gotteshäusern und Klosterkirchen, die vornehmlich dem Repräsentationsbedürfnis sowie dem Totengedenken des autonomen Feudaladels und den wallfahrenden Jakobspilgern gedient hatten, tritt die städtische gotische Kathedrale. Der unverzüglich nach der Unterwerfung des Midi eintretende Baubeginn der Kathedralen von Béziers, Carcassonne und Narbonne macht unmißverständlich deutlich, wer fortan die Macht im Lande auszuüben gedachte: die Kapetinger und ihre vorausschauend protegierte Hausmacht.

Sie bestand nicht nur aus einem neugeschaffenen, treu ergebenen Hof- und Beamtenadel, der den alten Landadel verdrängte und eine störungsfreie Verwaltung des Kapetingerreichs gewährleistete, sondern auch aus zahlreichen ehemals armen Stadtbewohnern, die im Zuge eines Wirtschaftsaufschwungs zu selbstbewußten Stadtbürgern avanciert waren. Ihren Reichtum verdankten sie dem gewachsenen Warenverkehr, der die Städte in dynamische Handelszentren verwandelte, und einer Entwicklung, die ihren Ausgang auf dem Lande genommen hatte. Die teilweise Befreiung von feudalen Frondiensten durch die Kapetinger führte zu einer Steigerung der landwirtschaftlichen Produktivität und setzte Arbeitskräfte frei, die zu einem Aufschwung des Handwerks beitrugen. Mehr und mehr Handwerksbetriebe siedelten sich in den Städten an, hinter deren Mauern man Schutz, Arbeitsplätze und kaufmännisch begabte Handelsherren fand.

Der Löwenanteil des erwirtschafteten Mehrwerts floß in die Taschen der Bürger und Könige, die häufig eine Interessenkoalition eingingen, als das gewachsene Selbstbewußtsein von Krone und

Kathedrale St-Just in Narbonne

Stadt gegenüber dem deklassierten Landadel nach einem repräsentativen Wahrzeichen verlangte. Es stand außer Frage, daß diese Funktion am besten das neue Glanzstück mittelalterlicher Baukunst erfüllte: die gotische Kathedrale. Mit ihr konnten sich die Spitzen der mittelalterlichen Gesellschaftspyramide des Kapetingerreichs gleichermaßen identifizieren, denn der imposante gotische Baustil war im 12. Jh. auf fränkischem Boden entstanden und bedeutete ein Ehrfurcht gebietendes Symbol königlicher Macht und städtischer Schaffenskraft im religiösen Gewande.

Daß die Gotik in der westlichen Mittelmeerregion jedoch nicht annähernd so viele Spuren wie die Romanik hinterlassen hat, mag an der generell eher ablehnenden Haltung der mediterranen Bevölkerung gegenüber einer starken königlichen Zentralgewalt gelegen haben. Man verzieh den Kapetingern nicht, daß sie dem Süden die regionale Eigenständigkeit genommen hatten und zum Nutznießer des brutalen Kreuzzugs gegen die Katharer und ihre ländlichen Sympathisanten geworden waren.

Die neue gesellschaftliche Machtkonstellation seit dem 12. Jh., vor allem aber die anwachsende Dominanz der Städte gegenüber dem Land hat die Verbreitung der gotischen Sakralbaukunst in Frankreich gefördert. Möglich wurde der neue, imposante Baustil jedoch nur, weil findige Kirchenbaumeister schon während der romanischen Epoche technische Antworten auf bisher ungelöste Statikprobleme gefunden hatten. In Cluny war man Anfang des 12. Jh. auf die Idee gekommen, die Außenmauern vom Druck der Dachkonstruktion zu entlasten, indem man die alte Tonnenwölbung spitzbogig gestaltete und so die Schubkraft auf wenige tragende Mauerteile und Säulen lenken konnte. Der (spätromanische) Spitzbogen und das Strebewerk mit Rippengewölbe wurden zu signifikanten Bauelementen der Gotik. Sie schufen die Basis für eine statisch perfekte Skelettbauweise, ohne die eine monumentale Baukunst wie die der Gotik nicht zu verwirklichen gewesen wäre.

Château de Quéribus im Roussillon ▷

Die wichtigsten Sehenswürdigkeiten im Überblick

Reisen im Languedoc-Roussillon

Am Unterlauf der Rhône

Kleine Städte am großen Strom –
Am Unterlauf der Rhône

Hat man Lyon hinter sich gelassen, erhöht sich wie von selbst der Druck aufs Gaspedal: noch 280 km bis zum Mittelmeer, vorbei an den unzähligen Öltanks der Petromultis, den Kühltürmen der AKWs von Cruas-Meysse, Montélimar, Pierrelatte und den Turbinen von Donzère-Mondragon – eine nicht enden wollende Kette von Industriekomplexen entlang der Rhône. Der dichte Verkehr auf der »Autoroute du Soleil« fordert die ganze Konzentration. So verläßt man fast unbemerkt bei Valence die nördliche Vegetationszone und findet sich plötzlich südlich von Montélimar wieder, im weit in den geschützten Rhônegraben vorgeschobenen Verbreitungsgebiet von Zypresse, Steineiche, Öl- und Feigenbaum. Es riecht bereits nach Mittelmeer. Unvermittelt und schnell passiert der Nord-Süd-Verkehr die Schwelle zum mediterranen Frankreich. Ob wie heute auf der Autobahn, Nationalstraße und Eisenbahntrasse für den Hochgeschwindigkeitszug TGV am linken und rechten Ufer oder bis Mitte des 19. Jh. noch vornehmlich auf dem Fluß selbst – seit Jahrhunderten herrscht Hochbetrieb im Rhônetal. Die Römer nutzten das bis Lyon schiffbare Flußtal noch fast ausschließlich strategisch, um ihre Truppen, wenn nötig, rasch in die unruhigen nordgallischen und westgermanischen Kolonialgebiete verlegen zu können. Im Mittelalter wurde der Rhônegraben mehr und mehr zur Lebensader des östlichen Languedoc und später zu einem frequentierten Verbindungsweg zwischen den beiden dynamischen Wirtschaftsmächten des ausgehenden Mittelalters, Italien und den Niederlanden.

Was auch immer den Strom auf- und abwärts befördert wurde, ob im Spätsommer Salz, Wein und Seide für das verwöhnte Paris oder zu Winterzeiten Getreide und Holz für den hungrigen und frierenden Süden, es mußte schnell gehen, denn Zeit bedeutete von jeher Geld – kein Problem, solange es flußabwärts ging. Die meisten der etwa 30–70 m langen, kiellosen Lastkähne, die bis zur Einführung der Dampfschiffahrt Mitte des 19. Jh. auf dem unteren Flußlauf verkehrten, benötigten etwa für die Strecke Lyon–Avignon zwei bis drei Tage. Besonders verwegene Schiffer, die »den Fluß im Blut hatten«, holten auch bei Mistralwind nur selten die Segel ein. Ein riskantes Unterfangen, denn knapp drei Monate im Jahr ragten zahllose Sandbänke aus der Fahrrinne; bei hohem Wasserstand hingegen drohten die Schiffe in den Sog von Stromschnellen zu geraten und an den Ufern oder Brückenbogen zu zerschellen.

Besonders gefürchtet war die Brücke von Pont-St-Esprit und, wen wundert's, vielbesucht die nahe Kirche St-Saturnin. Wem es gelungen war, sein Schiff unbeschadet durch die besonders eng beieinander stehenden Pfeiler der Steinbrücke hindurchzumanövrieren, der stemmte sich anschließend gerne ins Steuerruder, um das rechte Ufer für einen Landgang zum nahen Gotteshaus in Pont-St-Esprit zu erreichen. An Bord der Personenfähren ging es zumeist weniger christlich zu; Diebstähle und Vergewalti-

◁ *Die Rhône bei Pont-St-Esprit*

gungen waren an der Tagesordnung, und so mancher Fahrgast verschwand in den Fluten, weil er nicht gewillt war, den fern der rettenden Ufer willkürlich erhöhten Fährlohn zu bezahlen.

Am meisten jedoch fürchteten die abergläubischen Fahrgäste des Mittelalters die Rhône selbst, denn in ihrem dunklen Flußbett schienen sich Wassergeister und die Seelen ertrunkener Fahrgäste zu verbergen, deren Stimmen an windstillen Tagen deutlich zu vernehmen waren. Was die Phantasie der Vorfahren anregte, ist auch heute noch zu hören, besonders deutlich im Frühjahr nach der Schneeschmelze: Auf dem 812 km langen Weg von der Quelle in der Schweiz bis zur Mündung schwemmt Frankreichs zweitlängster und wasserreichster Fluß Unmengen von Geröll und Schlamm aus den Bergen ins Mittelmeer. Vornehmlich bei Hochwasser sind die Steine auf dem Flußgrund in ständiger Bewegung, rollen übereinander und verbreiten beim Aufeinanderschlagen ein gurgelndes Geräusch. Jedes Jahr spült die Rhône etwa 200 000 m^3 Sedimentgestein den Flußlauf hinunter und lagert den Schutt im Bereich ihrer beiden Mündungsarme, der »Grand Rhône« und der »Petit Rhône«, ab. Alle zwölf Monate schiebt die Rhône ihr Delta bis zu 50 m weiter ins Meer hinaus.

Flußaufwärts hatten die Flußschiffer die Rhône gegen sich. Wenn zusätzlich zur Strömung der Mistral blies, verdoppelten sich die ohnehin langen Fahrtzeiten – von Beaucaire nach Lyon beispielsweise auf vier Wochen und mehr. Um die Transportkosten niedrig zu halten, vertäute man diverse Kähne zu Schleppzügen und ließ sie auf Treidelpfaden von 50 und mehr Pferden gleichzeitig den Strom hinaufziehen. Ein mühsames Geschäft, das von den Landschiffern, einem besonders rauhbeinigen Berufs-

stand, besorgt wurde. Kein Wunder, daß es viele Schiffer vorzogen, am Zielort ihre Schiffe als Baumaterial zu verkaufen, um auf dem Rücken eines Pferdes rasch in den Norden zurück zu gelangen und auf neuen Frachtschiffen die schnelle Reise flußabwärts anzutreten. Wären die Waren aus dem Süden nicht so begehrt gewesen, hätte sich der Handelsverkehr auf der Rhône bis zur Erfindung der Dampfschiffe vermutlich sehr einseitig entwickelt.

Kaum weniger kompliziert war es über Jahrhunderte, von einem Ufer zum anderen zu gelangen. Das hatte weniger technische Gründe, denn seit dem Mittelalter überspannten erstmals stabile Steinbrücken den Fluß, die Villeneuve-lès-Avignon und Avignon oder Beaucaire und Tarascon zu Doppelstädten machten. Auch am Fährverkehr kann es nicht gelegen haben, der wegen starker Strömung und notorisch überladener Kähne und Flöße zwar ein waghalsiges und viele Menschenleben kostendes Unternehmen blieb, aber nur zu Hochwasserzeiten völlig eingestellt wurde.

Die Ursachen waren eher politischer Natur, denn bis zur Einverleibung der linksrhônischen Provence durch Ludwig XI. 1481 war die Rhône ein Grenzfluß und ihr östliches Ufer Ausland. Der Unterlauf gehörte allerdings seit der Okkupation des Languedoc durch die Kapetinger im Jahre 1271 auf ganzer Breite zum Königreich Frankreich. Die Rhône wurde deshalb zu jener Zeit vornehmlich in Nord-Süd-Richtung befahren und verband den westlichen Mittelmeerraum wirtschaftlich mit der Ile de France und Paris. Avignon verblieb sogar bis zur Französischen Revolution von 1789 im Besitz der Päpste und Gegenpäpste, ein Umstand, der immer wieder zu Reibereien führte, wenn die Kirche einen Teil des Brücken- und Wegezolls in ihre

Atomare Energiepolitik Frankreichs

Kühltürme waren in den 80er Jahren der ganze Stolz des staatlichen Strommonopolisten EdF (Electricité de France). »Eindrucksvoll ragen sie als Symbole französischer Spitzentechnologie in den strahlenden [!] Himmel des Languedoc und stellen mit ihrer kühnen Architektur sogar manches historische Bauwerk in den Schatten.« So die Verlautbarungen der Atomlobby über den schnellen Brüter und das Atommüllzwischenlager Marcoule südlich von Pont-St-Esprit.

Der bis heute von den meisten Parteien und der EdF mit enormen Werbeetats verbreitete Nimbus einer sicheren und pannenfreien französischen Kernenergie hat längst Kratzer bekommen, seit sich auch die modernsten Atomkraftwerke störanfällig zeigen und Stromsperren verhängt werden mußten. Und was die Katastrophe von Tschernobyl nicht bewirken konnte, weil die wahren Ausmaße des Reaktorbrandes in der französischen Öffentlichkeit nur wenig Beachtung fanden, haben die Ergebnisse heimlicher Bodenproben durch Journalisten der

Boulevardzeitung »Le Parisien« Anfang 1991 bewirkt: Die unbemerkt entnommene Erde auf dem Gelände des ehemaligen Zwischenlagers St-Aubin bei Paris wies eine derart hohe Radioaktivität auf, daß ein Teil der fortschrittsgläubigen und überaus technologiefreudigen Mehrheit der Franzosen wachgerüttelt wurde.

Dies nicht allein wegen der besorgniserregenden Becquerelzahl, sondern weil der staunenden Öffentlichkeit bewußt wurde, daß es in Frankreich bis zu jenem Zeitpunkt kein von der Nuklearindustrie unabhängiges Institut zur Überprüfung derartiger Bodenproben gab. Unter dem Druck der Presse wurde dieser Mißstand beseitigt und die EdF vom Staatspräsidenten persönlich zur strengeren Einhaltung der Sicherheitsvorschriften ermahnt. Auch im Industrieministerium macht man sich mehr als bisher Gedanken über den weiteren Ausbau der französischen Atomenergie.

Was den Nukleartechnokraten Sorge macht, sind allerdings nicht Bürgerproteste und aufgewachte Volksvertreter, sondern die mittlerweile von Politikern

Taschen zu stecken versuchte und ihre Rechtsprechung über das Flußufer hinaus auszudehnen gedachte.

Nach wie vor trennt die Rhône zwei Landschaften unterschiedlicher Geschichte und Geographie. Die gemeinsamen Interessen der beiden Wirtschaftsregionen Provence-Alpes-

Côte d'Azur und Languedoc-Roussillon reichen heute zwar über die jeweils gegenüberliegenden Ufer hinaus und weit den Flußlauf hinauf. Dennoch nimmt sich die Schiffahrt im Vergleich zu anderen europäischen Strömen relativ bescheiden aus. Die Ursachen sind vielfältig. Zum einen ist die Rhône nicht

Atomkraftwerk Cruas-Meysse

und Wissenschaftlern aller politischen Lager öffentlich in Frage gestellte Wirtschaftlichkeit von französischem Nuklearstrom. Etwa 270 Mrd. DM wurden bislang in den Bau von 54 Reaktoren gesteckt. Bis 1999 sollen vier weitere Anlagen ans Netz gehen. Das sind 15 Reaktoren mehr, als Frankreich zur Deckung seines Energiebedarfs und zum Energieexport, etwa ins benachbarte Deutschland, benötigt, wie unlängst von einem unabhängigen Wirtschaftsinstitut in Paris berechnet wurde. Und es ist abzusehen, daß der Atomstrom auf unbestimmte Zeit weitaus teurer bleibt als herkömmlich erzeugte Energie. Wie konnte es zu dieser Fehlplanung kommen?

Nach den Erdölpreisschocks von 1973 und 1979 ließ sich der damalige Staatspräsident Giscard d'Estaing vor den Kar-

ren der staatlichen Energiewirtschaft spannen und das Versprechen entlocken, mit ganzer Kraft das »ehrgeizigste Kernenergieprogramm der Welt« zu fördern. Trotz einiger Abstriche, die durch EU-Energiesparverordnungen nötig wurden, erreichte Frankreich unter Mitterrand und Chirac mit einem Atomstromanteil von 81 % (in Deutschland: 33 %) an der nationalen Energieerzeugung den angekündigten Spitzenplatz. Und den wäre man nun gerne los, weil der den aufgeschreckten Steuerzahler soviel Geld kostet, daß dessen Ärger darüber alle politischen Parteien Stimmen kosten könnte – bis auf die Grünen und den rechtsextremen Front National Le Pens. Denn die Parteiideologen haben sich in aller Stille längst vom glühenden Befürworter der Kernenergie zu deren Kritiker gewandelt.

einfach zu erreichen und etwa mit dem Rhein nur durch einen kleinen Kanal verbunden. Darüber hinaus fehlt es im Einzugsbereich des schiffbaren Unterlaufs an großen Städten, die auf den Fluß als Transportweg angewiesen wären. Nicht einmal Lyon nutzt die Rhône intensiv zum Warenumschlag,

sondern wickelt fast 95 % seines Wirtschaftsverkehrs über Schiene und Straße ab.

Man hatte diese Entwicklung geahnt oder, besser gesagt, gefördert und deshalb bereits 1934 begonnen, die Rhône zur Stromerzeugung und Bewässerung nutzbar zu machen. Der Fluß geriet in die Fänge der Technik. Heute wird der wilde Strom von 20 Stauwerken und diversen Flußbegradigungen gezähmt. Und auf einer Entfernung von nur 50 km entnehmen südlich von Valence allein vier Atomkraftwerke ihr Kühlwasser der Rhône – dem mittlerweile am intensivsten von der Nuklearindustrie genutzten Fluß Frankreichs.

Ausgangsort Pont-St-Esprit; ca. 70 km, Dauer 1/2 Tag, Karte S. 89

Pont-St-Esprit

1 (S. 315, s. Abb. S. 82/83) *Le Saint Esprit*, der Heilige Geist persönlich, so die Legende, habe als 13. Arbeiter an der Rhônebrücke mitgebaut und dem kleinen Städtchen zu seinem schönsten Bauwerk und vertrauenerweckenden Namen verholfen. Doch selbst im abergläubischen Mittelalter hatte man so seine Zweifel an der überlieferten Entstehungsgeschichte. Einem derart illustren Bauarbeiter wären doch wohl kaum solche gravierenden Baumängel unterlaufen, wie sie das 919 m lange Viadukt bei seiner Fertigstellung im Jahre 1309 aufwies. Urkundlich belegt sind zahllose Schiffbrüche, die sich an den ursprünglich 25 äußerst engen Brückenbogen ereigneten. Erst 1855 ersetzte man die beiden letzten, der Stadt nächstgelegenen Bogen durch ein weitgespanntes Rund, um den Schiffen die Durchfahrt zu erleichtern. Damit war zumindest ein Manko der Brücke beseitigt, die auf Betreiben der Bruderschaft »Zum Heiligen Geist« entstanden war und als einzige intakte Rhônebrücke aus dem Mittelalter erhalten geblieben ist.

So mancher Autofahrer mag sich über die Robustheit des Bauwerks ärgern und insgeheim beklagen, daß sich Vauban, der Militärarchitekt Ludwigs XIV., nicht mit seinen Plänen zur Erweiterung des zu schmal geratenen Rhoneübergangs hatte durchsetzen können. So quälen sich Lastwagen und zu viele Autos über die enge Brücke, auf der zur Ferienzeit oft der Anreiseverkehr ins nahe Ardèchetal zum Erliegen kommt.

Die weithin sichtbaren, ufernahen Kirchen St-Pierre-de-Prieuré (im 18. Jh. rekonstruiert), St-Saturnin (im 14. und 15. Jh. rekonstruiert) und die Chapelle des Pénitents (18. Jh.) versprechen mehr, als sie bei näherer Betrachtung halten. Sie rahmen die Place St-Pierre, deren Terrasse immerhin einen schönen Ausblick auf Brücke und Rhônetal bietet. Das **Musée Paul Raymond** beherbergt prähistorische Fundstücke und eine Ausstellung zur lokalen Geschichte.

Villeneuve-lès-Avignon

2 (S. 328) Reiche haben einen guten Riecher. Das war schon immer so. Besonders im Mittelalter, wo eine fehlende Kanalisation die feinen Nasen der städtischen Oberschicht malträtierte. In der übervölkerten Papststadt Avignon war es der Klerus, dem es zuerst zum Himmel stank – und der es sich leisten konnte, das Weite zu suchen. Das lag, welch göttliche Fügung, nicht fern, auf der anderen Uferseite, von wo die Einwohner Avignons nach stickigen Sommern sehnsüchtig den Mistral erwarteten. Seine kräftigen Böen vertrieben den Kloakengestank aus den Gassen und verwöhnten ab und zu die geplagten Nasen mit einem Hauch würzigen Heidufts aus der nahen Garrigue. Dort also, jenseits der Rhône, im Schutze des dicht begrünten Klosterhügels Puy Andaon, hatten begüterte Kardinäle und andere Würdenträger der Kirche schon zu Lebzeiten ihr Paradies gefunden. Dicht genug bei der Stadt, um jederzeit den kirchlichen Geschäften nachzugehen, weit genug entfernt vom weltlichen Lärm und Dreck Avignons, um ungestört zu meditieren und den Segen des Allmächtigen für weitere Jahre des Wohlstands zu erflehen.

Villeneuve-lès-Avignon war aber nicht nur eine Zufluchtsstätte stadtmüder Kirchenmänner während der Jahre, als in Avignon sieben Exil- und zwei Gegenpäpste regierten (1316–1430). Dafür hatte der kaufmännisch begabte Heilige Bénézet den mit Zolleinnahmen finanzierten **Pont d'Avignon** nicht erdacht und 1185 erbaut. Damit seine – nur noch rudimentär vorhandene – Brücke so berühmt werden konnte, um in dem vermutlich bekanntesten französischen Kinderlied besungen zu werden, müssen auf ihr wohl noch berühmtere Zeitgenossen als die längst vergessenen Kirchenmänner über die Rhône gelangt sein.

Einer von ihnen war Philipp der Schöne. Er begründete 1293 unterhalb des Klosters und des Forts St-André, das seit den Katharerkriegen bereits zur Hälfte im Besitz der französischen Krone war, eine neue Stadt, das spätere Villeneuve-lès-Avignon. Noch im selben Jahr ließ er unweit der Brücke eine weitere Verteidigungsanlage bauen, von der nur noch der imposante Turm **Tour de Philippe-le-Bel**, erhalten ist. Der gutaussehende König glaubte, daß es sich lohne, ein Auge auf Avignon zu werfen – nicht wegen der angeblich so attraktiven Einwohnerinnen, sondern aus Angst vor feindlichen Übergriffen der männlichen Einwohnerschaft auf französisches Königsland. Schon im Katharerkrieg hatte Avignon gegen die Krone gekämpft und sich auf die Seite des Grafen von Toulouse geschlagen,

Am Unterlauf der Rhône

des Widersachers des Papstes und der sich formierenden französischen Zentralmacht.

Nachdem die Päpste wegen politischer Unruhen Rom verlassen hatten und nach Avignon ins Exil gegangen waren, konnte man nicht wissen, auf welche Gedanken sie das langweilige Provinzleben brachte und zu welchen Schandtaten sie die Bürger Avignons anstiften würden. Seine Befürchtungen waren unbegründet. Es blieb fast 500 Jahre friedlich in der Stadt. Villeneuve-lès-Avignon sonnte sich im Glanz seiner illustren Gäste, Kardinäle und pensionierten Kirchenmänner der Papststadt, hielt sich den Hundertjährigen Krieg mit England (1339–1453), die Pest (u. a. 1348) und die Hugenottenkriege (1562–98) vom Leibe und ging erst vor der Französischen Revolution (1789) in die Knie, als die Päpste und ihre Günstlinge aus den Schwesterstädten vertrieben und ein Großteil der Sakralbauten zerstört wurden.

Vom Parkplatz an der Rue Verdun führt ein Weg zum **Fort St-André** hinauf. Die Festung mit ihrem wuchtigen, das Stadtbild dominierenden Doppelturm und der schwungvollen Umfriedungsmauer, hinter der sich nur noch Reste des ehemaligen Klosters verbergen, stammt aus dem Jahre 1362. Nach fünf Minuten Gehzeit gelangt man zu einem Durchgang im Haus Nr. 10 in der Rue de la République und schließlich auf verschlungenem Zickzackkurs zur **Chartreuse du Val de Bénédiction**. Bescheidenheit zahlt sich aus: Das zum Papst gewählte Oberhaupt aller Kartäuser, Jean Birel, hatte demutsvoll auf das hohe Amt verzichtet. Der glückliche Sieger der Neuwahl, Etienne Aubert, nannte sich fortan Innozenz VI. und stiftete zum Dank für den unerwarteten Karrieresprung 1356 den Kartäusern seinen ehemaligen Kardinalswohnsitz. Aus dem Eremitenkloster entwickelte sich die größte und einflußreichste Kartause Frankreichs, in deren sehenswerten Räumlichkeiten heute ein internationales Kulturzentrum Künstlern Arbeits- und Wohnmöglichkeiten bietet und dem allsommerlichen Theaterfestival von Avignon Konkurrenz macht.

Im ersten Stock des **Musée Municipal** an der Rue de la République läßt sich von bequemen Sitzmöbeln aus das Prunkstück der Sammlung sakraler

Kunst aus der Zeit der Päpste Avignons betrachten: das 1453 von Enguerrand de Quarton für die Trinité-Kapelle der Kartause angefertigte, großformatige Gemälde »Die Marienkrönung«, ein meisterlich komponiertes, mittelalterliches Bildprogramm. Die 1333 errichtete **Kollegiatskirche Notre-Dame** an der Place St-Marc ist nur einen kurzen Schlenker vom Ausgangspunkt entfernt.

Beaucaire

3 (S. 287) Die Stadtgeschichte ist schnell erzählt. Nachdem die Via Domitia zwischen Tarascon und Beaucaire über die Rhône geführt worden war (s. S. 48 f.), lag die Siedlung an einer der meistfrequentierten Verkehrskreuzungen des Languedoc. Der Ort lebte zunächst vom eigenen Warenaustausch auf Jahrmärkten und Messen, die bereits im 13. Jh. Händler und Hausierer anzogen. Nach Erhalt der Stadtrechte profitierte man zusätzlich von Zöllen und Mautgebühren für Waren, die in Nord-Süd-Richtung auf der Rhône und in Ost-West-Richtung auf der alten Römerstraße das Stadtgebiet passierten. Der Kommerz regierte die Stadt und weckte die Begehrlichkeit der Kirche. Seit jeher waren hier wie andernorts unter den Menschenmassen, die zu kirchlichen Festen und sonntäglichen Messen zusammenströmten, zahlreiche Händler. Mit geläuterten Kirchgängern ließen sich gute Geschäfte machen. Gefüllte Kaufmannskassen sorgten wiederum für volle Klingelbeutel. Die Händler wußten schließlich, wem sie die Kauflust der Menschen zu verdanken hatten.

Auch im mittelalterlichen Beaucaire waren sich Könige, Kleriker und Kaufleute über die Bedeutung des kirchlichen Kalenders für den Handel einig.

1464 erteilte die Kirche einer einwöchigen Handelsmesse den Segen, die seither jährlich am 21. Juli, dem Beginn der religiösen Feierlichkeiten zu Ehren der Stadtpatronin, der hl. Magdalena, eröffnet wurde. Zeitgleich gewährte die Krone Steuerfreiheit auf die umgesetzten Waren. Die Stadt entwickelte sich zu einer europaweit bekannten Messestadt. Hunderttausende strömten bis zur Eröffnung neuer Eisenbahnlinien und der Erschließung anderer Absatzmärkte Mitte des 19. Jh. jährlich für ein paar Wochen in die beschauliche, damals wie heute rund 13 000 Einwohner zählende Stadt.

Das verschlafene Städtchen ist bequem zu Fuß zu erkunden, etwa vom Cours Gambetta und der Touristeninformation aus vis à vis des Hafenbeckens vom Canal du Rhône à Sète. Die interessantesten Geschichten haben sich zu Messezeiten unterhalb der von einem schönen Park umgebenen Halbruine des **Château (1)** aus dem 11./13. Jh. abgespielt. Es gehört nicht viel Phantasie dazu, sich vorzustellen, was in den Gassen, auf den Plätzen und hinter den Fassaden großer Kaufmannshäuser im heißen Monat Juli während der Messewoche für ein Gedränge, Dreck, Gestank und Lärm geherrscht haben muß. Sogar die 1734 auf den Überresten eines romanischen Vorgängerbaus errichtete Barockkirche **Notre-Dame-des-Pommiers (2)** – einen Häuserblock nördlich des **Hôtel de Ville (3)** von 1679 an der Rue Ledru Rollin gelegen – wurde nur schwer dem Ansturm der Massen Herr. Die Priester arbeiteten, so die Überlieferung, zeitweilig im Akkord, um Beichten abzunehmen und die Geschäfte Schlange stehender Kaufleute und Kunden »abzusegnen«.

War tagsüber schon kaum ein Durchkommen in den übervölkerten, mit Ver-

Sommerfestival in Beaucaire

kaufsständen zugestellten Sträßchen, drängten am Abend zusätzliche Massen vom Hauptmesseplatz am Rhôneufer, dem **Champ de Foire**, in die Stadt. Der Abend gehörte – nicht anders als heute – der Ablenkung vom hektischen Messetag. Das war die Stunde der Musiker, Gaukler, Köche – und der Huren, die in mittelalterlicher Tradition nahe der Kirche und auf der Rhônebrücke ihre Liebesarbeit anboten.

Nach einer Woche war der Spuk vorbei. Die Waren wurden auf überladenen Kähnen und Ochsenkarren festgezurrt. Hunderte von Rhôneschiffen, auf denen Händler und Besucher aus Platzmangel die Nächte verbringen mußten, lichteten die Anker. Für kleinere Trickdiebe öffneten sich die Kerkertore, und Tagelöhner verdienten sich einen Kreuzer mit der Beseitigung des Abfalls; sie warfen den Dreck in die Rhône oder entzündeten die in den Gassen aufgehäuften Müllberge, so daß der Schwelrauch noch Tage über der Stadt hing.

Die Ortsansässigen hatten dafür kaum eine Nase, denn nun wurde Kassensturz gemacht. Entlang der Rue de la République (nördlich der Kirche Notre-Dame), in der die begehrten und teuren Tuchwaren hergestellt und angeboten wurden, deuten prächtige Häuser (Nr. 21 und 23, von 1745 bzw. 1680) auf regelmäßige und gute Umsätze hin. Im alten **Kaufmanns- und Handwerkerviertel (4)**, im Eck zwischen Rhône und Kanal, zählten die kleinen Fisch- und Salzhändler der Rue des Pêcheurs und Rue du Vieux Salin ihr Geld. Es wird kaum gereicht haben, um bei den Juwelieren in der Rue des Bijoutiers einzukaufen (südlich der Rue de la République). Diesen Luxus konnten sich höchstens die reichen Kaufmannsfrauen erfüllen, nachdem ihre Männer die Messegewinne bilanziert hatten.

Am wohl schönsten Platz der Stadt, der anheimelnden **Place de la République**, vormals Place Vieille, dürfte in der Vergangenheit so mancher Ge-

Course Camarguaise: die weißgekleideten Razeteurs bringen sich in Sicherheit ...

Beaucaire *1 Château 2 Notre-Dame-des-Pommiers 3 Rathaus 4 Altes Kauf-
manns- und Handwerkerviertel 5 Arena*

schäftserfolg begossen worden sein. In
der kleinen Bar Taurin bejubelt man
heute voll Inbrunst den einen oder anderen Stier, sofern er beim sonntäglichen
Kampf über seine Herausforderer, eine
Handvoll Männer aus der Umgebung,
triumphieren konnte. Von Ostern bis Oktober ist Stierkampfsaison in der **Arena
(5)**. Dann grassiert in Beaucaire »La Tau-
reaumania«, das Stierkampffieber. Die
Stadt ist eine Hochburg der *Course camarguaise*, des provenzalischen Stier-
kampfspiels, das nichts mit dem blutigen
Ernst der spanischen Corridas gemein

hat – außer dem Fanatismus seiner Fan-
gemeinde. Und die stellt so manches in
der Stadt auf die Beine. Zwei monumentale Stiere z. B., in Stein gehauen und an
markanten Stellen plaziert. Goya und
Clairon heißen die verblichenen Heroen
der Arena. Der eine schaut im Nordosten
der Stadt auf eine belebte Straßenkreu-
zung, der andere bewacht die Rhônebrücke und das Hafenbecken am Quai du
Général de Gaulle. Beide haben einen
stolzen und entrückten Blick, wie man
ihn eigentlich nur bei einem siegreichen
Torero erwarten würde.

Ardèche und Cèze

Wild auf Wasser – Ardèche und Cèze

Die Ardèche

Der Fluß kommt zum Kanuten: Das ist das Geheimnis für die ungebrochene Popularität der Ardèche bei Europas Bootssportlern, die ohne viele Umwege aufs Wasser wollen. Kaum 30 km sind es von der Autobahn über Pont-St-Esprit zum Unterlauf des Wildflusses, der geographisch noch der Wirtschaftsregion Rhône-Alpes zuzurechnen ist. Etwa die gleiche Strecke messen die Gorges de l'Ardèche, die tief ins Kalkgestein eingeschnittenen Flußschlingen zwischen St-Martin-d'Ardèche und Vallon-Pont-d'Arc, dem überlaufenen »Basislager« der Wassersportler am Nordausgang des Cañons.

Der Unterlauf der Ardèche bildet die krumme Naht zwischen Bas-Vivarais und Languedoc und verbindet die nördliche mit der mediterranen Vegetationszone. Zwischen April und September drängeln sich auf dem Wildfluß zu Ferienzeiten die Kajaks und Kanus, während oben, auf der schönen Höhenstraße, eine zuweilen endlose Wohnmobilkarawane durch das hügelige, im Sommer spärlich begrünte Karstplateau zieht – und regelmäßig ins Stocken gerät, wann immer die zahlreichen *Belvédère*-Wegweiser ein Postkartenpanorama auf den tiefliegenden Flußlauf ankündigen.

Auch links und rechts des Cañons ist die Ardèche in den Untergrund gegangen. Tief im Felsen fressen sich ihre unsichtbaren Nebenarme in den Felssockel und waschen Höhlen aus dem Gestein.

Dort, wo kalkhaltiges Sickerwasser in die Grotten tröpfelt, füllen sich die immensen Hohlräume seit Jahrmillionen mit Tropfsteinen und wachsen – millimeterweise – wieder zu. In manchen der Höhlen, die von dem Naturkreislauf ausgeschlossen sind und deshalb trocken blieben, waren andere Kräfte am Werk. Vor etwa 20 000 Jahren, zu einer Zeit, als die Stalagmiten in den zahlreichen zu besichtigenden Tropfsteinhöhlen nur etwa 2 m niedriger als heute waren, griffen Cromagnonmenschen zu Holzkohle und Ocker und versahen die trockenen Felswände der Unterkünfte mit Malereien und Ritzzeichnungen ihrer Tierwelt: Mammut, Auerochsen, Pferde und Hirsche. 14 dieser ausgeschmückten Höhlen hat man im unteren Ardèchetal entdeckt (s. S. 42).

Ungeklärt bleibt der Grund für die künstlerische Betätigung der Nachfahren des *Homo erectus praesapiens*, des vermutlich ersten Menschenwesens an der Ardèche vor 1,5 Mio. Jahren, und des Neandertalers, der seit 100 000 v. Chr. an dem Wasserlauf Schutz und Nahrung fand. Eine Antwort auf die Frage, ob die Kunstwerke eine urtümliche Form darstellen, Nachrichten dauerhaft zu speichern, etwa zu rituellen Zwecken, oder ob es sich um *l'art pour l'art* einer Menschengattung handelt, die durch verbesserte Jagdmethoden Zeit für eine Ästhetisierung ihrer Lebenswelt fand, bleibt ohne Einfluß auf die Ausdruckskraft der Felsmalereien.

Weniger spekulativ als Vermutungen über die Lebens- und Denkweisen der Cromagnonmenschen sind die Folgen des jährlichen Andrangs der Kanusportler im gesamten Ardèchetal. Sie zwingen

◁ *Kanuten am Pont d'Arc, Ardèche*

Ardèche und Cèze

seit kurzem die Gemeinden trotz Steuerverlusten dazu, private Bauvorhaben und die Zahl von Bootsverleihern am Nord- und Südausgang der Gorges de l'Ardèche der Umwelt zuliebe erheblich zu begrenzen und die unerschrockenen Verfechter des Wildzeltens mit drakonischen Geldstrafen von den Vorteilen offizieller Campingplätze zu überzeugen.

Das – außerhalb der Saison – beschauliche Örtchen **St-Martin-d'Ardèche** **1**

(S. 321) hat zur Ferienzeit den gesamten Autoverkehr zu bewältigen, der sich von Pont-St-Esprit über die einspurig befahrbare Hängebrücke oder weniger zähflüssig auf der D 290 ab St-Just in das Ardèchetal ergießt. Der schöne Blick von der Uferpromenade auf das gegenüberliegende Aiguèze lohnt eine Fahrtunterbrechung. Etwa 1,5 km nördlich, an der Anlegestelle Sauze-Plage, stauen sich abends die Transportwagen, um die Boote und Kanuten wieder zum Aus-

St-Martin-d'Ardèche

gangsort Vallon-Pont-d'Arc zurückzubringen.

Der kleine Ort **Bidon** 2 (S. 289) wartet mit zwei Attraktionen auf: das **Musée de la Vie**, ein prähistorisches Museum mit aufwendig nach Knochenfunden rekonstruierten Vormenschen, und die **Grotte Tête du Lion**. Um die sehr empfindlichen Höhlenmalereien zu schützen, deren Entstehung sich nach Analysen der Holzkohlefarben exakt auf das Jahr 19 750 v. Chr. datieren läßt, ist die Höhle bis auf weiteres nicht zugänglich. Kopien dieser und anderer im Ardèchetal entdeckter Höhlenmalereien sind im urgeschichtlichen Museum bei der Tropfsteinhöhle Aven d'Orgnac ausgestellt.

Aven de Marzal 3 (S. 302) ist die wohl sehenswerteste der drei Tropfsteinhöhlen längs der Höhenstraße. Die Führung durch die Höhle, die über eine 130 m hohe Freitreppe zugänglich ist,

schließt den Besuch eines kleinen Museums zur Höhlenforschung ein. Den etwas kitschigen »prähistorischen Zoo« mit lebensgroßen Nachbildungen von Dinosauriern und sonstigem Urgetier erschließt ein empfehlenswerter Spaziergang durch die Garrigue.

Das 2000 Einwohner zählende, eher schmucklose Dorf **Vallon-Pont-d'Arc** 4 (S. 325) lebt vom Obstanbau und natürlich von den Kanusportlern, die im Sommerhalbjahr den Ort und die zahlreichen Zeltplätze (über)füllen und für eine quirlige Atmosphäre sorgen. In den Straßencafés und kleinen Restaurants dominiert das Kanutenlatein. Im Rathaus im Louis-XIII-Stil befindet sich eine Wandteppichsammlung, u. a. mit sieben Aubusson-Tapisserien aus dem 17. Jh. Bekannt wurde der Ort, als Weihnachten 1994 in der Nähe die Chauvet-Höhle entdeckt wurde. Die gefundenen Wandzeichnungen sind älter als jene in der weltberühmten Lascaux-Höhle. Um die mindestens 20 000 Jahre alten Kunstwerke zu schützen, ist die Höhle für die Öffentlichkeit gesperrt. Eine Kopie an anderer Stelle ist in Planung.

Ein unauffälliges Gebäude am nördlichen Rand der Siedlung **Les Mazes** 5, 3 km westlich von Vallon-Pont-d'Arc, entpuppt sich als Seidenraupenzucht, eines der letzten Relikte eines ausgestorbenen Erwerbszweiges des Vivarais und der nahen Cevennen (s. S. 124 f.). Etwa von Mitte Juni bis Mitte September kann man in der kleinen *magnanerie*, die nur durch Eintrittsgelder überleben kann, die Raupen wachsen sehen – und hören: Das gierig schmatzende Gewürm frißt sich pausenlos durch Maulbeerblätterberge und verzehntausendfacht in nur wenigen Wochen sein Gewicht, bevor es sich in Seidenkokons verpuppt und dem nahen Ende entgegendämmert. Denn ehe sich die häßlichen Raupen im Schutze ihrer seidenweichen Brutkästen in schöne Schmetterlinge verwandeln, werden sie vergast, damit die kostbare Hülle unzerstört bleibt. Bis zur Eröffnung des Suezkanals, durch den preiswertere Seide aus dem Fernen Osten nach Südfrankreich gelangte, war die Seidenraupenzucht ein einträglicher Erwerbszweig für die arme Landbevölkerung.

Die Tropfsteinhöhle **Aven d'Orgnac** 6 (S. 312) wurde 1935 entdeckt, als sich ein französischer Höhlenforscher in den sagenumwobenen Schlund nahe der kleinen Ortschaft Orgnac abseilte und Erstaunliches vorfand: ein Meer monströser Kalksäulen und ein wüstes, durch vorzeitliche Erdbeben durcheinandergewürfeltes Stalagmiten- und Stalaktitenchaos, das Ganze aufgehäuft in einer wirklich gigantischen, 250 m langen und bis zu 40 m hohen Höhle. Ein Fahrstuhl und Hunderte von Treppen

Wunderbare Unterwelt: Aven d'Orgnac

bringen den Besucher in eine farbenprächtige Urzeit, die sich hier so eindrucksvoll wie in keiner anderen Ardèchehöhle präsentiert. Der Tropfsteinhöhle angegliedert ist ein didaktisch hervorragend konzipiertes Museum für Urgeschichte.

Die Cèze

Dem kleinen Wildfluß fehlt bislang meistens, was das Ardèchetal im Sommer stets im Überfluß hat: Kanustaus und Autoschlangen. Vermutlich, weil die Gorges de la Cèze nicht tief, die Wasserstände selten hoch und die Strömungen niemals reißend genug sind, um Kanutenkollegen mit einer gekonnten Eskimorolle beeindrucken zu können. Kanu-Cracks beurteilen die Cèze abschätzig als »Rentnerbach«. Sie vergessen, daß auch die wildere Ardèche bis auf wenige

Wochen im Jahr recht zahm und kaum eine wirkliche Herausforderung für versierte Kajak- und Kanufahrer ist.

Am Mittellauf der Cèze geht es also etwas gemächlicher zu als im Nachbar-Cañon. Die meisten der nur im Hochsommer übervollen Zeltplätze und FKK-Gelände verbergen sich fern der Durchgangsstraßen an den schwer zugänglichen Flußufern im südlichen Orgnacplateau, und die kleinen, in die vegetationsreichen Hochebenen eingebetteten Orte sind bis auf Barjac und die Ferienkolonie Méjannes-le-Clap weniger auffällig auf Urlaubsbedürfnisse getrimmt. Der Fluß selbst scheint sich dem mediterranen Tempo anzupassen und ohne Eile der Rhône entgegenzufließen. Das war nicht immer so. Jahrhundertelang gebärdete sich die Cèze nach Schneeschmelzen und starken Regenfällen in den Cevennen so wild und unberechenbar, daß der einstmals rege Flußverkehr zwischen Alès und Bagnols-sur-Cèze regelmäßig unterbrochen werden mußte. Heute schützen diverse Staudämme aus gutem Grund die fruchtbaren Böden längs des Unterlaufs vor Überschwemmungen: Einige Flußschleifen südlich des Orgnacplateaus erreicht der Wildbach den erlesensten Teil der Rhôneufer, die »Côtes du Rhône«, eines der bekanntesten und größten Weinanbaugebiete Südfrankreichs.

Mittendrin im sanft gewellten Weinland liegt **Bagnols-sur-Cèze** **7** (S. 285), die Kapitale des nördlichen Gardkreises. Die schöne Lage trügt. Hochhäuser verdecken das historische Zentrum und teilen die Stadt in zwei Hälften. Gespalten ist auch die Bevölkerung. Ein kleiner Teil der alteingesessenen Winzer kämpft noch immer den aussichtslosen Kampf gegen den jungen Haupterwerbszweig der Stadt, die Nuklearindustrie. 1954 fiel der Startschuß zum Bau des Atommeilers von Marcoule am nahegelegenen Rhôneufer. In nur wenigen Jahren stieg die Zahl der überwiegend ländlichen und bis dahin überalterten Einwohnerschaft um das Vierfache, sank das Durchschnittsalter erheblich ab. Seither haben die Beschäftigten in der Nuklearindustrie den ehemaligen Winzerort fest im Griff, und auch dem sehenswerten Altstadtkern rund um die Place Mallet ist längst die Schläfrigkeit ausgetrieben worden. Im Hôtel de Ville befindet sich das **Musée Albert André** mit französischer Malerei des 19. und 20. Jh. und in der Avenue Paul Langevin Nr. 24 das **Musée d'Archéologie rhodanienne** mit Fundstücken aus gallorömischer Zeit.

Über die D 23 gelangt man zur **Chartreuse de Valbonne** **8** (S.315). Das zu besichtigende Kartäuserkloster »Vom schönen Tal«, eine Gründung von 1203, ist so malerisch gelegen, wie es der Name verspricht. Verborgen in einem Wald, gruppieren sich die für Tropenkranke und geistig Behinderte genutzten Gebäude zu einem kleinen Dorf.

Einen Abstecher lohnt der liebevoll restaurierte Ort **La Roque-sur-Cèze** **9**. Das nur zu Fuß zu erklimmende Zweitwohnsitzdorf thront oberhalb der **Cascade de Sautadet**, einer kleinen Felsbarriere, über die sich die Cèze ihren Weg suchte und dabei zum Baden geeignete Bassins aus dem Felsenlabyrinth herauswusch.

Über **Goudargues**, das wie La Roque-sur-Cèze seine Beliebtheit vor allem der Nähe zum Fluß verdankt, oder auf noch verschlungeneren Sträßchen durch den Südteil des grünen Lussanplateaus erreicht man die **Concluses de Lussan** **10**, den kleinen Cañon des Cèzezuflusses Aiguillon. In den oberen Abschnitt der Schlucht, »Les Concluses«, gelangt man

Chartreuse de Valbonne

vom Parkplatz aus nach fünf Minuten über einen nach links abzweigenden ausgeschilderten Pfad. Je nach Wasserstand endet der steile Weg am Rande der badetauglichen Felsenbassins oder führt noch ein nicht ganz ungefährliches, manchmal glitschiges Stück weiter das felsige Flußbett hinunter, näher an die schroffen Kalkklippen heran. Folgt man – zurück auf dem gut ausgebauten Hauptweg – dem Hinweisschild »Portail«, stößt man nach 2 km entlang der flacher werdenden Kante des Cañons auf den engen, wie ein Flaschenhals geformten Einlaß einer Klamm. Auch hier hängt die Fortsetzung des Weges um weitere 200 m vom Wasserstand des im Sommer zumeist ausgetrockneten Wildbachs ab.

Will man flußaufwärts von Süden her an die Cèze, so führt der Weg zunächst weg vom Fluß, z. B. nach **Méjannes-le-Clap** [11] (S. 303). Vor 15 Jahren aus dem Garrigueboden gestampft, hat sich die gesichtslose Feriensiedlung, die spielend 10 000 Menschen fassen kann, als zweckmäßiges System zur Bündelung der sommerlichen Urlaubsmassen erwiesen. Ans rechte, mit diversen Zeltplätzen und FKK-Anlagen bestückte Cèzeufer führen zwei Stichstraßen, Richtung Le Mattas bzw. Montclus.

Das im Sommer gerne von Ardèchebesuchern bei Überfüllung Vallon-Pont-d'Arcs als Ausweichquartier benutzte **Barjac** [12] (S. 286 f.) mit einem schönen Architekturensemble aus dem 17. Jh. und einem altehrwürdigen Schloß hat auch schon Ringe angesetzt. Jahr für Jahr wächst die Zahl von Ferienhäusern an den ausgefransten Ortsrändern. Zu nahe sind Cèze und Ardèche, zu angenehm ist das sommerliche Klima, während in den Cañons die Hitze brütet, und zu schön ist die grüne Umgebung und der Blick auf die nahen Cevennenberge, als daß der Ort das ursprüngliche, kleine Zentrum des Obstanbaus hätte bleiben können. Südlich von Barjac erreicht man die nördlichen Cèzegestade mitsamt schön gelegener Camping- und FKK-Anlagen.

Cevennen und Causses

Das leere Land – Cevennen und Causses

In den Cevennen, den schroffen Südost-
ausläufern des Zentralmassivs, kommt
der Unterbau der Erde ans Licht,
600 Mio. Jahre alter Granit und etwas
jüngerer Schiefer aus der Zeit, als sich
Europas Süden zum ersten Mal in Falten
legte. Rund um den 1699 m hohen Mont
Lozère, die Nordgrenze der Cevennen,
modellierten Erosionskräfte den Granit
zu monströsen Kugeln, die wie Ku-
chenstreusel an den windgeglätteten
Bergkuppen kleben. Nach Süden hin,
bis hoch auf den 1567 m hohen Aigoual-
buckel, dessen Ausläufer den Südwest-
zipfel der Cevennen markieren, tritt
Schiefer zutage, ein Sedimentgestein,
das unter dem Druck der Gebirgs-
bildung senkrecht gestellt und zu spalt-
baren Schichten zusammengepreßt
wurde.

Im Westen reiben sich die Cevennen
an den Causses, den riesigen Puzzle-
stücken eines Kalkplateaus. Es entstand aus Ablagerungen eines Meeres,
dessen Wassermassen vor 200 Mio.
Jahren die Täler des westlichen Zentralmassivs überfluteten. Bei einer
zweiten Auffaltung nach weiteren
120 Mio. Jahren nahmen die Cevennen
und das Rouerguemassiv das fragile
Karstplateau in die Zange. Seine poröse Oberfläche platzte auf und bekam
lange Risse, die sich gegeneinander
verschoben und später zu Cañons
weiteten, seit die Flußläufe von Tarn,
Dourbie, Jonte, Vis und Trévezel mit
ihrem Erosionswerk begonnen hatten
und sich millimeterweise in den Untergrund fraßen.

◁ *Mont Lozère bei La Vayssière*

Menschenleere Hügel und Hochtäler,
so weit das Auge reicht. Aus den fernen
Dörfern und Schäfereien dringt kaum
ein Laut. Erst von nahem entdeckt man
den Grund für die Stille. Von bröckeln-
den Hausfassaden ist die Farbe gewichen, und aus geborstenen Mauern
wachsen Sträucher. Kaum ein abseits
gelegener Weiler, in dem nicht an ver-
rotteten Holztüren »*A vendre*«-Schilder
kleben, auf denen man die verlassenen
Gebäude zum Verkauf anbietet. Viele
Bewohner haben dem Druck der Stille
nachgegeben.

Solange die eigenwillige Natur ihr
einziger Gegner war, fühlten sich die
Menschen ihrer Umwelt gewachsen. Sie
hatten gelernt, mit den Steinen zu leben
und sich und den Böden nur so viel zu-
zumuten, wie sie zum Überleben
brauchte. Und sie hatten sich daran gewöhnt, die Zwangsläufigkeiten der
Natur nicht als Last, sondern als uner-
läßlichen Teil ihres Erwerbslebens zu ak-
zeptieren. Stille und Einsamkeit waren
häufig sogar der Garant für ein gutes
Auskommen. So fand man nur in den
abgelegenen Hochtälern zwischen 500
und 900 m Höhe genügend weitläufige
Schiefer- und Granitböden zur gewinn-
bringenden Anpflanzung der Edelkasta-
nie, des einstigen »Brotbaums« der Cevennen. Ganze Familien brachten sich
und ihr Vieh mit den Maronen über den
langen Winter. Im Frühjahr flocht man
aus den frischen Baumaustrieben
Körbe, und das Holz wurde zu Bohlen,
Stützbalken und robusten Möbeln verarbeitet. Auch die Schafhirten lebten mit
der Stille. Nur so konnten sie Gefahr an-
zeigende Geräusche rechtzeitig wahr-
nehmen: von lauernden Wölfen, die

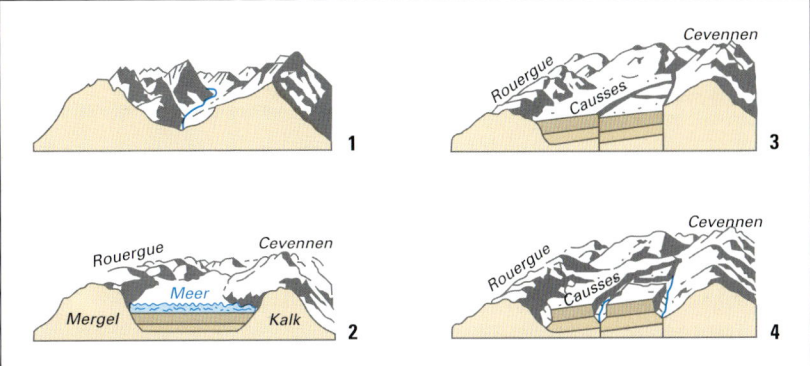

Entstehung der Cevennen und Causses *1 vor 600 Mio. Jahren: Beginn der Entstehung des Zentralmassivs 2 vor 200 Mio. Jahren: Das Zentralmassiv hat durch Erosion erheblich an Höhe verloren; Meerwasser füllt die Täler und produziert Ablagerungen 3 vor 60 Mio. Jahren: Durch eine erneute Auffaltung entstehen Risse in dem ausgetrockneten Meeresgrund 4 vor 2 Mio. Jahren: Eiszeitliche Temperaturschwankungen und Wasserströme lassen die für die Causses typischen Flußtäler entstehen*

noch im 20. Jh. die Cevennen unsicher machten, von allgegenwärtigen und trickreichen Schafdieben und von verirrten Lämmern, die kaum hörbar um Hilfe blökten. Die Hirten wären schlechte Schäfer gewesen, hätten sie kein Ohr für die Stille gehabt.

Den Kampf mit der Natur verloren viele Menschen erst, als ihr Mikrokosmos durch Veränderungen von außen aus dem Gleichgewicht geriet und trotz der Ökonomie ihrer bäuerlichen Lebensführung ein Leben gegen den Rhythmus und die wirtschaftliche Entwicklung

Eßkastanienmarkt in Villefort gegen Ende des 19. Jh.

Die ländliche Architektur der Cevennen und Causses

Steine, wohin man sieht. Selbst der rare rotbraune Ackerboden, der sich in kleinen Dolinen und weitläufigen Bodensenken der Causses ansammeln konnte, ist nichts als zerbröselter, von ausgefällten Eisensalzen verfärbter Stein. Aber das wenig fruchtbare Zerfallsprodukt reichte aus, um den Bauern bis vor wenigen Jahrzehnten noch Hoffnung auf ein spärliches Auskommen in der lebensfeindlichen Steinwüste zu machen. Schafe, die über Jahrhunderte im Sommer von Wanderschäfern über die kargen Böden getrieben wurden, hinterließen gerade genug Dung, damit die Kornsaat aufgehen konnte – sofern unberechenbare Frühjahrsstürme nicht die spärliche Krume über mühsam aufgeschichtete Steinwälle hinweg in die Cevennentäler bliesen. Dort war man dankbar für jedes angewehte Stückchen Boden, denn auch hier versuchten die Bergbauern, von ihren ertragsarmen Äckern zu leben und mit Steinmauern und terrassierten Steilhängen den Kampf gegen den steinigen Grund und die Winderosion zu gewinnen. Millionen von Steinen mußten zusammengetragen werden, um den kostbaren Humus am Berg zu halten. »Der Schweiß ist der Zement der Cevennen«, sagen die Alten, denn das einzige, was die Steinwälle einst zusammenhielt, war der unermüdliche Fleiß, mit dem man Jahr für Jahr die Lücken schloß, die Schmelzwasser und Erdrutsche in die Terrassierungen gerissen hatten.

In dieser unwirtlichen Landschaft schufen die Cevennen- und Caussesbewohner Hausformen, die aus dem Felsen zu wachsen und mit der Umgebung wie selbstverständlich zu verschmelzen scheinen. Die Natur zwang die Bevölkerung zu Bauweisen, die der Logik der Landschaft, des Klimas und der bescheidenen Lebens- und Ernährungsformen entsprachen. Die Häuser sollten solide und funktionell sein, als Wohn- und Werkstatt dienen und Mensch wie Tier Schutz vor Kälte und Hitze bieten. Vor allem aber mußten die Wohnstätten billig sein. Deshalb verwendete man als Baumaterial den Stein der unmittelbaren Umgebung – eine Gemeinsamkeit, die zu drei unterschiedlichen Haustypen führte, je nachdem, in welchem Gebiet die Weiler und Dörfer errichtet wurden und welche Gesteinsart man dort vorfand: Granit, Schiefer oder Kalkstein.

Granit (rund um den Mont Lozère, in 1000–1400 m Höhe, nördliche Abhänge der Montagne du Bougès und Teile des Mont Aigoual): Das rauhe Klima der Nordcevennen und ein hartes, sehr schwierig zu bearbeitendes und zudem schwergewichtiges Granitgestein ließen ein unprätentiöses, relativ flaches und streng funktional gegliedertes Hausensemble entstehen, das an die ländliche Architektur der Bretagne erinnert. Die Dächer waren ursprünglich strohgedeckt und wurden später teilweise mit Schieferplatten versehen. Die Hauptfassade orientiert sich nach Süden, während die

Granitarchitektur des Mas Camargues

Wirtschaftsgebäude sich rechtwinklig und windschützend um das Wohngebäude gruppieren, dessen Rückseite sich zumeist eng an einen Hügel duckt. Die im Verhältnis zu den dicken, grob aufgeschichteten Außenmauern kleinen Fenster und Türöffnungen verleihen den Gebäuden ein gedrungenes, jedoch durchaus harmonisches Aussehen.

Schiefer (Mont Aigoual, südliche Abhänge der Montagne du Bougès, die vom Hérault und den Gardonarmen durchflossenen Hochtäler der Vallée Borgne, Vallée Française, Vallée Longue sowie das Tal des Luech): Schieferhäuser sind zumeist hoch und schmal gebaut, zum einen, um möglichst wenig Fläche des Ackerbodens an den terrassierten Abhängen zu vergeuden, zum anderen, weil das brüchige und glatte Schiefergestein einen hohen Auflagedruck benötigt, um in seiner Position zu verharren. Dächer und Fensterrahmen weisen teilweise spielerische Details

Schieferhaus mit Kalkstein in Les Vanels

auf und kompensieren so die abweisende Wirkung der dunkelgrauen Fassaden.

Kalkstein (Causse Méjean, Causse de Sauveterre, Causse Noir, Causse du Larzac sowie Gorges du Tarn, Dourbie, Jonte, Vis und Trévezel): Der leicht zu bearbeitende Kalkstein und das teilweise völlige Fehlen von Bäumen, beispielsweise auf dem Causse Méjean und dem nördlichen Causse de Sauveterre, haben zu einer charakteristischen – auch von außen sichtbaren – Einwölbungstechnik geführt, um ohne hölzerne Stützbalken stabile Decken und mehrere Etagen übereinander bauen zu

Kalksteingehöft in Sauveterre

können. Auf den ungeschützten Hochplateaus war es im Winter überlebenswichtig, auf jede erdenkliche Weise Wärme zu speichern, denn Brennholz war teuer, weil es aus den Hochtälern herangeschafft werden mußte. So machte man sich die aufsteigende Körperwärme der Schafe nutzbar, indem man die Wohnräume über die Stallungen baute. Die Steindecken speicherten die Wärme und verhinderten das Eindringen von Ammoniakdämpfen des Tierurins. Darüber hinaus waren die quasi holzlosen Bauten wirksam vor Bränden geschützt – wichtig in einer wasserarmen Gegend wie den Causses, wo das spärliche Regenwasser viel zu rasch im porösen Kalkboden versickert.

Südfrankreichs nicht mehr möglich war. Stück für Stück hatten sich beispielsweise die Weinkulturen im Hérault ausgedehnt und die Schafe von den angestammten Weideplätzen verdrängt, auf denen sie sich im Frühjahr Kraft für den anschließenden Marsch zu den Grasplateaus des Zentralmassivs anfressen mußten. Die Konkurrenz preiswerter Importwolle nahm den Wanderschäfern zusätzlich den Mut, für einen Hungerlohn den Sommer in der Einsamkeit der Berge zu verbringen. Nur noch wenige Herden ziehen heute durch die Berge, um den Bauern im Austausch für das spärliche Grün ihrer Almen kostenlosen Dünger zu hinterlassen. Der Kreislauf geriet ins Stocken und führte zur Verödung ausgedehnter Flächen. Viel zu spät förderten die Zentralregierungen zurückliegender Jahrzehnte die Ansiedlung neuer Erwerbszweige, um den Exodus aufzuhalten. Bis heute haben sie Versäumtes nur halbherzig nachgeholt. Nicht die Flucht vor der Stille, sondern vor einer ungewissen Zukunft entvölkerte die Cevennen und Causses. Die Menschen hatten keine andere Wahl, als ihr Glück in der EU-gerechten Agrarwirtschaft der Tiefebenen und in den dynamischen Industrie- und Urlaubszentren entlang der Mittelmeerküste zu suchen.

Nordcevennen und Mont Lozère

Ausgangsort Florac; ca. 270 km einschließlich Abstecher nach Mende, Dauer 1–2 Tage ohne Wanderungen, Karte S. 109

»An einem Arm des Tarn liegt Florac, Sitz einer Souspréfecture, mit einem alten Schloß, einer Platanenallee, vielen originellen Straßenecken und einer munteren Quelle, die aus dem Berg sprudelt.« Mehr als 100 Jahre ist es her, seit sich der englische Schatzinsel-Romancier Robert Louis Stevenson mit seinem störrischen Esel durch die Cevennen mühte und mit knappen Worten den mittlerweile bedeutenden, von Zweitwohnsitzen bedrängten Ferienstandort am Fuße des Causse Méjean in seinem Reisetagebuch beschrieb (s. S. 346 f.).

Damals wie heute zählt das sympathisch verwitterte **Florac** 1 (S. 296) etwa 2000 ständige Einwohner, biegen sich die Kronen der knorrigen Alleebäume unter den Böen der häufigen Fallwinde und plätschert die Source du Pêcheur durch die südliche Altstadt. Nur das Schloß aus dem 17. Jh. dient nicht mehr als Gefängnis, sondern ist Hauptverwaltungssitz des Cevennennationalparks geworden und beherbergt ein Informationszentrum mit einer naturkundlichen Ausstellung.

1970 wurde das Herzstück der Cevennen samt eines Teils des Causse Méjean zum Schutzgebiet erklärt und als »Parc National des Cévennes« ausgewiesen – gegen den anfänglichen Widerstand der Bewohner, die vor allem die behördliche Reglementierung der in Frankreich so leidenschaftlich verteidigten Jagdfreiheit bekämpften. Mit wirkungsvollen Umwelt- und Agrarprogrammen für die nur von 600 Menschen bewohnte, etwa 90 000 ha umfassende Kernzone ist es gelungen, den Frieden wiederherzustellen und auch die dünngesäte Einwohnerschaft der außerhalb des Nationalparks gelegenen, 240 000 ha großen Randzone für eine schonende Agrarwirtschaft und den Landschaftsschutz zu interessieren.

Am Ende einer Stichstraße, inmitten von Maulbeer-, Walnuß- und Kastanienbäumen, scheint sich das fotogen dahindämmernde Dörfchen **Malbosc** mitsamt seiner übriggebliebenen Bewohner zu verstecken, um der Entdeckung als Wochenendsitz zu entgehen. **Le Crouset** und **Les Bondons** wurden aus ihrem Schlummer gerissen, als man bis vor wenige Jahre in den umliegenden Hügeln Uran förderte – ein heftig umstrittenes, nunmehr beendetes Projekt. Den beiden Ansiedlungen ist die mäßige Betriebsamkeit auf der D 135 gut bekommen: Ohne ihre moosgrüne Patina gänzlich einzubüßen, erstrahlen die uralten, restaurierten Gemäuer im neuen Glanz.

Les Puechs heißen die beiden markanten Buckel, die linker Hand auftauchen, wenn sich die Straße aus dem Tal gewunden hat. Sie sind alles, was die Erosion von dem Sedimentgestein ringsum stehen ließ, vermutlich weil es sich an dieser Stelle als hartnäckiger erwies als die übrigen Kalkablagerungen des Meeres, das vor etwa 200–140 Mio. Jahren diesen Teil der Cevennen be-

Typisches Cevennendorf: Le Crouset

deckte und die nahen Causses schuf (s. S. 104 f.). Als harte Brocken für die Wissenschaft erweisen sich auch die mehr als 150 Menhire, 30 Tumuli und drei Dolmen rätselhafter Megalithkulturen auf der Hochebene **La Cham des Bondons** 2 – nach Carnac in der Bretagne die zweitgrößte Ansammlung derartiger Steinsetzungen in Europa (s. S. 43 f.). Zur ergiebigsten der zahlreichen Steinstätten führt der »sentier des menhirs« (Beschilderung Richtung »Les

Nordcevennen und Mont Lozère

Wanderung am Rande des Causse Méjean

Markierung: grünes und weißes Haus-Baum-Sonnenensemble. Bei der drei- bis vierstündigen, mittelschweren Wanderung entlang des »Sentier de Gralhon et du Mas Rouchet« sind 9 km Gesamtstrecke und ein Höhenunterschied bis zu 600 m zu überwinden. Der Weg führt dorthin, wohin der Blick von Florac automatisch wandert und man allerdings auch mit dem Auto rasch gelangt: auf die alles überragende Abbruchkante des Causse Méjean.

Rechts an den »Lotissements de Grèze«, einer am nordwestlichen Ortsrand errichteten Ferienhauskolonie vorbei, folgt man nach 10 m dem links abzweigenden, unterhalb und parallel der Abbruchkante verlaufenden Weg durch verwilderte Terrassierungen zum weithin sichtbaren, auf einem Hügel gelegenen Gutshof Gralhon. Auf anfangs geteerten Serpentinen nähert man sich nun dem Steilhang und folgt dann einem scharf nach rechts abzweigenden Weg in entgegengesetzter Richtung zur kurz oberhalb vorbeiführenden Caussestraße.

Wählt man nach einem guten Stück Wegstrecke den links abzweigenden Pfad, gelangt man auf die Straße zurück, von der nach 100 m hinter einer Spitzkehre rechts ein Weg abzweigt, auf dem man, dem Hinweis »Le Rouchet« folgend, nach 1 km auf die Gebäude der ehemaligen Schäferei Mas Rouchet trifft. Über die weitläufigen Weideflächen sucht man sich in einiger Entfernung von der Abbruchkante den Weg in südöstlicher Richtung zurück zur Fahrstraße, die man dort erreicht, wo sie das Hochplateau erklommen hat, unweit eines leicht zu übersehenden Dolmens. Nach Florac gelangt man entweder auf der mäßig befahrenen Straße (D 16) oder, sehr viel schneller, auf demselben Weg zurück.

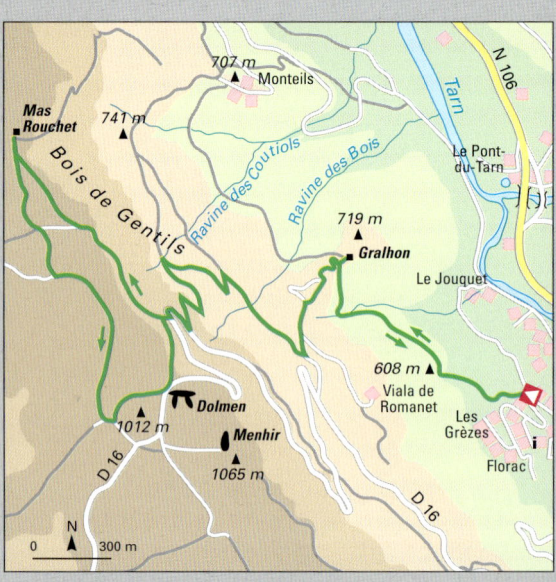

Wanderung entlang des »Sentier de Gralhon et du Mas Rouchet«

Wanderer beim Mas Camargues

Combes«), der 1 km nach dem Zusammentreffen der D 135 mit der D 35 in Fahrtrichtung Col de Montmirat links von der Straße abzweigt.

Interessenten von weniger sagenumwobenen, dafür aber kunstvoll behauenen Steinen aus der Antike sel der nördliche Abstecher ins etwa 15 km entfernte, über die D 25 und D 41 zu erreichende Dörfchen **Lanuéjols** 3 empfohlen. Prunkstück der malerischen Siedlung sind die bescheidenen Reste eines römischen Mausoleums, dessen Inschrift das Gebäude als Grabstätte zweier Gutsbesitzerkinder ausweist. Sie befinden sich unterhalb der Route de Mende am westlichen Ortsausgang.

Nicht weit entfernt liegt **Mende** 4 (S. 303 f.), die rund 12 000 Einwohner zählende Hauptstadt des Departements Lozère. Das ehemals bedeutende Wollhandelszentrum gibt sich mit seinen grauen Häuserzeilen, der sehenswerten Kathedrale von 1368 und dem interessanten Musée Ignon-Fabre, das Sammlungen aus prähistorischen, gallorömischen und mittelalterlichen Zeiten beherbergt, häufig ein wenig zugeknöpft.

Zurück auf der D 35, führt die Straße östlich der schon einmal passierten Kreuzung mit der D 135 bei **La Vayssière** an einer weiteren großen, rechter Hand gelegenen Menhiransammlung vorbei und schlängelt sich zwischen Granithaufen und Terrassierungen der kahlen Mont Lozère-Flanke hindurch nach **Runes** (rechts ab, nach ca. 1 km ein kleiner Wasserfall) und **Fraissinet-de-Lozère**. So grau wie der Granit dieser beiden landschaftstypischen Dörfer sind auch die Fassaden der hutzeligen Häuser von **Le Pont-de-Montvert** 5 (S. 315), die eins zu sein scheinen mit dem mächtigen Flußgestein des Tarn.

Im **Ecomusée du Mont Lozère** am nördlichen Ortsausgang auf Architektur und Agrargeographie der Nordcevennen eingestimmt, gelangt man auf der rechts von der D 20 abzweigenden, überwiegend von Wanderern genutzten Piste an den liebevoll restaurierten Häusern von **L'Hôpital**, einer ehemaligen Kommende der Malteserritter, vorbei und findet sich am Ende der Straße in einem nordisch-melancholisch wirkenden Hochmoor wieder. Inmitten riesiger Granitblöcke klammern sich die wiederhergestellten Gebäudeteile des Museumsgehöfts **Mas Camargues** 6 (S. 315) an den kalten, rauhen Boden der Nordcevennen.

Die Masse macht's
Schafe auf Wanderschaft

Unzählige Schaf- und Hammelbeine haben im Laufe von Jahrhunderten Schneisen durch die Cevennen und Causses getrampelt; mal wenige Meter schmal, wenn sie entlang von wegweisenden Mauerzeilen als gerade Spur durch die Landschaft führen, mal 80–100 m breit, wenn sie die ganze Weite der kahlen Bergkuppen einnehmen. *Drailles* nennt man hier jene Wegmarken der Transhumanz – einer halbnomadischen und arbeitsteiligen Weidewirtschaft vergangener Jahrhunderte –, deren Ziel es war, die Grünflächen der verschiedenen Höhenlagen abgrasen und düngen zu lassen. Diese Form von Weidewechsel schuf eine wirtschaftliche Verbindung der Küstenebene mit dem Zentralmassiv und sicherte den nomadisierenden Schäfern und bodenständigen Bergbauern ein erkleckliches Auskommen – führte aber auch zu manchem Konflikt zwischen diesen beiden so unterschiedlichen Menschengruppen.

Auslöser für blutige Streitereien waren häufig die sogenannten Düngungsnächte, eine Verpflichtung der Schäfer, ihre Herden auf zugewiesenen Feldstücken nächtigen zu lassen, damit die Schafe den Bauern ihre Durchzugsge-

bühr ablieferten: massenweise Schafskötel. Die Erträge auf den so gedüngten Flächen waren meistens hoch genug, um die Schäden auszugleichen, die durch zertrampelte Flächen längs der *drailles* entstanden waren. Meistens, aber nicht immer. So mußte der Bauer in der Morgendämmerung vor Aufbruch der Herde abschätzen, ob die nächtliche Hinterlassenschaft der Schafe die Aussichten auf eine üppige

Ernte verbesserten. Fiel das Urteil negativ aus, sprachen oft die Fäuste. Zu blauen Flecken kam es auch, wenn die »wilden Männer« dabei ertappt wurden, daß sie den Töchtern der Bergbauern den Hof machten oder ihnen Flausen in den Kopf setzten über das angeblich so süße Leben im Tal (wo sie den Winter verbrachten). Es war stets eine Mischung aus Angst und Anerkennung, die den Schäfern entgegengebracht wurde und sie bis heute zu Außenseitern macht.

300 000 Schafe sollen es noch im 19. Jh. gewesen sein, die Jahr für Jahr auf Wanderschaft gingen. Auf etwa 30 000 Schafe sind die Herden mittlerweile geschrumpft. Die großen Frühjahrsweiden in der Ebene sind teilweise zersiedelt oder werden für den lukrativeren Weinanbau genutzt, staatliche Agrarsubventionen und Kredite des Cevennennationalparks ermöglichen den wenigen verbliebenen Bergbauern zudem eine ganzjährige Haltung von einträglicheren Milchviehherden.

Etwa sieben Tage reine Gehzeit benötigt eine Herde, um von den rasch verdorrten Weiden der Garrigue auf die frischbegrünten Sommeralmen der nördlichen Mont Lozère-Ausläufer zu gelangen. In so kurzer Zeit ist diese Strecke nur zu bewältigen, wenn die Schäfer den *drailles* folgen, die teilweise senkrecht die steilen Hänge hinaufführen und auf dem kürzesten Weg Pässe und Gipfel überwinden. Den jungen Schafhütern dauert auch das zu

lange. Auf den Schäferschulen von Salon-de-Provence oder Rambouillet wird der Schäfernachwuchs längst in Betriebswirtschaft ausgebildet, mit dem Ergebnis, daß die diplomierten Hirten – wer kann's ihnen verübeln – immer häufiger die auf wirtschaftlich sinnvolle Größe geschrumpften Herden von Transportwagen an ihre »Einsatzorte« befördern lassen. *»Quand le mont Aigoual met son chapeau, pâtre prends ton manteau«*, heißt ein Sprichwort der Cevennen. Heute greift der Schäfer beim ersten (November-) Schnee auf dem Mont Aigoual eher zum Telefon als zu einem warmen Mantel, um auch für die Rückführung der Herden in die Winterquartiere die Viehtransporter zu ordern.

Noch hört man das Geblöke der Lämmer und Gebimmel der Schafsglocken, wenn man im Sommer und Herbst in den Bergen unterwegs ist. Und noch findet es statt, das Ritual der großen Herdenwanderung. Jedes Jahr im Juni rüsten sich die Schäfer zum Aufbruch in die Berge, hängen den Leithammeln die Schneisenglocken an den Hals und schmücken die schönsten Tiere mit bunten Wollbommeln so, als sollten die Tiere unterwegs Werbung machen für das Produkt, das ihr Pelz beizeiten liefern wird. Frühestens am 8. Juni, dem St-Médard-Tag – der Aberglaube will es so, weil nur die an diesem Tag verkündeten Wetterprognosen verläßlich sein sollen –, stellen die Schäfer die Herden mit den Tieren aus den Garriguedörfern zusammen und machen sich mit ihrer kleinen Schar auf den Weg in die Berge. Von Dorf zu Dorf wachsen die Herden um jene Tiere an, die den Hirten anvertraut werden, damit sich die Bauern während des kurzen Bergsommers mit ganzer Kraft der Landwirtschaft widmen können. So ist es Tradition, und so wird man es auch noch in der nahen Zukunft in bescheidenerem Umfang entlang der drei Hauptschneisen durch die Cevennen und Causses praktizieren.

Auf den *drailles* läßt es sich auch ohne Schafe gut wandern. Deshalb bezog man Teile der alten Schneisen in die Streckenführung der *Sentiers de Grande Randonnée* ein, den mit »GR« beschrifteten und rot-weiß ausgeschilderten Fernwanderwegen durch das südwestliche Zentralmassiv (s. S. 358).

Aubrac-Schneise: Auf ihr ziehen nur noch ein paar Tausend Schafe gen Norden. Die *draille* nimmt ihren Ausgang in Le Vigan, kreuzt auf dem Col de la Serreyrède die Nebenschneise aus Valleraugue, passiert dann in zwei Parallelstrecken den Ort Meyrueis bzw. den Col de Perjuret, quert Causse Méjean und Causse de Sauveterre und erreicht in Aubrac ihr Ziel.

Margeride-Schneise: St-Hippolyte-du-Fort, Col de l'Asclier, Aire de Côte, Col du Marquaires, L'Hospitalet, Florac, Mont Lozère und schließlich das Margeridemassiv sind von Süden nach Norden die Stationen dieser großen *draille*, auf der jährlich noch mehr als 10 000 Schafe die Berge auf und ab getrieben werden. Am Col de l'Asclier, der auf halbem Weg zwischen Valleraugue und Lasalle gelegenen zweiten Station der Margeride-Schneise, treffen an jedem dritten Junisonntag unter lebhafter Publikumsbeteiligung die Schafherden zweier Strecken aufeinander und werden zu einer Herde vereinigt.

Gévaudan-Schneise: Die Chance, auf dieser, im Volksmund auch *Chemin de César* genannten Schneise Schafe zu treffen, ist ebenso groß wie auf der Margeride-Schneise. Vom südöstlich des Dorfes Le Pont-de-Montvert gelegenen Col de la Croix de Berthel aus werden die vier Nebenschneisen von St-Jean-du-Gard, Alès, Cendras und Portes als große *draille* über den Col de Finiels, den Gipfel des Mont Lozère, geführt. Die Schneise endet weit außerhalb der eigentlichen Cevennen an den nördlichen Ausläufern der Montagne du Goulet, am Parc du Gévaudan.

Dort können die Schafe seit ein paar Jahren mit den Wölfen heulen. 1991 wurden in dem Naturschutzgebiet 80 mongolische Wolfswelpen ausgesetzt, die ihr Leben und die neue Heimat Frankreichs berühmtester Tierschützerin, Brigitte Bardot, verdanken. Die von einem ungarischen Unternehmen illegal zur Pelzverarbeitung erworbenen Wölfe wurden nach ihrer zufälligen Entdeckung der Stiftung der engagierten Alt-Diva aus St-Tropez anvertraut.

Durch die bewaldete Mittelgebirgslandschaft der nordwestlichen Lozèreausläufer, am farblosen Ferienort **Le Bleymard** vorbei, schlängelt sich die Straße zum Stausee **Lac de Villefort**, auf dem Wassersportler im Sommer – windangetrieben und lautstark motorisiert – für erheblichen Wellengang sorgen. »Régordane« heißt seit Römerzeiten die heutige D 906 zwischen dem Languedoc und der Auvergne, auf der einst römische und keltische Lastenträger ins Schwitzen kamen und im Mittelalter auch reichen Kaufleuten der Schweiß auf der Stirn stand – bei ihnen allerdings aus Angst vor Räuberbanden, die entlang der belebten Handelsroute den schnellen Taler machten. Etwas billiger kamen die Händler davon, nachdem Adlige gegen ein hohes Schutzgeld bewaffnete Eskorten zur Verfügung stellten und im 12. Jh. Siedlungen zu Wehrdörfern ausbauen ließen.

Zu ihnen gehört das schmucke **La Garde-Guérin** 7 (S. 298), dessen geschniegelte Gassen vor nicht langer Zeit von Kunsthandwerkern und kleinen Restaurants erobert wurden. Nichts für Liebhaber der kalorienreichen Cevennenküche ist die Besteigung des Kapellenturms durch eine etwas zu eng geratene Luke. Maßvolle Esser werden mit einer schönen Rundumsicht belohnt, u. a. in Richtung des **Belvédère du Chassezac**, eines bequem zu Fuß zu erreichenden Aussichtspunkts am Rande des tiefeingeschnittenen Flußcañons.

Von **Villefort** (S. 327), einem lebhaften, mit Geschäften, Unterkünften und Restaurants recht gut bestückten Ferienstandort, gelangt man entweder auf der D 66 – einer kurvenreichen Strecke mit einem grandiosen Ausblick bis ans Mittelmeer, dem **Belvédère des Bouzèdes** – oder direkt auf der D 906 in den etwas antiquierten Pensionärssitz

Génolhac (S. 298) und weiter über die D 998 in die langgezogene Ortschaft **Vialas** 8 (S. 327). Am nördlichen Ausläufer der Montagne du Bougès gelegen und eingebettet in ein dichtbegrüntes, vom milden Mikroklima verwöhntes Tal, lebt der im 19. Jh. für seine silberhaltigen Bleivorkommen und Kastanienbaumkulturen bekannte Ort nun überwiegend von den zahlreichen Ferienhauseigentümern. Auf der D 998 gelangt man über Le Pont-de-Montvert zurück nach Florac.

Corniche des Cévennes und Vallée Française

Ausgangsort Florac; ca. 150 km, Dauer 1 Tag, Karte S. 116

Ausnahmsweise führt der Weg in die Urzeit einmal nicht in Höhlen, sondern in luftige Höhen, auf den Vorsprung des Kalkplateaus von **St-Laurent-de-**

Corniche des Cévennes und Vallée Française

Trèves 1 , wo vor ca. 190 Mio. Jahren ein 4 m hoher Ceratosaurus 18 Fußabdrücke hinterließ. Daß der Dinosaurier einen nicht annähernd so grandiosen Ausblick auf die zerklüfteten Felsen der Causse Méjean-Kante genoß, hat den einfachen Grund, daß sie zu jener Zeit noch nicht existierte und der tonnenschwere Zweibeiner seine erstaunlich zierlichen Hinterläufe in den tonhaltigen Schlamm einer von Flachland umgebenen Meerlagune drückte. Von Sedimentschichten konserviert und allmäh-

lich zu Stein geworden, wurden die Spuren mitsamt dem Meeresboden durch Faltungskräfte fast 900 m hochgehoben und von der Erosion wieder sichtbar gemacht.

Ungelöst ist die Ursache für das plötzliche Aussterben der Saurier vor etwa 60 Mio. Jahren, nachdem sie 150 Mio. Jahre lang die Erde bevölkert hatten. Die spektakulärste Theorie: Der Einschlag eines riesigen Meteoriten schleuderte Staubmassen auf, die über Jahre das Sonnenlicht reduzierten und durch die-

Leben in der Opposition
Die Tradition des Widerstands

Mal ist es ein millionenschweres Staudamm- oder Freizeitpark- projekt, mal eine geplante Schnellstraße, die Bürger und Bauern der Cevennen zum Pinsel greifen läßt, um mit Spruchbändern oder hastig auf Häuserwände geschmierten Parolen dem Unmut über die Arroganz beamte- ter Zukunftsstrategen der Regional- hauptstadt Montpellier Luft zu machen. Wenn hinter einem neuerlichen Eingriff in ihre Lebenswelt die Staatsbürokratie in Paris steckt, fliegen bisweilen sogar Steine oder gehen ein paar Scheiben der Präfektur zu Bruch. Die Cevennen- bewohner fühlen sich der Tradition ver- pflichtet, die auch den regelmäßigen Widerstand gegen die Staatsmacht ein- schließt. Den letzten erbitterten Kampf mit der Staatsbürokratie lieferten sich in den 70er Jahren die Bauern auf dem Causse du Larzac. Das Terrain für ein neues militärisches Übungsgelände war bereits abgesteckt. Nach fast zehn- jährigem, eher friedlichen, aber erfolg- losen Widerstand ließen die sonst fried- liebenden Bauern ein paar Bomben hochgehen, und bald darauf grasten die Schafe wieder auf ihren ange- stammten Weiden, so als wäre nichts geschehen. Der Widerstand hat hier eine lange Geschichte, die bis ins frühe 16. Jh. zurückreicht.

200 Jahre nach Ausbruch der Pest in Südfrankreich begann die Seuche auch in den Cevennen endgültig abzuklin- gen. Die Bevölkerung wuchs und mit ihr der Bedarf an Nahrung. Doch das Klima spielte nicht mit. Zehn lange Jahre, 1526–35, litt die Bergbevölke- rung an heiß-feuchten Sommern und milden Wintern. Das Korn verfaulte noch am Halm, und über die kläglichen Reste machten sich die Schädlinge her. Tropische Regengüsse ließen Hänge abrutschen und mit ihnen ganze Kasta- nienbaumhaine. In manchen Gegenden drohten die Maronen, das Brot der Armen, knapp zu werden. In den Ce- vennen herrschten schlechte Zeiten – und gute Voraussetzungen für eine Re- volution: die Reformation.

Ihre Saat ging nirgendwo sonst in Frankreich so schnell und langlebig auf wie hier. Über Lyon kamen die prote- stantischen Lehren und Schriften des Genfer Reformators Calvin ins Langue- doc, wanderten im Schäferrock die zur Rhône gelegenen Cevennentäler hinauf und gelangten auf hastig kopierten und zunächst noch unter der Soutane ver- steckten Pamphleten auf die Kanzeln. Vor allem aber hielten die neuen Bibeln im Rucksack der wandernden Hand- werksgesellen Einzug in die Bauern- häuser, unter deren Dächern die jungen Männer ihre Unterkünfte fanden.

Im Gefolge der Schafzucht hatte über- all in den Cevennen das Textil- und Le- dergewerbe Fuß gefaßt. Seine Mitglie- der gehörten Zünften an, die sich tradi- tionell aufstiegswillig und deshalb offen für die Bildungsinhalte des städtischen Kleinbürgertums zeigten – der nächst- höheren Schicht, unter der die Anhän- ger des Calvinismus besonders zahl-

reich waren. So fungierten die Handwerker auf ihrem Weg von den Städten
Montpellier, Nîmes und Alès in die
Handwerksbetriebe der Cevennen als
Boten der calvinistischen Lehre und lieferten sie den Bergbauern »frei Haus«.
Kaum eine Schuhmacherei, eine Webe-
rei und Färberei und selten ein Bauernhof, in dem nicht schon bald Hugenotten lebten, wie die Protestanten von
spöttelnden Katholiken genannt wurden, in Verballhornung des Wortes »Eid-
genosse« (frz. ursprünglich *eyguenet*,
woraus sich *huguenots* entwickelte).

Doch das Lachen sollte dem Klerus
bald vergehen, denn die Bauern und
Handwerker wurden rasch zu unbeirrbaren und militanten Protestanten
gegen den Katholizismus. Sie vertrieben die Mönche aus den Klöstern und
versahen sie auf Karikaturen mit Esels-
ohren. Die Frauen lauerten Prioren auf
und rieben ihnen Asche in die Augen,
um sie zu blenden und ihnen den Spaß
an den Mätressen zu verderben. Aber
der Kampf war nicht allein gegen den
Sittenverfall der Kirche und der Päpste
gerichtet. Wirklich gefährlich wurden
die bäuerlichen Calvinisten der katholischen Kirche erst, als sich Bürger und
Adlige an ihre Seite gesellten und als

Hugenotten zu erkennen gaben. Ihr ge-
meinsames Ziel war, dem Klerus seine
immensen Ländereien abzunehmen,
die er sich im Laufe von Jahrhunderten
durch die Kirchensteuer, den Zehnten,
zusammengerafft hatte. Denn wo
immer es in herkömmlichen Gesellschaften zu revolutionären Umbrüchen
kommt, rückt das Eigentum an Grund
und Boden ins Zentrum der Auseinandersetzungen.

Mit der weitgehend befolgten
»Zehnten-Verweigerung« zwangen
vornehmlich die armen Bauern den
Klerus dazu, ihren Einkommensverlust
durch Landverkäufe auszugleichen.
Doch die Aufkäufer waren weder die
Kleinbauern selbst, denen natürlich
das Geld dazu fehlte, noch die refor-
mierte Kirche, der man per Abstim-
mung den unkontrollierten Machtzuwachs durch Eigentumsbildung verweigert hatte. Wer sich an den
Ländereien bereicherte, die der ver-
schuldete Klerus billig veräußern
mußte, waren die ohnehin schon reichen Hugenotten, Adlige, Stadtbürger
und die wenigen Großbauern der Cevennen, von denen die armen Kleinbauern zum Kampf gegen die katholische Kirche benutzt worden waren.

Als 1598 der französische König Heinrich IV. im Edikt von Nantes weitgehende Glaubensfreiheit gewährte, gingen 40 Jahre Religionskämpfe zu Ende. Schon viele Jahre vorher aber hatte der Protestantismus calvinistischer Prägung aufgehört, die heroische und zur Selbstlosigkeit gemahnende Religionslehre der Anfangsjahre zu sein. An ihre Stelle war längst ein Kommerz-Calvinismus getreten, der im unternehmerischen Gewinnstreben eine legitime Möglichkeit sah, in den Kreis der Auserwählten Gottes aufgenommen zu werden. Man gab seinen Untergebenen schließlich Brot und Arbeit. So bedienten sich in den Cevennen die neureichen hugenottischen Grundbesitzer der Reformationsideale, um sie geschickt mit den ländlich-patriarchalischen und autoritären Gesellschaftsstrukturen zu verbinden und zur Steigerung der Produktivität zu nutzen.

Anstatt angemessene Lebensverhältnisse und Lohnzahlungen zu gewähren, hielten die Familienväter ihren Frauen, Kindern, Mägden und Knechten Hauspredigten, frei nach dem Wort Gottes: »Dankt dem Herrgott, daß er Euch zu essen gibt, und seid sittsam, damit Ihr Eure Arbeitskraft nicht vergeudet.« In den Jahren 1570–90 wurden die von Calvin ins Leben gerufenen Konsistorien – mit Honoratioren und Unternehmern bestückte Kirchenräte, die über Anstand und Moral der Gemeinden wachten – in den meisten Cevennendörfern zur festen Institution. Mit der Reglementierung aller Lebensbereiche gingen die hugenottischen Überwachungsinstanzen noch weit über die Schnüffeleien und Gängelungen der katholischen Inquisitoren hinaus.

Kaum 100 Jahre hatte der mühsam gekittete, in den Cevennen de facto längst ausgehöhlte Religionsfrieden gehalten, als Ludwig XIV. 1685 befand, das Edikt von Nantes aufheben zu müssen, weil sich die Religionsfreiheit nicht mit seinem absolutistischen und die katholische Kirche favorisierenden Herrschaftsanspruch vertrug; vor allem aber, weil es die Hugenotten zu Geld und Ansehen gebracht hatten und einen großen wirtschaftlichen und politischen Einfluß ausübten. Und wieder waren es die Cevennenbewohner, die den erbittertsten Widerstand gegen die Obrigkeit leisteten. Während es in den übrigen Regionen Frankreichs zu einer großen Auswanderungswelle von Hugenotten kam, boten sie den Dragonern und Missionaren des Sonnenkönigs Paroli.

Auf beiden Seiten wurde mit unglaublicher Grausamkeit gekämpft, gefoltert und getötet. 1702 begann der zweijährige Kamisardenkrieg, bei dem die wegen ihrer weiten Hemden *Camisards* genannten Hugenotten zum ersten Mal in der französischen Geschichte die Taktik des Untergrundkampfes anwendeten. Zahlenmäßig den königlichen Garden weit unterlegen, gelang es ihnen, den Söldnern empfindliche Niederlagen beizubringen, ohne allerdings jemals die Oberhand zu gewinnen.

Das 1704 von demoralisierten Hugenotten und kampfesmüden Truppen herbeigeführte Kriegsende brachte den Cevennen und Causses keinen wirklichen Frieden. Die immer wieder aufflackernden Kampfeshandlungen und Scharmützel fanden erst 1787 ein Ende, als Ludwig XVI. Toleranz bewies und den Hugenotten die lang ersehnte Religionsfreiheit gewährte. Beliebter machte ihn das bei seinen Gegnern nicht. Zwei Jahre später brach die Französische Revolution aus, in deren Verlauf der König unter der Guillotine starb.

sen Klimaschock zum Aussterben der Dinosaurier führten. Die jüngste Entdeckung einer vermeintlichen, etwa 60 Mio. Jahre alten Rieseneinschlagstelle auf der mexikanischen Halbinsel Yucatán gibt der gewagten These neue Nahrung.

Stein ist nicht nur ein guter Konservator der Prähistorie, sondern auch der jüngeren Geschichte. Zum Widerstand fordert die in Granit gehauene Inschrift »RESISTER« noch 300 Jahre nach Ende der Kamisardenkriege die Besucher des wenige Schritte von dem Fels entfernten **L'Hospitalet** 2 auf, ein Gehöft, das heute Wanderern und früher protestantischen Untergrundkämpfern Kost und Logis gewährte. Die auffällige Gravur ist die Kopie eines Schriftzuges, den hugenottische Gefangene während der Verfolgungsjahre unter Ludwig XVI. in die Wand des Gefängnisturms Tour de Constance in Aigues-Mortes geritzt hatten (s. S. 161).

Die Höhenstraße D 9, Corniche des Cévennes, quert die »Can« von L'Hospitalet, einen kleinen, ebenfalls aus Meeressedimenten entstandenen Ableger des Causse Méjean, und schnörkelt sich als D 260/D 907 ganz allmählich den Bergkamm hinab in das auf 2000 Seelen geschrumpfte **St-Jean-du-Gard** 3 (S. 320). Aus besseren Tagen stammen der romanische Uhrturm, die Tour de l'Horloge, im Zentrum unweit des volkskundlichen **Musée des Vallées cévenoles** sowie eine recht schmucke, sechsbogige Gardonbrücke aus dem 17. Jh.

Anduze 4 (S. 283 f.) steht mit seinen eng an Fels und Berg gequetschten Häuserzeilen dem starken Verkehr und einem der Gardonzuflüsse Spalier, der hier seinen Namen Gardon de St-Jean in Gardon d'Anduze eintauscht. Auch das lebhafte Städtchen hat verschiedene Namen: »Pforte der Cevennen«,

weil es den Südwestrand der Cevennen markiert, und »Genf der Cevennen« als Hinweis auf seine zentrale Rolle im Kampf der Hugenotten gegen die Truppen Richelieus, Wegbereiter des Ludwigschen Absolutismus. Der 1629 diktierte Friedensschluß von Alès zwang die gebeutelten Protestanten, sich die eigentlich schon 1598 im Edikt von Nantes zugestandene Glaubensfreiheit mit dem freiwilligen Abriß sämtlicher Wehranlagen zu erkaufen.

In Anduze blieb nach diesem Schachzug der französischen Krone von den einstigen Befestigungsanlagen nur der 1320 errichtete Uhrturm am Ortseingang erhalten. Im vis à vis gelegenen **Temple**, einem 1823 rekonstruierten klassizistischen Kirchengebäude mit schlichtem Säulenvorbau, kommen sonntags die mehrheitlich protestantischen Einwohner zum *Culte protestante* zusammen, wie die evangelischen Gottesdienste seit hugenottischen Zeiten heißen.

Der Beweis calvinistischer Geschäftstüchtigkeit findet sich wenige Schritte entfernt im historischen Zentrum: die für einen kaum 2700 Einwohner zählenden Cevennenort ungewöhnlich vielen Geschäfte, ein zu Marktzeiten quirliger, mittelalterlich enger Platz, auf dem man noch Raum für eine kleine Markthalle fand, und ein ganz und gar nicht protestantisch schlichter, sondern mit farbenfroh lasierten Dachziegeln bedeckter Ziehbrunnen von 1649.

Merkwürdig mutet es schon an, ausgerechnet in den eher rauhen Cevennen auf Europas einzigen Bambuswald, die **Bambouseraie de Prafrance** 5 (S. 284), zu stoßen. Das Mikroklima um den Ort **Générargues** macht's möglich. So wachsen in lauer, sprossentreibender Luft auf 35 ha schön gestalteter Parkfläche unterschiedliche Bambus-

Tropischer Bambuswald in den Cevennen: Bambouseraie de Prafrance

arten zu Riesenstauden oder dichten Waldalleen heran.

Das **Musée du Désert** im Mas Soubeyran bei **Mialet** 6 (S. 304) hat mit einer Wüste im eigentlichen Sinn nichts zu tun, auch wenn man angesichts tropischer Bambuspflanzen selbst das in den Cevennen für möglich halten könnte. Exotisch ist jedoch das Kapitel der Kamisardengeschichte, dem das Hugenottenmuseum, die Geburtsstätte eines berühmten Kamisardenführers, seinen Namen verdankt.

In die Wüste geschickt fühlten sich nämlich jene Hugenotten, die im Gegensatz zu ihren ausgewanderten Glaubensbrüdern den Verfolgungen Ludwigs XIV. zu widerstehen versuchten und ihren verlustreichen Kampf in den südwestlichen Cevennen als gottgewollte Prüfung ansahen, so wie es einst Moses auferlegt gewesen sein soll, die Kinder Israels durch die Wüste zu führen. *Le Désert* wurde zum Synonym huge-

nottischen Durchhaltewillens und, auf die biblische Geschichte anspielend, der Mont Aigoual als zweiter Berg Sinai mystisch verehrt. Noch heute finden sich im September vor dem grauen Gemäuer des Mas Soubeyran Tausende strenggläubiger Protestanten zusammen, um beim kollektiven Gebet in weltentrückte Trance zu verfallen und den unbeirrbaren Geist ihrer Glaubensvorfahren zu beschwören.

Neben anderen verschwiegenen Höhlen hat auch die nahe **Grotte de Trabuc** bei Mialet, bekannt für das Farbenspiel ihrer Wasserterrassen und der weltweit einzigartigen, von Höhlenforschern bisher nicht zu enträtselnden Kleinst-Stalagmiten, den fanatischen Kamisarden einst als geheime Versammlungs- und Fabrikationsstätte von Munition gedient.

Vom Unterlauf des Gardon de Mialet, an dessen Ufern sich wegen des milden Klimas und schöner Flußab-

St-Julien-d'Arpaon

schnitte Zeltplatz an Zeltplatz reiht, gelangt man über St-Jean-du-Gard zu seinem Oberlauf, der sich bei **Martinet** in
den nördlichen Gardon de St-Germain
und den Gardon de Ste-Croix verästelt,
die alte Lebensader der ganz und gar
abgeschiedenen Vallée Française. Hier
hört man sie, die vielzitierte Stille ent-
völkerter Cevennentäler, hier liegt das
Reich der markerschütternden Sper-
berschreie und des Wildwuchses, der
die Berghänge dicht begrünt und sich
unaufhaltsam die einst mühsam terrassierten Hänge hinauffrißt. Im kurzen
Sommer nämlich erholt sich die Natur
des Hochtals schneller als anderswo
von den harten Wintern; im Schutz der
windabweisenden Höhenzüge ersetzt
die Strahlkraft der mediterranen Sonne
den fehlenden Nährstoff der kargen
Böden.

Das wußten die Talbewohner nicht
erst seit dem 6. Jh., als quer durch Ce-

vennen und Vallée Française – daher der
Name – die Grenze zwischen der westgotischen Narbonensis und der fränkischen Provence verlief. Schon Jahrhunderte vorher waren die Berghänge bis
hoch auf die Spitzen besiedelt. Von der
relativ dichten Bevölkerung früherer Zeiten sind jedoch nur ein paar Bauersfami-
lien übriggeblieben, und die wenigen
Stadtflüchtigen suchen hier ihr ländliches Glück zumeist in restaurierten Häusern längs der verwunschenen Straße,
die sich sachte ansteigend an der etwas
düster wirkenden Granitkirche **Notre-
Dame-de-Valfrancesque** (10. Jh.) hinauf in das Ferien- und Wandergebiet
von **Barre-des-Cévennes** schlängelt.
Über eine ausgedehnte, windzerzauste
Hochebene führt die Straße hinunter
ins Mimentetal, zunächst in das von
einer mächtigen Schloßruine beherrscht **St-Julien-d'Arpaon** und
schließlich zurück nach Florac.

Südcevennen
und Mont Aigoual

Ausgangsort Le Vigan; ca. 150 km,
Dauer 1 Tag ohne Wanderung, Karte
S. 123

Le Vigan 1 (S. 327) hat schon bessere
Tage erlebt und erhofft sich für die Zukunft ähnliches, etwa als günstig gelegener Standort für die wachsende Zahl
von Sommerurlaubern und Winter-
sportlern in den Südcevennen – Montpellier ist nur 60, Nîmes 80 km entfernt. Aus der »guten alten Zeit« des
4500-Einwohner-Ortes erfährt man Nä-
heres im volkskundlichen **Musée
cévenol** an der lauschigen, romanisch
gerundeten Bogenbrücke über die gemächliche Arre: über André Chamson
beispielsweise, einem den Cevennen

nicht nur dichterisch zugeneigten Natur- und Geschichtsforscher, und über die Seidenzucht und -weberei, wie sie früher einmal entlang der »Seidenstraßen« zwischen Le Vigan, Ganges und Valleraugue sowie St-Hippolyte-du-Fort, Lasalle, Anduze und St-Jean-du-Gard betrieben wurden und den Bauern über Jahrhunderte ein sauer verdientes Zubrot einbrachten (s. S. 124 f.). Lohnend ist die Besichtigung der **Maison des Magnans**, einer Seidenraupenzucht in Molières-Cavaillac östlich von Le Vigan.

Die Höhenzüge der Südcevennen im Rückspiegel, hangelt man sich hinauf nach Montdardier, quert den kleinen Causse de Blandas und passiert eine Gruppe von Menhiren, die kurz vor der Ortschaft Blandas, rechts der D 113, etwas verloren in der mächtigen Ebene herumsteht. Kaum, daß man sich auf die neue Landschaft eingelassen hat, erreicht die Straße schon wieder den Rand des Kalkplateaus. Unter den Füßen tut sich der **Cirque de Navacelles 2** auf, ein stadionähnlicher Talkessel, den die kleine Vis 400 m tief in den Kalk gefurcht hat. Von der Bodenbeschaffenheit zunächst zu einem Schnörkel gezwungen, grub sich ihr Wasserlauf nach und nach einen direkten Weg durchs Gestein und

Südcevennen und Mont Aigoual

Schnellkost für Spinner
Seidenraupenzucht in den Cevennen

Ihr Leben hängt am seidenen Faden, und trotzdem ist Gewichtszunahme ihr Lebensziel. So fressen sie, was die Stengel hergeben: massenweise Grünzeug. Nur fünf Lebenswochen haben die Seidenraupen Zeit, um ihr Körpergewicht auf das Zehntausendfache zu vergrößern, bevor sie sich auf der Seide ihres zum Kokon gesponne-

ermitteln, war nie das Problem. Es war die Freßgier der Raupen, die die Züchter von jeher plagte: Im Wonnemonat Mai wollen die Weichtiere mit Fast food verwöhnt werden, und das einzige, was sie schnell zum Wachsen bringt, sind frühjahrsgrüne, anfangs täglich, später stündlich frisch gepflückte Maulbeerblätter.

Bauernfamilie beim Abzupfen der Seidenkokons vom Zuchtgeäst, Ende des 19. Jh.

nen, 2000 m langen Fadens zur ewigen Ruhe betten. Denn schon wenig später werden sie mit einer chemischen Substanz erstickt, um zu verhindern, daß sie sich als wertlose Schmetterlinge entpuppen und dabei unweigerlich den kostbaren Seidenfaden zerstören.

Den richtigen Zeitpunkt für das Verbrühen oder Vergasen des Gewürms zu

Davon frißt eine Raupe in ihrer ersten Lebenswoche 0,002 g am Tag, nach zwei Wochen schon 2 g und kurz vor ihrem Tod 20 g, das macht bei einer durchschnittlich großen Zucht mit 10 000 Raupen während der letzten Lebenstage des Gewürms etwa 200 kg Maulbeerblätter pro Tag – zuviel Blattwerk eines Baumes, der in den Cevennen schwierig zu kultivieren ist, und zuviel Mühe, um auf Dauer der Konkurrenz aus asiatischen Billiglohnländern und europäischen Kunstseidenfabriken gewachsen zu sein. Während in dem alten Seidenland Italien versucht wird, mit neugezüchteten, länger und dichter begrünten Maulbeerbäumen Futterreserven für eine ganzjährige Seidenraupenzucht zu schaffen, um die alte Tradition wiederzubeleben, schloß in den Cevennen 1965 die letzte Seidenweberei (*filature*). Nur noch in zwei kleinen Züchtereien (*magnanerie*) werden Raupen gepäppelt (in Monoblet und im Maison des Magnans, einer von Behinderten betriebenen Seidenraupenzucht in Molières-Cavaillac).

Früher zählten die Täler der Südcevennen zu den dynamischsten Produktionsstätten der französischen Seidenraupenzucht, einem uralten Gewerbe. Bereis für 1234 ist urkundlich belegt, daß sich ein Bürger in Anduze den Unterhalt mit Seidenziehen, dem mühevollen Abspulen des Kokons, verdiente. Ihre großen Zeiten erlebte die Seidenproduktion ein erstes Mal Mitte des 18. Jh., als man sich zu einer systematischen Anpflanzung von über 400 000 Maulbeerbäumen entschlossen hatte, und ein zweites Mal zwischen 1820 und 1853 nach einem kurzzeitigen Zusammenbruch des weltweiten Seidenhandels. Die Eröffnung des Suezkanals 1869 und ein Schädlingsbefall der Maulbeerbäume schmälerten die Gewinne dann derart, daß nur wenige *magnaneries* und *filatures* überlebten. Große Geschäfte hatten ohnehin nur die wenigen Aufkäufer der Rohseide und die Webereien gemacht.

Den vielen Tausend Cevennenbauern, die sich mit der Aufzucht der Seidenraupen ein paar Taler zum Überleben dazuverdienen mußten, hat das »Goldene Zeitalter der Seidenzucht« weniger Glanz als Rußluft in ihre ärmlichen Schieferhäuser gebracht. Da es die Seidenraupen zum Einspinnen gerne warm und trocken haben, vertrieb man die feucht-kühle Mailuft mit Kaminfeuern aus den obersten, den Häusern nachträglich aufgesetzten »Fütterungs- und Brutetagen«. Half auch das nichts, mußten die Familien für die verwöhnten Würmer manchmal sogar unter ihren warmen Bettdecken zusammenrücken.

Doch damit war es nicht getan. Hatten sich die Raupen endlich eingesponnen, folgten mehrheitlich die Bauersfrauen, ihre Kinder und Mägde den Kokonaufkäufern in die Webereien, wo sie sich als Tagelöhnerinnen verdingten und alle Jahre wieder Brandblasen an den Händen holten. Um die klebrigen Seidenfäden in mühsamer Handarbeit abspulen und von den Heidekrautzweigen lösen zu können, an denen die Raupen gewöhnlich ihre Kokons befestigten, mußte das Geäst zuvor in kochendes Wasser getaucht werden. Bei aller Mühsal hatten die Raupenzüchter während der »Kokonlese« auch ihren Spaß. *Décoconner*, abgeleitet vom familiären *déconner*, d. h. Blödsinn machen, nannte man scherzhaft das Absammeln und Abspulen der Kokons. Und manch einer mag sich die Finger nicht nur bei der Arbeit verbrannt haben, denn das jährliche Beisammensein der Züchtersprößlinge wurde natürlich weidlich zur Brautschau genutzt.

Im Land der Feinschmecker kam es, wie es kommen mußte. Um der heimischen Seidenzucht wieder auf die Beine zu helfen, machte vor kurzem ein Ingenieur und Hobbykoch seinen Landsleuten einen wohlmeinenden Vorschlag: Auf französische Haut gehöre heimische Seide und das proteinhaltige Gewürm schleunigst in den Mund anstatt auf den Müll. Schnellkost für Spinner!?

hinterließ eine mit überaus fruchtbarem Schwemmboden bedeckte und in der Fachsprache Mäander genannte ausgetrocknete Flußschlinge. Dort hat es sich das Dorf **Navacelles** (S. 309) häuslich gemacht.

An der Vis entlang, vorbei an einer nahe dem Abzweig nach St-Laurent-le-Minier gelegenen Brücke, die waghalsige Jugendliche als Sprungturm benutzen, gelangt man nach **Ganges** 3 (S. 297 f.). Das ehemalige Seidenweberstädtchen dient Bootssportlern auf dem – hier noch zahmen – Hérault als Ausgangsort und Zwischenetappe. Die nahegelegene **Grotte des Demoiselles** 4 (S. 298) ist eine an rekordverdächtigen Tropfsteingebilden so reiche Höhle, daß Stalagmitenfans der Abstecher zu dem gigantischen, durch eine Seilbahn mit der Außenwelt verbundenen Hohlraum empfohlen sei. Wanderer sollten hingegen in dem frühzeitig ergrauten **Valleraugue** 5 (S. 325) einen Hotel-Halt einlegen, um von dem einst lebhaften Seidenzüchterörtchen aus dem

Mont Aigoual auf sein kahles Haupt zu steigen.

Vom **Mont Aigoual**, der den Nordcevennen, so gut er das mit seinen 1567 m Höhe kann, Wind und Regen vom Leibe hält, kehrt man ohne Umweg auf der D 269 und D 48 an dem im Sommer etwas öden Wintersportort **L'Espérou** (S. 296) vorbei in das geschützte Coudouloustal von Le Vigan zurück. Oder man läßt sich von dem merkwürdigen Namen **Abîme du Bramabiau** 6 (S. 282) noch zu einem Abstecher verleiten. Das Geräusch eines Wasserfalls ist es, das der unterirdischen Wasserklamm den Namen gab, der sich von *le bœuf qui brame* ableitet. Ob sich das kleine Flüßchen La Bonheur beim Verlassen seines 700 m langen unterirdischen Flußbetts wie »das Brüllen eines Ochsen« anhört, mag man bezweifeln, nicht aber, daß es die Führer durch die Kluft geschickt verstehen, das für diese Gegend durchaus normale Phänomen einer im Fels verborgenen Klamm als einzigartiges Naturwunder darzustellen.

Ehemaliges Flußbett des Vis: der Cirque de Navacelles

Wanderung rund um das Aigoualmassiv

Markierung: zwei Schuhabdrücke auf grünem Grund. Unbedingt erforderlich: trittsicheres Schuhwerk, Trinkvorrat und Regenschutz. Der 21,5 km lange »Sentier des 4000 marches« lädt zu einer wegen der großen Höhendifferenz bis zu 1200 m recht anstrengenden Wanderung ein, für die man rund acht

Wanderung entlang des »Sentier des 4000 marches«

Stunden einplanen sollte. Die Wanderung, ein Klassiker der Südcevennen, erschließt wilde und abgeschiedene Gegenden rund um das Aigoualmassiv, die nur zu Fuß zu erreichen sind und den Berg – abseits des Wintersportgebiets – von seinen unbekannten Seiten zeigen.

4000 beinharte Schritte sind es mindestens, die vom Kirchplatz in Valleraugue aus gemacht sein wollen, bis man die Paßstraße hinauf zum Mont Aigoual erreicht. Der Weg führt zunächst durch aufgelassene Terrassierungen und verwilderte Kastanienbaumkulturen. Auf einem weiterhin konstant ansteigenden, gut begehbaren Weg geht es dann an fotogenen Granithaufen und Felsklüften vorbei zum bo-

tanischen Zentrum »Arboretum L'Hort-de-Dieu«, das sich der Kultur heimischer und exotischer Pflanzen widmet, und schließlich zur Paßstraße D 269. Sie führt hinauf zum Gipfel des Aigoual und zum bewirtschafteten Observatorium, einer meteorologischen Meßstation. Bei günstiger Witterung hat man einen einmaligen Blick von den Pyrenäen bis zu den Alpen und zum Mittelmeer.

Zurück am Paß wird man durch das Buchenblattsymbol des »Sentier des Botanistes« um eine Erhebung herum geleitet, an dessen nördlicher Flanke man auf die GR 66 stößt. Sie endet nach etwa 7 km am Forsthaus der Aire de Côte. Ab hier nähert man sich auf einer mit der GR 6 identischen Straße bis auf etwa 300 m der Paßhöhe. Unterhalb des 833 m hohen Col du Pas sowie eines Denkmals, das den Opfern der Résistance gegen die deutsche Okkupation gewidmet ist, biegt man rechts ab und trifft auf den Talweg nach Berthezène und die von dort aus nach Valleraugue zurückführende D 10.

Causse Méjean und Causse Noir

Ausgangsort Florac; ca. 175 km, Dauer 1 Tag, Karte S. 128/129

Im Frühjahr ist der Himmel über den Ebenen oft grau und nah. Man sieht kilometerweit, wie der Regen aus den Wolken fällt. Allein das Grün der Weiden und das Gelb der Ginstersträucher gibt der Landschaft eine Ahnung von Farbe. Im Herbst ist es umgekehrt. Dann sticht der tiefblaue Himmel ins Auge, und die ausgedörrten, sonnenverbrannten Plateaus verschmelzen mit ihrem steinigen Unterbau zu einer granitgrauen Eintönigkeit. Das sind die Causses, weltentrückte Gegenden, wie sie nur noch selten in Europa zu finden sind.

Gleich nach Erklimmen der Causseklippen und nur wenige Kilometer vom Col de Perjuret entfernt, taucht man ein in das kleine Felsenmeer von **Nîmes-le-Vieux** 1 (S. 311), eine wilde Mischung von zerklüfteten Steinbrüchen und Felsformationen. Die Weiler Aures, La Cisterne und Costeguison säumen eine schmale Straße, die wieder an den Plateaurand führt. Von hoch oben sieht es aus, als würden die Gassen von **Meyrueis** 2 (S. 304) eines Tages von Causse Méjean und Causse Noir zusammengequetscht, die hier, vom Flußlauf der Jonte gespalten, wie Eisschollen aufeinander zuzutreiben scheinen.

Man entgeht der Enge und dem Trubel der kleinen Ortschaft auf der D 39. Sie leitet auf den Causse Noir hinauf und stellt einen schon bald vor die Entscheidung, nach rechts zur **Grotte de Dargilan** 3 abzubiegen – im Vergleich

Causse Méjean und Causse Noir, Gorges du Tarn und Causse du Larzac

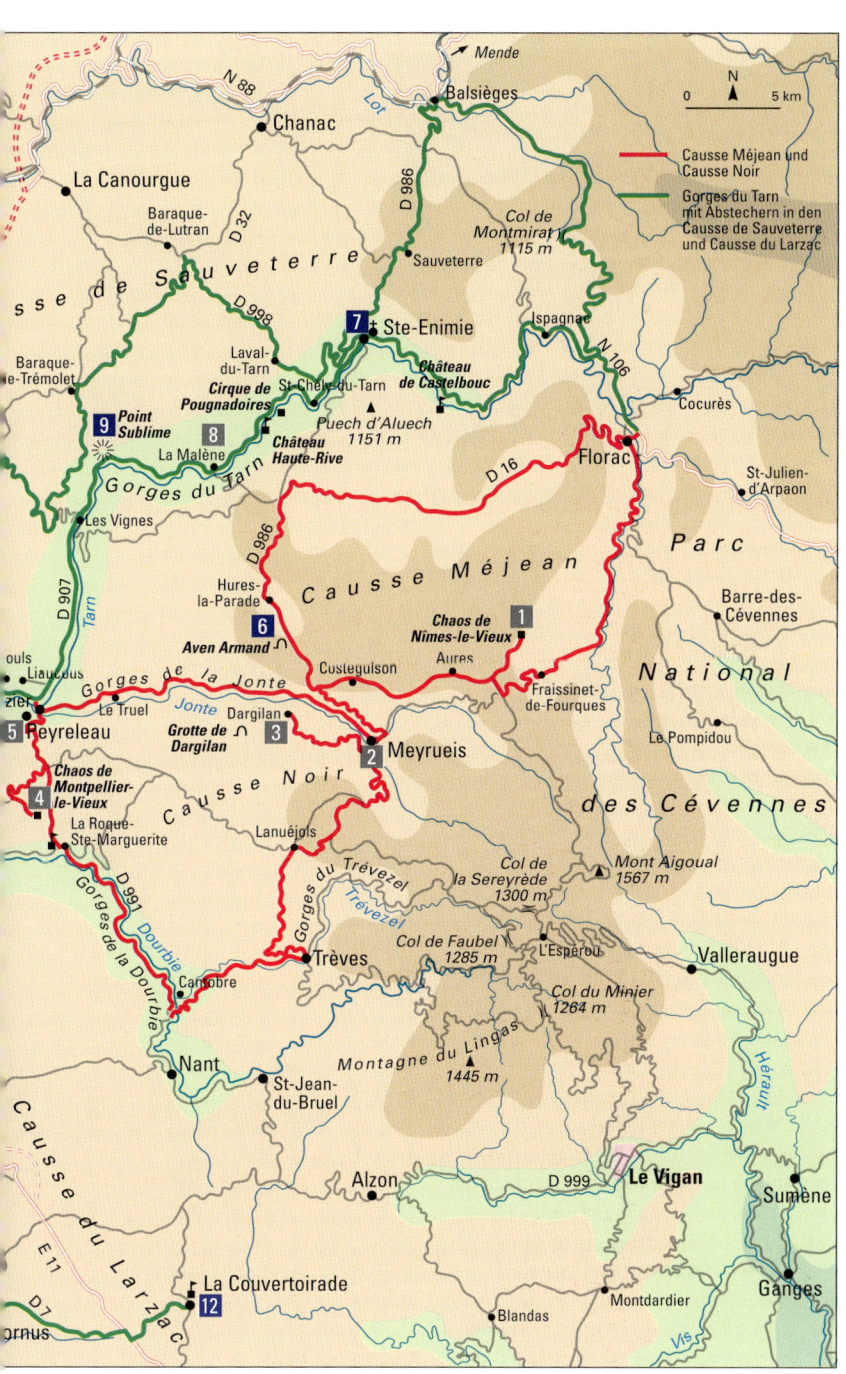

Mende

Balsièges

Chanac

N 88

Lot

La Canourgue

Baraque-
de-Lutran

D 32

sse de Sauveterre

Col de
Montmirat
1115 m

Sauveterre

D 998

Baraque-
le-Trémolet

Laval-
du-Tarn

Ste-Enimie

7

Ispagnac

N 106

Château
de Castelbouc

Cirque de
Pougnadoires

St-Chély-du-Tarn

Puech d'Aluech
1151 m

Cocurès

Point
Sublime

9

8

La Malène

Château
Haute-Rive

Florac

St-Julien-
d'Arpaon

D 16

Gorges du Tarn

Les Vignes

D 907

Tarn

Hures-
la-Parade

D 986

Causse Méjean

Parc

Barre-des-
Cévennes

Aven Armand

6

Chaos de
Nîmes-le-Vieux

1

Custegulson

Aures

National

ouls

Liaucous

Gorges de la Jonte

Le Truel

Jonte

Dargilan

Grotte de
Dargilan

3

Fraissinet-
de-Fourques

Le Pompidou

5

Peyreleau

Meyrueis

2

Chaos de
Montpellier-
le-Vieux

4

La Roque-
Ste-Marguerite

Causse Noir

Lanuéjols

des Cévennes

D 991

Gorges de la Dourbie

Dourbie

Gorges du Trévezel

Trévezel

Col de
la Sereyrède
1300 m

Mont Aigoual
1567 m

Cantobre

Trèves

Col de Faubel
1285 m

L'Espérou

Vallerauge

Col du Minier
1264 m

Nant

St-Jean-
du-Bruel

Montagne du Lingas
1445 m

Hérault

Causse du Larzac

E 11

D 7

Alzon

D 999

Le Vigan

Sumène

ornus

La Couvertoirade

12

Blandas

Montdardier

Ganges

Vis

N

0   5 km

Causse Méjean und
Causse Noir

Gorges du Tarn
mit Abstechern in den
Causse de Sauveterre
und Causse du Larzac

Karge Landschaft: Causse Méjean

zum Aven Armand gegen Ende der Tour nur ein Tropfsteinloch der gehobenen Mittelklasse – oder auf direktem Weg vorbei an **Lanuéjols** inmitten seiner Lavendelfelder und dem unauffälligen **Trèves** an den Zusammenfluß von Trévezel und Dourbie zu fahren. Dort thront in windiger Höhe das Dörfchen **Cantobre** wie ein Adlerhorst auf einem Felsen, der den Erosionskräften der beiden Flüsse entgangen ist, die seit Urzeiten an den bei tertiären Auffaltungen entstandenen Bruchrändern des Causse Noir, Causse Bégon und des großen Causse du Larzac nagen.

Etwa auf halbem Weg nach Millau, wo die Berge der grünen Dourbieschlucht näher aneinanderrücken, schlängelt man sich auf einem engen Sträßchen durch **La Roque-Ste-Marguerite** ein zweites Mal hinauf auf den Causse Noir. Das Ziel: **Montpellier-le-Vieux** 4 (S. 308), ein ungleich turbulenteres Felsenmeer als Nîmes-le-Vieux, und wie bei den beiden gleichnamigen Städten der überlegene Favorit in der Gunst der

Besucher. Zu Fuß über teilweise holprige, bei schlechtem Wetter glitschige Wege (feste Schuhe!) oder von einem Bimmelbähnchen aus sieht man all das, was frühere Wasserfluten hier vom Caussekalk übrigließen, u. a. einen natürlichen Felsbogen.

Das lebhafte Doppelstädtchen **Le Rozier/Peyreleau** 5 (S. 319) bewacht den Zusammenfluß von Jonte und Tarn und ist wegen seiner guten Lage und Zeltplätzen, die weitläufiger sind als die der Tarnschlucht, ein beliebter Standort für Bootssportler und Wanderer.

»Unter Geiern« findet man sich wenige Kilometer hinter Le Rozier in Richtung Meyrueis wieder. Legt man kurz vor **Le Truel** den Kopf in den Nacken (linker Hand leicht zu übersehen ein Parkplatz, ausgeschildert mit »Pas du Loup« bzw. »Belvédère aux Terrasses«), sieht man in den Abendstunden Aasgeier die Méjeanklippen umkreisen oder, von ihren manchmal bis zu den Pyrenäengipfeln führenden »Tages-Ausflügen« zurück, majestätisch in die

Das Felsenmeer Montpellier-le-Vieux

Jonteschlucht einschweben. Auf 2,80 m breiten Schwingen lassen sie sich durch die aufsteigende Warmluft nach oben zu ihren windigen Nist- und Futterplätzen tragen und standesgemäß verwöhnen: mit ausgelegten Tierkadavern.

Der Beutetrieb ist vielen der vor ein paar Jahren ausgesetzten Zoovögel abhanden gekommen, und für die Selbstversorger unter ihnen gestaltet sich die Futtersuche zunehmend schwierig, seit die ausschließlich von Kadavern lebenden Raubvögel verendete Schafe von ihrer Speisekarte streichen mußten – zu wenige Herden sind noch unterwegs. Die Geier haben jedoch nicht verlernt, sich zu vermehren. Auf etwa 100 Exemplare ist die illustre Vogelschar angewachsen, nicht unbedingt zur Freude der Angestellten des Nationalparks, die alle Hände voll zu tun haben, täglich genügend tote Tiere an die abgelegenen Freßstellen zu schaffen, ohne den scheuen Tieren dabei zu Leibe zu rücken.

Entlang der im zeitigen Frühjahr mit ausreichendem Kanutenkönnen gut zu befahrenden Jonte kurvt man durch das grüne Flußtal und an Meyrueis vorbei wieder hinauf auf den Causse Méjean, um den Rückweg nach Florac für eine von Europas größten und schönsten Tropfsteinhöhlen noch einmal zu unterbrechen.

Tief im Caussekarst verbirgt sich das »Dreisterneloch«, die Tropfsteinhöhle **Aven Armand** 6 (S. 285). Nur in den südlichen Cevennen und nahe Orgnac l'Aven an der Ardèche haben unterirdische Flußläufe ebenso gigantische Höhlen aus dem porösen Kalkgestein gewaschen. Nirgendwo sonst aber hat Sickerwasser derart viel monumentale Tropfsteine – darunter einen von Weltrekordhöhe – aufgetürmt. Der Aven Armand verdankt seine Entdeckung im Jahre 1897 dem gleichnamigen Höhlenforscher und ausnahmsweise einmal nicht einem der vielzitierten Hirtenjungen, der auszog, ein verirrtes Schaf zu suchen und den Kadaver nach halsbrecherischen Kletterein in einer unentdeckten Tropfsteinhöhle fand.

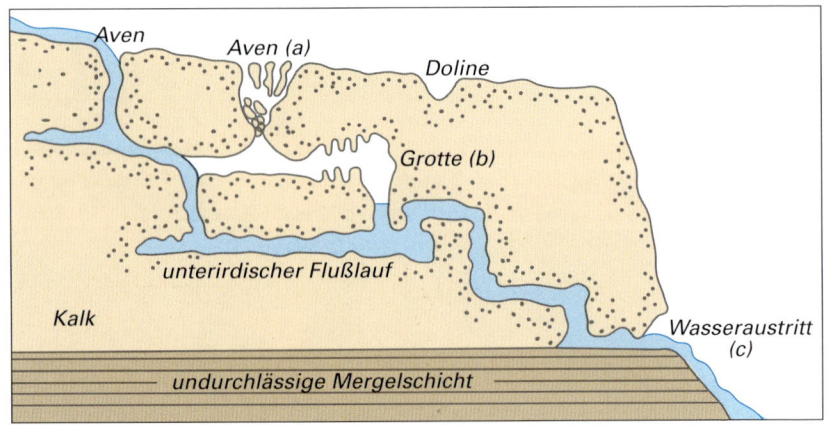

Höhlenstrukturen im Languedoc-Roussillon a) vgl. Aven Armand (s. S. 131)
b) vgl. Grotte des Demoiselles (s. S. 126)   c) vgl. Abîme du Bramabiau (s. S. 126)

Heute gelangt man mit einer hochmodernen Drahtseilbahn in die Urzeit, die in 75 m Tiefe zu besichtigen ist: ein Meer monströser Kalksäulen, über 400 an der Zahl, verteilt in einer 100 m langen, 60 m breiten und knapp 40 m hohen Halle, in der beinahe die Kathedrale Notre-Dame von Paris Platz hätte. Das Ganze hat vor etlichen Millionen Jahren einmal klein angefangen – als bescheidener Riß in der Kalkkruste. *Aven* nennen Speläologen diese Höhlenart und meinen damit einen Hohlraum, der mit der Außenwelt über eine natürliche Öffnung in Verbindung steht, durch die das Oberflächenwasser von oben eindringen und mit dem Erosionswerk beginnen konnte, im Gegensatz zur *grotte*, die in ihrer Form einem Blinddarm ähnelt und nichts weiter als das ehemalige Endstück eines unterirdischen Flußbetts ist, dessen Wasserlauf versiegt ist oder mittlerweile in größerer Tiefe strömt.

Tropfsteine findet man in beiden Höhlentypen, sofern kalkhaltiges Wasser wie bei einer Tröpfcheninfusion durch feine Risse einsickert, weil das poröse Oberflächengestein die Feuchtigkeit nicht halten kann. Perlt das Wasser zunächst die Hohlraumdecke entlang, verfestigen sich die Kalk- und Metallrückstände je nach der Wasserkonsistenz zu herabhängenden Stalaktiten und verschiedenfarbigen, teils dem Faltenwurf einer Gardine ähnelnden Formationen. Fallen die Tropfen auf den Grund, entstehen Stalagmiten, die teilweise den Stalaktiten entgegenwachsen und dann mit ihrem Gegenüber zu mächtigen Pfeilern verschmelzen. Der größte Reiz von Tropfsteinhöhlen ist wohl stets aufs neue die »Entdeckung der Langsamkeit«: 100 Jahre vergehen, bis eine Kalksäule unter dem Causse um etwa 1 cm gewachsen ist. Klimaschwankungen einmal außer acht gelassen, ist es also 300 000 Jahre her, seitdem der erste Tropfen den Anfang zur Entstehung des 30 m hohen Superstalagmiten machte.

Gorges du Tarn

Ausgangsort Florac; ca. 190 km, Dauer
1 Tag; Abstecher ca. 90 km (ein Weg),
Dauer ¹/₂ Tag, Karte S. 128/129

In der lauschigen Tarnschlucht sind alle
wild auf Wasser: die Einheimischen, die
der Wassermangel auf den Hochplateaus in die *gorges* trieb und die bereitwillig die Weite der Causses gegen be-
engte Wohnverhältnisse in den winzigen Dörfchen tauschten; die vielen
Autofahrer, die sich der malerisch an die
Felsen geklebten Uferweiler wegen hinter das Steuer zwängen und – häufig
eingeklemmt in eine Autoschlange –
vergeblich nach leicht zugänglichen
Park- und Badeplätzchen suchen, und
natürlich die vielen Kanu- und Kajakfah-
rer. Sie schätzen den Tarn als einen der
abwechslungsreichsten Flüsse des Zentralmassivs, obwohl es auch dort während der Sommermonate zu Staus an

den Strudeln kommen kann. Dennoch
geht auch zu Ferienzeiten nicht alles von
dem eigenwilligen Charme der Tarnschluchten verloren.

Ab **Florac**, das vielen Wassersportlern
wegen beschränkter Unterkunfts- und
Campingplatzkapazitäten in den Gorges
du Tarn als »Basislager« dient, führt die
Route am Tarn entlang. Die eigentliche
Cañonstraße beginnt hinter der Spitzkehre von Molines und führt, durch den
Fluß getrennt, am »Schwalbennest« **Château de Castelbouc** vorbei in den größten Tarnort, **Ste-Enimie** **7** (S. 322) mit
einer schwungvollen Brücke, die eine
erste Querverbindung zwischen den beiden Hochebenen schafft. Das liebevoll restaurierte Gassengewirr des Künstlerdor-
fes paßt sich so harmonisch in den
schwungvoll gerundeten Talkessel ein,
daß es sich von oben betrachtet kaum
von seiner steinigen Umgebung abhebt.

Das Tal wird nun enger und spektakulärer. Es folgen **St-Chély-du-Tarn**, des-

Fête médieval in Ste-Enimie

sen Lage unterhalb eines nur einspurig zu befahrenden Tunnels zu regelmäßigen Staus führt, des weiteren die nur von ferne zu betrachtende Ufersiedlung **Hauterives** und das malerische Burgdorf **La Malène**  (S. 134), ein weiterer von Haarnadelkurven umzingelter Kreuzungspunkt zweier Caussestraßen.

Um den imposantesten Streckenabschnitt der Schlucht von seiner schönsten Seite zu sehen, gibt es nur eins: aufs Wasser. Acht gemächlich-leichte Kilometer in gemieteten und auch von Anfängern zu beherrschenden Booten paddelt man sich an schroffen Felsen entlang, tief unterhalb der Straße zum Cirque de Baumes voran, wo die Bootsverleiher für den Rücktransport nach La Malène bereitstehen.

Hinter der Flußenge, in die sich der Tarn jedes Jahr etwa 0,2 mm tiefer hineinfrißt, weiten sich die *gorges* und

Tarnschlucht bei Vignes

führen nun ab Les Vignes schnörkellos nach **Le Rozier/Peyreleau** (s. S. 130) am Ende der Gorges du Tarn. Es bleibt aber genug Raum für Zeltplätze und Feriendörfer, die sich zudem einen kleinen Teil des grünen, weitläufigen Tarnufers Richtung Millau erobert haben.

Kurvenreich über Liaucous oder etwas geradliniger an Mostuéjols vorbei umfährt man den Südzipfel des Causse de Sauveterre und erreicht mäßig ansteigend seine ansehnlich begrünten Höhenlagen mit dem Ziel, sich vom **Point Sublime** aus schwindelig zu gucken. Besonders schön ist der Panoramablick auf die Tarnschluchten in den frühen Morgen- und Abendstunden, wenn leichter Dunst das Sonnenlicht in Strahlen fächert und die Caussemassive im Gegenlicht bläulich und blaß am Horizont verschwimmen.

Durch die vielen Ausflügler, spätestens aber den Zickzackkurs über Baraque-de-Trémolet (D 46), Baraque-de-Lutran (D 32) und Laval-du-Tarn (D 998) zum Cirque de Pougnadoires wird man rasch in die Wirklichkeit zurückgeholt, die sich allerdings mit ihren weiten Ausblicken auf die Tarnschleife bei St-Chély-du-Tarn und einige Kilometer weiter auf Ste-Enimie auch nicht schlecht ausnimmt. Durch das uralte Dorf **Sauveterre** (D 986) mit typischer Caussearchitektur und durch den östlichen Causse de Sauveterre (D 986, D 31) gelangt man über den Col de Montmirat (D 35, N 106) zurück nach Florac.

Abstecher nach Millau und zum Causse du Larzac

Keine Frage, zumindest beim ersten Teil des Abstechers zum Causse du Larzac geht es hauptsächlich darum, das Angenehme mit dem Notwendigen zu verbin-

Alles Käse
Roquefort aus der Grotte von Cambalou

Liebe geht durch den Magen, dachte sich dereinst ein Hirtenjunge und nahm zu einem Schäferstündchen in die Grotte von Cambalou einen Käse mit, um seiner Verehr-

Von Plinius dem Älteren beispielsweise, der 79 n. Chr. geschmackvolle Worte für den Käse fand, und von Karl dem Großen, der sich nicht nur großer Taten, sondern auch ähnlich dimensio-

ten Appetit zu machen. Womit sie ihn stillte, weiß die Legende nicht zu berichten, jedenfalls nicht mit dem Käse, der schnell vergessen war und in einer Felsspalte vor sich hin schimmelte, bis das Pärchen sich ein zweites Mal an dem verschwiegenen Ort traf und nicht nur Gefallen an sich, sondern auch an dem verschimmelten, aber erstaunlich wohlschmeckenden Stück Käse fand. Das hatte ein Nachspiel – für den Käse zumindest, der fortan, und hier endet das Märchen, die Mägen von klugen Denkern und siegreichen Lenkern füllte.

nierter Freßgelage rühmte und zu ebensolchem Fest einmal zwei Eselskarren voll Roquefortkäse nach Aachen schaffen ließ. Ludwig XIV. zog als Dreikäsehoch angeblich den Verzehr des schimmeligen Milchprodukts dem Genuß der reinen Milch vor, damit er als zukünftiger Sonnenkönig groß und stark werde, Eigenschaften, die auch Casanova zu schätzen wußte, weshalb er vor seinen amourösen Abenteuern zum Roquefortkäse griff. Das allerdings sind schon wieder Geschichten, wie man sie in den Bars der Umgebung zu hören bekommt.

Tatsache ist jedoch, daß sich nur der Schimmelkäse Roquefort nennen darf, der ausschließlich aus Schafsmilch und nach alter Tradition im Felsen des Cambalou hergestellt wird. Und das geht so: Die 1 Mio. Milchschafe der Umgebung werden zwischen Januar und Juli – der Zeit ohne Trächtigkeit – zweimal täglich angezapft. Das macht bei 140 Melktagen und 124 l pro Schaf rund 0,25 Mrd. l Milch, aus denen pro Jahr rund 6 Mio. Roquefortlaibe geformt werden, zwar nicht in Handarbeit, aber in Zeiten der Vollautomatisierung noch immer mit erstaunlich vielen Handgriffen. Das Geheimnis des Geschmacks beruht jedoch nicht allein auf menschlichem Zutun, sondern auf einem ganz speziellen Klima, das den Reifungsprozeß des Rohkäses fördert, den man zuvor mit dem hier gedeihenden Schimmelpilz *Penicilium roqueforti* durchsetzt hat. Man findet das Ökosystem tief verborgen in den luftdurchlässigen Felsspalten des Bergmassivs, durch die ein kühl-feuchter Nordwind bläst, der die Reifekeller sommers wie winters auf konstante 8° Celsius und 95 % Luftfeuchtigkeit hält. Das sind exakt die Bedingungen, unter denen der Käse geschmacklich in Ruhe ausreifen kann, sorgsam kontrolliert von Käsereiangestellten und begehrlich beäugt von täglichen Besuchergruppen, die an den auf Kieferregalen geschichteten Käsereihen vorbeigeschleust werden (Besichtigung der Société des Caves de Roquefort-sur-Soulzon s. S. 318).

den und nach kräftezehrenden Guck- und Kanutouren den Magen zu füllen, z. B. auf äußerst appetitliche Weise in den kleinen und feinen Delikatessenläden des nahen **Millau** 10 (S. 305 f.). Man erreicht das schon außerhalb der Region Languedoc-Roussillon gelegene Städtchen von Le Rozier/Peyreleau aus in halbstündiger Fahrt – vorbei an den Käsereien des »Bleu des Causses« in Peyrelade, eines Schimmelkäses aus Kuhmilch.

Millau, ein ansehnlicher und lebhafter 23 000-Einwohner-Ort, wurde das, was er ist, durch die Verarbeitung von Schafshäuten zu feinsten Lederhandschuhen. Das, was er ißt, verdankt er der guten Zunge seiner reichen Lederfabrikanten und Kaufleute, die sich von jeher eine bessere Küche als die arme Cevennenbevölkerung leisten konnten, und seiner verkehrsgünstigen, im Nordwesten von saftigen Weiden umgebenen Lage an der uralten Larzactangentiale, die seit Römerzeiten die südlichen mit den nördlichen Landesteilen verbindet.

So sind es auch Fundstücke aus jener Zeit, denen das paläontologische, prähistorische und archäologische **Musée de Millau et des Causses** in der Altstadt viel Platz einräumt. Eine große Grabungsstelle bei **Graufesenque**, etwa 1 km südwestlich von Millau (N 9, Richtung Montpellier), bestätigte Vermutungen, daß sich hier eines der bedeutendsten Zentren Galliens für die Massenproduktion von Gebrauchskeramik befunden hat. Das Geschirr wurde vornehmlich in die westlichen Gebiete des römischen Imperiums geliefert, nachgewiesen anhand des Herstellersiegels.

Dem Mißgeschick eines Töpfers, der um 40 n. Chr. eine Keramikkollektion bei zu großer Hitze brannte und auf den Abfall warf, verdankt das Museum 15 000 verdellte oder stapelweise miteinander verschmolzene Töpferwaren, die so, wie sie präsentiert werden, an ein surrealistisches Szenario aus Hollywoods Trickfilmstudios erinnern. Millaus jüngere Geschichte findet man im **Maison de la Peau et du Gant de Millau** dokumentiert, das u. a. eine vollständig erhaltene Produktionsstätte für Handschuhe zeigt. Schwer zu tragen haben die uralten, aus dem 12.–16. Jh. erhaltenen Säulen der Marktplatzkolonnaden, die, schiefwinklig wie sie sind, unter der Last ihrer Häu-

ser zusammenzubrechen drohen. Der Schein trügt, denn wie beim schiefen Turm von Pisa gerieten einige der Stützpfeiler bereits kurz nach ihrer Aufstellung in Schieflage. Die im altokzidentalischen Dialekt abgefaßte Inschrift »*Gara qué faras*« am Kapitell einer der vier nördlichen Säulen warnt denn auch nicht wegen drohender Einsturzgefahr davor »aufzupassen, was man tut«. Angesprochen waren Galgenvögel, unter ihnen nicht selten Käsediebe, die im Mittelalter an dieser Säule aufgeknüpft wurden.

Das wohlschmeckende und mit üppigem Hehlerlohn bedachte Objekt ihrer kriminellen Begierde reift nämlich seit alters nur 20 km entfernt von Millau heran, verborgen im Dunkel des 800 m hohen Felsmassivs Cambalou, an dem das unansehnliche Örtchen **Roquefort-sur-Soulzon** 11 (S. 318) zu dem einzigen Zweck am Felsen klebt, mit gleichnamigem Schimmelkäse in aller Welt den Ruhm Frankreichs als Käseland zu mehren.

Ziel des Abstechers zum entvölkerten Causse du Larzac oder Zwischenetappe auf dem Weg zum näherrückenden Mittelmeer ist das mittelalterliche **La Couvertoirade** 12, von Roquefort aus am schönsten »querfeldein« über die D 77, D 7 und D 185 oder direkter, der D 999 und N 9 folgend, zu erreichen. 150 Einwohner – Tendenz abnehmend – zählt das karge Festungsstädtchen, in dem seit Ende des 12. Jh. der Templerorden ansässig war und von dem heute vorwiegend selbsternannte Künstler Besitz ergriffen haben. Eine eigentümlich künstliche Atmosphäre beherrscht das Nest. So ist es denn auch weniger der Ort selbst als der Reiz seiner abgeschiedenen Lage inmitten der blaßgrau verwitterten Hochebene des Larzac, der den weiten Weg lohnt.

Gard und Garrigue

Karge Vielfalt – Gard und Garrigue

Das Wohl und Wehe der Garrigue, Felsheidengebiet in den Mittellagen der südwestlichen Cevennenausläufer, hängt vom Wasser ab, weil es meistens zu wenig, manchmal aber zu viel davon gibt (s. S. 30 f.). Erstaunlicherweise liegt gerade hier, in dieser schwierig zu beherrschenden Landschaft, ein Zentrum frühzeitlicher Zivilisation: die römische Metropole Nîmes. Aber auch der durstige Moloch konnte nur existieren, weil ihn die antiken Baumeister an den Dauertropf hängten, ein Aquädukt, das seine Bevölkerung mit Trinkwasser aus den Bergen versorgte, und die Stadt von Siedlungen und Gütern umgeben war, die mit Hilfe von Bewässerungssystemen genügend Obst und Gemüse für die große Einwohnerschaft produzierten.

Nîmes

■ (S. 310 f.) Am 3. Oktober 1988 war es wieder einmal soweit. Eine pechschwarze Gewitterwolke, 10 km dick und dreimal so lang, lag in den letzten Zügen und wurde an falscher Stelle undicht. Mehr als 1 Mio. m³ Wasser gingen in wenigen Minuten über Nîmes und seine Umgebung nieder, kurz darauf schwappte eine Flutwelle durch die Stadt. Autos zerknautschten wie Blechbüchsen, in vielen der engen Gassen staute sich das Wasser zu Kanälen auf, und die berühmte römische Gebetsstätte, die Maison Carrée, verwandelte sich blitzartig in einen Wassertempel. Ein Dutzend Menschen starben, Tausende wurden obdachlos. Hatten die Götter wieder einmal die Stadt verlassen? Kritische Geister glauben zu wissen, wer die wahren Verantwortlichen für diese Flutkatastrophe sind: Nîmes' Schrittmacher des Fortschritts – Wirtschaftsexperten, Stadtplaner und die Lobbyisten der regierenden Rathausfraktion, die über lange Jahre von den Kommunisten gestellt wurde, bis der Eigentümer der Modefirma Cacharel, Jean Bousquet, Bürgermeister wurde.

Sintflutartige Regenfälle sind zwar nichts Ungewöhnliches am Rande der Cevennen, und Flutkatastrophen größeren Umfangs ereignen sich in Nîmes statistisch alle 100 Jahre. Kommt das Wasser jedoch im Herbst, ist der ausgedörrte Garrigueboden steinhart, und das Wasser fließt ins Tal, bevor es aufgesaugt werden kann. Das war schon den Römern bekannt und hätte auch den Stadtvätern und Abgeordneten des Parlaments des Departements Gard eine Warnung sein sollen. Anstatt jedoch genügend Flächen von Beton freizuhalten, wurden unverdrossen weitläufige Bauvorhaben im ökologisch fragilen Umland genehmigt und die Böden rings um Nîmes mit neuen Autobahntrassen und Schnellstraßen versiegelt: »Das neue Nîmes geht seinen Weg«, verkündeten die stolzen Stadtväter noch kurz vor der Sintflut. Das Wasser auch, nur in die falsche Richtung.

Ob die obersten Bauherren von Nîmes aus der jüngsten Katastrophe gelernt haben und in Zukunft aufwendigen Umweltverträglichkeitsstudien und weniger flächenfressenden Architekturen den Vorrang geben, bezweifeln viele in der Stadt. Zu lange hat Nîmes wirt-

◁ *Pont du Gard*

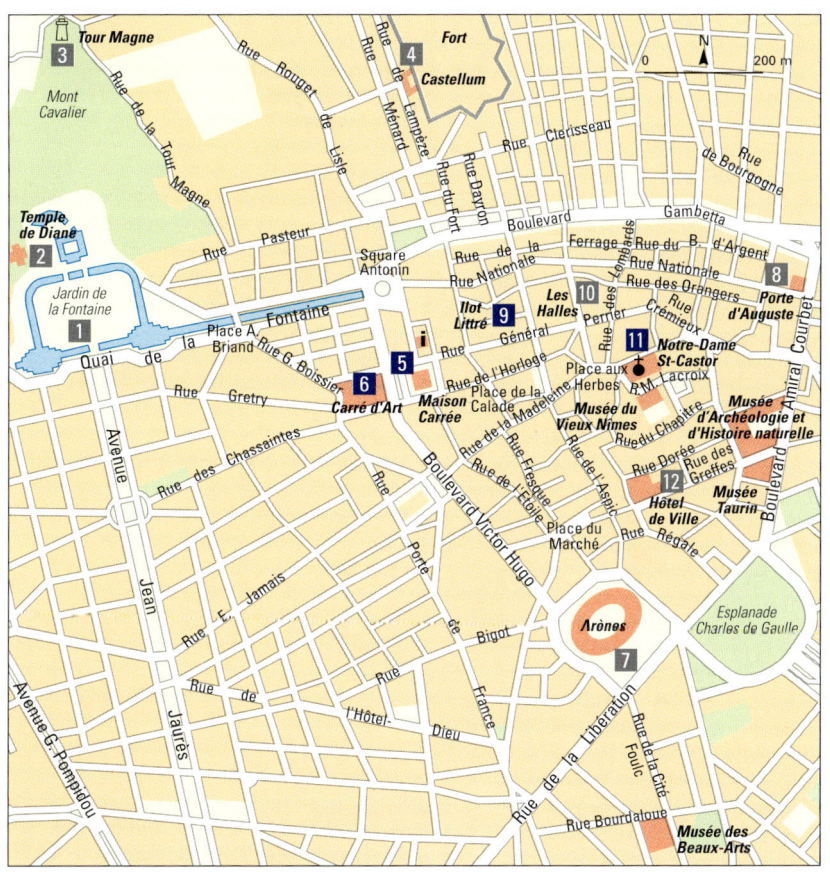

Nîmes 1 Jardin de la Fontaine 2 Temple de Diane 3 Tour Magne 4 Castellum Divisorium 5 Maison Carrée 6 Carré d'Art/Musée d'Art contemporain 7 Amphitheater 8 Porte d'Auguste 9 Ilot Littré 10 Markthalle 11 Kathedrale Notre-Dame St-Castor 12 Rathaus

schaftlich vor sich hin gedämmert, als daß man nicht, wie die anderen Städte der lange vernachlässigten Midiregion auch, rasch von den Geldern profitieren möchte, die seit Inkrafttreten der Gesetze zur Dezentralisierung in den Süden fließen (s. S. 54 f.). Behutsame Planungen kosten jedoch Zeit und Geld, und von beidem glaubt man nicht genug zu haben. Und da ist ja auch noch Paris, das als Dank für seine spendable

Politik in Zukunft schnelle und möglichst glänzende Erfolge sehen möchte. So hat man zumindest in der Stadtarchitektur schon einmal den Sprung in die Moderne gewagt.

Weit im Süden entstand ein neues Stadion, nach Sportpalästen in Rom und Barcelona die dritte Arena des sportiven Mailänders Vittorio Gregotti. Nicht weit entfernt setzte der Franzose Jean Nouvel ein gläsernes Wohnschiff für den sozialen Wohnungsbau, Nemausus genannt, auf Grund. Der Antike treu geblieben ist der Japaner Kisho Kurokawa. Er leitet die Autofahrer am Kreisverkehr Nord durch ein antikisiertes, als halbrunde Wohn- und Büroarena konzipiertes Tor in die Stadt. Dem Architekten gelang dabei das Kunststück, die motorisierten Besucher bei der Ein- und Ausfahrt zu ungewollten Akteuren eines römischen Kampfspiels zu machen: als Wagenlenker, die nach verlorenen Wettrennen um freie Innenstadtparkplätze wie geschlagene Gladiatoren aus der Innenstadt zurückkehren. Siegessicher nach oben gereckt ist dafür der Daumen der Kulturschaffenden, die sich viele Impulse vom Carré d'Art erhoffen, einem neuen Museumstempel des Engländers Norman Forster, in dem vis à vis der Maison Carrée eine Sammlung zeitgenössischer Kunst Platz gefunden hat.

In der Fußgängerzone macht der Stuhl- und Stardesigner Starck mit klei-

nen »Stolpersteinen« auf sich und die Stadtgeschichte aufmerksam, kupfernen, in den Boden eingelassenen Medaillons, die das Emblem einer römischen Münze zeigen: ein Krokodil, angeleint an eine Palme. Das zum Stadtwappen gewordene Signet erinnert an die Zeit, als Nîmes unter Agrippa im zweiten Jahrzehnt unserer Zeitrechnung Deportationsort graeco-ägyptischer Gefangener

Museumstempel: das Carré d'Art

Museen in Nîmes

Musée d'Archéologie et d'Histoire naturelle
Natur- und volkskundliche Sammlung sowie prähistorische und antike Fundstücke

Musée d'Art contemporain
Ausstellungen zeitgenössischer Kunst im neuen Musentempel der Stadt, dem Carré d'Art

Musée des Beaux-Arts
Im »Museum der Schönen Künste« ist vorwiegend italienische, flämische und französische Malerei der Renaissance und des Barock zu sehen sowie das berühmte römische Bodenmosaik »Hochzeit des Admetes«

Musée du Vieux Nîmes
Heimatmuseum mit Volkskunst und Handwerk der Region

Musée Taurin
Stierkampfmuseum, in dem fast ausschließlich Plakate und Kampfutensilien gezeigt werden. Die Geschichte kommt leider zu kurz.

Nîmes

143

und luxuriöser Pensionärssitz für Legionärsveteranen des Afrikafeldzuges wurde. Das Nemausus-Krokodil findet sich lebensgroß an der Place du Marché wieder, wo 1988 der »Krokodilsbrunnen« nach einem Entwurf von Martial Raysse aufgebaut wurde.

Noblesse hat also Tradition in der Stadt, und so sollen auch das Markthallenprojekt südlich des Boulevard Gambetta, das Kongreßzentrum an der Rue Monjardin und diverse geschmackvoll modernisierte Interieurs wie die Eingangshalle des Hôtel de Ville in der Rue des Greffes samt der erwähnten Neubauten den Bogen spannen zu den gut erhaltenen Baudenkmälern römischer Glanzzeiten, die Nîmes den Ruf einbrachten, das Rom Frankreichs zu sein. Mit einer Architektur, an der sich allerdings die Geister scheiden.

Ein Teil der Bevölkerung sieht denn auch durch die Glitzerbauten längst den Bogen überspannt. Man kritisiert sie als schönen Schein, mit dem die Masse der ländlichen und kleinbürgerlichen Bewohner geblendet werden soll, um Mißerfolge bei der Bekämpfung von Arbeitslosigkeit, Mietsteigerungen und sozialen Spannungen zu vertuschen. Die Mehrheit der Wähler steht jedoch zu den städtebaulichen Entscheidungen, weil es gelungen sei, die Stadt vom Midimief zu befreien und mit weltweit renommierten Architekten und Designern endlich wieder Kultur in die Stadt geholt zu haben.

Weil aber Architektur und Kultur allein die Stadt nicht satt machen und man von der Konkurrenzstadt Montpellier keine Angebote zu einer engeren regionalen Wirtschaftsverflechtung erwartet, wenden einige Politiker wieder den Blick verstärkt nach Osten, über die Grenzen des Languedoc-Roussillon hinaus in die Provence. Und da sehen sie mit der Fertigstellung der direkten Autobahnverbindung nach Arles ein Stück römischer

Wirtschaftstradition wiedererstehen, die vor knapp 2000 Jahren zwischen Massilia (Marseille), Arelate (Arles) und Nemausus (Nîmes) bestanden hatte und der die Stadt einen Teil ihrer damaligen Prosperität verdankte (s. S. 48 f.).

Das römische Nîmes

Nemausus, ein Sohn von Herakles – die mythologische Verkörperung griechischer Kolonialisierungsanstrengungen in der Mittelmeerwelt –, soll es gewesen sein, der Nîmes an der Nemausus-Quelle gegründet hat, wo die keltischen Völker schon lange zuvor ihren gleichnamigen Quellengott verehrt hatten. Gleich daneben, nordwestlich des **Jardin de la Fontaine** 1, errichteten die späteren römischen Machthaber in der ersten Hälfte des 1. Jh. n. Chr. den rudimentär erhaltenen **Diana-Tempel** 2 unterhalb der **Tour Magne** 3, eines zu repräsentativen und strategischen Zwecken auf dem Mont Cavalier erbauten Turms. Ob Cäsar von hier oben aus die schöne Aussicht genossen hat, ist so ungewiß wie das genaue Baudatum der Anlage. Man weiß nur, daß ihm das Plätzchen so gut gefiel, daß er zu Füßen des Hügels ausgedienten Legionären Land zuteilte. Einige von ihnen dürften noch den Bauboom miterlebt haben, den Kaiser Augustus mit der Ernennung der 16 v. Chr. mit einer Mauer umgebenen Siedlung zur Colonia Augusta Nemausus auslöste.

Seinem Schwiegersohn Agrippa, der 19 v. Chr. Roms neuer Statthalter in Gallien wurde und in dessen Gefolge sich weitere Veteranen in Nîmes zur Ruhe setzten, wird der Plan zum Bau eines 50 km langen Aquädukts zugeschrieben, weil er kraft seines Amtes erkannt haben muß, daß die Nemausus-Quelle

für die Wasserversorgung der rasch wachsenden Stadt nicht mehr ausreichte. Das Wasser leitete man über diverse Brücken wie den Pont du Gard in das Sammelbecken **Castellum Divisorium** 4, von wo es über diverse – gut erhaltene – Abflüsse auf die einzelnen Stadtteile der bis Ende des 1. Jh. auf 40 000–60 000 Einwohner angewachsenen Stadt verteilt wurde.

In jener augusteischen Zeit entstand das kunsthistorisch herausragendste Bauwerk von Nîmes, die **Maison Carrée** 5, ein wohlproportionierter, vollständig erhaltener Podiumtempel, der Teil eines restlos verschwundenen Forums war. Eine Inschrift weist den römischen Kultbau des »Augustäischen Klassizismus« als Stiftung Agrippas im 1. Jh. aus, gewidmet Caius und Lucius, den Enkeln des Augustus. Das Innere der ehemaligen Cella wurde von dem französischen Architekten Jean-Michel Wilmotte wiederhergestellt und mit drei Monumentalgemälden des amerikanischen Malers Julien Schnabel ausgestattet. Direkt gegenüber dem Tempel mit seinem heimeligen Platzgeviert nimmt es die Moderne mit der Antike auf. Dort öffnete 1993 das **Carré d'Art** 6 seine Tore, eine lichte gläserne Mediathek und Museumshalle.

Das bombastische Amphitheater, schlicht **Les Arènes** 7 genannt, entstand 70 n. Chr. und bot 25 000 Zuschauern Platz. Der Monumentalbau blutrünstiger Volksbelustigungen hat inzwischen eine ausfaltbare Regenhaut erhalten, damit sich bei Sport- und Musikveranstaltungen die Ränge wie zur Römerzeit füllen. Aus den Jahren der Stadtbefestigungsarbeiten unter Kaiser Augustus, etwa 16 v. Chr., stammt die **Porte d'Auguste** 8, auch Porta Arelatensis genannt. Die in Teilen erhaltene Toranlage markiert heute das nordöstli-

Das römische Amphitheater »Les Arènes«

che Eck der Altstadt und leitete früher den aus Ugernum (Beaucaire) auf der Via Domitia in die Stadt strömenden Verkehr auf die Ost-West-Tangentiale zum gegenüberliegenden Stadtausgang in Richtung Ambrussum. Die Statue des Augustus wurde durch eine Kopie ersetzt (s. Abb. S. 50).

Die Altstadt

Umgeben von römischen Baudenkmälern und umringt von vier großen Boulevards, macht es sich die behutsam restaurierte Altstadt mit jenen Gassen und Plätzchen häuslich, auf denen sich im Mittelalter das städtische Leben abspielte, seit die Geschichte Nîmes zu einer kleinen Stadt zurückgestutzt hatte: Nach Zerbröckeln des römischen Imperiums flüchteten erst die Römer vor den Barbaren, dann die Katholiken vor den Arabern, daraufhin die Araber vor den Fran-

ken, später die Juden vor den Katholiken, schließlich die Katholiken vor den Hugenotten und umgekehrt, und erst als die Religionskriege während der Französischen Revolution endgültig beendet wurden, dehnte sich Nîmes wieder über das heutige Innenstadtdreieck aus, das zu zwei Dritteln Fußgängerzone ist.

Vom Augustus-Tor sind es nur wenige hundert Meter in das neuverputzte und geschmackvoll übertünchte Stadtviertel **Ilot Littré** 9 und die von Wilmotte, Nîmes' Spezialist für gediegene Architektur, instandgesetzten Markthallen **Les Halles** 10. Dicht reihen sich die Place de l'Horloge, die Place de la Calade und die Place aux Herbes bis zur **Kathedrale Notre-Dame St-Castor** 11 aneinander. Der romanische Ursprungsbau wurde in den Religionskriegen von Katholiken niedergebrannt und erst im 19. Jh. wiedererrichtet. Die Kirche steht inmitten des alten hugenottischen Tuchmacherviertels, in dem fin-

Tod am Nachmittag
Die spanische Corrida

Der Stier stirbt einsam. Allein gegen alle. Für nichts auf der Welt, als getötet zu werden. Dafür hat der Torero trainiert und der Zuschauer gezahlt. Er will eine Schlacht sehen, keinen Schlächter. Zwischen den Serienmorden ist Zeit für eine Cola und andere Sponsorenprodukte. Dann geht die Meuchelei weiter. Für ein Ticket gibt's ein halbes Dutzend Kämpfe. Stiertod im Sechserpack. Nach zwei Stunden ist das Gemetzel vorbei. Das Blut wird untergeharkt, und der Wind lüftet die Arena. Am Abend tobt die Arena erneut. Die Gipsy Kings besingen das fröhliche Zigeunerleben. Ein ganz normaler Féria-Tag geht zu Ende. Draußen in den Altstadtgassen und Bodegas kippen die Zecher vom Stuhl. So billig ist der Alkohol das ganze Jahr nicht.

Wenn Nîmes den Tod feiert, klingeln in Frankreich die Kassen. Die Pfingst-Féria ist ein nationales Ereignis. Das Fernsehen sendet direkt, die Zeitungen berichten auf Seite 1. Und selbst die intellektuelle »Le Monde« nötigt ihre Leser mit pseudo-philosophischen Artikeln über Magie und Erotik des Tötens. Die Vermarkter des Massenspektakels reiben sich die Hände. Sie haben ihr Ziel erreicht und das Fließbandschlachten in Frankreich salonfähig gemacht. Wen kümmert es schon, daß es mehr und mehr Veranstalter gibt, die den Stieren vor dem Kampf die Hörner abfeilen, um ihnen das Gefühl für den Abstand zum Gegner zu nehmen? Wer regt sich noch auf, daß man

den Tieren Beruhigungsmittel spritzt und ihre Sehkraft durch Augensalben trübt? Das Recht ist auf seiten der Tierschinder. Nach einem französischen Gesetz wird Tierquälerei nicht geahndet, wenn sie Teil einer regionalen Tradition ist. Keiner hat bislang gewußt, wie viele friedliche Städte plötzlich

solch blutiges Brauchtum vorweisen können. In vierzig Städten Frankreichs beklatscht man schon den Stiertod. Aber nirgends so kräftig wie in Nîmes, der Kampfstadt der ersten Stunde. Ihre Pfingst-Féria gehört mittlerweile zu den »Großen Drei« in der Welt, neben Madrid und Sevilla. Eine kleinere Corrida wird im September zur Weinlese abgehalten. Und für die kalte Jahreszeit ist schon eine Winter-Féria geplant.

Seit 1951 findet in Nîmes die Corrida statt, 102 Jahre, nachdem die spanische Gattin des späteren Napoleon III. ihrem Verehrten die Zulassung des Vergnügens in Frankreich abgeschwatzt hatte, das seitdem nicht mehr außer Mode kam – weder bei Männern noch bei Frauen: Selbst im Macholand Spanien gab es immer auch Toreras, die mit dem Stier in den Ring stiegen. Endlich hat nun Frankreich eigene Stierkämpferinnen. Sie sind jung, hübsch und geschäftstüchtig. Unterworfen haben sich die Toreras nur den Vermarktungsstrategien ihrer Stierkampfmanager. Wie ihre männlichen Kampfkollegen fürchten die Frauen weder Tier noch Tod, um so mehr aber die Brüsseler Tierschutzbürokraten, die der einträglichen Tierquälerei ein Ende bereiten könnten.

Jardin de la Fontaine

dige Schneider im 19. Jh. jenen blauen Armeleutestoff erfanden, in den Levy Strauss die Rauhbeine des Wilden Westens steckte. *Bleu de Nîmes* nannte sich das reißfeste Tuch aus den Webereien der Stadt, das im Englischen zu *blue denim* und im Amerikanischen zu *blue jeans* mutierte. Da war die Hose aber bereits ein Kulturgut der Neuen Welt und das alte Nîmes keine Textilstadt mehr.

Schließlich sollte man es sich nicht nehmen lassen, noch einen Blick auf das **Hôtel de Ville** 12 zu werfen, das von Wilmotte erneuert und von Starck ausgestattet wurde.

Rund um Nîmes

Ca. 90 km, Dauer $^1/_2$ Tag, Karte S. 149

Pont du Gard

1 (S. 314 f., s. Abb. S. 138/139) Ob jemals eine zweite Wasserleitung in der Welt entsteht, von der ein Teilstück so alt und berühmt wie der Pont du Gard werden wird, bleibt abzuwarten, denn neben den baulichen und ästhetischen Qualitäten verdankt das römische Aquädukt den außerordentlichen Bekanntheitsgrad vor allem seiner Abbildung in fast allen der rund um den Globus benutzten französischen Sprachbücher. Nur dem Protest der Einheimischen ist es zu verdanken, daß dieses außerordentliche Bauwerk, eines der meistbesuchten Europas, nicht in einem 300 Mio. Francs teuren Amüsierpark, sondern noch immer so selbstverständlich in der kargen Garriguelandschaft steht, wie es die genialen Architekten im 1. Jh. n. Chr. geplant hatten.

Doch nicht zu Repräsentationszwecken entstand diese stabile Wasserrinne über den Gardon oder Gard, sondern aus der Notwendigkeit, die 50 km lange Versorgungsleitung von der Eurequelle bei Uzès störungsfrei um die steilen Cevennenausläufer herum nach Nîmes zu leiten. Drei insgesamt etwa 50 m hohe Etagen mit Bogen verschiedener Höhe und Breite, die bis auf die obere, wasserführende Arkadenreihe überwiegend mörtellos aus jeweils 6 t schweren Blöcken zusammengesetzt sind, überspannen auf einer Länge von 275 m die beiden Flußufer. Die Quader wurden aus einem Steinbruch bei Vers nördlich des Pont du Gard herbeigeschafft, in dem noch heute Baumaterial gewonnen wird. Einst strömten täglich geschätzte 20 000 m³ über weitere sechs bisher bekannte und nur noch in Resten erhaltene Aquädukte in das Castellum Divisorium, die Wasserverteilstation von Nîmes (s. S. 144).

Daß die weithin gerühmte Qualität des frischen Eurewassers im innerstädtischen Leitungssystem erhalten blieb, ist jedoch fraglich, da es durch Röhren zum Verbraucher gelangte, die vornehmlich aus Blei hergestellt waren. Ob die reichen Bürger von Nîmes den Luxus fließenden Wassers mit Gicht und Vergiftungserscheinungen bezahlen mußten, beschäftigt jenen Teil der Altertumswissenschaft, der neben wirtschaftlichen und politischen Schwierigkeiten auch wohlstandsbedingte Ökologieprobleme für den Untergang Roms und seiner Provinzen verantwortlich

Rund um Nîmes

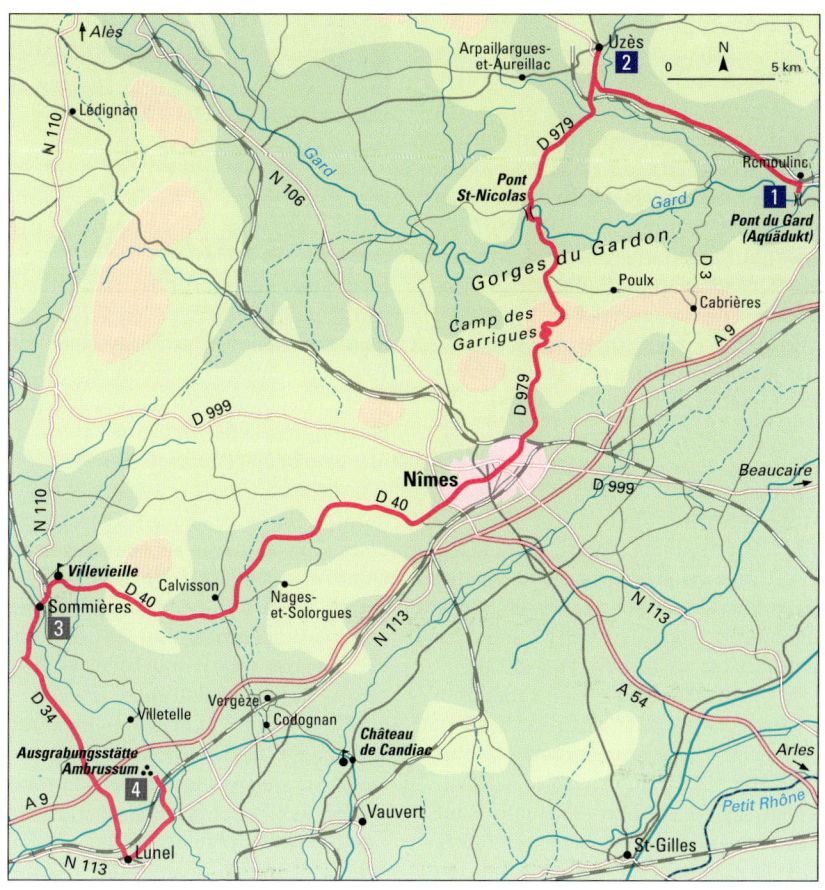

macht. Wie man herausfand, wurden im ganzen Imperium *Fistulae plumbeae* genannte Bleirohre in zehn genormten Größen hergestellt und überwiegend für Trinkwasserleitungen verwendet.

Dennoch sprechen zwei Gründe dagegen, daß die wohlhabenden Stadtbewohner an bleischweren Knochen zugrunde gingen. Zum einen dürfte das relativ harte Cevennenwasser die Rohre rasch mit einer schützenden Kalkschicht ausgekleidet haben, zum anderen geht man davon aus, daß alle diejenigen Bürger, die sich fließendes Wasser leisten konnten, einen Teil ihres täglichen Flüssigkeitsbedarf mit Wein deckten, der rings um Nîmes für den Durst der Reichen angebaut wurde – eine These, die allerdings so lange auf wackeligen Füßen steht, bis man weiß, ob es sich dabei um Qualitätswein gehandelt hat. Wenn nicht, hätte sich die Bleikonzentration im Leib der Nîmer durch Weingenuß kaum reduziert. Den Winzern riet man zu Römerzeiten nämlich, minderwertige Weine mit Süßstoffen aufzuzuckern, die in Bleigefäßen hergestellt und aufbewahrt werden sollten, weil das Metall im Gegensatz zur Bronze keinen Geschmack abgibt.

Uzès

2 (S. 325 f.) Unübersehbar dominieren vier Türme die Silhouette der römischen Gründung Ucetia, aus der sich im Mittelalter ein schmuckes Bischofsstädtchen entwickelte, als das sich der 8000-Einwohner-Ort mit seiner kleinen geputzten Altstadt auch heute noch präsentiert. Unbestrittenes Glanzstück von Uzès ist die 42 m hohe, nach italienischer Kampanile-Art freistehend errichtete **Tour Fenestrelle** aus dem 12. Jh. (s. S. 74). Der Glockenturm ist das einzige Über-

Die Kathedrale in Uzès

bleibsel der ehemals romanischen **Kathedrale St-Théodorit** am östlichen Stadtrand, die im 18. Jh. neu erbaut wurde. Kunsthistorisch weniger bedeutend und dennoch sehenswert ist die Tour Bermonde, nicht zuletzt wegen ihrer Zugehörigkeit zu der gewichtigen **Duché**, dem alten Palast des Herzogs, den eine bemerkenswerte Renaissancefassade ziert. Um dem dritten der signifikanten Türme, die **Tour de l'Horloge**, deren Gemäuer in Teilen noch aus Karolingerzeiten stammt, etwas entgegenzusetzen, rückte sich der König mit seiner beachtlichen **Tour du Roi** ins Licht.

Genau das scheut man bei einem Geschäft, das von Mitte/Ende November bis März/April samstags vormittags, von der Masse der Marktbesucher unbemerkt, an der Avenue de la Libération abgewickelt wird (Westausgang der Stadt, Richtung Anduze, D 982). Dabei geht es um nichts anderes als einen unscheinbaren Pilz, allerdings einen ganz besonderen, den Champion unter den »Champignons«: die Trüffel. Ohne viel Worte gehen an wechselnden Plätzen Geldbündel von Hand zu Hand, verschwinden wertvolle Knollen blitzschnell in unscheinbaren Beuteln und Kofferräumen bereitstehender Autos. Der Grund für so viel Heimlichkeit sind die Beamten des Finanzamtes, die immer mal wieder versuchen, ein unbemerktes Auge auf die Pilzanbieter zu werfen, weil sich beim Verkauf der Trüffeln enorme Gewinne erzielen lassen. An einem Kilo schwarzer Trüffeln, wie man sie aus der Erde zu Füßen der Garriguesteineichen buddelt, verdient ein Händler je nach Güte problemlos 1500–3000 Francs.

Sommières

3 (S. 324) Daß die karge Garrigue auch für andere einen goldenen Boden hat, beweist Sommières, das sich als ein ganz und gar lauschiges Örtchen her-

ausstellt, hat man erst einmal die verkehrsreiche Vidourlebrücke überquert, deren Grundstein die Römer legten. Zwischen schiefe Fassaden und tiefe Arkaden zwängen sich zwei kleine Plätze, der **Marché Bas** mit seinen Läden und Cafés und der **Marché Haut**. Dort stehen sie zu Markttagen hinter duftenden Haufen: die Kräuterhändler der Garrigue mit ihrer guten Nase für Geschäft und Gewürz. So reisen die Hobby- und Profischmecker von weit her an, schnüffeln sich durch Kräuter-, Wurzel- und Blütenberge, reiben Blätter, brechen Zweige, quetschen Stengel, um den Pflanzen ihre ätherischen Duftstoffe zu entlocken, oder lassen sich doch lieber von geübter Hand ihre ganz speziellen Mischungen komponieren. Je nachdem, wie der Wind steht, ziehen an Markttagen die Duftschwaden bis hinauf zum **Schloß Villevlellle**. Ludwig IX., der Heilige, nutzte das Schloß als Residenz und Planungszentrale für den Bau von Aigues-Mortes. Zu Zeiten der Religionskriege war es Zufluchtsort der Hugenotten.

Kräutermarkt in Sommières

Frische Vielfalt auf dem Markt in Sommières

Ambrussum

4 An die Fahrbahnreste der ehemaligen Römerstraße Via Domitia (s. S. 48 f.) bei **Ambrussum** gelangt man über **Lunel** (S. 302), einen lebhaften Ort, der aus seiner Nähe zur Camargue Kapital schlägt und den Stadtsäckel mit Einnahmen aus der Stierzucht füllt (Richtung Norden der D 34 und D 110 E, dann den Schildern folgend). Oder man wählt den direkteren Weg auf einem kleinen, nach Süden aus dem Dorf Villetelle herausführenden Sträßchen. Nicht zufällig rauscht in unmittelbarer Nähe der antiken Trasse der Autobahnverkehr der »Languedocienne« vorbei. Die neuzeitlichen Straßenbauer wären gezwungen gewesen, die landschaftlichen Gegebenheiten neu zu erfinden, hätten sie bei Lunel eine bessere Routenführung als die der Via Domitia konzipieren wollen.

Auf die römischen Landvermesser und Architekten war Verlaß. Beim Bau von mehr als 100 000 km Straßen im ganzen Imperium, darunter etwa 5000 km mit einer befestigten Fahrbahndecke, hatte man genug Erfahrung gesammelt. Davon profitierte auch Roms beflissener Kolonialist Domitius. Für die Planung und Ausführung seiner Via Domitia zwischen Beaucaire und den Pyrenäen standen genügend Fachleute und Sklaven bereit, um die 118 v. Chr. begonnenen Arbeiten zügig voranzutreiben. Wo immer möglich, leiteten seine Baumeister die Straße an gallischen Wehrsiedlungen, den *oppida*, vorbei, die strategisch günstig gelegen waren und sich, wie auch das in Resten erhaltene Oppidum Ambrussum, problemlos in gut ausgestattete und dauerhaft bewohnte »Raststätten« umbauen ließen. Erhalten sind gepflasterte Fahrbahnreste mit deutlich erkennbaren Spurrillen, ein Bogen der ehemaligen Vidourlebrücke und Teile von Wohnanlagen und vorrömischen Einfriedungen.

Image aus der Tiefe
Perrier-Sprudel

Wer auf sich hält, trinkt Wasser; nicht aus der Leitung, sondern aus der Flasche. Und die muß grün und keulenförmig sein, gefüllt mit dem »Champagner der Tafelwasser«, will man zur Hautevolée der Wassertrinker gehören. »Source Perrier« heißt der Quell gehobenen

und nicht, was drin ist. Denn das schmeckt augenscheinlich immer gleich, und was die Reinheit des prickelnden Nasses betrifft, schneiden die unbekannten Mineralwasser kaum schlechter ab als der französische Elitesprudel. Doch dank unverdrossener Leichttrinker, die sich das Besondere

Daseinsglücks, und er sprudelt – welch imagefördernder Zufall –, wo Wasser eher knapp und kostbar ist, am Rande der Garrigue. Nichts konnte den Erfolg des weltbekannten Exportwässerchens trüben, bis man darin Spuren von Benzol fand und weltweit 160 Mio. Flaschen aus dem Handel nehmen mußte.

Kurzfristig sah sich die Avantgarde der Sprudeltrinker nach neuen Edelwassern um – natürlich nur solchen, an denen man ohne Verlust des Ansehens in der Öffentlichkeit nippen kann. Es zählt, was drauf steht auf der Flasche

gern etwas kosten lassen, strömt er wieder wie ehedem durch die mächtigen Druckrohre computergesteuerter Hochleistungsabfüllanlagen, hinein in die sterilisierten, fließbandbewegten und maschinenverpackten Normflaschen.

Wer diese Wahrheit nicht scheut, kann die heiligen Hallen der »Source Perrier« besichtigen. Das Werk liegt etwa auf halbem Weg zwischen Lunel und Nîmes, unweit südlich der N 113, Abzweig bei Codognan bzw. Vergèze Richtung Candlac und Vauvert (s. Vergèze, S. 326).

Die »Kleine Camargue«

Zwischen Dünen und Deltainseln – Die »Kleine Camargue«

Die Camargue, das Schwemmlanddreieck zwischen den Mündungsarmen der Rhône, lebt wie kaum eine andere Landschaft im Süden Frankreichs vom Mythos. Die Kulisse ist der Sand, die Sonne und das Salz, die Akteure sind die Stiere, Flamingos und Flamencospieler. Doch so nah und einträchtig beisammen findet man das alles wohl nur auf gestellten Hochglanzmotiven. Das gilt sowohl für die »Große«, die eigentliche Camargue, die jenseits der Region Languedoc-Roussillon in der Provence liegt, als auch für die »Kleine Camargue«, wie man den schmalen Sumpflandstreifen zwischen dem Flußarm der Petit Rhône im Süden und dem Canal du Rhône à Sète im Norden gemeinhin nennt. Für fremde Augen hat die Landschaft zu beiden Seiten der willkürlich gezogenen Verwaltungsgrenze noch immer einen eigenwilligen Reiz, trotz gewaltiger Besucherströme, trotz Errichtung von Port-Camargue, Europas größtem und modernstem Yachthafen, trotz zu lange geduldeter Eingriffe in das fragile Ökosystem und den daraus resultierenden Existenznöten, beispielsweise der Etangfischer, und trotz der sozialen Spannungen zwischen den allzu verklärt gesehenen Bevölkerungsgruppen der Stierzüchter und Marschlandbauern auf der einen und den politisch wie gesellschaftlich ausgegrenzten Einwanderungsgruppen aus den ehemaligen französischen Kolonien in Nordafrika auf der anderen Seite.

◁ *Camargue-Pferde bei Aigues-Mortes*

Rundtour durch die »Kleine Camargue«

Ausgangsort Grau-du-Roi; ca. 85 km ohne Abstecher nach Stes-Maries-de-la-Mer, Dauer $1/2$–1 Tag, Karte S. 157

Le Grau-du-Roi

»Sie lebten damals in Le Grau-du-Roi, ihr Hotel lag an einem Kanal, der sich von der befestigten Stadt Aigues-Mortes zum Meer hinzog. Sie konnten die Türme von Aigues-Mortes über die Tiefebene der Camargue sehen, und fast täglich fuhren sie mit ihren Fahrrädern über die weiße Straße am Kanal entlang dorthin. [...] Ein Pier erstreckt sich in die sanfte blaue See, und sie angelten von diesem Pier aus, schwammen nahe am Strand und halfen den Fischern täglich beim Einholen des langen Netzes, mit dem die Fische auf den breiten abfallenden Strand gezogen wurden. Im Café an der Ecke mit Blick aufs Meer tranken sie Apéritifs und beobachteten die Segel der Makrelenfischerboote draußen im Golf du Lion. [...] Es war eine heitere und freundliche Stadt, und dem jungen Paar gefiel das Hotel, in dem es oben vier Zimmer gab und unten ein Restaurant und zwei Billardtische mit Blick auf den Kanal und den Leuchtturm. Ihr Zimmer sah aus wie das Bild von van Goghs Zimmer in Arles, [...] und über das Wasser und den Sumpf und das Strandgras konnte man bis zu dem hellen Strand der weißen Stadt Palavas sehen.«

(Ernest Hemingway)

Die »Kleine Camargue«

1 (S. 299) Es mag ein Zufall sein, daß »Der Garten Eden«, Hemingways letzter, 1946 verfaßter (und erst 1986 erschienener) Roman in Le Grau-du-Roi beginnt, nicht jedoch, daß jeden Sommer 200 000 Ferienreisende und Naherholungssuchende aus Nîmes das kleine Hafenstädtchen überschwemmen. Denn obwohl Hemingways Schreibaufenthalt lange her ist und Le Grau-du-Roi sich mit dem Besucherboom nachhaltig und rasch verändert hat, besitzt der Ort noch immer viel Charme, weil unter der polierten Oberfläche ein Großteil der alten Lebens- und Arbeitswelt wahrnehmbar weiterexistiert. Und zwischen September und April, wenn der Ort frischen Atem

für die nächste Sommersaison schöpft, verwandeln sich die Kanalkais manchmal sogar wieder zurück in Hemingways Romankulisse. Sicher, in der Ferne haben sich vor das weiße Palavas die futuristischen Wohntürme von La Grande-Motte geschoben, und an den Stadtstränden links und rechts des Kanals ziehen nicht mehr Fischer ihre Netze, sondern Wassersportler ihre Surfbretter an Land.

Aber den etwa 5000 Einwohnern von Le Grau-du-Roi gelingt es noch immer recht gut, die vielen Fremden relativ beschwerdelos zu verdauen und zwischen all dem sommerlichen Gewusel zu beiden Seiten der malerischen Hafeneinfahrt Platz und Zeit für sich und den Fischfang zu finden. Seit König Heinrich IV. im Rahmen eines landwirtschaftlichen Erschließungsprogramms während des 16. Jh. das seichte Küstengestade befestigen ließ, lebt »die Kanalmündung des Königs«, Le Grau-du-Roi, vom Fischfang und nimmt mit ihrer Fangquote heute nach Sète den zweiten Rang unter den französischen Fischereihäfen am Mittelmeer ein.

Kaum zu glauben, daß dieses Ergebnis mit den wenigen Booten erzielt wird, die allabendlich in den Hafen einfahren und nur ab und zu Verkehrsstaus verursachen, wenn sich hierfür die Drehbrücke über den Kanal öffnet und den Stadtverkehr unterbricht. Die kulinarischen Attraktionen des Ortes sind denn auch Muscheln und Fische. Sie wandern häufig gleich von den Booten weg in die Einkaufstaschen oder kommen über den Umweg durch die Kochtöpfe der Promenadenrestaurants als *fruits de mer* frisch auf die Teller.

Noch turbulenter als am Kanal geht es tagsüber im linken Stadtgebiet, der *Rive gauche*, zu, dem Zentrum der durch den Kanal in zwei Hälften geteilten Stadt. Die Gassen hinter der Häuserfront größerer Strandhotels sind in eine Fußgängerzone verwandelt worden. Hieran schließen sich Straßenzüge mit Pensionen und Ferienappartements und die Zufahrtswege nach **Port-Camargue** 2 an, dem bettenreichsten Wohnpark der Camargue mitsamt einem hochgelobten Yachthafen, dem größten Europas. Ein Spitzenplatz, den das zwischen Le Grau-du-Roi und Port-Camargue erbaute

Seaquarium auch für sein 600 000 l fassendes Aquarium beansprucht. Je mehr der Fischreichtum im Mittelmeer abzunehmen droht, desto größer werden die Meerwasseraquarien, so scheint es.

Die kleine Stierkampfarena an der nordöstlichen Hauptzufahrt zur Stadt (D 979) war von jeher als kleines Rund konzipiert. Hier geht es auch nicht um bedrohte Tiere, sondern um Camargue-Stiere, die man an Sommerwochenenden bei der *Course camarguaise* auf dem Sandplatz gegen ihre Herausfor-

Weiße Landschaft in der »Kleinen Camargue«: die Salins du Midi bei Aigues-Mortes

derer unblutig kämpfen sehen kann –
um die Ehre, die Prämien und vor allem
den Beifall der stierkampfbegeisterten
Einheimischen.

Die höchste Erhebung der »Kleinen
Camargue« ist ein Berg aus »weißem
Gold«, wie man hier das Meersalz
nennt, das seit dem 12. Jh. aus den
küstennahen Meerwasserteichen gewonnen wird und vor Aigues-Mortes auf
Halde liegt. Die **Salins du Midi** produzieren 90 % des französischen Meersal-
zes. Hierfür schöpft man jährlich 400 000 t
Salz in eigens konstruierten, flachen
Verdunstungsbecken ab, deren feiner
Rosaschimmer nicht durch Salzkristalle,
sondern mikroskopisch kleine Algen-
sprossen erzeugt wird. In enger Sym-
biose mit dem Salz lebt auch der rings
um Aigues-Mortes und entlang der
Héraultküste angebaute *Vin de sable*,
der »Sandwein«. Die Reben paßten sich
im Laufe der Zeit an die schwierigen
Bodenverhältnisse an und erwiesen sich
als einzige Weinstöcke gegen die Reblausplage des 19. Jh. resistent. Der leichte
Qualitätswein wird in der Camargue
u. a. von der großen, den Salins du Midi

gehörenden Gesellschaft Listel erzeugt. Eines ihrer Weingüter (Mas Rouge, D 979, auf halbem Weg zwischen Le Grau-du-Roi und Aigues-Mortes) steht ebenso wie die Saline (D 979) Besuchern offen (s. S. 283).

Aigues-Mortes

3 (S. 282 f.) Da liegen sie nun in einer flachen Sandmulde, womit lange Zeit kein Herrscher so recht etwas anzufangen wußte, die »Toten Wasser«, Aigues-Mortes. Einst als furchteinflößendes Wehrmauerquadrat und angriffssicheres Depot geplant, dient die Wallstadt seit Jahrhunderten nun als ganz und gar friedlicher Windbrecher, hinter dem sich in engen Gassen die Häuschen vor dem Mistral ducken. Was da im unterschiedlichen Licht der Tageszeiten beständig seine Farbe wechselt und mal unwirklich entrückt, mal kalt und klotzig aus dem Boden ragt – je nachdem, von welcher Seite man sich den mächtigen Steinwällen nähert –, ist eines der besterhaltenen, imposantesten und überflüssigsten Machwerke der Kreuzzugszeit, eine gigantische Fehlplanung, die zum Symbol königlich-kirchlicher Hybris im Frankreich des 13. Jh. wurde.

Nachdem sich die kapetingische Zentralmacht in Paris äußerst geschickt der päpstlichen Truppen und Inquisitoren bedient hatte, um die Katharerbewegung zu ersticken und den südfranzösischen Regionaladel zu vertreiben, glaubte ein Mitglied des französischen Königshauses, Ludwig IX. der Heilige, sich mit dem Erwerb eines Küstenstreifens aus Kirchenbesitz einen strategisch günstigen Platz an der Sonne verschafft zu haben. Der lang ersehnte Zugang zum Meer sollte das Tor öffnen für eine selbständige französische Mittelmeerpolitik.

Doch die Hinwendung nach Süden wurde ein Schlag ins Wasser, weil sie eine Politik der verbrannten Erde nach sich zog, verursacht durch Kreuz und Schwert. Dem sechsten Kreuzzug, zu dem sich Ludwig IX. 1248 in Aigues-Mortes einschiffte, folgte 1270 ein siebter, von dem er nicht mehr zurückkehrte. Bevor er dazu kam, Tunis in Asche zu legen, wurde er mitsamt seinem Heer von einer Seuche dahingerafft.

Auch der von ihm initiierte, jedoch erst 1289 von Philipp IV. dem Schönen beendete Bau der militärischen Versorgungsbastion Aigues-Mortes ging den Weg alles Irdischen: Eine langandauernde Trockenperiode im Süden und starke Regenfälle im Norden Europas führten nach Forschermeinung dazu, daß der Küstensaum austrocknete und sich zusätzlich große Mengen Flußsand, von der unbegradigten Rhône herbeigeschwemmt, rings um die mittelalterliche Baustelle ablagerten. Wie auch

Gardette, beherbergt heute ein kleines Museum und dient zugleich als Pforte zur Wehrmauer, die komplett begehbar ist. Von dort wandert der Blick auf das grüne Marschland der Camargue, die Etangs, den kleinen Hafen, den Stichkanal nach Le Grau-du-Roi und die weißrosa schimmernden Salzberge der Salins du Midi. Man erkennt die anheimelnde, immer menschengefüllte Place St-Louis mit der Figur des Stadtgründers in ihrer Mitte. Unter dem geordneten Chaos der Dächer haben etwa zwei Drittel der 5000 Einwohner mitsamt ihren vielen Geschäften, einladenden Restaurants und dörflich-lebhaften Bistros Platz gefunden. Durch die engen Gassen schieben sich von Frühjahr bis Herbst nicht enden wollende Touristenströme.

Aus der Mitte des 14. Jh. stammt vermutlich die **Tour Carbonnière** 4, ein Zoll- und Wachturm an der D 46, der bis zur Französischen Revolution in Funktion war. Von der Plattform fällt der Blick auf die Stierherden der zahlreichen *manades*, Stier- und Pferdezuchtfarmen der Umgebung, und auf grünes Marschland, das noch im 16. Jh. nichts als ein malariaverseuchtes, von armseligen Tagelöhnern unter schwierigsten Bedingungen bestelltes Sumpfland war. Die Trockenlegung gelang mit mühsam gezogenen Entwässerungskanälen, von denen einige als Schiffahrtswege für kleine, mit Stangen fortbewegte Lastkähne genutzt wurden. Die Vernichtung der todbringenden Stechmücken machte größere Probleme und war erst im 20. Jahrhundert unter Einsatz von DDT erfolgreich.

immer, Aigues-Mortes, eine städtebauliche Totgeburt, sitzt seit der Mitte des 14. Jh. auf dem Trockenen, ohne daß ihr steinerner Rettungsring jemals zum Einsatz gekommen wäre. Der salzig-sumpfige Malarialandstrich war für etwaige Angreifer aus dem Süden oder vom Meer her völlig uninteressant, und der Hundertjährige Krieg mit England lenkte das Augenmerk der Kapetinger nach Nordwesten.

Auch der mächtige **Donjon** wurde nur kurz seiner geplanten Verwendung gemäß als Königssitz benutzt, bevor er ein Gefängnis wurde. Berühmtester Insasse war eine Frau, die unbeugsame Hugenottin Marie Durand, die nach 38jähriger Kerkerhaft 1768 durch einen Intendanten des Sonnenkönigs Ludwig begnadigt wurde. Der 40 m hohe, geringfügig vom Mauergeviert abgerückte Gefängnisturm, die **Tour Constance**, befindet sich rechts des nordwärts gelegenen Hauptstadtzugangs, der Port de la

Vorbei an Weingütern mit teilweise hochherrschaftlichen Zufahrtsalleen, für die sich der Name *Mas* (Bauernhaus) allzu bescheiden ausnimmt, und dem halbverfallenen Gemäuer des **Château Montcalm** , eines Bauwerks mit Anklängen an nordafrikanische Architektur, gelangt man auf die D 179, die in die D 779 übergeht, kurz bevor der für die Camargue wohl typischste Streckenabschnitt erreicht wird: drei durch Kanäle verbundene Strandseen inmitten von Sumpfland, das den gedrungenen, zähen Camarguepferden als Weideland dient; es fehlen nur noch die Flamingos. Sie bekommt man ab und zu bei niedrigem Wasserstand auf dem Etang du Charnier und dem Etang de Grey zu sehen, sofern das sichtverdeckende Schilfrohr längs der Meerwasserseen gekappt ist. Das ist im April/Mai der Fall und wird von Schnittern erledigt, deren Arbeitsplätze gesichert scheinen, seit für touristische Bedürfnisse wieder vermehrt reetgedeckte Häuser im traditionellen Camarguestil errichtet werden. Einige dieser weiß-getünchten, einstöckigen und kopfseitig gerundeten *cabanes* passiert man in nächster Nähe auf dem Weg über das Winzernest Gallician nach St-Gilles.

St-Gilles

(S. 320) Der eher unauffällige und auf Besucher etwas verschlossen wirkende Ort am Nordzipfel der »Kleinen Camargue«, eine Hochburg der rechtsextremen Le Pen-Partei Front National, wurde in mittelalterlichen Reiseführern als Sehenswürdigkeit ersten Ranges gepriesen und galt als Muß für jeden, der die Strapazen eines Fußmarsches entlang der nordwestlichen Mittelmeerküste mehr oder weniger freiwillig auf sich genommen hatte. Der Grund für soviel Lob: St-Gilles war einst eine wichtige Zwischenstation entlang der Via Tolosana, der südlichen Pilgerroute zum angeblichen Jakobsgrab im spanischen

Aigues-Mortes: beliebtes Ausflugsziel

Portal der Abteikirche St-Gilles

Santiago de Compostela (s. S. 200 f.), und darüber hinaus selbst ein vielbesuchter Wallfahrtsort.

Die Bekehrung eines reichen Kaufmanns zum Eremitendasein mag zu allen Zeiten etwas Ungewöhnliches sein. Im bitterarmen 7. Jh. war es schlichtweg ein Wunder, daß ein Handelsmann, in diesem Fall ein Grieche mit Namen Ägidius (frz. Gilles), auf sein Geld verzichtete, dem Weltlichen abschwor und eine Mönchsgemeinschaft gründete, in deren Mitte er geläutert verstarb. Das alles – so jedenfalls eine Version der variationsreich tradierten Legende – passierte in etwa dort, wo heute die Reste der ehemaligen **Abteikirche St-Gilles** stehen. Mit dem Bau, für den eine Altarweihe durch Papst Urban II. im Jahre 1096 überliefert ist, hatte man allerdings einer Inschrift in der Krypta gemäß erst 1116 begonnen. Die Errichtung war vermutlich nötig geworden, um den wachsenden Strom der Pilger und Mönche zum Grab des heiliggesprochenen Ägidius zu kanalisieren. Möglich war eine derart prachtvolle Ausführung aber andererseits wohl nur, weil sich die Pilgerscharen für soviel kirchliche Fürsorge spendabel zeigten.

Camargue-Strände

Plage de l'Espiguette/Plage des Baronnets: Die 4–5 km lange Zufahrt ab Le Grau-du-Roi führt über die D 62b und D 255 b links an Port Camargue und diversen Campingplätzen mit 50 000 Jahresbesuchern, Vergnügungsparks und Pferdekoppeln vorbei in Richtung Phare de l'Espiguette. Am Ende der in eine breite Sandpiste übergehenden Teerstraße liegt ein weitläufiger, durch Dünen vom Strand getrennter, gebührenpflichtiger Parkplatz mit einigen Imbißbuden. Am Kopf der Parkfläche befindet sich der Zugang zum markierten FKK-Abschnitt (Plage des Baronnets). Der teilweise über 100 m breite, saubere und zweitlängste durchgehende Sandstrand der Camargue eignet sich besonders für motorisierte Sonnenfans, die auf direktem Weg vom kühlen Norden ans Meer wollen und Abstand zum Strandnachbarn dem Trubel vorziehen. Die Dünen stehen unter Naturschutz. Wildes Zelten ist nicht gestattet.

Plage Port-Camargue: Der Strand liegt in der Nähe der Stadt und des Yachthafens und ist das nördliche, stark frequentierte, aber gepflegte Endstück der Plage de l'Espiguette. Zufahrt über die D 62b nach Port-Camargue, auf dem Verteilerring an der Peripherie links halten, Richtung »Marina«.

Plage Rive Gauche: Der kleine, laute und zentrale Hausstrand von Le Grau-du-Roi ist über die Kanalpromenade oder die südlichen Stadtgebiete zu erreichen.

Plage Rive Droite/Plage du Boucanet: Rechts der Kanalmündung und ebenso vom Zentrum aus oder über die D 255/D 62 von Nordwesten her zugänglich, erstreckt sich der 50 bis 100 m breite Haus- und Zeltplatzstrand von Le Grau-du-Roi.

Plage du Ponant: Der von der D 255 her erreichbare Strandabschnitt mit neuerbauter Feriensiedlung vor den Toren von La Grande-Motte ist in unmittelbarer Nähe des Etang du Ponant gelegen. Der künstliche, beim Bau von La Grande-Motte entstandene Strandsee ist für Surfer freigegeben und für seine gute Brise bekannt.

Dem kometenhaften Aufstieg von St-Gilles zu einer Stadt von etwa 40 000 Einwohnern folgte ein jäher Absturz in die Bedeutungslosigkeit, nachdem Innozenz III. zum Kreuzzug gegen die Katharer aufgerufen hatte. Willkommener Anlaß der ohnehin geplanten Ausrottung der Ketzer war die Ermordung eines päpstlichen Gesandten im Jahre 1208, vermutlich durch Anhänger des Grafen Raimund VI. von Toulouse, in St-Gilles. Auch die gräfliche Abbitte, die zu leisten man den unbeugsamen Toulouser zwang, konnte nicht verhindern, daß noch während des Kreuzzuges gegen die Katharer der Pilgerstrom versiegte. Den Rest besorgten im 16. Jh. Hugenotten, die das Kloster niederbrannten.

Von dem einstigen Prachtbau, der im 17. Jh. wiederaufgebaut wurde, sind nur die Krypta (Zutritt von rechts außen her), Teile des Chors mit der berühmten »Vis de St-Gilles«, einem Treppenmeisterwerk der Steinmetzkunst, und die Außenfassade erhalten. Die üppig gestaltete Portalanlage enthält Anklänge an römische Triumphbögen und skulpturale Kunstwerke frühchristlicher Baukunst. Sie zeigt deutlich, wie eng sich die christliche Architektur der südfranzösischen Romanik an antike Vorgaben anlehnte (s. S. 76). Bildprogramm und Ausschmückung der Friese und Tympana gelten in ihrer Vielfalt und Detailgenauigkeit als einmalig in der romanischen Sakralbaukunst Südfrankreichs.

Von St-Gilles schlängelt sich die D 179/D 202 in einiger Entfernung zur Petit Rhône südwärts nach Sylvéréal. Hier kann man über die D 58 den Weg zurück nach Aigues-Mortes bzw. Le-Grau-du-Roi wählen.

Für einen Abstecher in die »Große Camargue« der Provence und den Zigeunerwallfahrtsort **Stes-Maries-de-la-Mer 7** bieten sich ab Sylvéréal zwei Wege an. Beschaulich auf der D 85, zunächst diesseits der Petit Rhône, kann man sich mit der kleinen Autofähre ans andere Flußufer übersetzen lassen, oder man schlägt den direkteren Weg über die D 38 jenseits der Petit Rhône nach Stes-Maries-de-la-Mer ein.

Bac du Sauvage: Fähre bei Sylvéréal

Das Departement Hérault

Die dynamische Mitte des Languedoc – Das Departement Hérault

Seinen Namen verdankt das Departement einem Fluß, dem Hérault. Er quert es diagonal, streift bei Ganges die südöstlichen Cevennenausläufer, sucht sich den Weg durch die Garrigue und weltentrücktes Bergland, zwängt sich bei St-Guilhem-le-Désert durch einen Cañon, durchschneidet die Rebflächen der Ebene und schlängelt sich schließlich am Cap d'Agde vorbei ins Mittelmeer – ein langer Weg durch eine schöne, traditionsreiche Natur- und Kulturlandschaft.

Seine wirtschaftliche Aufbruchstimmung verdankt das Departement einem Geldstrom. Er fließt seit dem Inkrafttreten der Dezentralisierungsgesetze in den 80er Jahren gleichbleibend ergiebig aus Paris in die Provinzen, auch in den lange vernachlässigten westlichen Midi, der die Gelder mit einigem Erfolg in Fortbildungseinrichtungen und Industrieansiedlungen im küstennahen Hinterland investiert. *»Mettre en valeur«* heißt das Zauberwort der Zukunftsplaner. Und »ins rechte Licht rücken« wollen eigentlich alle ihre Departements, seit es dem Hérault und den Nachbardepartements Gard, Aude und Pyrénées-Orientales in den 70er Jahren ein erstes Mal gelungen war, aus dem Schatten der Urlaubsparadiese Provence und Côte d'Azur zu treten – mit der wundersamen Verwandlung der bis dahin brachliegenden Sandküste in Goldgruben (s. S. 17). 20 Jahre später schickt man sich an, das wirtschaftliche Nord-Süd-Gefälle zu nivellieren und eines schönen Tages vielleicht sogar umzukehren. Languedoc und Roussillon emanzipieren sich vom übermächtigen Norden.

Schrittmacher dabei ist Montpellier, die Regionalhauptstadt des Hérault mit Sitz der Regional- und Departementverwaltungen und einer dynamischen Rathausfraktion. Dort hat man erkannt, daß das weitgehende Fehlen schwerindustrieller Strukturen durchaus von Vorteil ist, besitzt man doch noch, woran es den hochentwickelten Regionen im Norden fehlt: genügend unverbaute und bezahlbare Flächen für ausgedehnte Industrieanlagen. Den Planern kommt dabei zu Hilfe, daß die Preise für den Konsumwein des Languedoc wegen des Überangebotes auf dem EU-Markt sinken und eine wachsende Zahl von Winzern bereit ist, ihren Boden zu verkaufen. Mit den Dienstleistungsgewerben, Computer- und High-Tech-Firmen – sie machen den Großteil der neuen Ansiedlungen im Hérault aus – kommen auch deren Mitarbeiter in den Süden, ein gut verdienender Mittelstand, den es ebenfalls an die Küste zieht, so daß dort immer neue Siedlungen und meernahe Vergnügungsstätten zur Steigerung des Freizeitwertes entstehen.

Schon wird befürchtet, daß diese Entwicklung zu einem departementinternen Süd-Nord-Gefälle führt, weil bisher zu wenig getan wurde, um auch im Hinterland des Hérault neue Arbeitsplätze durch Fabrikationsstätten und Hotelbauten zu schaffen und die Landflucht aufzuhalten. So sehr auch diesen Menschen eine rasche Teilhabe an dem spürbaren Aufschwung der Region zu wünschen ist, so schade wäre es um eine schöne, teilweise abgeschiedene

◁ *Etang de Pérols bei Montpellier*

Landschaft, die von jedem Punkt an der Küste in einer Stunde Fahrzeit zu erreichen ist und nicht zuletzt deswegen das Departement Hérault zu einer attraktiven Ferienregion macht.

Die Küste

Man verfängt sich leicht im Straßengewirr der Héraultküste, das die *étangs* wie Schlingen umgibt, die sich langsam, aber sicher zuzuziehen scheinen. Und wo zwischen den Salzwasserteichen mehr Platz bleibt als für Fahrbahntrassen, machen sich vom Norden her ein internationaler Flughafen, die Vororte von Montpellier, ausufernde Supermärkte und weitere Ferienappartements breit, während im Süden immer neue Hotel- und Ferienanlagen rund um die alten Städte Sète und Agde entstehen. Hat man es bis zu einem der bemerkenswert feinsandigen und bis zu 150 m breiten Strände geschafft, verliert sich zumeist der erste, etwas bedrückende Eindruck von diesem in einigen Abschnitten zweifellos geschundenen Küstenstreifen. Eine liebliche, sich auf den ersten Blick erschließende Landschaft war diese Regon allerdings nie.

Eher das Gegenteil ist der Fall: Versandete Ackerkulturen neben sumpfigem Schwemmland, undurchdringliches Gestrüpp und modrig riechende Brackwasserseen, dazu Myriaden von Stechmücken prägten über Jahrhunderte das Aussehen der Languedoc-Küste und machten ihre Besiedlung in weiten Bereichen noch bis zur Errichtung erster Feriensiedlungen unmöglich. Man wird sich nach kurzer Zeit an die teilweise rasante und gut durchdachte Architektur der Küstenbebauung gewöhnen und den strandnahen Appartements mit Meerblick sowie der üppigen Versorgung mit Freizeit- und Wassersporteinrichtungen viel Gutes abgewinnen können.

Héraultküste: Zwischen La Grande-Motte und Sète

Ohne Schwierigkeiten haben sich an die veränderte Umgebung jedenfalls die Flamingos angepaßt, die man in den abgelegenen Strandseen der »Kleinen Camargue« häufig vergeblich sucht und ausgerechnet hier, am Ufer des Etang de Mauguio, in unmittelbarer Nähe der vielbefahrenen D 62/D 21 regelmäßig zu Gesicht bekommt. Und es mag beruhigen, daß im Bassin de Thau mit großem Erfolg wohlschmeckende Schalentiere gezüchtet werden, die ausschließlich in sehr reinem Wasser gedeihen: Austern und Muscheln.

La Grande-Motte

1 (S. 298 f.) Wohl kaum ein Großbauprojekt Frankreichs hat die Gemüter anfänglich mehr erhitzt als La Grande-Motte. Nicht so sehr wegen der damals allzu futuristisch anmutenden Architektur des Avantgarde-Baumeisters Jean Balladur, die sich an ägyptischen Pharaonengräbern orientierte und, entsprechend ihrer Verwendung als Verwaltungs- und Appartementgebäude, mal mit markig männlich, mal mit eher weiblich anmutenden Stilmerkmalen ausgestattet wurde. Als Pyramiden waren die Wohntürme jedoch allesamt konzipiert, um jedem Besitzer einer der unzähligen Wohnwaben gleich viel Sonnenschein zu garantieren.

Unmut rief vor allem die Art und Weise hervor, mit der die zentralistische Ministerialbürokratie von Paris Ende der 60er Jahre vorgegangen war, um einen Teil des Urlauberstroms nach Spanien an die bis dahin unbebauten Sandstrände des Languedoc umzuleiten und zu diesem Zweck La Grande-Motte und fünf weitere Urlaubsretorten für viele Millionen in den Sand setzen ließ – für Millionen von Urlaubern, nicht Francs! Denn gekostet hat den Staat die Erschließung der Sandküste für den Tou-

Der Yachthafen vor der eigenwilligen Architektur von La Grande-Motte

rismus nichts. Bevor das Projekt öffentlich bekannt wurde, erwarb Paris 1960 durch einen Agenten heimlich etwa 1500 ha Küstenland zu Preisen von durchschnittlich weniger als 2 Francs pro m², gab unter der Hand dem Architektenbüro Balladur den Zuschlag für die Planung der Touristenzentren und eignete sich durch Kauf und Enteignung kleinerer Landbesitzer später noch weitere 25 000 ha Küstenland an, um befürchteten Bodenspekulationen vorzubeugen.

1966 wurde der erste Spatenstich getan, dem jahrelang aufwendige Baggerarbeiten folgten. So buddelte man ein Riesenloch – den Baggersee Etang du Ponant –, um Kiesel und festen Bausand für das Fundament der schweren Betonklötze zu gewinnen, legte aufwendige Bewässerungskanäle an, pflanzte über 20 000 Bäume und schuf Appartements für mehr als 130 000 Sommergäste. Und die rissen nach anfänglichem Zögern den internationalen Maklern – denen Paris zuvor das Land mitsamt der Neubauten ohne Verlust veräußert hatte – die Appartements aus den Händen.

Auch wenn der Midi sich bei dem Geschäft anfänglich von Paris übers Ohr gehauen fühlte und die Gewinne in die Taschen der Baufirmen und Makler aus dem Pariser Raum und dem Ausland flossen, hat der Süden langfristig von der heute wohl nicht mehr zu wiederholenden Nacht-und-Nebel-Aktion profitiert. Längst haben die Bäume Wurzeln geschlagen, ist Gras über die unschönen Begleitumstände der Planungen gewachsen. La Grande-Motte hat einen festen Platz unter den »in«-Zielen am Mittelmeer, und besonders jüngere Menschen fühlen sich vom turbulenten Tag- und Nachtleben der Zwei-Monats-Stadt angezogen.

Dafür sorgen zwei Golf- und über 30 Tennisplätze, ein Freilufttheater mit 4500 Sitzplätzen, zahlreiche Nachtclubs, Diskotheken, Restaurants und der 6 km lange Sandstrand, den der Yachthafen mit 1400 Liegeplätzen in einen westlichen Teil, die ruhigere Plage de la Motte du Couchant, und einen östlichen Strandabschnitt, Plage du Point Zéro teilt. Und das Geld, das die nur 5000 ständigen Einwohner der Stadt daran verdienen, versetzt die kommunalen Haushaltsplaner in gute Laune, denn es reicht, um über die restlichen zehn Monate des Jahres zu kommen, in denen sich die lebhafte Ferienstadt in eine leblose »große Scholle« verwandelt – wie *La Grande Motte*, der »große Haufen«, übersetzt auch heißen kann.

Zwischen La Grande-Motte und Sète

(Karte S. 169) Was die Ferienorte entlang des Küstenstreifens verbindet, ist der Sandstrand, der südlich von La Grande-Motte, bei **Le Grand Travers**, als feiner, breiter und unverbauter Dünenstrand beginnt. Die Sandhügel verhindern hier, so gut es geht, daß die Fahrgeräusche der im Sommer stark frequentierten und zugeparkten Küstenstraße mit dem Wind herübergetragen werden, der öfter vom Land als vom Meer her weht.

So, wie **Carnon-Plage** 🔢 (S. 292) einmal ausgesehen hat, als es noch ein eher bescheidenes, in den 30er Jahren auf der Landzunge zwischen dem Etang de Mauguio und dem Meer entstandenes Mittelstandsbadeörtchen war, zeigt es sich am westlichen Ortseingang, wo überwiegend ältere und einfache Ferienhäuser die Straße säumen. Das, wozu sich Carnon-Plage entwickelt hat, ge-

Sandstrand
Der sanfte Saubermacher

Sommer für Sommer machen Millionen von Sonnenanbetern eine gigantische Kläranlage platt und merken's nicht – den Sandstrand. Er schluckt und filtert aus dem Meer, was auf natürliche und unnatürliche Weise in das Wasser gelangt. Noch, denn der Riesenfilter leidet an Verstopfung, und es ist bislang nicht abzusehen, ob es gelingen wird, ihn wieder flottzumachen.

Der Sandstrand gleicht einem Schwamm, der sich mit Wasser füllt, wenn eine Welle über ihn hinweggleitet. Dabei sickert ein kleiner Teil des Wassers von obenher in den Oberflächensand, die weitaus größte Menge wird unter der Wellenzunge von dem tieferliegenden Abschnitt des zum Land hin ansteigenden Strandes aufgesogen. Die Welle dringt in die winzigen Lücken zwischen den Sandkörnern ein, durchspült die Hohlräume und entleert sie wieder, wenn sie sich zurückzieht. Dabei entsteht ein Sog, der die feinen Kapillaren mit Sauerstoff füllt. Den benötigen winzige Mikroorganismen zum »Atmen«, die in den teilweise haarfeinen Gängen und Luftlücken in 1–2 m Tiefe angesiedelt sind und sich von organischen Molekülen und Plankton ernähren, das als Meerschaum von den Wellen angespült wird. Die Freß- und Verdauungsarbeit dieser hungrigen Mikroorganismen ist für sich genommen unbedeutend, wird durch ihr massenhaftes Vorkommen im Sand und die beständige Wellenbewegung jedoch zu einem gigantischen Klärvorgang, bei dem die feinen, das Wasser trübenden Schwebstoffe dem Meer entzogen werden.

Man hat errechnet, daß durch alle Sandstrände weltweit etwa die gleiche Wassermenge strömt, die sämtliche Flüsse der Welt jährlich den Weltmeeren zuleiten. Das Problem ist, daß der Meerschaum, die Nahrung der Sandorganismen, auch alle jene Stoffe enthält, die sich im Abwasser befinden, das nach internationaler Übereinkunft noch bis zum Jahre 2005 ungeklärt ins Mittelmeer eingeleitet werden darf. Ganz zu schweigen von den Ölpesten, die das filigrane Filtersystem zusätzlich verstopfen, sowie den Küstenbebauungen, die mitsamt den Millionen sich im Sand rekelnden und eingeölten Leibern die Sandoberfläche versiegeln und die Luftzirkulation im Sand unterbrechen – trübe Aussichten für die Waschkraft der Strände.

winnt Konturen, je mehr man sich dem Stadtzentrum und dem neugeschaffenen Yachthafen nähert. Hier werden die Appartementhäuser und Hotels zunehmend höher und schmucker, die Parkplätze rarer und die Boutiquen und Restaurants zahlreicher. Mit der Extravaganz und Größe von La Grande-Motte will und kann sich der Ort nicht messen.

Dasselbe gilt auch für den unmittelbaren Nachbarn **Palavas-les-Flots** 3 (S. 312), der Einwohner Montpelliers liebster und ältester Badeplatz. Mit der Enge an den 6 km langen Hausstränden Plage Rive Gauche und Plage Rive Droite korreliert die stetig wachsende Bebauungsdichte, vor allem westlich der Kanalpromenade, deren Architektur und Lebhaftigkeit ein wenig an Le Grau-du-Roi erinnert.

An der **Plage Villeneuve-lès-Maguelone** 4 (S. 329), in etwa dort, wo im frühen Mittelalter Kirchenmänner ihren Blick hinwandten und froh waren, wenn sie nichts sahen, weil sie dann ihre im 12. Jh. vollendete Wehrkirche sicher vor Angriffen wußten, drängeln sich im Sommer locker gemischt halb- und unbekleidete Badegäste, ein eher jüngeres, buntes und teilweise universitär geprägtes Publikum aus Montpellier. Der mit Steinen durchsetzte, unverbaute Sandstrand liegt an der schmalen, wenig befahrenen Rue Maguelone. Von Palavas-les-Flots bildet sie eine Verlängerung der D 62 und führt zur **Kathedrale von Maguelone**.

Die ehemaligen Fischersiedlungen **Les Aresquiers**, **Mas des Dunes** und **Frontignan-Plage** profitieren durch ihre Nähe zu Sète von einem bescheidenen lokalen Tourismus und neuerbauten, einfachen Appartementsiedlungen, leiden aber daran, daß ihnen die Ölraffinerien, Containerumschlag- und Hafenanlagen von Sète immer mehr zu Leibe rücken und Fernreisende von einem längeren Aufenthalt abschrecken.

Türsturz der Kathedrale von Maguelone

Wanderung rund um den Etang du Prévost

Die kleine, 10 km lange und etwa zweieinhalbstündige leichte Etangwanderung beginnt am Parkplatz Plage Villeneuve-lès-Maguelone und führt zunächst den Strand bzw. die Straße hinter dem Damm entlang zur Kathedrale von Maguelone, die

Spaziergang zur Kathedrale von Maguelone

auch mit dem Auto angefahren werden darf.

Nachdem zunächst Araber den im 6. Jh. auf Maguelone ansässigen Bischöfen das Leben schwergemacht hatten und 737 Karl Martell aus Wut über die antikarolingisch eingestellte Geistlichkeit des westlichen Midi den Ursprungsbau hatte schleifen lassen, verlegten die Bischöfe ihren Sitz von dem damals noch als Insel der Küste vorgelagerten Eiland weg nach Castelnau-le-Lez (heute ein nordöstlicher Stadtteil von Montpellier). 1030–60 errichtete man den heutigen Nachfolge-

bau, schuf eine Brückenverbindung zum Festland und bot im 12. und 13. Jh. den Kirchenoberen, die eher den Katharern zugeneigt und deshalb in Konflikt mit der offiziellen päpstlichen Lehre geraten waren, in dem Kirchengemäuer eine sichere Bleibe. Kunsthistoriker geraten über den mächtigen Sakralbau – u. a. wegen des beeindruckenden Innenraums und des Türsturzes aus dem Jahre 1178 – ins Schwärmen. Zurück am Strand, dem man etwa 400 m in westlicher Richtung folgt, zweigt rechts eine schmale, zunächst einen kleinen *étang* und schließlich die Insel Maguelone von Süd nach Nord umrundende Straße ab. Sie beschreibt dabei einen weiten Bogen links um die Kathedrale herum und führt an einem alten Brückentor vorbei an das diesseitige Ufer des Canal du Rhône à Sète. Dem Kanal in östlicher Richtung folgend, trifft man bei einer Brücke auf die D 986 nach Palavas-les-Flots. Wenn man den Ort umgehen will, hält man sich beim großen Kreisverkehr am Ortseingang rechts und kehrt zunächst am Ufer des *étang* entlang und schließlich auf der Zufahrtsstraße zum Strand zurück.

Quai de la
Marne, Sète
Saveurs de la
Mer :

- marinière moules
assiette mytili-
culteur

*Blick auf den
Hafen von Sète*

Sète   4. 06. 2001

1 (S. 322 f.) Ein Hügel, ein Hafen und ein Strand schaffen glücklicherweise nicht immer eine reine Urlauberidylle. In Sète werden Geschäfte gemacht, weniger mit der Sonne als mit dem Wasser. Und das verdankt die Stadt zwei Männern. Der eine, Riquet, war Ingenieur und hatte eine zündende Idee, der andere war Colbert, des Sonnenkönigs Wirtschaftsminister, und hatte das Geld. Beides fand im richtigen Moment zusammen und ermöglichte die Verwirklichung eines Jahrhundertprojekts, den Bau des Canal du Midi, der das Mittelmeer mit dem Atlantik verbindet (s. S. 212 f.). Damit aus dem technischen auch ein wirtschaftlicher Erfolg werden konnte, benötigte man einen funktionsfähigen Mittelmeerhafen, der endlich einmal nicht, wie in Agde, Narbonne oder Aigues-Mortes geschehen, schon während oder bald nach der Fertigstellung versandete.

1666 war in Sète der Grundstein für einen Hafen gelegt worden, der sich zum größten Fischereihafen der französischen Mittelmeerküste entwickelte. Und da so ein Spitzenplatz nun einmal nicht ohne Verkehr, Lärm und Industrieanlagen zu halten ist, sollte man den Beinamen der Stadt, »französisches Venedig«, nicht allzu wörtlich nehmen, zumal die vier Kanäle am Tage nur wenig an die italienische Lagunenstadt erinnern. Abends aber, wenn sich die beleuchteten Fassaden im Wasser der alten Hafenzufahrt, **La Marine**, spiegeln und sich die Restauranttische entlang des Quai de la Résistance und des Quai Général Durand unter den Fisch- und Muschelspezialitäten biegen, dann weht mit dem Duft von Knoblauch, *bouillabaisse sètoise* und *aïoli* ein Hauch von Venedig über die Stadt, selbst wenn hier wie dort der Fisch längst nicht mehr nur aus dem Mittelmeer, sondern immer häufiger auch aus den Kühlräumen überseeischer Großfangschiffe stammt.

Sète lebt seit seiner Gründung neben dem Fischfang vom Umschlag von Handelsgütern und Rohstoffen aus aller Welt. Daß man damit schon zu Kolonialzeiten viel Geld verdienen konnte, zeigen die Fassaden der soliden Kaufmannshäuser in der kleinen Altstadt rund um die Place Aristide Briand und den Marktplatz. Sète ist aber nicht nur eine Stadt technischer und kaufmännischer Taten, sondern ebenso schöner Worte. Sie stammen aus dem Mund und der Feder von Georges Brassens und Paul Valéry, die beide in der Stadt geboren und beerdigt wurden und den Mittelmeerort über Frankreich hinaus bekannt gemacht haben.

Damit erschöpfen sich allerdings ihre Gemeinsamkeiten. Während der Schriftsteller Valéry (1871–1945) spontanes Schreiben verabscheute, Inspirations- und Gefühlslyrik strikt ablehnte und ein schwieriges Werk hinterließ, das nur einem kleinen Kreis zugänglich wurde, waren die Texte des populären, 1921 geborenen Chansonniers bereits zu seinen Lebzeiten Klassiker des französischen Chansons und sind nach seinem Tod im Jahre 1981 ein fester Bestandteil französischer Schulbücher geworden. Brassens, der Kaminkehrer, Arbeiter im Automobilbau und während des Zweiten Weltkriegs Zwangsarbeiter in Deutschland war, mischte sich in die

Politik ein und überschritt mit seinen respektlosen, emotionalen Texten bewußt die Grenzen des guten Geschmacks. Der »Anarchist mit der sanften Stimme«, wie er einmal genannt wurde, fühlte sich am wohlsten in der Rolle als »Feind einer Gesellschaft, die ein Feind des Menschen ist«.

Brassens ruht wunschgemäß unter seinen größten Verehrern – der Arbeiterschaft von Sète – auf dem kommunalen Friedhof; Valéry hingegen entschied sich noch zu Lebzeiten für eine Ruhestätte mit Aussicht, den südlich der Stadt am Mont St-Clair gelegenen Seemannsfriedhof **Cimetière marin**. Vis à vis der Begräbnisstätte, im **Musée Paul Valéry**, findet man die beiden berühmten und so unterschiedlichen Künstler friedlich vereint: mit zwei kleinen Dauerausstellungen über ihr Leben und Werk. An dem schön gelegenen Friedhof und der Ausstellungshalle mit einer eher bescheidenen Sammlung von Malerei und

Rund um das Bassin de Thau

lokalem Brauchtum gelangt man auf dem Weg zum Gipfel des 175 m hohen Mont St-Clair vorbei (kurz hinter dem südlichen Stadtausgang auf der N 112 Richtung Béziers beschilderter Abzweig). Die Höhe reicht für einen phantastischen Rundumblick. *04.06.2001*

Auch Sète hat einen Hausstrand, dessen Name, **Plage de la Corniche**, jedoch darauf hinweist, daß er an einem schmalen Küstensaum liegt und ihm wenig Platz bleibt, hat er doch die Küstenstraße nach Agde im Nacken, die überdies ein Viertel des schmalen Damms zwischen dem Meer und dem Bassin de Thau einnimmt. Dennoch entwickelt sich am Südrand der Stadt zunehmend ein lebhaftes, mit Hotels, Appartements und Wassersporteinrichtungen ausstaffiertes Ferienzentrum. Nur von der Qualität des Meerwassers sollte man sich hier nicht allzu viel versprechen, da die ost-westliche Küstenströmung nicht nur Gutes aus Sète herbeitransportiert.

Rund um das Bassin de Thau

(Karte S. 176) Strände, Feriensiedlungen und Austernzucht bestimmen die Landschaft rund um das Bassin de Thau. Wer sein Auto gern in Sichtweite weiß und wen Krach im Ohr und Abgase in der Nase nicht stören, findet entlang der N 112 in Richtung Agde einen knapp 14 km langen, bis zu 100 m breiten, namenlosen und unverbauten Sandstrand, der an seinem südlichen Ende in **Marseillan-Plage** **2** (S. 302 f.) übergeht, den weitläufigen, schönen Sandsaum der Ferienkolonie gleichen Namens, mit leider wenig ansprechenden Appartementkästen und einer etwas langweiligen Strandpromenade. Der jenseits des Bassin de Thau gelegene, eher unauffällige Hauptort **Marseillan** (S. 302 f.), wie Agde eine griechische Gründung, steht wegen seines kleinen Hafenbeckens und der Nähe zur Mündung des Canal du Midi in das Bassin de Thau im Zeichen der Kanalschiffahrt.

Le Cap d'Agde **3** (S. 290 f.) gilt als die Ferienretortenstadt mit der höchsten Appartementdichte im Languedoc-Roussillon. Mit 27 000 Wohneinheiten, sieben Stränden, einem Yachthafen, Golf- und Tennisplätzen, vier künstlichen Inseln, bestückt mit Nightclubs, Kinos und jeder Menge Amüsierbetrieben, ist die Stadt bestens gerüstet, den gewaltigen Besucherstrom – jährlich 1,5 Mio. Urlauber, darunter 100 000 aus Deutschland – zu bewältigen. Le Cap d'Agde kann sich rühmen, ein wichtiger Austragungsort der *Jeux Méditerranéens* von 1993, der Olympiade der Mittelmeer-Anrainerstaaten, gewesen zu sein. Ein großes, zentral gelegenes Informationsgebäude, diverse Autoverteilerringe und ein geradezu »germanisch« anmutendes Schildergewirr garantieren eine relativ störungsfreie Lenkung des motorisierten Urlauberstroms zu den verschiedenen Wohn- und Freizeiteinrichtungen dieses ganz und gar durchrationalisierten und wohl deshalb so beliebten Ferienmolochs. Noch eine Besonderheit hat Cap d'Agde zu bieten: Das **Musée de l'Ephèbe** wartet u. a. mit bedeutenden Unterwasserfunden auf, darunter dem »Epheben von Agde« aus dem 4. Jh. v. Chr.

Die Nähe zu der Ferienabwicklungsmaschinerie Cap d'Agde kann nicht ohne Folgen bleiben. So dient denn auch der kleine sympathische Ort **Agde** **4** (S. 281) am Hérault, eine Gründung griechischer Siedler aus Massalia (s. S. 46), als Cap d'Agdes »Überlaufbecken«, dessen Besucher-

Die Auster
Das unscheinbare Millionending

Für die meisten ist es barer Unsinn, für wenige eine Offenbarung: das Austernschlürfen. Vom sensiblen Gaumen dieser feinfühligen Minderheit bzw. deren gutgefülltem Geldbeutel lebt die Austernzucht, ein äußerst einträgliches Geschäft. Und damit das so bleibt, hütet man die hohe, von den empfindlichen Muscheltieren geschätzte Wasserqualität des Bassin de Thau wie eine Perle, die etwa so selten in einer Auster zu finden ist wie reines Salzwasser am Mittelmeer. Das jedenfalls behaupten die Muschelzüchter, von deren gallischem Gemüt und mediterraner Muße wiederum die gute Qualität der Austern von Bouzigues ab-

hängt, wie man in den Restaurants der Umgebung zu hören bekommt.

Was auch immer erzählt wird, Geduld braucht man auf jeden Fall für die Austernzucht, die je nach Sorte in Sichtweite der Fischer von Bouzigues oder weit weg im Atlantik und in Japan beginnt. Dort sind nämlich die robusteren *huîtres creuses* heimisch, eine weitverbreitete, angeblich aber nicht ganz so wohlschmeckende Austernart mit einer sehr bauchigen, gewellten Schale. Diese Sorte wird bei Mèze kultiviert, und so beziehen deren Fischer denn auch von Übersee die bereits geschlüpften und an durchlöcherte Schalen gehefteten Larven, die sie erst hier auf Schnüren oder Stangen aufziehen und vor ihrer Küste versenken. Nach zehn bis zwölf Monaten werden sie von den Importschalen abgepflückt und verbleiben für ein weiteres Jahr, an Nylonfäden aufgereiht, im Wasser, bis sie Marktreife erlangt haben.

Anders die *huîtres plates*, eine im Mittelmeer heimische, auch vor den Küsten von Bouzigues vorkommende und zur Reife gebrachte glattschalige Austernart, deren aus befruchteten Eiern hervorgegangene Larven an das weithin sichtbare Gestänge geheftet werden und dort bis zur völligen Reife verbleiben. Auf ganz ähnliche Weise, während eines gleichlangen Zeitraums und in »Freßgemeinschaft« mit den Austern, werden hier auch Miesmuscheln gezüchtet.

zahl mit der Belegungsdichte der Appartementkolonie steigt und fällt. Außerhalb der französischen Sommerferien verwandelt sich das sommers bunt gefärbte Städtchen zurück in seinen Urzustand, einen nur äußerlich grau wirkenden Ort. Für die Farbe ist das Baumaterial zahlreicher Häuser und der mächtigen Wehrkirche, der **Kathedrale St-Etienne** von 1173, verantwortlich, basaltisches Vulkangestein aus der Umgebung, dem Agde den Beinamen »Schwarze Perle des Languedoc« verdankt. Sammlungen zur Volkskunst und Lokalgeschichte des Ortes mit Fundstücken aus den griechischen Tagen der Stadt zeigt das **Musée agathois**.

Die bis auf **Le Grau-d'Agde** umständlich zu erreichenden und unscheinbaren Küstensiedlungen **La Tamarissière, Vias-, Redoute-Plage** und **Sérignan-Plage** halten nicht, was die abgelegene Lage verspricht. Die relative Einsamkeit des Küstenstreifens erkauft man sich – es sei denn, man zeltet auf einem der zahlreichen Campingplätze – mit einer wenig ansprechenden Umgebung und dem weitgehenden Fehlen touristischer Höhepunkte Infrastruktur. Auch hier gilt wie fast an der ganzen Küste: weit und breit kein Baum und Strauch, um sich vor der unerbittlichen Hitze der Midisonne zu schützen. Die Einwohner von Béziers und Umgebung machen wohl den größten Anteil der Besucher von **Valras-Plage** 5 (S. 326) aus, einem etwas einfallslos gestalteten, einfachen und kinderfreundlichen Badeort ohne Höhepunkte. Seine größte Attraktion ist einmal mehr der weite, feinsandige Strand, von dem ein 4 km südlich gelegener Bereich für FKK reserviert ist.

Die beiden von Weinreben umgebenen Seestädtchen **Mèze** 6 (S. 304 f.) und **Bouzigues** 7 (S. 289) am Bassin de Thau stehen ganz im Zeichen der Muschel- und Austernzucht, die schon zu Zeiten der Griechen in diesem größten Küstensee des Departements Hérault betrieben wurde. In Mèze informiert die **Station du lagunage** mit einer kleinen Ausstellung und einem Aquarium über die Unterwasserkulturen des Bassin de Thau. In Bouzigues zeigt das **Musée du Bassin de Thau** Wissenswertes über die örtliche Muschel- und Fischzucht. In beiden Städtchen stehen natürlich Austern und Muscheln auf der Speisekarte an oberster Stelle. Kein billiges, aber so frisch ein köstliches Vergnügen, sofern man ein Faible für die salziggraue Glibbermasse hat.

Die Ebene

Montpellier *10.06.2001*

■ (S. 306 f.) In Montpellier wird geklotzt. Mehrmals in den letzten Jahren hat die Midimetropole mühelos den ersten Preis als aktivste Stadt Frankreichs gewonnen. Die Chancen stehen gut, daß die dynamische Partnerstadt von Barcelona und Heidelberg den Spitzenplatz über die Jahrtausendwende hinaus rettet. Schneller als alle anderen Kommunen des Languedoc-Roussillon hat sich die Stadt auf das nächste Jahrhundert vorbereitet und in den Wirtschaftskreislauf der damaligen EG eingeklinkt. Und das kam so: Seit dem Ende des Algerienkrieges 1962 waren 25 000 als *Pieds-noirs* (»Schwarzfüße«) bespöttelte Algerienfranzosen und *Harkis*, Algerier, die mit ihren einstigen Kolonialherren im Algerienkrieg kollaboriert und aus Angst vor der Rache ihrer Landsleute das Land verlassen hatten, nach Montpellier geströmt, allesamt hochmotivierte Arbeitssuchende.

Während man die *Harkis* möglichst rasch in die Landgemeinden des oberen Hérault abdrängte, um nicht durch die Anwesenheit dieser entwurzelten Menschen ständig an eines der unrühmlichsten Kapitel französischer Kolonialgeschichte erinnert zu werden, schätzte man in Montpellier den Ehrgeiz und die Aufsteigermentalität der (weißen) Algerienfranzosen. Die kaufmännisch versierten *Pieds-noirs* eroberten sich schon bald ihre in Algerien verlorengegangenen Pfründen zurück, kauften sich in Montpellier und Umgebung Ländereien und Villen und belebten mit ihrem Know-how und der kolonialen »Zupackmentalität« den städtischen Handel. Da traf es sich gut, daß Montpellier 1964 Hauptstadt der Wirtschaftsregion Languedoc-Roussillon geworden war und plötzlich auch genug staatliche Gelder in die Stadt strömten: zum Bau diverser Verwaltungsgebäude und der Fertigstellung von »La Paillade«, einer Trabantenstadt für 30 000 Menschen, zur Erweiterung der hochangesehenen Universität um agrarische, technische und medizinische Fachbereiche, für das große Einkaufszentrum »Polygone« im Herzen der Stadt und schließlich für die Modernisierung des Flughafens. Von der Spendierlaune Montpelliers ließen sich mittelständische High-Tech-Unternehmen anstecken und errichteten Zweitwerke, die heute etwa 32 % des Gesamtexports der Region produzieren. Damit waren früh die Weichen für die Ansiedlung weiterer Produktions- und Forschungsstätten anderer Industriezweige gestellt.

Ganz allmählich verwandelten sich vor den Toren der Stadt die Baugruben entlang der Sandküste in Bettenburgen, im Sommer randvoll mit Urlaubern, die es spätestens nach dem ersten Sonnen-

brand von den betonierten Küstenorten weg in die Restaurants und Boutiquen von Montpelliers schönem altstädtischen Gassengewirr zog.

Der Stadt begann es gut zu gehen, so gut, daß die eher konservative Einwohnerschaft politischen Mut bewies und einen linken Juraprofessor zu ihrem neuen Bürgermeister machte. Eine gute Wahl, wie man mehrheitlich meint: Die Dezentralisierung hatte die bisherige zentralstaatliche Verantwortung für den Wohnungs- und Bürobau in die Hände der Bürgermeister gelegt, und der Sozialist Frêche machte reichlich Gebrauch davon. Er steckte das Geld in die Altstadtsanierung, machte die Stadt durch ein neues Kongreßzentrum zum viertgrößten Tagungsort Frankreichs und lockte durch zügige Baulandgewinnung neue Investoren in die Stadt.

Seinen größten politischen Coup landete der agile Bau- und Bürgermeister aber mit einer gigantischen Renom-

mierarchitektur, die ihm wohl mehr Wählerstimmen einbrachte, als sie ihn kostete. Denn was er da in bester Innenstadtlage an Sozialwohnungen aus dem Boden einer ehemaligen Kaserne stampfen ließ, hat so gar nichts von der herkömmlichen Tristesse öffentlich geförderten Wohnraums in Frankreich. Zwar entstanden auch diese Wohnungen in kostengünstiger Skelettbauweise. Anstatt die genormten Betonwaben jedoch im langweiligen Einheitsstil zu verblenden, liefen die Betonmischer weiter auf Hochtouren, um die Fassaden hinter monströsen Säulen, Kapitellen und Tympana aus terrakottafarbenen Betongußteilen verschwinden zu lassen. Ein Zufall, daß man sich an griechisch-römische Tempelbauten erinnert fühlt? Wohl kaum. Der clevere Bürgermeister und sein geschichtsbewußter Architekt nannten das Ganze »Antigone« und schenkten mit jener auf alt getrimmten Neubausiedlung der Stadt das, was ihr die Geschichte verwehrt

hatte: ein Stück Antike. Denn im Gegensatz zu den griechischen und römischen Gründungen Nîmes, Pézenas, Béziers, Agde und Narbonne ist Montpelliers junge Geschichte gerade einmal 1000 Jahre alt.

Wie so oft hatte auch bei Montpelliers Entstehung die Kirche ihre Hand im Spiel. In diesem Fall war es ein Bischof, der Gefallen an einem Hügel mit Namen »Montiperet« gefunden hatte und ihn zum Standort einer neuen Kirche auserkor. 819 etwa war der Bau fertig und wurde bald zur Keimzelle einer kleinen Siedlung, denn der Platz war gut gewählt. Wenige Kilometer entfernt im Süden lag Lattes, seit vorchristlichen Zeiten ein kleiner Mittelmeerhafen, und im Nordosten führte die Via Domitia durch das alte römische Substantion, Montpelliers heutigen Vorort Castelnau-le-Lez (s. S. 188 f.). Die einstige Schnellstraße für römische Streit- und Lastenwagen war zwar längst zu einer Schlamm- und Schlaglochpiste verkommen, aber das arme Frühmittelalter war ein Zeitalter der Fußgänger. Und den vielen Jakobspilgern, die wenige Jahre später auf der Römerstraße an der kleinen Kirche Notre-Dame-des-Vœux vorbei nach Spanien zogen, war zur Läuterung des Geistes ohnehin der mühsame Fußmarsch vorgeschrieben (s. S. 200 f.).

Als im 10. Jh. noch ein Feudalherr und Vasall des Grafen von Melgueil mit Namen Wilhelm I. den Nachbarhügel bezog, stand der raschen Entwicklung Montpelliers nichts mehr im Wege, denn der weltliche Platzherr und der Bischof von Maguelone teilten sich friedlich die Macht und schafften damit zum ersten Mal in der Geschichte der Stadt ein gutes Handels- und Investitions-

Zurück in die Zukunft?
Mit Antigone ins nächste Jahrtausend

Mit der griffigen Formel »*Changer la ville pour changer la vie*« trat Georges Frêche 1977 sein Amt als frischgebackener Bürgermeister von Montpellier an. Eine seiner ersten Amtshandlungen zur Veränderung der Stadt und ihrer Lebensqualität war ein Anruf über die Pyrenäen. Am anderen Ende der Leitung saß ein Katalane mit Geschäftssinn und ausgefallenem Geschmack: Ricardo Bofill, ein smarter Newcomer der spanischen Architektenavantgarde. Es war der Beginn einer zehnjährigen Männerfreundschaft und der Planungen für ein Bauvorhaben, das Montpelliers Machern groß und gewagt genug erschien, um die Stadt nachhaltig zu verändern. Keine Frage, diesbezüglich hat Frêche Wort gehalten. Aber hat

der neue Stadtteil, dessen Name »Antigone« hintersinnig verheißt, daß die Anlage als Gegenpol zum einfallslosen »Polygone« aus der Ära konservativer Amtsvorgänger gedacht ist, auch das Leben der Einwohner positiv verändert? Darüber, aber mehr noch über die Gesamtanlage selbst, streitet man sich seit dem Baubeginn 1980 heftig, und das nicht nur in Montpellier, sondern in der ganzen Architektenwelt, wann immer Bofills Baukünste zur Diskussion stehen.

Die Steine des Anstoßes sind, aus ockerfarbenen Betonteilen errichtet, 2200 Sozialwohnungen und Verwaltungsbauten, die den Kritikern als bedenkenlos in neoklassizistische Formen gepreßte Versatzstücke einer pseudoantiken Monumentalarchitektur er-

klima. Mit Geschick und Glück gelang es der von Kaufleuten und Handwerkern geprägten und in Selbstverwaltung von Konsuln regierten Stadt, sich aus den Kämpfen zwischen den Grafenhäusern von Toulouse und Barcelona und den späteren Katharerkriegen herauszuhalten. 1289 erhielt Montpellier vom Papst das Privileg zur Gründung einer Universität, deren medizinische, juristische und philosophische Fakultäten rasch von sich reden machten.

Nach dynastischen Verwicklungen mit dem geteilten Aragoneserreich, während derer Montpellier zeitweilig unter die Regentschaft des Königreichs Mal-

lorca gefallen war, kaufte 1349 die französische Krone den Spaniern die Stadt ab. Nun erstmals unter der zentralstaatlichen Königsknute, ging es mit Montpellier erst einmal bergab, bis Mitte des 15. Jh. Jacques Cœur, der Schatzmeister Karls VII. und einer der reichsten und mächtigsten Kaufleute des französischen Mittelalters, für zehn Jahre seinen »Firmensitz« in Montpellier nahm und den alten Kaufmannsgeist der Stadt wiederbelebte. Sein Weggang nach Marseille traf die Stadt nicht allzu hart, denn mittlerweile hatte der Leder- und Textilhandel Fuß gefaßt, der von den Schafherden der nahen Cevennen profitierte.

scheinen: hier ein bißchen römisches Forum Romanum, dort ein bißchen griechische Akropolis. Alle Bauten wurden beklemmend und streng geometrisch um eine überdimensionierte *Via triumphalis* gruppiert, deren axiale Ausrichtung fatale Anklänge an Stadtmodelle zeige, wie sie gegen Ende der 30er Jahre auch für die ehemalige Reichshauptstadt Berlin entworfen und teilweise ausgeführt worden seien. Bofill und sein visionäres Architektenteam hätten versäumt, die Sozialwohnungen und Verwaltungsgebäude in ein politisch zeitgemäßes und demokratisches Gewand zu kleiden. Ein Vorwurf, der auch für das *Hôtel de Région* geltend gemacht wird, den Sitz des Regionalparlaments für die Region Languedoc-Roussillon, am östlichen Ende des 40 ha umfassenden Areals. Anstatt dieses wichtige Gebäude und Symbol des neuen, noch zaghaften dezentralen Staatsdenkens in Frankreich offen und bürgernah zu konzipieren, setze es in seiner Gestaltung als verspiegelter, durch den Wasserlauf der Lez vom übri-

gen Komplex abgetrennter Triumphbogen zentralstaatliches Denken fort.

Ganz anders sehen das die Befürworter von Montpelliers »neuer Antike«. Für sie ist »Antigone« samt des 1997 eröffneten »Piscine Olympique d'Antigone« ein Beweis des neuen politischen Selbstbewußtseins der vernachlässigten Provinz gegenüber Paris und eine Befreiung aus seiner architektonischen Vormundschaft. Man setzte überdies darauf, daß »Antigone« durch ein weiteres Anwachsen Montpelliers aus seiner innerstädtischen Randlage allmählich ins absolute Zentrum rücke und dadurch zum lebhaftesten *quartier* der Stadt werde. Auch die Architektur des *Hôtel de Région* schreckt sie nicht. Mit seinen Anklängen an den Triumphbogen, der Ende des 17. Jh. zu Ehren Ludwigs XIV. auf der entgegengesetzten Stadtseite errichtet wurde, und an den Arc de Triomphe von Paris empfinde man den Bau nicht als Kopie absolutistischer bzw. zentralstaatlicher Architekturauffassung, sondern eher als deren augenzwinkernde Karikatur.

Ein ständiges Auf und Ab kennzeichnet die Stadtgeschichte der folgenden Jahrhunderte. Kaum hatte sich Montpellier – eine Domäne der geschäftstüchtigen Protestanten – von den Religionskriegen erholt und nach der Ernennung zum Verwaltungssitz des Niederen Languedoc durch Ludwig XIV. einen bescheidenen Aufschwung erlebt, bekam es die Folgen der Kamisardenkriege Anfang des 18. Jh. zu spüren. Die Versorgung der städtischen Handwerksbetriebe mit Rohstofflieferungen aus den Cevennen drohte zum Erliegen zu kommen. Die Schwierigkeiten dieser Jahre wie auch der Phase der Industrialisie-

rung des Midi im 19. Jh., die zu Rezession und 1907 zu blutigen Aufständen der Winzer führten (s. S. 68), überstand die Stadt mit ihrem soliden Kaufmanns- und Handwerkergeist recht glimpflich.

Die 75 000 Bürger werkelten, lehrten, studierten und schlummerten vor sich hin und erwarteten die Umbrüche des 20. Jh. mit provinzieller Gelassenheit. Im Zweiten Weltkrieg wurde die Stadt von Zerstörungen verschont. 1960 zählte Montpellier kaum mehr als 100 000 Einwohner. Seitdem hat sich die Bevölkerung verdoppelt, und jährlich kommen etwa 8000 Menschen hinzu, zu zwei Dritteln junge Zuzügler. 80 % der Einwohner haben bereits einen anderen Geburtsort als Montpellier im Paß stehen.

Wie verkraftet das die Stadt? »Sehr gut«, ist aus dem Hôtel de Ville zu vernehmen, das gleich neben »Polygone« und »Antigone« gelegen ist, den zwei symbolträchtigen Ecksteinen städtebaulicher Entwicklung der letzten 30 Jahre. Stolz blickt man aus den oberen Etagen des Rathauses auf die blitzblanke Place de la Comédie, lebhaftester Schlenderplatz und größtes »Open-air-Café« im Languedoc-Roussillon, sowie auf »Le Corum«, den hochmodernen Kongreßpalast im weitgehend verkehrsbefreiten Zentrum. Und im Norden, wo Montpellier augenblicklich am schnellsten Ringe ansetzt, ist neben dem biomedizinischen Industriekomplex »Euromédecine« eine agrartechnologische Untersuchungsanstalt von Weltruf entstanden, in der auch Genforschung betrieben wird.

»Agropolis« nennt man nicht ganz unbescheiden diese Denk- und Pflanzenzuchtstätte nebst dem gleichnamigen Cité Musée, und mit Recht verweist man auf den unschätzbaren Wert der Forschungsergebnisse für die Dritte Welt. So gelang es beispielsweise, diverse Tropenfrüchte an widrige Klima- und Bodenverhältnisse anzupassen, insbesondere eine in Deutschland sehr beliebte Südfrucht, ein Erfolg, der Montpellier in Spezialistenkreisen jüngst zur heimlichen »Welthauptstadt der Banane« machte. Auch im Süden tut sich Großes. Dort wächst Montpellier allmählich dem Meer entgegen und schickt sich an, im nächsten Jahrtausend zur Hafenstadt zu werden. Zunächst aber ist der Flughafen dran, den man zu einem internationalen Landeplatz ausbaut. Und dann wartet schon das nächste Großbauprojekt auf seine Fertigstellung, »Port Marianne«, eine Wasserstadt für 50 000 Menschen.

Bleibt bei soviel gewinnorientierter Zukunftsmusik noch genügend Phantasie und Geld für andere Aktivitäten, für eine liberale Kunst- und Kulturpolitik zum Beispiel? Ein Garant dafür scheint die Universität zu sein. Unter den mehr als 52 000 Studenten, von denen 14 % aus dem Ausland stammen, nicht wenige aus den französischen Überseedepartements Guadeloupe, Martinique und Réunion sowie den ehemaligen Kolonien, findet sich trotz hoher Lernanforderungen und Prüfungsstreß manch kreativer Geist für eine engagierte Kulturarbeit und zuweilen unkonventionelle Subkultur. Und der breite, gut verdienende Mittelstand ist stets ein dankbarer Kunstkonsument, so daß auch die kommunale Kultur selten rote Zahlen schreibt, sofern das Gebotene von so unbestritten hoher Qualität ist, wie man es etwa bei den sechs jährlich stattfindenden internationalen Film-, Musik- und Tanzfestivals zu Gesicht bekommt.

Dem traditionell Ende Juni/Juli veranstalteten *Festival International Montpellier Danse* z. B. schenken selbst die erbarmungslosen Kritiker der kulturellen Megastadt Paris wohlgefällige Beachtung. Und wer sich aus der Innenstadt hinaus zur Universität Paul Valéry bemüht, findet auf dem Campus der philosophischen und naturwissenschaftlichen Fakultäten weitere Aufführungsorte mit anspruchsvollen Musik- und Filmveranstaltungen, teilweise organisiert vom »Centre Culturel du Languedoc«. Universität, Architektur, Kunst und die Nähe zum Mittelmeer machen Montpellier zur spannendsten und attraktivsten Stadt im Languedoc-Roussillon.

In einem unterscheidet sich die kleine Metropole allerdings kaum von ihren Nachbarstädten entlang der Mittelmeerküste: Es ist bisher auch ihr nur ansatzweise gelungen, die Immigranten aus den ehemaligen nordafrikanischen Kolonien zu integrieren. Besonders die Kinder der ersten Einwanderergeneration leiden unter der hohen Jugendarbeitslosigkeit und lassen sich nicht mehr so einfach wie ihre Eltern in das glanzlosere Altstadtviertel »Gambetta« oder die Trabantenstadt »La Paillade« abdrängen, Montpelliers *banlieue*. Sie werfen den Stadtvätern vor, daß man ihre häufig triste Lebenswirklichkeit hinter den schönen Beton- und Theaterkulissen Montpelliers zu verstecken versuche, anstatt sich gezielt um ihre Probleme zu kümmern. Denn auch in dieser reichen Stadt sind die *Beurs* weitaus stärker von Jugendarbeitslosigkeit betroffen als ihre »weißen« Landsleute gleichen Alters. Man wird sich im Rathaus etwas einfallen lassen müssen, um den sozialen Frieden zu wahren. Aber für ausgefallene Ideen ist man dort ja bekannt.

Das historische Montpellier

(s. Plan in der hinteren Umschlagklappe) Die **Place de la Comédie** 1, wegen des ursprünglich eiförmigen Grundrisses auch *l'œuf* genannt, ist der Trichter in die Altstadt und zugleich Montpellier kompakt: zum Schauen und Anfassen, Hören und Riechen, Essen und Trinken, in der Mitte Laufsteg, außen herum Zuschauerparkett, dazu Kunst und Kitsch, Musik und Lärm, für alle Augen und Ohren etwas. Am südlichen Platzzugang bietet die **Opéra** 2 arrivierte Gesangskunst und philharmonische Orchestermusik. Das Opernhaus wurde nach Plänen des Pariser Architekten J.-M.-Cassien-Bernard 1888 nach dem Vorbild der Pariser Opéra Garnier vollendet. Clownerien, Freilufttheater und Straßenmusik gibt es stets rund um das 1776 geschaffene Brunnenensemble **Fontaine des Trois Grâces** 3, vor den Einkaufspassagen des »Triangle« 4 und »Po-

lygone« 5 am Nordende des Platzes, bei den schattigen Parkalleen der **Esplanade Charles de Gaulle** und manchmal auch vor dem Kongreßzentrum **»Le Corum«** 6.

Hinter den westlichen Prunkfassaden des späten 19. Jh. drängelt sich das Gassenlabyrinth der Altstadt. Auch hier lebt die Stadt von drinnen nach draußen, und wo es vor ein paar Jahren nach Katzen und Kötern roch, duftet es heute nach teurem Parfüm und Knoblauch. Tausend Gelegenheiten, in schöner Kulisse einzukaufen, etwa in der Grand Rue Jean Moulin, Rue de la Loge, Rue de l'Argenterie, Rue St-Guilhem, in der Markthalle an der Place Castellane und in der Rue de l'Aiguillerie. Und hundert Möglichkeiten, dem Gaumen etwas Gutes zu gönnen, beispielsweise in den Restaurants, Cafés und Bars an der Place St-Côme, Place St-Roch, Place Jean Jaurès und in der

Fontaine des Trois Grâces

Die Place de la Comédie: ein Platz zum Sehen und Gesehenwerden

Rue de l'Aiguillerie (weitere Restaurants im Quartier Comédie westlich der Rue Maguelone, zwischen Bahnhof und »Polygone«.) Ganz nebenbei lassen sich in einem Tag Montpelliers historische Architekturen und Gartenbaukünste erschlendern – sofern man die Museen ausläßt.

Das alte Herz Montpelliers ist zweigeteilt. Südlich der Rue Foch und ihrer gedachten Verlängerung schlägt es seit dem Mittelalter vor allem fürs Geld. Einer seiner Schrittmacher ist heute die Industrie- und Handelskammer mit Sitz im **Hôtel St-Côme** 7, der ehemaligen chirurgischen Abteilung der medizinischen Fakultät. In der mächtigen und zu diesem Zweck Mitte des 18. Jh. erbauten Rotunde wurden anatomische Vorlesungen abgehalten und Leichen seziert. Nach außen zugeknöpft gibt sich die Vielzahl prächtiger Stadtpaläste reicher Adliger, Krämerseelen und königlicher Schatzmeister, die das Viertel prägen. Einen Blick auf die Fassaden und in die schmucken Innenhöfe lohnen insbesondere das **Hôtel de Jacquet de Bray** 8 bzw. dessen Rückwand mit gotischen Fragmenten (14. Jh.) an der winzigen Place St-Ravy und das **Hôtel des Trésoriers de la Bourse** 9 aus dem 17./18. Jh., Haus Nr. 4 in der gleichnamigen Straße. Das **Hôtel des Trésoriers de France** 10, Haus Nr. 5 in der Straße gleichen Namens, ist Ausstellungsort des Musée de la Société archéologique und des Volkskundemuseums Musée Languedocien und war früher Sitz des Schatzmeisters nach der Erhebung Montpelliers zur Verwaltungsstadt des Niederen Languedoc im 17. Jh. Erhalten sind Gebäudeteile des ab 1470 von Jacques Cœur bewohnten Komplexes (s. S. 182). Im **Hôtel de Varennes** 11, 2, Place Pétrarque, sind zwei stadtgeschichtliche Museen untergebracht. Daß Montpellier schon länger eine reiche Stadt mit Sinn für Kunst ist, dokumentiert die Sammlung im **Musée Fabre** 12 (s. S. 187).

Museen in Montpellier

Musée d'Anatomie
In Glasvitrinen und Schaukästen des *Conservatoire anatomique* befinden sich säuberlich aufgereiht die menschlichen Objekte wissenschaftlicher Begierde – aus Wachs modellierte Nachbildungen von Gliedmaßen sowie in Spiritus aufbewahrte Föten und von Krankheiten befallene Körperteile.

Musée Atger
In einem Seitenflügel der medizinischen Fakultät werden Zeichnungen und Radierungen der Italienischen Schule und Archivmaterial der Universität gezeigt.

Musée Cité Agropolis
Agrartechnologisches Museum, das mit neuesten museumspädagogischen Erkenntnissen Interesse für Agrar- und Genforschung sowie Lebensmitteltechnik wecken will. Dokumentiert werden die Auswirkungen der Forschungsergebnisse auf Umwelt und Gesellschaft.

Musée Fabre
Mit Werken u. a. von Delacroix, Courbet, Ingres, Bazille, Dufy und Matisse gehört das Musée Fabre zu den bedeutendsten Kunstmuseen Frankreichs. Umfang und Qualität verdankt die Kunstsammlung vornehmlich Schenkungen von Kaufleuten und Bankiers sowie des Malers François Xavier Fabre (1766–1837), dessen Stiftung an die Stadt im Jahre 1825 Anlaß der Museumsgründung war.

Musée Sabatier d'Espeyran
Stadtgeschichtliches und Möbelstücke des 18. Jh. sind in einem schön restaurierten Patrizierhaus zu besichtigen.

Musée de la Société archéologique
Vor- und frühgeschichtliche, antike und mittelalterliche Fundstücke der Archäologischen Gesellschaft Montpelliers im Hôtel des Trésories de France. Das **Musée Languedocien** unter dem gleichen Dach beherbergt eine volkskundliche Sammlung.

Musée du Vieux Montpellier
Stadtgeschichtliche Sammlung vom Mittelalter bis zum Empire im Hôtel de Varennes. Das **Musée Fougau** im selben Gebäude zeigt u. a. eine Originaleinrichtung aus dem 19. Jh.

Museen

187

Die provinziell-pompöse Rue Foch wurde in Paris erdacht und 1886 wie ein Keil von Osten nach Westen in die Altstadt vorangetrieben. Zusammen mit der **Préfecture** 13 in einem Gebäude von 1686, dem 1853 errichteten **Palais de Justice** 14 und dem **Arc de Triomphe** 15, der 1693 zu Ehren Ludwigs XIV. erbaut worden war, sollte die Straße ein Abbild der belebten Pariser Champs-Elysées werden. Ein Trugschluß der Planer, denn das Straßenprojekt wurde gegen den heftigen Widerstand der Bevölkerung verwirklicht und blieb ein wenig geliebter Fremdkörper in der Altstadt. Zur Ehrenrettung muß man der Rue Foch jedoch zugute halten, daß sie zwischenzeitlich bessere Tage erlebt hat. So kühl und langweilig erscheint der Boulevard erst seit den 80er Jahren, als ihm die Verkehrsberuhigung die Funktion einer wichtigen innerstädtischen West-Ost-Achse nahm.

Ganz anders die **Promenade du Peyrou** 16, eine spätbarocke Promenadenanlage, die sich die Stadt Ende des 17. Jh. selbst zum Geschenk machte und die bis heute ein Lieblingsplätzchen der Montpellieraner ist: um vom **Château d'Eau** 17 aus, dem krönenden Abschluß eines Wasserspeichers, über eine dem Pont du Gard ähnelnde alte Wasserzuleitung hinweg aufs Massif Central zu schauen, um im Schatten der Alleebäume zu dösen oder ungestört zu klönen, z. B. unter dem 1718 aufgestellten Reiterstandbild Ludwigs XIV., dessen Blick wohlgefällig über die Stadt hinweg nach Osten schweift, in Rich-

Medizinische Fakultät

tung Morgenland, wie sich das für einen Sonnenkönig gehört. Noch beschaulicher geht es im verwunschenen **Jardin des Plantes** 18 zu, der dem Würgegriff zweier Verkehrsadern und der Bedieselung mit Auspuffgasen erstaunlich gut zu entkommen scheint. Vermutlich reicht dem ersten Botanischen Garten Frankreichs (1593) die verkehrsarme Mittagszeit – während der auch der Garten geschlossen wird – zum Atemholen.

Die nördliche Altstadthälfte gibt sich distinguiert, ganz so, wie sich das für ein altehrwürdiges Universitätsviertel gehört, in dem die älteste medizinische Fakultät Frankreichs ihren Sitz hat. Standesgemäß residiert die **Faculté de Médecine** 19 im uralten Gemäuer eines Benediktinerkollegs, das zu stiften Papst Urban V. anno 1364 höchstpersönlich geruhte. Und da zu jener Zeit die geistige Erleuchtung der Erdenbürger Sache der Kirche war, wundert es nicht, daß sich gleich nebenan die zugehörige und gleich alte **Kollegiatskirche St-Pierre** 20 mit ihren zwei mächtigen Portalsäulen in den Vordergrund schiebt.

Das Gebiet bis zum nördlichen Altstadtrand ist weiteren Universitätsgebäuden vorbehalten, dem Rektorat und den Lehranstalten der renommierten Juristischen Fakultät, wo die Freuden des Studierens wohl vornehmlich im Büffeln von Paragraphen bestehen. Dies ist aber nicht der einzige Grund, warum man in dem Universitätsviertel nur einen zarten Hauch von Unkonventtionellem und Kreativem spürt und vergeblich nach bunten Kneipen und einer »Szene« sucht, wie man sie in universitär geprägten Stadtteilen etwa in Deutschland findet.

Vororte

In Montpelliers nordwestlichem Vorort **Castelnau-le-Lez**, dem römischen Substantion, fördern Archäologen an

Lernen, lernen, lernen
Das französische Bildungssystem

Sonntags ist Montpellier leergefegt. Das ist nicht weiter verwunderlich, denn dieser Tag gehört der Familie. In Frankreich hält man schließlich auf Tradition, und so verbringt man diesen Tag mit der Familie, zumeist *à la campagne*, auf dem Land, oder wie im Midi an der Mittelmeerküste. Damit wäre, zumindest teilweise, die vornehmlich deutsche Studenten bewegende Frage geklärt, warum es in Montpellier so wenige Studentenkneipen gibt, dafür aber am Wochenende die küstennahe Diskothekenszene boomt.

Warum aber ist diese ausgesprochene Unistadt, in der jeder fünfte Stadtbewohner an einer Fakultät eingeschrieben ist, auch während der Wochentage und Vorlesungszeiten relativ wenig studentisch geprägt? Ein Blick auf den Stadtplan offenbart, daß im Zentrum nur einige Universitätsgebäude angesiedelt sind, während der Campus der drei Universitäten bald ein Achtel der weitläufigen Stadtrandzone einnimmt. Hier stehen auch die meisten der Studentenwohnheime, denn das Wohnen zur Untermiete in der Stadt ist in Frankreich wenig verbreitet. Der wahre Grund für die auffällige Abstinenz vom Studentenleben ist aber das straff organisierte und äußerst arbeitsintensive Bildungssystem Frankreichs.

Egalité, »Gleichheit«, war eine Forderung der Französischen Revolution. Sie bescherte den Gymnasiasten zentral gestellte und absolut anonym korrigierte Abituraufgaben, um das Gebot der Chancengleichheit zu erfüllen. Die Folge sind landesweit genormte Lehrinhalte und ein eher dozierender Unterrichtsstil, bei dem die Lehrer vor dem *baccalauréat* häufig die Rolle eines Einpaukers übernehmen. Überspitzt gesagt ist die Normerfüllung das pädagogische Ziel und nicht die Befähigung zu kritischer Distanz und selbständigem Denken. Und an den Universitäten? Weitgehend dasselbe Bild. Das Hauptgewicht liegt auch hier im Auswendiglernen von vorbereiteten Skripten und Mitschreiben von Vorlesungen. Weniger gefragt ist der selbständige Umgang mit Büchern und die Eigeninitiative bei der Gestaltung von Seminaren.

Es ist deshalb kein Widerspruch, daß im Leseland Frankreich ausgerechnet in studentischen Bücherregalen häufig gähnende Leere herrscht und der Bücherbestand der Universitätsbibliotheken im internationalen Vergleich eher mager ausfällt. Auswendiglernen allein ist jedoch nicht zeitintensiver als beispielsweise Bibliotheksarbeit. Im Gegenteil. Was die Studenten aber gleich zu Beginn des Studiums enger als in anderen Ländern an den Schreibtisch bindet, sind die allgegenwärtigen, endlos vielen Tests und Prüfungen.

Eine liberale Bildungspolitik Frankreichs in den 70er und 80er Jahren hat auch in diesem westeuropäischen Land dazu geführt, daß es weniger Studienplätze als Studienwillige gibt. Während in Deutschland hauptsächlich der Numerus Clausus als Korrektiv benutzt wird, um die Studentenzahlen vor Studienbeginn zu begrenzen bzw. zu kanalisieren, bedient man sich an den französischen Universitäten des Mittels der *sélection* im Studium, d. h. des »Herausprüfens«. Übrig bleiben jene mit dem besten Sitzfleisch und dem größten Talent zum Auswendiglernen, so die internen Kritiker.

Die wirkliche Intelligenz Frankreichs entstammt ohnehin nicht den Unis, sondern den *grandes écoles*, derzeit insgesamt 306 staatliche, auf bestimmte Fachbereiche spezialisierte Eliteschmieden, von denen Montpellier fünf besitzt (u. a. die renommierte agrarwissenschaftliche »Ecole Nationale Supérieure d'Agronomie«). Wer hier die Abschlußprüfungen besteht, der hat es geschafft, denn die *Grande Nation* besetzt ihre administrativen, politischen und industriellen Spitzenpositionen in erster Linie mit Absolventen der *grandes écoles* und erst dann mit Hochschulabgängern, so qualifiziert sie auch sein mögen. Und wie verträgt sich das mit dem Egalitätsprinzip? Im allgemeinen gut, denn auch diese exquisiten Lehranstalten stehen generell jedem Abiturienten offen. Er muß nur die schwierigen Zulassungsprüfungen für zweijährige Vorbereitungsklassen schaffen, die mit noch schwierigeren Prüfungen enden, aus denen die Besten der Besten für die raren Plätze auf den *grandes écoles* herausgesiebt werden.

Und warum gehen die Schüler trotz des Chancengleichheit gewährenden Prüfungssystems landesweit und regelmäßig zu Hunderttausenden auf die Straße? Weil sie befürchten, bald auf derselben zu stehen. Ihrer Meinung nach, sei das französische Schulsystem nicht egalitär, sondern elitär und dafür verantwortlich, daß in Frankreich die Arbeitslosigkeit mit einer Quote von 40 % bei Jugendlichen unter 25 Jahren im europäischen Vergleich besonders hoch sei. Der Vorwurf geht an das Pariser Bildungsministeriums, das mit 1 Mio. beschäftigten Lehrern und Verwaltern größte zentral geleitete Staatsunternehmen Europas. Aber nicht die administrative Schwerfälligkeit ist Ursache dafür, daß die Chancengleichheit im Schulsystem nur unzureichend erfüllt ist, sondern politische Rücksichtnahme auf historische und gesellschaftspolitische Vorgänge.

1905 kam es auf Betreiben der Republikaner zu einer Trennung von Staat und Kirche, die zum Leidwesen der Reformer aber auch zur Spaltung in staatliche Schulen ohne Religionsunterricht und in Privatschulen führte. Diese *écoles privées* sind zu 90 % katholisch und werden heute von rund 2 Mio. Schülern besucht, etwa 20 % der Schulpflichtigen. Dies, so die Kritiker, führe zu unterschiedlichen Startchancen, weil in den Privatschulen die Klassen kleiner und das Unterrichtsniveau, die Lehrer und die Betreuung der Schüler besser seien. Die Erhebung von Schulgeld verhindere zudem, daß Arbeiter- und Ausländerkinder in gleichem Maße von den Vorteilen der Privatschulen profitieren könnten. Ein Streit, der regelmäßig für Schlagzeilen sorgt und ein politischer Dauerbrenner zwischen den großen Parteien ist. Die Konservativen und extrem Rechten tun alles, um die konfessionellen, durch staatliche Subventionen und Schulgelder finanzierten Privatschulen zu erhalten, während die Sozialisten und Kommunisten für ein ausschließlich staatliches Schulsystem eintreten. Wie und wann auch immer die Kontroverse gelöst werden wird, an der Form der Lehrstoffvermittlung, dem Prüfungsstreß der Studenten und am Erscheinungsbild des universitären Montpellier wird dies so bald nichts ändern.

der Verbindungsstraße nach Crès immer mal wieder Bruchstücke der Via Domitia zutage. Ein 1,6 km langer Wanderweg führt an rekonstruierten Fahrbahnteilen, Schautafeln und Nachbildungen hier gefundener Meilensteine (*bornes militaires*) vorbei, auf denen u. a. die Entfernung nach Narbonne angegeben ist.

Auch in den südlichen Vororten steckt der Boden voller Fundstücke. In **Lattes** (S. 301), dem antiken Hafenort aus vorrömischen Zeiten, hat man im **Musée archéologique Henri Prades** daraus eine sehr interessante, didaktisch gut konzipierte Dauerausstellung gemacht. Lattes ist über die D 986 in Richtung Palavas-les-Flots zu erreichen.

Pézenas

■ (S. 314) Wieder so ein kleiner Ort mit großer Architektur – und großer Kunst, in diesem Fall Komödien. Erdacht und aufgeführt von Molière, der 1622 in Paris auf die Welt kam, aber erst 1650 in Pézenas geboren wurde, als neuer Star der französischen Theaterszene. So sagt man's hier, fern von Paris. Sieben Jahre lang, bis 1657, lebte und arbeitete Molière mit seiner Schauspieltruppe, dem »Illustre Théâtre«, in dieser von ihm so geliebten Stadt. Ein gutes Pflaster für die Schauspielerei, denn er fand in dem überaus reichen Gebieter über Pézenas, dem Fürsten Armand de Bourbon-Conti, einen humorvollen und spendablen Theaterfreund, jedenfalls so lange, bis dessen Beichtvater, der Bischof von Alet, die Komödie als Gefahr für Anstand und Moral verdammte. Molières Mäzen gab das Lachen auf, wurde fromm und widmete sich nur noch der Politik – ein Grund für Molière, zurück nach Paris zu gehen und nie wieder nach Pézenas zurückzukehren.

Das brauchte er auch nicht, denn er fand rasch neue Geldgeber, und das kleinstädtische Milieu von Pézenas mit der provinziellen Kleingeisterei des Klerus, der Fürsten und ihrer Schranzen hatte ihm genügend Stoff geboten, um daraus noch Jahre später Komödien zu machen: das Stück »Tartuffe« etwa, dessen gleichnamige Hauptfigur, ein religiöser Heuchler, dem kirchlichen Umfeld des Fürsten Conti entstammte. Molières liebster Ort für Charakterstudien war der Barbierladen seines Freundes Gély, ein Haus in bester Lage, wenige Schritte hinter dem großen Parkplatz Place du 14 Juillet gelegen, weshalb in dessen Räumlichkeiten heute die Touristeninformation residiert.

Und weil die Stadt so schön und Molière so berühmt ist, erhält man dort kostenlos einen kommentierten Stadtplan (auch auf Deutsch), mit dem man an seinen Wirkungsstätten und anderen

Pézenas hält die Erinnerung an Molière wach

prächtigen Häusern der Reihe nach vorbeidefilieren kann, denn die Straßen und Gebäude sind numeriert, wie in einem Freilichtmuseum. Die Richtungsschilder 1–13 leiten durch das Viertel mit vornehmlich mittelalterlichen und frühneuzeitlichen Bauten, 14–23 führen durch Gassen mit Gebäuden, die in der Mehrzahl dem 17. und 18. Jh. entstammen. Folgt man den Wegweisern 24–33, wandelt man auf den Spuren Molières, beispielsweise durch die Rue Conti (Schild 24) zum **Hôtel d'Alfonce** (Schild 32), einem Stadtpalast, in dessen Hof 1655 u. a. »Der fliegende Arzt« (»Le Médecin Volant«) uraufgeführt wurde. Das **Musée Vulliod-St-Germain** erinnert u. a. an das Leben des berühmten Mitbürgers.

Und welchen geschichtlichen Ereignissen verdankt das 9000-Einwohner-Städtchen eine derartige Fülle von prunkvollen Wohnhäusern und Stadtpalästen, insbesondere aus dem 16. und 17. Jh.? Pézenas war für mehrere Jahrzehnte inoffiziell das, was Montpellier anschließend durch den Beschluß Ludwigs XIV. offiziell wurde: die Hauptstadt des Niederen Languedoc. Dazu hatte es die römische Gründung Piscenae und spätere Messestadt mit Hilfe zweier Söhne und eines Schwagers des Familienclans Montmorency-Damville gebracht. Henri I. hieß der erste Sproß, der das Fürstenhaus politisch an die Spitze führte und dem es gelang, das Ständeparlament der Provinz nach Pézenas zu holen. 1632 fiel in diesem Gremium die Entscheidung zur vollständigen Loslösung von Frankreich. Das kostete den Nachfolger und Wortführer Henri II. zwar den Kopf und die Familie die politische Macht, brachte Pézenas aber einen neuen, einflußreichen Statthalter ein, den Bourbonenprinz und Schwager von Henri II., eben jenen besagten Literaturfreund Conti, der den armen Poeten Molière vor Hunger und die Stadt durch seine politischen Kontakte vor dem finanziellen Ruin bewahrte.

Béziers   *8. 06. 2001*

■ (S. 288 f.) Der Karstsockel, auf dem Béziers' massiges Wahrzeichen, die Kathedrale St-Nazaire, hoch über der Orbbrücke aus dem 14. Jh. thront, hatte es schon den Kelten und später den Römern angetan, der strategischen Lage und des kühlenden Lüftchens wegen. Denn angenehm sollten es die hier angesiedelten Kriegsveteranen der siebten Legion schon haben, und wo die Römer einmal ihren Fuß hingesetzt hatten, fühlten sich meist auch andere wohl: Bischöfe beispielsweise, die gegen eine gute Aussicht und einen markanten Platz für ihre Kirchenbauten nichts einzuwenden hatten. So wurden sie eines Tages im 5. Jh. auch hier ansässig.

Im Mittelalter entwickelte sich Béziers unter der Ägide des mächtigen Toulouser Grafengeschlechts und den kritischen Augen der Kirche zu einer weitgehend unabhängigen und liberalen Stadtrepublik. »Leben und glauben lassen« war die Devise der Stadtväter, die damit aber die Kirche herausforderten. Denn viele Bewohner nahmen ihre weltlichen Herren beim Wort und glaubten, was sie wollten, schlossen sich zu Sekten zusammen und wurden Katharer, »Ketzer« also, von der Kirche verdammt, weil sie das vom Klerus forderten, was der Klerus von seinen Schäfchen forderte: Demut, Armut und sexuelle Selbstbeschränkung. Es kam, wie es kommen mußte, Papst Innozenz III. rief zu den Waffen, organisierte einen Kreuzzug gegen den »falschgläubigen« Süden und ließ unter der Führung des

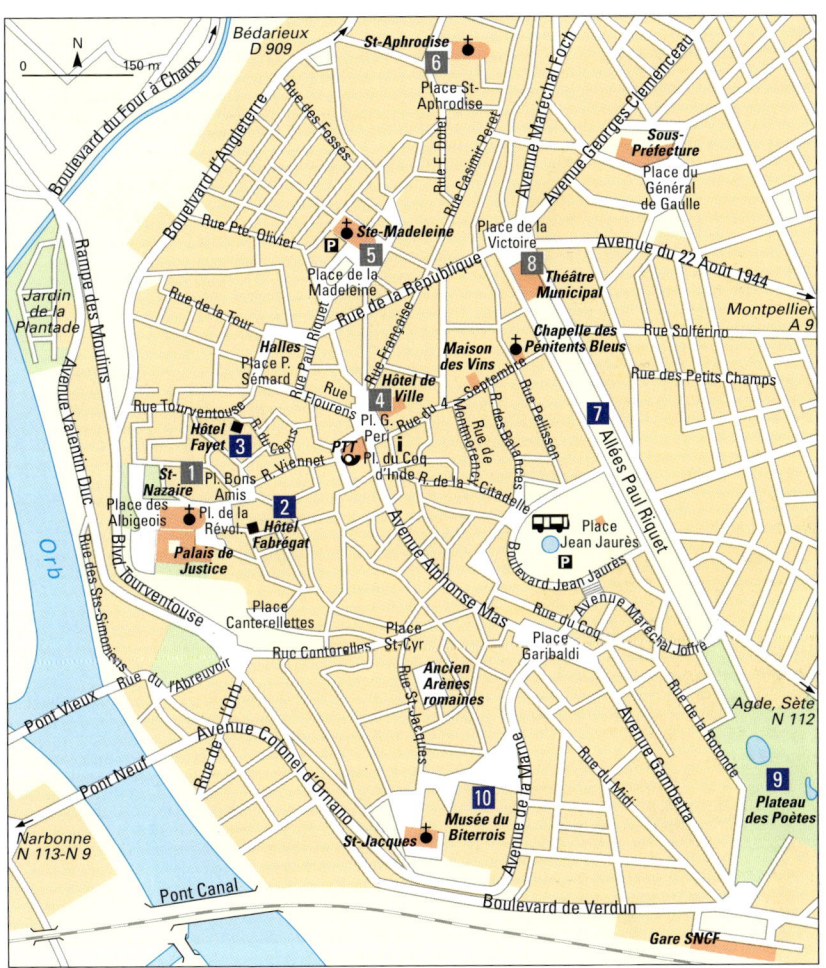

Béziers 1 Kathedrale St-Nazaire 2 Hôtel Fabrégat/Musée des Beaux-Arts 3 Hôtel Fayet/Musée des Beaux-Arts 4 Rathaus 5 Ste-Madeleine 6 St-Aphrodise 7 Allées Paul Riquet 8 Theater 9 Plateau des Poètes 10 Musée du Biterrois

blutrünstigen päpstlichen Gesandten Simon de Montfort im Juli 1209 die 15 000 Einwohner der »Ketzerstadt« niedermetzeln (s. S. 66). »Tötet sie alle, der Herr wird die Seinen herausfinden«, lautete die Devise.

So jedenfalls steht es auf einer Plakette an einem Gemäuer nahe der **Ka-**

thedrale St-Nazaire 1 zu lesen, dem gotischen Nachfolgebau der romanischen Anlage, die von den bewaffneten »Wallfahrern« während ihrer Strafexpedition geschleift wurde. Übrig blieben nur die Krypta und Kapitelle im östlichen Langhaus. Alles andere wurde bis zum 15. Jh. im gotischen Stil wiederauf-

gebaut und wirft rechtzeitig zur Mittagshitze seine Schatten auf die Restaurant-
plätze Place de la Révolution und Place
des Bons Amis und die »Freßgasse«
Rue Viennet. Das Hôtel Fabrégat unweit
der Kathedrale beherbergt das **Musée
des Beaux-Arts** 2 mit Werken u. a.
von Delacroix, Holbein, Rousseau und
Rubens. Beziers' zweites »Museum der
Schönen Künste« im **Hôtel Fayet** 3 ist
auf Gemälde und Skulpturen vornehmlich mediterraner Künstler der Zeit zwischen 1830 und 1930 spezialisiert.

Die Place de G. Peri, der das **Hôtel
de Ville** 4 seine Front aus dem 18. Jh.
zuwendet, bildet die schöne Mitte der
kleinen Altstadt. In Richtung Norden
folgen in geringen Abständen aufeinander das kleine Marktviertel rund um
die Markthalle der Place P. Semard, die
Kirche Ste-Madeleine 5, der Nachfolgebau des Gotteshauses, in das sich
einst Tausende von *Biterrois* (Einwohner Béziers') vergeblich geflüchtet hatten, um den päpstlichen Kreuzzugs-
schlächtern zu entgehen, und die **Kir-**

prächtige Markt- und Blumenstände, zum Gucken ausgerichtete Bistrostuhlreihen, Alte und Junge beim Gruppenschwätzchen. In der Mitte steht ein Denkmal zu Ehren des berühmten Sohnes der Stadt, Riquet (1604–80), der mit dem Bau des Canal du Midi den Grundstein für Béziers' Wohlstand legte (s. S. 212 f.). Besonders der städtische Weinhandel verdankte seinem Jahrhundertwerk exorbitante Gewinnsteigerungen, was sich auch in der Architektur von Béziers bemerkbar machte.

Das 1842 erbaute **Theater** 8 im Norden der Allee etwa profitierte mit seiner aufwendigen Gestaltung von den wachsenden Steuereinnahmen der Stadt, ebenso die 1865 im englischen Gartenbaustil konzipierte Parkanlage **Plateau des Poètes** 9 im Süden, wo sich die reichen Herrschaften an Sonntagen zum Promenieren einfanden. Außerhalb des historischen Zentrums, an der westlichen Ausfallstraße Avenue St-Saëns/ Avenue Emile Claparède zur Autobahn A 9 liegt die 13 000 Zuschauer fassende Stierkampfarena aus dem 19. Jh., wo es Südfrankreichs Helden des 20. Jh. zu bewundern gibt: die frenetisch gefeierten Toreros der blutigen August-Feria.

Das **Musée du Biterrois** 10 befindet sich in Nachbarschaft der romanischen Kirche St-Jacques. Mit der Umwandlung einer ehemaligen Kaserne in ein modernes und nach neuesten museumspädagogischen Gesichtspunkten gestaltetes archäologisches, ethnologisches und heimatkundliches Museum ist den Stadtvätern Béziers' eine bemerkenswerte Umfunktionierung des Militärgebäudes für öffentliche Zwecke gelungen.

che **St-Aphrodise** 6 , eine Gründung von 760 mit Resten des romanischen Ursprungsbaus.

Zwischen dem historischen Zentrum und den nach Norden wuchernden neuen Vierteln der 90 000-Einwohner-Stadt legen sich die **Allées Paul Riquet** 7 quer, Béziers' schönste Schlendermeile, mit ihren vierreihig gepflanzten Baumreihen die prächtigste Platanenallee des Languedoc-Roussillon. Ein Platz, wo sich wie von selbst mediterranes Lebensgefühl einstellt: farben-

Im oberen Hérault

Die im folgenden beschriebenen vier Rundtouren eignen sich für Tagesfahrten, auch von der Küste aus, und lassen sich miteinander kombinieren.

Pic St-Loup

Ausgangsort Montpellier; ca. 60 km, Dauer 1/2 Tag ohne Besteigung des Pic St-Loup, Karte S. 196/197

Im klaren Morgenlicht oder im warmen Schein der Abendsonne zeigt sich Montpelliers Hausberg und markanter Caussevorposten, der 658 m hohe Pic St-Loup, von seiner schönsten Seite: zwei ungleiche, mit der Garrigueland-

schaft verwachsene, begrünte und morgens blaßgelb, abends rötlich leuchtende Kalkzacken, die wie eine moderne Plastik beständig ihre Form wechseln, je nachdem von welcher Himmelsrichtung man sie betrachtet.

Um für eine Besteigung des Pic St-Loup möglichst angenehme Temperaturen und gute Sichtverhältnisse vorzufinden, empfiehlt es sich, **Cazevieille** 1, den Ausgangsort der Wanderung, an den morgendlichen Beginn oder das frühabendliche Ende der kleinen Rundtour zu legen (ab Montpellier D 986 Richtung Ganges, nach ca. 15 km Abzweig rechts auf die D 113). Vom großen, nicht zu verfehlenden Parkplatz bei der Ferienhaussiedlung aus sind etwa 3,5 km auf einem ausgeschilderten, sachte, nur am Ende steil ansteigenden

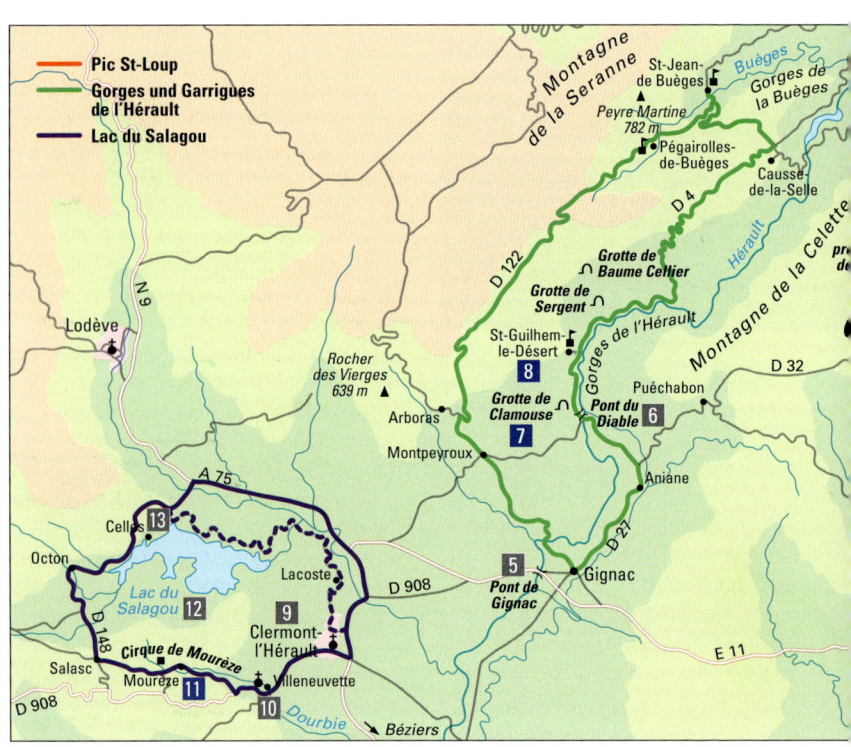

Weg zurückzulegen und 400 Höhenmeter zu überwinden, um nach etwa anderthalb bis zwei Stunden Gehzeit mit einem Gipfelausblick bis zum Mittelmeer, den Pyrenäen und den französischen Alpen belohnt zu werden. Der Rückweg erfolgt auf demselben Weg.

In dieser an prähistorischen Funden so reichen Gegend findet sich die Grabungsstelle des **Village préhistorique de Cambous** **2** (S. 329), die einen kleinen Umweg lohnt: Auf der jenseits der D 986 weiterführenden D 113 gelangt man nach ein paar Kilometern zum **Château de Cambous**, in dessen Gemäuer aus dem 18. Jh. ein Luxushotel residiert. Dort läßt man das Auto stehen und folgt einem breiten, rechts vor dem Schloß von der D 113 abzweigenden und ausgeschilderten Schotterpfad zu

einer typischen Schafs- und Ziegentränke, wie man sie entlang der *drailles* (s. S. 112 ff.), vor allem aber auf den Causses findet. Von hier aus ist es nicht mehr weit bis zu den teilweise wiederhergestellten Steinhäusern, die mit ziemlicher Sicherheit aus der Kupferzeit, um 3000–2000 v. Chr., stammen und zu den ersten befestigten Siedlungen auf den südfranzösischen Kalkplateaus überhaupt gehören.

Versteckt unter einem Grabhügel fand man vier z. T. gut erhaltene Weiler, die aus bis zu zwölf Hütten bestehen. Sie zeigen Spuren, die auf eine seßhafte Lebensform schließen lassen. Diese hatte zur Überbeanspruchung des Weidelandes und zu Brandrodungen geführt, wodurch sich das einstige Waldland in eine karge Garrigue verwandelte. Schafzucht und bescheidener Ackerbau bildeten die wichtigste Nahrungsgrundlage. Einfache, aber stark befestigte Hauskonstruktionen, für die überwiegend das Material dieser Gegend verwendet wurde, dienten als Unterkunft. Grabungsfunde und eine Darstellung über das Garrigueleben der Kupferzeit zeigt eine prähistorische Ausstellung in **Viols-le-Fort** **3** (S. 329), einem kleinen, verschlafenen Dörfchen unweit diverser Dolmen und Menhire.

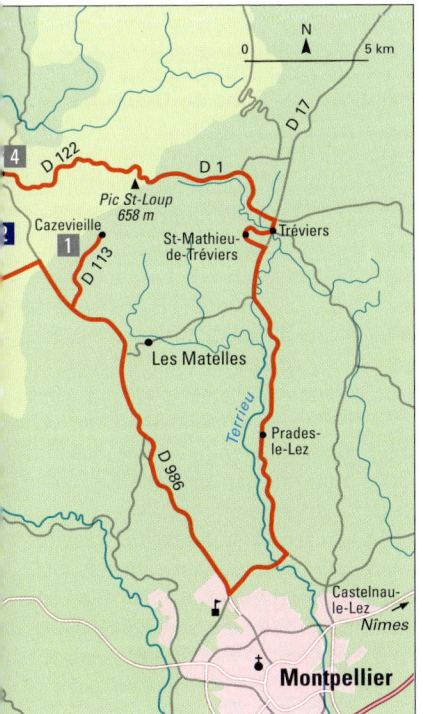

Pic St-Loup, Gorges und Garrigues de l'Hérault, Lac du Salagou

Um Steine geht es auch im 8 km entfernten **St-Martin-de-Londres** ▨, das man über die D 113 und D 32 erreicht. Hier sind sie allerdings kunstvoll aufeinandergesetzt, zu einfühlsam restaurierten Häuserensembles aus dem 15.–18. Jh. und einem unter dem Niveau des Platzes verlaufenden düsteren Arkadengang, der eine kleine romanische Kirche aus dem 11. Jh. umschlungen hält, die zu den ansehnlichsten Beispielen der Frühromanik im Niederen Languedoc gerechnet wird. Das kurze zweijochige Langhaus und die unverhältnismäßig große Vierung geben dem Gebäude eine ausgewogen-kompakte, für damalige Zeiten ungewöhnliche Form.

Auf sehr schöner Strecke (D 122, D 1) umfährt man nördlich den Pic St-Loup und trifft bei dem alten, von Grün umgebenen ehemaligen Wehrdörfchen **St-Mathieu-de-Tréviers** auf die D 17 zurück nach Montpellier.

Die Gorges und Garrigues de l'Hérault

10. 06. 01

Ausgangsort Gignac; ca. 55 km, Dauer ½ Tag, Karte S. 196/197

Die Strecke führt ein weites Stück den Hérault hinauf. Zwei Brücken bilden den Auftakt der Fahrt. Zunächst fährt man über den **Pont de Gignac** ▨, auf dem die N 109 etwa 1 km westlich von **Gignac** (S. 298) über den Hérault geführt wird. Eine Treppe leitet zu einer Plattform, von der aus die 1776 begonnene Konstruktion in ihrer ganzen Pracht zu bewundern ist. Die Héraultüberführung soll die schönste französische Brücke des 18. Jh. sein, sicherlich aber ist sie das bemerkenswerteste Bauwerk Gignacs.

An der zweiten Brücke fährt man vorbei. Es ist der **Pont du Diable** ▨, der zwar nicht so formvollendet aussieht, dafür aber schon 750 Jahre länger seine Standfestigkeit beweist. 1039 wurde das behäbige, etwa 4 km nördlich von Aniane den Hérault überspannende Bauwerk fertiggestellt, das den Jakobspilgern fortan die mühselige Strecke nach St-Guilhem-le-Désert verkürzen sollte. Ähnlich direkt gelangt man auf der D 27 in die Héraultschlucht, allerdings über eine Betonbrücke, die nördlich an der alten Flußüberquerung – eine beliebte Bade- und Bootsanlegestelle für Kanufahrer – vorbeigeführt wurde.

Im porösen Karstgestein des Departements Hérault verbergen sich etwa 2000 bislang entdeckte Höhlen, in die sich jedes Jahr Tausende von Höhlensportlern abseilen. So zwängt sich, was auf klaustrophobische Ängste – bis dahin – pfeift, bäuchlings durch dunkle und

Héraultbrücke Pont du Diable

glitschige Gangsysteme, die in düsteren Schlünden enden, aus denen man auf schlingernden Steigleiterdrähten wieder heraus ans Tageslicht findet – unter ortskundiger Leitung, versteht sich (s. S. 354 f.). Alleingänge enden oft tödlich, weil beispielsweise die Karbidlampe verlöscht und man die Orientierung verliert. Das alles bleibt einem erspart, wenn man die **Grotte de Clamouse** 7 (S. 320) besichtigt, eine schöne, der Öffentlichkeit zugängliche Tropfsteinhöhle, in der es, je nach Jahreszeit und Wasserstand der unterirdischen Flußläufe, gluckst und gurgelt, wie es der Name der Höhle verspricht.

Wohin im Mittelalter Pilgermassen strömten, pilgern heute Massen von Besuchern, nach **St-Guilhem-le-Désert** 8 (S. 320, s. Abb. S. 70/71), ein eng ins Verdustal geschmiegtes Künstler- und Klosterdorf wie aus dem Bilderbuch. Der Legende nach wurde das gleichnamige

Kloster um 800 gegründet. Als Erbauer gilt Herzog Wilhelm von Aquitanien und Toulouse, auch Wilhelm (Guilhem) »Kurznase« genannt, ein Enkel Karl Martells und erfolgreicher Militär Karls des Großen (s. S. 63). Was den Haudegen dazu bewogen hatte, das Schwert gegen die Kutte zu tauschen, war laut zahlloser mittelalterlicher Epen und Heldenlieder der plötzliche, von Wilhelm als göttlicher Fingerzeig gedeutete Tod seiner Frau. Gegen soviel Gläubigkeit fühlte sich selbst Karl der Große machtlos, der notgedrungen auf die treuen Dienste seines Feldherrn verzichten mußte, das Kloster aber mit einer kostbaren Reliquie ausstattete, so daß sich der Ort – ohnehin günstig auf dem Weg nach Spanien gelegen – zu einem wichtigen Wallfahrtsort der Jakobspilger entwickelte, was ganz im Sinne des Karolingers und seiner Nachfolger war. Wilhelm starb 812 einsam und geläutert und wurde unter dem Chor der 1076 erbauten Kirche beigesetzt, in der teilweise noch aus vorromanischer Zeit stammenden Krypta. 148 Skulpturen und diverse Arkaden und Säulen aus dem Kreuzgang der romanischen Klosterkirche sind heute im Museumsdorf Cloisters in New York zu besichtigen. Ein selbsternannter französischer Kunstliebhaber, der sich skrupellos an dem verfallenen Kirchengemäuer für seine Privatsammlung bedient hatte, veräußerte die Fragmente Anfang des Jahrhunderts an amerikanische Interessenten.

Die einstige Abgeschiedenheit und Menschenleere der Héraultschlucht, die St-Guilhem den Beinamen *le Désert*, »die Wüste«, eintrug, findet man im Frühjahr und Spätherbst noch im benachbarten Buègestal. Dorthin führt, zu-

Reiselust und Wanderfrust
Die Jakobspilger auf Wallfahrt

Im 9. Jh. rollte die erste langanhaltende Reisewelle des mittelalterlichen Abendlandes an, zunächst noch stockend, nach gekonnten Werbefeldzügen des burgundischen Klosters Cluny im 11. und 12. Jh. aber wie geschmiert – zur Freude seiner kirchlichen Initiatoren und königlichen Förderer. Was war geschehen? Wie es der Zufall wollte, behauptete im Jahre 818 ein erleuchteter Hirte im Nordwesten Spaniens, die Gebeine des Apostels Jakob gefunden zu haben, just zu jener Zeit, als sich die abendländische Christenheit wegen der arabischen Besetzung der Iberischen Halbinsel in einem Stimmungstief befand. Welch ein Geschenk des Himmels! Kirche und König waren gern bereit, die Knochen für echt zu erklären, obwohl bekannt war, daß Jakob nie in Spanien geweilt hatte. Die Machteliten wußten nur zu gut, welche positive Wirkung das »Wunder« auf ihre Untertanen haben mußte, die, abergläubisch wie sie waren, große Bereitschaft zeigten, sich mit blindem Gottvertrauen durch die politisch und wirtschaftlich schwierigen Zeiten vor und nach der Jahrtausendwende zu retten.

Darüber hinaus hatten sich die Kreuzzüge als grandiose Überschätzung christlicher Allmacht erwiesen. Es war dringend erforderlich, den Gläubigen neue Angebote zur friedlichen Identifikation mit der christlichen Lehre zu machen und das wachsende Bedürfnis nach Mobilität und Kontaktaufnahme mit Ausländern in die richtigen Wege

zu leiten. Was bot sich da besser an, als Pilgerrouten zum angeblichen Jakobsgrab in Santiago de Compostela zu installieren, den unruhigen Massen ein klares Ziel zu geben und sie auf den anstrengenden Weg zu schicken?

Auch der mittelalterlichen Kirche war durchaus bekannt, daß körperliche Ertüchtigung ein gutes Mittel gegen aufgestaute Aggressionen ist. Von den vier Routen durch Frankreich führte die südliche Via Tolosana aus Italien über Arles, St-Gilles, St-Guilhem-le-Désert und Toulouse hinüber auf die spanische Pyrenäenseite, wo die verschiedenen Pilgerrouten zu einer Wallfahrtsstraße nach Santiago de Compostela gebündelt wurden. Zeitweilig waren im Jahr bis zu einer halben Million Pilger unterwegs nach Spanien. Die großen Wallfahrtsorte Rom und Jerusalem hatten Konkurrenz bekommen.

Und da auch für das Reisen im Mittelalter galt, daß man jenseits des heimatlichen Horizontes nur das sieht, was man weiß, gab es damals schon Reiseführer, die den Pilgern die Augen auf ihrer Wanderschaft nach Santiago de Compostela öffneten und sie mit Tips und Tricks versorgten, um die Gefahren einer solchen Reise zu überstehen. Und wer nicht lesen konnte, was wohl für die Masse der Wallfahrer zutraf, der konnte darauf vertrauen, daß die wichtigsten Informationen aus den Führern an den Pilgerstationen, Verköstigungsstellen, Klöstern und Hospizen von Mund zu Mund gingen.

Vor Reisebeginn galt es, sich zunächst mit einer Art Kranken- und Diebstahlversicherung auszustatten, einem breitkrempigen Hut, der das Haupt vor Sonne und Regen schützen und den ganzen Mann vor Überfällen bewahren sollte: indem seine Krempe zur Befestigung von Pilgerzeichen und Heiligenbildchen diente, die den Hutträger als Wallfahrer und friedlichen Jakobusfan auswiesen. Aber das allein garantierte noch keine angenehme Reise, und so war man dankbar, daß es Reiseführer gab, die sich des wichtigen Problems der Nahrungs- und Unterkunftssuche annahmen, weil Beten bekanntlich nicht satt macht und, der Bibelweisheit zum Trotz, nicht immer Raum auch in der engsten Hütte war.

Auf alle diese Grundfragen des Reisens wußte ein Pilgerführer besonders viele Antworten, ein

Die Jacobs Brüder.

um 1140 entstandenes Opus, vermutlich aus der Feder des französischen Priesters Aimeric Picaud. Es muß sich um einen äußerst sportiven Kirchenmann gehandelt haben, denn so manche der empfohlenen Tagesetappen dürften für einen normalsterblichen Pilger unmöglich in derselben Zeit zu schaffen gewesen sein. Darüber hinaus war der reisefreudige Priester wenig

um Objektivität bemüht und brachte seine Vorlieben und Vorurteile deutlich zum Ausdruck. Seine Abneigung galt beispielsweise den Navarresern und Basken, denen er jede nur erdenkliche Untat zutraute. Lebhaftes Interesse zeigte er jedoch u. a. für die Gräber von Märtyrern, deren Besuch er zur Erlangung des Seelenheils dringend empfahl und damit nach Meinung der Historiker bestimmte Regionen nicht nur geistig, sondern auch wirtschaftlich prägte.

Die Wallfahrer nämlich zeigten sich an den jeweiligen Pilgerstationen der Kirche gegenüber spendabel und bedurften zudem einer bescheidenen, aber funktionierenden Grundversorgung mit Lebensmitteln, Schneidern, Schustern und Barbieren. Letztere Zunft sorgte für medizinische Hilfe, etwa bei Zahnschmerzen, nicht aber für Haarschnitt und Rasur, denn der spirituelle Erfolg einer Pilgerreise hing nach kirchlicher Auffassung vom Maß der Selbstkasteiung ab. Und dazu gehörte auch, daß die Pilger dem Allmächtigen während der Wallfahrt ungewaschen, unrasiert und mit ungeschnittenen Haaren unter die Augen treten mußten. Kein Wunder, daß es für sie nicht immer leicht war, unterwegs Platz in einer Herberge zu finden.

nächst parallel zum Hérault und an einem als Badestelle genutzten Staubekken oberhalb von St-Guilhem-le-Désert vorbei, die D 4, dann, in **Causse-de-la-Selle** links abbiegend, die D 122. In der abgelegenen, schwer zu bewirtschaftenden Karstsenke zu Füßen der Montagne de la Séranne trifft man im Talgrund auf den Ort **St-Jean-de-Buèges** und etwas weiter, auf einem Hügel thronend, auf **Pégairolles-de-Buèges**. Als der Hérault noch nicht mit Staustufen gebändigt war und noch keine überflutungssichere Straße durch das Nachbartal führte, diente das Buègestal als frequentierte Verbindung zwischen den Cevennen und den Etappenzielen Clermont-l'Hérault und Gignac auf dem Weg in die Ebene und an die Küste. Unverändert ist seitdem wohl nur das ähnlich langsame Reisetempo in dem üppig begrünten Garriguetal geblieben, denn die schmale D 122 zwingt zu einer äußerst vorsichtigen und gemächlichen Fahrweise.

Lac du Salagou

Ausgangsort Clermont-l'Hérault; ca. 50 km, Dauer $\frac{1}{2}$ Tag. Karte S. 196/197

Die Attraktionen von **Clermont-l'Hérault** [9] (S. 294) sind – wie so häufig in südfranzösischen Ortschaften – eine Kirche und eine Platanenallee. Hier stehen die Bäume und die trutzige, 1276 begonnene gotische Kathedralbau so dicht bei den Häusern des quirligen Zentrums, daß es unter dem Blätterschirm nur bei Sonnenschein hell wird. Aber nicht der angenehme Schatten im Umkreis der Kirche und die schöne Altstadt, sondern der **Lac du Salagou** sorgt im Sommer für Gedränge im Ort, wenn nämlich die Surfer und Segler der nahegelegenen

Campingplätze und Feriensiedlungen (D 908/156 E, östlicher Stadtausgang Richtung Bédarieux) dem See und der Stadt zu Leibe rücken.

Wie Clermont-l'Hérault und die nördliche Nachbarstadt Lodève, die im 17. und 18. Jh. bedeutende Zentren der Textilherstellung waren, brauchte auch das heute so verschlafene Fleckchen **Villeneuvette** [10] (S. 329) unter der Regentschaft des Sonnenkönigs nicht am Hungertuch zu nagen. Die Textilmanufaktur fabrizierte Stoffe am laufenden Meter, was sie der verschwenderischen Kriegspolitik Ludwigs XIV. verdankte, der die Wollwaren indirekt oder direkt für militärische Zwecke benötigte. Kleinere Kontingente ließ der rührige Wirtschaftsminister Colbert deshalb für viel Geld exportieren, um Devisen für die immense Kriegsmaschinerie zu erwirtschaften.

Die größeren Produktionsanteile wanderten in königliche Schneiderwerkstätten, wo sie zu einfachen Soldatenröcken und blitzenden Paradeuniformen verarbeitet wurden. Zeitweilig waren 800 Weber und Färber in der »Manufacture Royale« von Villeneuvette tätig. Ob sie auch der Meinung waren, daß »Ehre der Arbeit gebührt«, wie es über dem Eingang der spätbarocken Fabrikationsanlage auf Französisch zu lesen steht, mag dahingestellt bleiben.

Wie nah **Mourèze** [11] (S. 308) am Abgrund steht, sieht man erst, wenn man einem der vom nördlichen Dorfrand hinab in das Felsenmeer des **Cirque de Mourèze** führenden Fußwege folgt (diverse ausgeschilderte, mit gutem Schuhwerk gefahrlos zu begehende Wege). Kaum hat man sich in die bizarren, weißgrauen Karstformationen eingesehen, ändert sich zwischen **Salasc** und **Octon** die Landschaft wieder. Vom hohen Metallanteil im Boden sind die Hügel und Schlackehaufen rotbraun ge-

Lac du Salagou: Der kleine Ort Celles fiel einem Vermessungsfehler zum Opfer

färbt. Hier war einmal – für diese Gegend ungewöhnlich – ein Vulkan tätig, der allerdings nichts mit dem Entstehen des **Lac du Salagou** 12 zu tun hat, so sehr der große Teich mit seinem kargen Ufersaum im Nordwesten und dem Spitzkegel in der Mitte auch einem Kratersee ähnelt.

Es handelt sich in Wirklichkeit um einen Stausee, den zu füllen man zwei Jahre, von 1968–70, benötigte, und der das kleine Dörfchen **Celles** 13 (D 148 Richtung Lodève) zu einer Geisterstadt machte. Aufgrund eines Vermessungsfehlers siedelte man die Bewohner aus, obwohl tatsächlich nur das Ortsschild und eine Scheune von den steigenden Fluten erfaßt wurden – Celles dient heute als Filmkulisse.

Etwa 2 km vor Zusammentreffen der D 148 mit der geradewegs nach Clermont-l'Hérault zurückführenden N 9/A 75 zweigt rechts eine ungeteerte, für den öffentlichen Verkehr zeitweilig ge-

sperrte und nur mit guten Reifen befahrbare *Route forestière* ab. Sie belohnt mit schönen Ausblicken auf den See und führt über das Örtchen Lacoste auf Schleichwegen ebenfalls zurück nach Clermont-l'Hérault.

Die Monts de l'Espinouse

Ausgangsort Bédarieux; ca. 160 km, Dauer 1 Tag ohne Wanderung, Karte S. 204

6. 06. 2001

An seinen Berghängen wuchernde Dornenbüsche gaben dem Espinousemassiv seinen Namen. Zum 1124 m hohen Gipfel führt eine landschaftlich abwechslungsreiche Strecke von **Bédarieux** 1 (S. 287 f.) über die D 908 (aus Clermont-l'Hérault und Montpellier kommend) oder **Hérépian** über die D 909 (von Béziers her) über St-Gervais-sur-Mare (D 13) und Rosis (D 22 und D 180). Die alte Minenstadt Bédarieux

Monts de l'Espinouse

am Orb zählt heute 6500 Einwohner und hat sich mit einem großen Angebot an Sport- und Unterhaltungsmöglichkeiten ganz auf Tourismus eingestellt. Die Route führt durch eine streckenweise basalt-graue, mit Laubwäldern, Kiefern, Ginsterbüschen und ausgedehnten Viehweiden bedeckte Gebirgslandschaft, die Teil des »Parc Naturel Régional du Haut Languedoc« ist. Die Verwaltung des Regionalparks ist bemüht, mit wirtschaftlichen Fördermaßnahmen die Landflucht und den Verfall der alten Bergweiler aufzuhalten und Ökonomie und Naturschutz in Einklang zu bringen.

Von den zwei nordwestlich des Col de Fontfroide und wenige Kilometer hinter dem Ort Fraisse-sur-Agout gelegenen Stauseen ist der für Wassersportler freigegebene **Lac de Laouzas** 2 (S. 300) wegen seines gänzlich unbebauten Ufers und der leicht zugänglichen Sandbuchten wohl das lohnendere Etappenziel. Schnell und fast schnörkellos führt die D 907 ab La Salvetat-sur-Agout aus dem Hochland heraus gen Süden. Kur-

venreicher passiert man auf der D 169 die Schwelle vom nördlichen zum mediterranen Vegetationsgürtel.

In **St-Pons-de-Thomières** 3 (S. 321) begegnet man der vertrauten südfranzösischen Atmosphäre und Stadtarchitektur des Midi, zu der leider auch hier eine überlastete, durchs Zentrum geführte Verkehrsschneise gehört. Betriebsam war es schon immer in dem vitalen Ort, dessen Boden bereits im Neolithikum besiedelt war und der den Jakobspilgern jahrhundertelang als Zwischenstation nach Spanien diente. Mit seinen 3000 Einwohnern ist die westlichste Stadt des Departements Hérault heute Sitz diverser Verwaltungen. 936 wurde der Grundstein für die **Kathedrale von St-Pons** gelegt, eine zwischen dem 14. und 18. Jh. mehrfach umgebaute Wehrkirche, die 1318–1789 Bischofssitz war. Aus prähistorischen und jüngeren Geschichtsepochen sind im **Musée de Préhistoire régionale** Grabungsfunde und volkskundliche Exponate zu besichtigen.

Begleitet von den Ausläufern des Espinousemassivs sowie dem Gebirgsfluß Jaur, der zum Kanufahren geeignet ist, schlängelt sich die D 908 nach **Olargues** 4 (S. 311 f.), das wie hingegossen am rechten Uferhang liegt. Nach Osten hin rücken nun die weitläufigen Anbaugebiete der Coteaux-du-Languedoc-Weine näher an die Straße. In La Trivale zweigt ein kurzer Abstecher zu einem kleinen Cañon ab, mit dem sich das Espinousegebirge von seiner schönsten Seite zeigt. Man folgt der Straße nach **Mons**, durchquert die kleine Häuseransammlung in nordwestlicher Richtung und ein Stück den Hang hinauf.

Am Ende der D 14 E (kostenpflichtiger Parkplatz) beginnt ein teilweise geteerter Weg in die **Gorges d'Héric** 5, die man in einer drei- bis vierstündigen Wanderung erkunden kann. Nach etwa 90 Minuten Gehzeit ist der nördliche Ausgang der Schlucht erreicht, durch die auch in trockenen Sommern genü-

6. 06. 2001

gend Wasser rinnt, um mit kleinen Kaskaden die zahlreichen zum Baden geeigneten Granitbassins zu füllen. Mit etwas Glück hat am Ende des Weges das kleine Café im Bergweiler **Héric** geöffnet, der nur noch von zwei Familien bewohnt ist.

Zurück auf der D 908 und vorbei am geputzten Kurort **Lamalou-les-Bains** (S. 300 f.), dessen Gäste ein wenig den Eindruck erwecken, als ließe sich mit Langeweile das Leben verlängern, gelangt man zurück nach Bédarieux. Oder man folgt ab Mons der D 14 in südlicher Richtung, überquert die D 908 und setzt die Fahrt, begleitet vom Flußlauf des Orb und vielen Kanufahrern, nach **Roquebrun** fort: im Rückspiegel die gezackten, hinter Zypressenwipfeln verschwindenden Bergkämme der Monts de l'Espinouse und vor sich struppige Garriguehügel und endlos aneinandergereihte Rebzeilen – eine Landschaft zum Schauen und Staunen.

Der Ort Olargues vor der prächtigen Kulisse der Monts de l'Espinouse

Wasser, Wein und Widerstand – Das Minervois

Der Name Minervois, so heißt es, stamme von der römischen Göttin des Handwerks, Minerva, deren Zuneigung die abergläubischen und ebenso pragmatischen Römer benötigten, um den Aufbau Narbonnes zur Regierungszentrale der neuen Kolonie Gallia Narbonensis komplikationslos über die Bühne zu bringen. Wer mag dieser von Arbeit geprägten Agrarregion schon eine zupackende Göttin als Namensgeberin absprechen wollen? Ein Großteil der ländlichen Einwohnerschaft tut dies, allen voran die Winzer. Ihnen gefällt nämlich eine andere Legende besser, die den Namen Minervois auf die Äußerung eines Klerikers zurückführt – nicht weil sie sich der katholischen Kirche besonders verbunden fühlen, sondern weil die Erinnerung an diese Version der Namensgebung angeblich ihr politisches Stehvermögen verbessert, etwa, wenn es mal wieder Ärger mit Paris oder Brüssel wegen reduzierter Agrarsubventionen oder einer neuerlichen Begrenzung der Weinanbauflächen gibt. Was ist das für eine Geschichte, die solche Kräfte weckt?

Ein »rechtgläubiger« Kirchenmann, so die favorisierte Überlieferung, soll Anfang des 13. Jh. seinem Unmut über ein »falschgläubiges« Katharernest am Fuße der Montagne Noire mit den Worten *tu m'énerves toi* (»du nervst mich«) Luft gemacht haben. Die Kirche zu ärgern war zwar nicht das erklärte Ziel der hier ansässigen Katharer, aber der zu »Minerve« gewordene Ortsname gewann rasch Symbolkraft für den erbitterten Widerstand der Katharer gegen die Staats- und Kirchenmacht, die mit

einem Kreuzzug und Inquisitionsgerichten auf die Ketzer reagierte (s. S. 237 ff.). Man hat hier nie vergessen, daß bei der blutigen Unterwerfung auch die sich formierende königliche Zentralmacht auf seiten der »Kreuzzügler« stand, war es doch der Beginn der zentralstaatlichen Geschichte Frankreichs, die häufig den Midi benachteiligte und dafür sorgte, daß der Süden eine eigene Geschichte schreiben mußte: die des Widerstands.

Da macht es sich gut, daß nicht nur ein Ort »Minerve« heißt und die vielen kleinen Nachbarorte »Minervois« im Beinamen tragen, sondern die ganze Landschaft einen Namen hat, der an die Ursprünge der Unterdrückung und des Widerstands im Audetal erinnert. Darum mögen viele Winzer diese Version der Namenslegende, und deshalb hält man hier Tradition und Geschichte wach. Es ist eine Geschichte der armen Leute. Es ist auch eine Geschichte der Abhängigkeit vom Wasser und vom

Wein. Und damit wäre man wieder bei der Göttin Minerva angekommen, denn spricht man im Minervois von Wasser und Wein, dann sind die Römer nicht fern. Mit ihnen beginnt um 118 v. Chr. die eigentliche Geschichte des Minervois, der Landschaft am Fuß der östlichen Montagne-Noire-Ausläufer, zwischen den Flüssen Orb und Aude.

Die Gegend hatte alles, was die Kolonialisten aus Rom für die Verwaltungszentrale ihrer neuen Provincia brauchten: Sonne, Ankerplätze und eine weitläufige Ebene, die den Zugang nach Nordwesten zum Atlantik ermöglichte. Aude, Orb und die Gebirgsbäche der Massif-Central-Ausläufer stellten die Versorgung mit Wasser sicher – zum Durstlöschen und zum Bewässern der Äcker, auf denen bald die ersten, von den Römern eingeführten Weinstöcke sprießten. Auch die einfallenden Germanenhorden, für die die Römer im 5. Jh. den

Küstenstreifen endgültig räumen mußten, tranken gern und reichlich Wein. Für einen kontinuierlichen und großflächigen Weinanbau reichte es jedoch nicht. Der Süden verarmte. Große Klimaschwankungen mit Hochwasser, Kälte und Trockenzeiten gaben den Reben bis zur Jahrtausendwende beinahe den Rest, wären da nicht Abteien gewesen, die sich mit Weingärten umgaben, um den Bedarf an Meßwein zu decken.

Ein konjunkturelles Zwischenhoch und verbesserte Verkehrswege brachten den Weinbau seit dem 11. Jh. zögerlich in Schwung, bis 1348 die Pest ausbrach, die im Verlaufe eines Jahrhunderts für einen rapiden Bevölkerungsrückgang sorgte und natürlich auch einen Großteil der Winzer und Konsumenten dahinraffte. Als der »Schwarze Tod« ein Jahrhundert später weitgehend besiegt war, stieg die Lebensfreude und mit ihr die Bevölkerungszahl und der Weinverbrauch. Im Minervois und anderswo im Süden lohnte es sich wieder, Wein anzubauen, zumindest für eine kurze Zeit, denn die Bevölkerung wuchs weiter, nicht aber die agrarisch nutzbaren Flächen. Eine steigende Zahl von Landpächtern und -besitzern mußte sich durch Erbaufteilung und Parzellierung immer kleinere Äcker teilen. Und dort rupfte man die Rebstöcke aus dem Boden und pflanzte statt dessen Weizen an, denn auf leeren Magen bekam der Alkohol keinem gut.

Richtig satt wurde man aber dennoch nicht. Die arme Landbevölkerung drückte der Pachtzins für die Grundherren, der Zehnt für die Kirche und die königliche Steuerschraube, an der Richelieu drehte und die Mitte des 17. Jh. von Colbert, dem Finanzminister Ludwigs XIV., noch einmal kräftig angezogen wurde. Darüber hinaus vernachlässigte der königliche Geldeintreiber die

Das Minervois

Landwirtschaft zugunsten eines auf Export von Industriewaren und Textilprodukten gerichteten Merkantilismus. Mit Wein ließ sich nicht viel verdienen. Der Sonnenkönig brauchte jedoch Unsummen für seine Großmachtpolitik. Wer sich von den Kleinbauern und Winzern dagegen wehrte, wurde bevorzugt in Uniformen gesteckt, weil der absolutistische Herrscher einen ebenso großen Bedarf an Soldaten hatte.

Doch manchmal gibt es auch Gerechtigkeit im Leben: Die ruinöse Königssteuer, die die Winzer des Minervois im 17. Jh. restlos in die Knie zwang, sollte ihnen später wieder auf die Beine helfen, denn der Sonnenkönig fand Gefallen an den Plänen des Südfranzosen Riquet zum Bau eines Verbindungskanals zwischen dem Atlantik und dem Mittelmeer. Sollte das Projekt gelingen, würde sein Glanz um so heller strahlen. Und so floß ein nicht unbeträchtlicher Teil der im Niederen Languedoc erhobenen Steuern aus Paris zurück ins Minervois und wurde zum Bau des Canal du Midi, der Wasserstraße zwischen Toulouse und Agde verwendet. Wenige Jahrzehnte nach dessen Eröffnung 1681 nahm der Weinanbau im Minervois einen sichtbaren Aufschwung, weil der kostbare Rebensaft schnell und sicher zu seinen Abnehmern fand.

Im 19. Jh. führte der Eisenbahnbau fort, was sich durch den Canal du Midi im frühen 18. Jh. bereits anzudeuten begann. Die Geographie des französischen Weinanbaus wurde auf den Kopf gestellt. Das Minervois entwickelte sich zusammen mit den Nachbarlandschaften zum flächenmäßig größten Weinanbaugebiet Frankreichs. Lange Transportwege spielten keine wesentliche Rolle mehr für den Absatz nördlich der Loire. Aber Monokultur macht anfällig. Das bekam man im Midi schmerzlich zu spü-

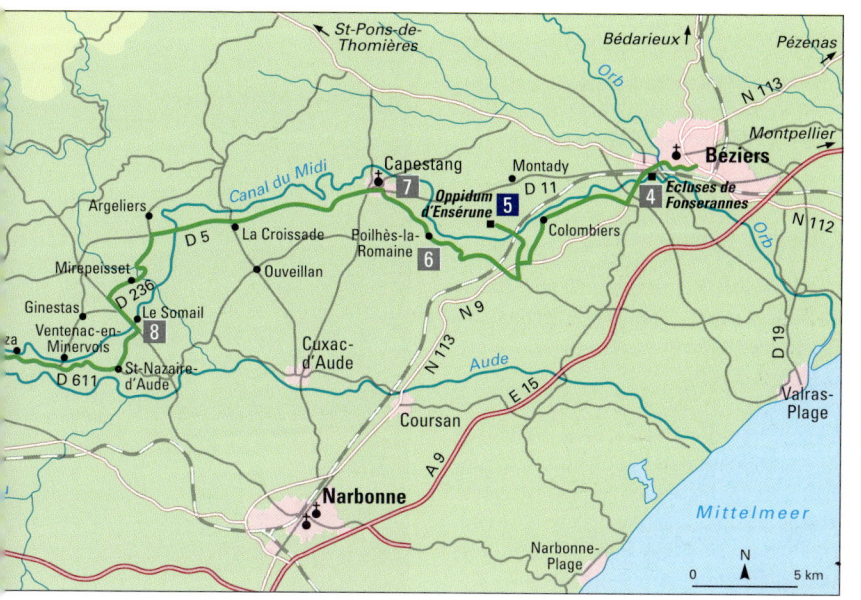

ren. Zunächst vernichtete die europa-
weite Reblausplage zwischen 1865 und
1890 den gesamten Rebstockbestand
des Languedoc – ein Totalverlust für die
Winzer. Die daraufhin gepflanzte amerikanische Rebsorte war widerstandsfähig, aber auch ertragreicher. Einer Wein-
schwemme – der ersten von vielen
weiteren – folgte ein Preissturz. Der
Weinbau warf nichts mehr ab.

1907 gingen die besonders hart be-
troffenen kleinen Winzer zu Hundertttau-
senden auf die Straße, allen voran die
kampferprobten Weinbauern aus dem
Minervois. Sie wurden von Marcellin Albert angeführt, einem Mann, der wegen
seines Mutes einmal mehr Erinnerungen an die Katharerzeit wachrief und
den Beinamen »Erlöser« erhielt. Der
Midi stand vor einem Bürgerkrieg, und
Paris schickte das Militär. Zahlreiche
Großunternehmen kauften den Winzern
ihre kleinen Äcker ab und machten sie

zu Arbeitern auf ihrem veräußerten Land.
Mit der Öffnung des Marktes durch die
EG und der wachsenden Konkurrenz
nordafrikanischer Konsumweine ver-
schärfte sich der Preiskampf weiter.
Noch bis in die 80er Jahre gipfelte er im
Minervois häufig in heftigen Protesten
und Aktionen, bei denen die Trauben
nach der Lese auf die Straße anstatt in
die Keltern gekippt wurden.

Aber das Minervois ließ sich nicht un-
terkriegen. Mit billigem Tafelwein waren
keine neuen Märkte zu erobern. Man begann in geeigneten Weinlagen Qualitätsweine mit der Bezeichnung »A.O.C.«
(Appellation d'Origine Contrôlée) zu produzieren (s. S. 35). Dem Minervois ist die
Umstellung recht gut gelungen, und das
bedeutet auch für diese alte Weinlandschaft zwischen den Departements
Hérault und Aude: strikte Begrenzung
der Parzellierung und Auswahl der Rebsorten, strenge Festlegung der Ertrags-

menge pro Hektar Anbaufläche und saubere Kellerarbeit. Denn erst hierbei erhält der Wein seinen letzten Schliff.

Oberes Minervois

Ausgangsort Homps; ca. 60 km, Dauer
1/2 Tag, Karte S. 208/209; Anschluß an
die Tour entlang des Canal du Midi möglich (s. S. 211 ff.)

Das Minervois bedient alle Klischees
einer mediterranen Weinlandschaft: rup-
pige Kalksteinverwerfungen, gewellte
Hügel, schattige Platanenalleen, krumme
Sträßchen und wie Scheitel gezogene
Rebzeilen, dazwischen eingestreute Ka-
pellen und Zypressenreihen – Halte-
punkte fürs Auge und perspektivische
Gliederung der weitläufigen Landschaft –
und mittendrin die unprätentiöse Ge-
brauchsarchitektur kleiner Winzerorte: zu
beiden Seiten der Aude und des Canal du
Midi das gleiche Landschaftsgemälde.
   Die Route führt auf der D 910 vom
Kanaldorf **Homps** (S. 300) in den Norden. Hier erreicht man bald hinter
Olonzac auf der D 10 die malerische
Mitte des oberen Minervois, **Minerve** 1
(S. 306), ein hübscher Ort mit schlimmer
Geschichte, die ihn mit den anderen Zu-
fluchtsstätten der Katharer im Languedoc verbindet. Geteiltes, jedoch nicht
halbes Leid, denn nach der Eroberung
von Carcassonne leisteten die päpstlichen Schergen im Schreckensjahr 1209
auch in Minerve, nach einer wochenlan-
gen Belagerung, ganze Arbeit.
   Wer sich nicht zum Katholizismus bekannte, landete auf dem Scheiterhaufen,
und das waren fast 200 Menschen. Was
die »Kreuzzügler« von Minerve übrigließen und einer späteren Abrißverfügung

Ludwigs XIII. widerstand, ist heute als
typisch mittelalterliches Architekturensemble zu besichtigen, in dem kaum
100 Menschen dauerhaft leben. Mehr
Einwohner können die Weinreben
ringsum nicht ernähren.
   Oberhalb der nur zu erahnenden
Gorges de la Cesse schlängelt sich die
D 10 E/D 182 an winzigen, in Karstmul-
den gebetteten Weinbergen vorbei nach
St-Julien-de-Molières. Ab hier führen
die D 12 und D 115 in einem weiten
Bogen an den Ausgang der verwunschenen Argent-Double-Schlucht und

nach **Caunes-Minervois** ☑ (S. 293), einer Gründung der Benediktiner mit einer romanischen Kirche aus dem 11./12. Jh. und Bauten im Renaissance-stil.

Die Attraktion von **Rieux-Minervois** ☑ (S. 318), die Kirche St-Pierre-et-St-Paul aus dem 11. Jh., gibt sich äußer-lich bescheiden. Drinnen entpuppt sie sich als sehenswerter romanischer Zentralbau, der einzige erhaltene im Languedoc. Den Ausgangsort Homps erreicht man auf der D 206, die hinter Azille in die D 806 übergeht.

Der Canal du Midi zwischen Béziers und Carcassonne

Ausgangsort Béziers; ca. 90 km, Dauer $^1/_2$ Tag, Karte S. 208/209; kombinierbar mit der Rundtour im oberen Minervois, (s. S. 210)

8. 06. 2001

Zwei Drittel der Strecke führen auf Ne-benstraßen – wann immer möglich – nahe oder unmittelbar am südlichen Canal-du-Midi-Ufer zwischen Béziers und Carcassonne entlang. Unmittelbar nach Verlassen von Béziers über die

Riquets raffinierte Rinne
Der Canal du Midi

Da zerbrachen sich seit Römerzeiten Kanalbauexperten vergeblich ihre klugen Köpfe, wie man das Mittelmeer mit dem Atlantik durch eine künstliche Wasserstraße verbinden könne, und wer hatte die zündende Idee? Ein königlicher Steuerbeamter und Hobbyingenieur, der Herr von Riquet aus Béziers. Auf Wanderschaft in der Montagne Noire fiel dem genialen Tüftler die Lösung für das Problem der gleichmäßigen Wasserversorgung des Kanals ein. Per Zufall hatte er herausgefunden, daß die südwärts strömenden Bergflüsse zu gleichen Teilen Richtung Mittelmeer und Atlantischer Ozean fließen und, zu Seen aufgestaut, das Kanalbett ganzjährig mit Wasser füllen können (s. S. 227). Fast noch wichtiger als diese Entdeckung war sein guter Draht zur Kirche. Der Bischof von Toulouse gewann den Finanzminister für Riquets Kanalbaupläne, und dieser machte bei Ludwig XIV. das Geld locker. Der König trat Riquet sämtliche Lehnsgüter ab, durch deren Gebiet der Kanal zukünftig fließen sollte, und beteiligte ihn an den Gewinnen aus der im Midi erhobenen Salzsteuer und den Abgaben der Bauern.

1666 war der erste Spatenstich getan, für zwei Talsperren in den Bergen und das Kanalbett zwischen Toulouse und dem ebenfalls von Riquet konzipierten Hafen Sète. 12 000 Arbeiter hoben eine 240 km lange Fahrrinne aus, bauten 64 Schleusen, 126 Brücken, 55 Aquädukte, pflanzten 100 000 Plata-

nen und verbrauchten 17 Mio. Livres (Pfund) Steuergelder. Nach nur 15jähriger Bauzeit fuhr 1681 das erste Schiff auf dem Canal du Midi – gezogen von Gäulen auf dem Treidelpfad, einer Extraspur längs des Kanalufers. Daß seine Majestät, der Sonnenkönig, die damals noch »Canal entre deux mers« genannte Wasserrinne als Jahrhundertwerk preisen ließ und man den Kanal im Süden als größten Geniestreich eines Minervoisfreundes feierte, bekam Riquet nicht mehr mit. Er hatte sich trotz der königlichen Zuwendungen finanziell und körperlich übernommen und war ein halbes Jahr vor der Fertigstellung völlig verarmt gestorben.

Reich wurden seine Erben, die für die Fahrt auf dem Privatkanal reichlich Zoll- und Benutzungsgebühren einstrichen, bis Napoleon zu Beginn des 19. Jh. den Wasserweg zwischen Toulouse und Sète in Staatseigentum überführte. Mitte des 19. Jh. wurde auch der Canal latéral à la Garonne fertiggestellt, der den Canal du Midi ab Toulouse mit der Garonne und dem Atlantik verband. Viel zu spät, denn bald darauf interessierten sich die Transporteure nur noch für das neue Jahrhundertwerk, die Eisenbahn. Sie war dem Kanal schon bald auf ganzer Linie überlegen, weil der Gütertransport auf dem Wasserweg zu lange dauerte und für rentable Schiffsgrößen die Fahrrinne zu schmal und die Schleusen zu klein geraten waren.

So ist hier vieles noch wie zu Riquets Zeiten – vermutlich sogar noch

Schleuse bei Béziers

schöner und beschaulicher. Die 300 Jahre alten Platanen sind zu einem lichten Sonnenschirm zusammengewachsen und tauchen das Wasser in ein glitzerndes Licht- und Schattenspiel. Gemächlich gleiten die Boote dahin, begleitet von gutgenährten Mückenschwärmen. Am Ufer sitzen vereinzelt Angler und fischen mit Gelassenheit und wenig Aussicht auf Erfolg im Trüben des stehenden Kanalgewässers. Und die Schleusentore ächzen, wenn sie zum Ausgleich des Wasserstandes mittlerweile automatisch geöffnet bzw. geschlossen werden, je nachdem aus welcher Richtung die Hausboote nahen.

Häufig werden die Schleusen zu Hürden für den Schiffsverkehr, denn der größte Reiz des Kanals ist natürlich nicht das Wasser, sondern das Bootfahren. Und davon wird hier so reichlich Gebrauch gemacht wie auf keinem anderen Kanal Südfrankreichs, denn der Canal du Midi gilt als schönster. Hier findet man die meisten Bootsverleiher (s. S. 355 f.) und viele »Landgänger«, zu Fuß, mit dem Fahrrad, Motorrad und Auto: auf den Treidelpfaden entlang des Kanals oder motorisiert auf einem Zickzackkurs über schmale Sträßchen, die streckenweise am Ufer vorbeiführen, ohne die Ruhe der Bootsfahrer empfindlich zu stören.

Nissan-les-Ensérunes

Orbbrücke Pont Neuf biegt man links auf die D 19 in Richtung Valras ab. Nach Überquerung des Kanalseitenarms Port Notre-Dame unterquert man den Canal du Midi, der wenige hundert Meter linker Hand auf einer sehenswerten Kanalbrücke über den Orb geleitet wird. Ein zweites Meisterstück Riquets erreicht man – zurück zum Abzweig – über die N 9 Richtung Narbonne, die man alsbald nach Unterquerung einer Eisenbahnlinie rechts abbiegend verläßt und einem Sträßchen folgt, das einen wenig später links unter der N 9 hindurch zu den **Ecluses de Fonserannes** [4] leitet. Neben den sechs unmittelbar aufeinanderfolgenden Schleusenkammern, die wie Treppenstufen einen Höhenunterschied von knapp 14 m überwinden, hat man einen hydraulischen »Wasserkeil« konstruiert, ein fahrbares Hebewerk, das aber wegen technischer Mängel, ganz im Gegensatz zu Riquets 300 Jahre alter Konstruktion, niemals störungsfrei funktioniert hat.

Die heute elektrifizierten Schleusen sind ein beliebtes Ziel von schadenfrohen Zaungästen und vorausschauenden Mietern von Hausbooten, die sich hier ansehen, was man bei einer Schleusenbenutzung alles verkehrt machen kann. Die nächste Schleuse Richtung Carcassonne ist knapp 54 km entfernt. Zurück auf der N 9 biegt man gleich nach Unterquerung der D 64 nach rechts auf ein Sträßchen ab, das am Kanalufer entlang nach **Colombiers** führt, ein wenig aufregendes Örtchen mit zwei Bootsverleihern.

Das nächste Ziel, das **Oppidum d'Ensérune** [5] (S. 296), ist auf ausgeschildertem Weg zu erreichen, der zunächst am Ufer entlang und dann rechts über den 163 m langen Kanaltunnel von Malpas hinweg auf einen Hügel und Parkplatz führt. Ein Ort mit Geschichte. Auf der Erhebung finden sich die Reste eines Oppidums, das laut Analysen der reichhaltigen Grabungsfunde seit dem 6. Jh. v. Chr. von Siedlern unterschiedlicher Herkunft bewohnt war (s. S. 46).

Das Museum stellt Grabungsstücke bis zum 1. Jh. v. Chr. aus. Fast beeindruckender als die Ruinen ist die schöne Lage Ensérunes und der Blick auf den kreisrunden Etang de Montady, dessen sternförmige Unterteilung in gleich große Flächen auf ein Entwässerungssystem zurückgeht. Erdacht und konstruiert wurde es zwischen der Jahrtausendwende und dem Ausbruch der Pest im Jahre 1348, als man dem Hunger der schnell wachsenden Bevölkerung durch Landgewinnung begegnen mußte.

In dem Dörfchen **Poilhès-la-Romaine** [6] können Hausboote gemietet werden. Die bescheidenen Reste eines Speichers lassen auf die frühere Anwesenheit der Römer schießen. Die nächste Station ist **Capestang** [7] (S. 291), ein etwas zugeknöpftes Städtchen mit einer Bootscharterfirma, einem größeren Marktplatz, mehreren großen Geschäften – und einer zu groß geratenen gotischen Kirche des Erzbischofs von Narbonne. Um wieder nahe an den Kanal zu gelangen, folgt man der D 11, die bei La Croisade das Ufer streift und als D 5 weiter nach Argeliers führt, wo man links von der Durchgangsstraße abbiegt.

Auf der D 326, an Mirepeisset und nahe am Zusammenfluß vom Canal du Midi mit dem erst 1789 eröffneten Canal de la Robine nach Narbonne vorbei, gelangt man nach **Le Somail** 8. Es ist einer von den vielen kleinen Kanalorten, die nun im kurzen Abstand aufeinanderfolgen, wenn man die Fahrt zunächst nach St-Nazaire-d'Aude fortsetzt, um bei **Ventenac** erneut und diesmal für einen längeren Streckenabschnitt ans Kanalufer zu gelangen.

Den Audefluß und das Weinanbaugebiet der Corbières zur Linken, den Kanal und die teilweise bis ans Ufer reichenden Reben der südlichen Minervoislagen zur Rechten, schmiegt sich das schmale Sträßchen eng an die Fahrrinne. Das Ufer erreicht man über die Brücken, die zu den Orten Paraza, Roubia und Argens-Minervois führen. Hinter dem Kanaldamm war man vor der Aude geschützt, die hier früher häufig über die Ufer trat.

In **Homps** 9, Ausgangsort der Minervois-Tour, das mehr Hafen als Dorf und von Bootsverleihern und vor Anker liegenden Schiffen geprägt ist, endet das Ufersträßchen. Von nun an wird es schwieriger, von außen an den Kanal zu gelangen.

Carcassonne kündigt sich bereits durch stärker werdenden Verkehr und ein dichteres Straßennetz an, das sich bei **Trèbes** 10 (S. 324) endgültig und etwas verwirrend verknäult. Von der Hektik ist hier am Kanal nur wenig zu spüren. Unter den Augen von Restaurantgästen einer umgebauten Mühle passiert das Wasser eine Dreierschleuse, bevor es in einem weiten Bogen nach Carcassonne fließt und in Nachbarschaft zum Bahnhof in ein Hafenbecken mit Versorgungseinrichtungen und Bootsverleihern mündet.

Das Museum des Oppidum d'Ensérune mit Ausgrabungsfunden bis zum 1. Jh. v. Chr.

Das
Departement
Aude

Wo die Sonne das Wetter macht –
Das Departement Aude

Zwischen dem Südwestrand des Zentralmassivs und den Corbières, mit denen die Pyrenäenausläufer nach Norden hin verebben, macht sich die Audeebene breit, eine konkav geformte Landschaft, deren Bergränder die Sonnenwärme reflektieren und in der Mitte bündeln. Dort verwandelt sich das flache Hügelland im Sommer in einen Brutkessel. Selbst wenn die Regenwolken in der heißen Jahreszeit einmal tief genug hängen, um mit den Bergkämmen im Norden und Süden zu kollidieren, verlieren sie ihre nasse Fracht nur selten einmal über der Audeebene. Den endlos vielen Reben scheint die Trockenheit nichts auszumachen, zumindest was die produzierte Menge betrifft. Mit den hier gedeihenden Weinen hat das Departement einen erheblichen Anteil daran, daß sich das Languedoc im Laufe des 20. Jh. zum größten zusammenhängenden Weinanbaugebiet der Welt entwickelte.

Was die Qualität anbelangt, rangiert der Audewein eher auf dem unteren Rang, denn für Spitzenweine ist der Boden zu karg, um ohne kostenintensive Pflege auszukommen – eine Investition, die den großen Weinbaugesellschaften jedoch überflüssig erschien, solange sie genug Geld mit der Massenproduktion von einfachen Konsumweinen verdienten. Erst allmählich beginnt man auch hier, ähnlich wie im Minervois, vereinzelt Qualitätsweine zu erzeugen, überwiegend in den Cor-

bières, nach denen übrigens fast das gesamte Audeanbaugebiet benannt ist (s. S. 38).

Mit dem Minervois verbindet das Departement Aude sowohl die Geographie als auch die gemeinsame Geschichte der römischen Besiedlung, des Weinanbaus und der Auseinandersetzungen zwischen den Katharern und der Kirche. Carcassonne und die Fluchtburgen in den südlichen Hochlagen der Corbières bekamen die Folgen des Konflikts ähnlich hart zu spüren wie die Katharerstadt Minerve. Bis heute ist die Audeebene, in der sich die größeren Dörfer und Städte wie Narbonne, Lézignan-Corbières, Carcassonne und Castelnaudary wie Perlen entlang der großen Fernwege aneinanderreihen, kaum mehr als eine wichtige Verkehrsschneise geblieben.

Dominiert wird sie von der weit im Westen gelegenen Metropole Toulouse, die mit ihrer Wirtschaftskraft wie ein Magnet auf die Bevölkerung des vom Weinbau geprägten Landstrichs wirkt. Dem Departement Aude fehlt bislang ein starker wirtschaftlicher Gegenpol, denn weder mit Carcassonne noch mit Narbonne hat es die Geschichte gut gemeint. Um so mehr profitiert das südliche Languedoc von seiner schönen Geographie: im Norden die dichtbegrünten Mittellagen der Montagne Noire, im Südwesten die wilden und verwunschenen Bergregionen der Pyrenäen, in der Mitte ein sanft gewelltes Rebland und im Osten ein breiter Sandstreifen, dessen Badeorte sich in den letzten Jahren zu modernen Ferienzentren entwickeln konnten.

◁ *Carcassonne*

Die Küste

Zwischen St-Pierre-sur-Mer und Gruissan-Plage

Die Anfahrt zum Badeort **St-Pierre-sur-Mer** 1 führt durch die Montagne de la Clape. Das kleine, 200 m hohe Karstmassiv mit einem schönen Pinienwald bringt Abwechslung in das streckenweise recht eintönige, flache Hinterland der Sandküste. Diverse Fahr- und Fußwege zweigen von der Ringstraße ab, die das Naturschutzgebiet umgibt. Hier lassen sich wunderbar kleine Wanderungen in reizvoller Landschaft unternehmen. St-Pierre-sur-Mer am Rande der Hügelausläufer profitiert von seiner Nähe zu Béziers und Narbonne. Abgesehen von einem kleinen Altstadtkern ist das Küstenstädtchen ein funktionaler und weitgehend gesichtsloser Ferienort. Den schönsten Anblick bieten der bis zu 200 m breite, feinkörnige Sandstrand und das Meer.

Die gigantischen Parkplätze entlang der Uferpromenade von **Narbonne-Plage** 2 (S. 309 f.) deuten darauf hin, daß die größte Welle vom Land her auf den Hausstrand Narbonnes schwappt: die der Badeurlauber. Narbonne-Plage, das mit St-Pierre-sur-Mer und dem Yachthafen Port de Brossolette in der Mitte allmählich zu einer durchgehenden Appartement- und Hotelzeile zusammenwächst, hat Kapazitäten für über 25 000 Übernachtungsgäste, zu denen sich in der Hochsaison noch einmal soviel Besucher aus dem Hinterland gesellen. Wen der Rummel nicht schreckt, der findet auch hier den gewohnt breiten Sandstrand und alle Urlaubseinrichtungen für mittlere Ansprüche.

Audeküste

Die typischen Stelzenhäuser von Gruissan-Plage

Am Fuße des schönen Höhenzuges der Montagne de la Clape, umgeben von Salinen und einem Hauch von Camarguestimmung, liegt **Gruissan-Plage** **3** (S. 299 f.). Der Ferienort hat, was andere moderne Ferienzentren der Audeküste gerne hätten: eine fast 100jährige Geschichte als Badeort und in Sichtweite ein schönes, wenn auch touristisch herausgeputztes Dorf namens **Gruissan** **4**. Der 1500-Einwohner-Ort, dessen Gassen sich wie ein Schneckenhaus um eine Burgruine winden, wurde zum Schutz der im 14. Jh. versandeten Hafenzufahrt nach Narbonne gegründet.

Auf einer dieser immer noch anwachsenden Schwemmlandzungen, die das Schicksal Narbonnes als Hafenstadt besiegelten (s. S. 222), entstand Ende des 19. Jh. eine ständig erweiterte Pfahlbausiedlung, wie man sie eigentlich von Meeresstränden mit großem Gezeitengefälle her kennt. Zwischen den eigenwilligen Stelzenhäusern (*pilotis*) von Gruissan-Plage und dem Dorf Gruissan ist in den letzten Jahren rund um einen modernen Yachthafen das Urlaubszentrum **Port-Gruissan** entstanden, das mit seiner Schachtelarchitektur vom tristen Strickmuster manch anderer Küstenorte abweicht. An schönen Stränden herrscht kein Mangel. Sowohl der Hausstrand von Port-Gruissan, der Strand bei den Pfahlbauten, Plage des Pilotis, als auch die Strände am Etang du Pech Rouge und Etang de Mateille sind wie gewohnt breit, lang und feinkörnig.

Zwischen Port-la-Nouvelle und Port-Leucate

Im Hafenstädtchen **Port-la-Nouvelle** **5** (S. 316) wird viel gearbeitet und weniger an Urlauber gedacht. Am Ortseingang steht ein Zementwerk, dessen Erzeugnisse im betriebsamen Industriehafen umgeschlagen werden. So ist es denn auch nicht der Küstensand, sondern der weiße Zementstaub, der einem beständig zwischen den Zähnen knirscht: kein Ort zum Erholen, obwohl auch hier zögerliche Anstrengungen zum Aufbau einer touristischen Infrastruktur wahrnehmbar sind.

100 Jahre ist das Pinienwäldchen alt, zwischen dessen Bäumen sich die meisten Häuser des kleinen Badeortes **La Franqui-Plage** 6 (S. 297) verstecken. Und genauso lange ist es her, seit hier die ersten Badegäste durch das seichte Wasser wateten. Bei all den vielen Buddeleien für neue Ferienanlagen scheint man das Nest vergessen zu haben. So wirkt hier vieles etwas abgeblättert, aber gerade das macht den Charme des Örtchens aus, das über viel Platz für Campingwagen, wenige Unterkünfte und einige Zeltplätze verfügt, z. B. auf dem Sandbuckel Les Coussoules im Etang de Lapalme.

Auch in **Leucate,** das tatsächlich noch von etwas anderem als der Freizeit anderer lebt, nämlich von der Muschelzucht und dem Weinbau, und in seinem Vorposten am Meer, dem kleinen Badeort **Leucate-Plage** 7 (S. 301), geht es selbst zur Hochsaison mediterran-gemächlich zu. Ein kleines Kap, ein paar schöne Tauchgründe, eine kleine Promenade, einige wenige Hotel- und Eigenheimbauten und viel Sand, damit kommt der kleine Ort aus. Noch, denn vom Süden her rücken bereits die Appartementkomplexe von **Port-Leucate** 8 an. Erstaunlich, daß die schmale Sandzunge, die den großen Etang de Leucate vom Meer trennt, noch nicht im Wasser versunken ist. 10 km ist sie lang, und über die gleiche Distanz erstrecken sich die schnörkellosen, massiven Betonburgen aus der jüngsten Epoche der französischen Urlaubsgeschichte. Auf seiten des Departements Aude bietet die Sommerstadt Platz für etwa 100 000 »Mittelstandsurlauber«, auf seiten Roussillons, im Zwillingsort **Port-Barcarès,** ist Raum für weitere 80 000 »Übernachtungsgäste der mittleren Anspruchskategorie«, so wie es 1963 in Paris für diesen mittlerweile begrünten Küstenabschnitt ausdrücklich geplant und mittlerweile verwirklicht wurde.

Man wird also keine anheimelnde oder gar exklusive Urlaubsatmosphäre erwarten können, dafür aber alles, was den Zweieinhalbmonats-Trubel der Hochsaison noch turbulenter macht: am Tage entlang des 10 km-Strandes und innerhalb einer FKK-Zone mit einem »Centre Naturaliste« alle nur erdenklichen Möglichkeiten zur sportlichen Betätigung: Segeln und Surfen gleich vor der Haustür, auf dem Meer oder dem Etang de Leucate; für den täglichen Kauf- und Guckrausch etwas Yachthafenflair und endlose Uferpromenaden mit ebenso endlosen Restaurant- und Geschäftszeilen. Wenn es dunkel wird, sorgen Diskotheken, ein Freilichtkino und eine multifunktionale Arena mit Konzerten und Theateraufführungen für reichlich Glitzer und etwas Glamour. Wem das nicht reicht, der wechselt über die kaum noch auszumachende Ortsgrenze in die Nachbarstadt Port-Barcarès, wo noch einmal dasselbe Programm abläuft – noch ein bißchen größer und anonymer.

Das Hinterland

Narbonne

■ (S. 308 f.) Die Stadt hat einfach Pech gehabt. Von Narbo Martius, der prächtigen Hauptstadt der römischen Provincia Gallia Narbonensis, sind nur ein paar Trümmerhaufen übriggeblieben. Als die Römer das Feld räumten, machten sich

Westgoten, Burgunder, Araber und Karolinger über die einstige Hafenstadt her. Sedimentablagerungen der Audemündung, die mit der Küstenströmung beständig nach Süden treiben, und Schwemmsand vom Meergrund ließen die Hafenzufahrt durch den Etang de Bages allmählich versanden und Narbonne im 14. Jh. endgültig stranden. Schon im 13. Jh., als Narbonne in französischen Besitz gelangte, gab es hier nur noch wenig, was die Krone hätte bewegen können, die Stadt zu reaktivieren. Und zu allem Übel führte Riquet im 17. Jh. den Canal du Midi weit an der Stadt vorbei. Erst 100 Jahre später, im Revolutionsjahr 1789, war man durch den Canal de la Robine mit dem Canal du Midi und dem Meer verbunden: zu spät, denn bis dahin hatten längst andere Städte entlang Riquets Kanal das große Geld gemacht.

So ganz umsonst war der Stichkanal allerdings nicht, denn er bescherte Narbonne die schönste innerstädtische Kanalführung im westlichen Midi und

absolut zentral gelegene – wenn auch laute – Ankerplätze für gemietete Hausboote. Auch sonst ist die Stadt, die heute vornehmlich von Weinhandel und mittelständischem Gewerbe lebt, attraktiver als ihr Ruf. Die übermächtige Konkurrenz der vielen anderen schönen Städte im Languedoc-Roussillon hatte die Stadt bisher – zu Unrecht – in den Schatten gedrängt.

Der Canal de la Robine und seine grünen Promeniermeilen zu beiden Seiten des Ufers teilen den Stadtkern in zwei Hälften, von denen die nördliche mit den Hauptsehenswürdigkeiten aufwartet, allen voran die **Kathedrale St-Just** 1. Der Sakralbau, der zusammen mit den Nachbargebäuden fast ein ganzes *quartier* einnimmt, ist eine der höchsten – das Kirchenschiff mißt vom Scheitel bis zur Sohle etwa 40 m – und voluminösesten gotischen Kathedralen Frankreichs. St-Just ist bereits der vierte Kirchenbau, der an dieser Stelle seit dem Toleranzedikt von Mailand (313) errichtet wurde. Nachdem 1271 die Graf-

Der Canal de la Robine in Narbonne

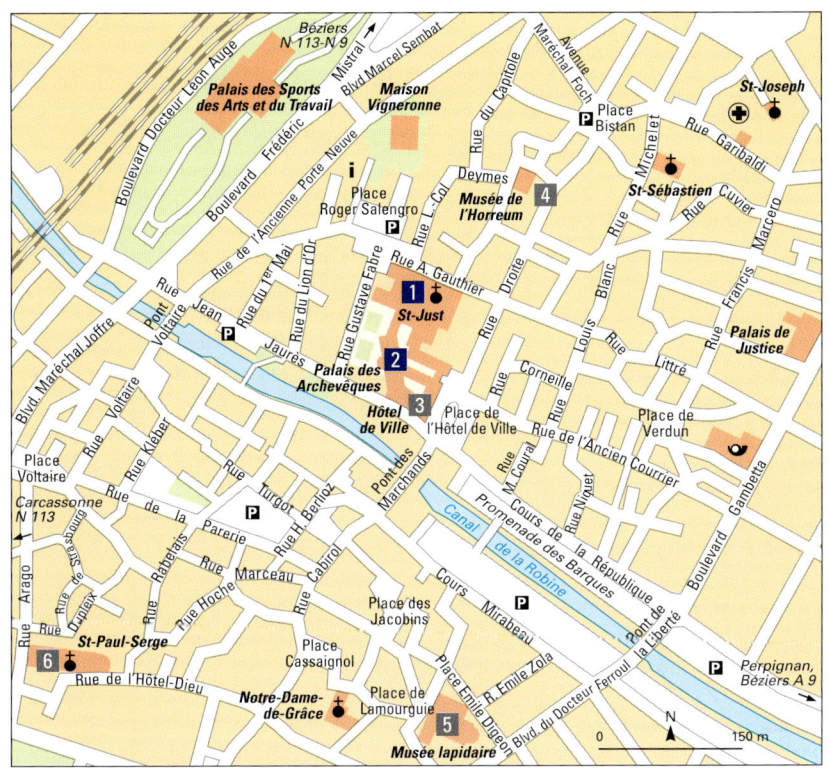

Narbonne 1 Kathedrale St-Just   2 Palais des Archevêques/Musée archéologique/
Musée d'Art et d'Histoire   3 Rathaus   4 Musée de l'Horreum   5 Musée lapidaire
6 St-Paul-Serge

schaft Toulouse der französischen Krone zugefallen war, konnte diese erstmals ihren Einflußbereich bis ans Mittelmeer ausdehnen. Unverzüglich begann man, für Toulouse und Narbonne Kathedralen im modernen gotischen Stil zu planen, um mit dieser neuen »Königskunst« zu demonstrieren, wer von nun an das Sagen im Lande hatte (s. S. 78 f.).

In Narbonne wurde 1272 mit dem Bau begonnen. Als Grundstein spendierte Papst Clemens IV., ehemals Erzbischof von Narbonne, einen geheiligten Gesteinsbrocken aus Rom. 1354 war der Chorraum fertiggestellt. Als mit Clemens VII. 1523 ein weiterer Erzbischof Narbonnes zum Papst gewählt wurde, war man immer noch mit dem Bau der Kathedrale beschäftigt. Erst im 18. Jh. konnten die Arbeiten abgeschlossen werden, die wegen Geldmangel, Mauer- und Turmeinstürzen (1405) und diversen Umbauten immer wieder verzögert wurden. Einzig der 1354 begonnene Kreuzgang im Süden des Chors blieb unvollendet.

Unmittelbar südlich schließt sich der kaum weniger monströse **Palais des Archevêques** 2 an. Ein Durchgang teilt den ehemaligen Bischofspalast in zwei

Gebäudekomplexe, in denen zwei Museen untergebracht sind. Narbonnes wichtigstes Museum, das **Musée archéologique**, beherbergt vor- und frühgeschichtliche sowie mittelalterliche Funde, frühchristliche Sarkophage und Reste aus römischer Zeit. Wertvollstes Stück ist der südlich von Narbonne gefundene Meilenstein der Via Domitia, der als Erbauer der Straße Domitius benennt und die älteste lateinische Inschrift Galliens von 117 v. Chr. trägt. Das **Musée d'Art et d'Histoire** zeigt neben einer Keramik- und Skulpturensammlung Malerei des 16.–20. Jh. Das **Hôtel de Ville** 3 befindet sich ebenfalls in den Räumlichkeiten des Bischofspalastes. An der quirligen Place de l'Hôtel de Ville konkurriert die mächtige Rathausfassade mit der verspielten Fin-de-siècle-Front eines schräg gegenüberliegenden Kaufhauses, das einst »den Damen Frankreichs« gewidmet wurde, wie es in verblichenen Lettern auf der Hauswand zu lesen steht. In Platzmitte wurde jüngst ein Stück der Via Domitia samt Original-Fahrbahndecke freigelegt (s. S. 48).

Das **Musée de l'Horreum** 4, ein ehemaliges römisches Warenlager zur Vorratshaltung temperaturempfindlicher Güter, gewährt Einblick in römische Kellergewölbe. Unweit des Museums begegnet man an der kleinen Place Bistan all dem, was von dem einstigen römischen Forum übriggeblieben ist: ein paar Steinblöcken. Etwas mehr aus den gallorömischen Zeiten Narbonnes ist im **Musée lapidaire** 5 zu sehen, das gleich hinter den Markthallen im Gemäuer einer Kirche aus dem 13. Jh. eingerichtet wurde. Die **Kirche St-Paul-Serge** 6, 1224 bei den Resten des vermutlichen Grabes (2./4. Jh.) des ersten Bischofs von Narbonne errichtet, ist wegen der romanisch-gotischen Stilmischung sehenswert.

Carcassonne   08. 06.2001

■ (S. 291 f.) Kulissen sind für die Betrachtung von ferne gemacht. Aus der Nähe verlieren sie zumeist an Reiz, und schaut man hinter sie, ist die Illusion dahin. Das gilt auch für Carcassonne, genauer für *La Cité*, die mittelalterliche Oberstadt des 50 000-Einwohner-Ortes und millionenfach reproduzierte Vorlage von Puzzlespielchen, Ausschneidebogen und Spielzeugburgen – romantisierte Fassaden, die zu einer verklärten Geschichtsbetrachtung verführen.

In der turmbewehrten Festungsstadt tummelten sich auch nur selten vor Liebe schmachtende Troubadoure und lanzenschwingende Recken, wie jährlich abgehaltene Ritterspiele glauben machen. Für so viel Lebensfreude war wenig Gelegenheit, denn die Geschichte der Burg ähnelt der wechselvollen Historie fast aller Orte in diesem Teil Frankreichs. Römer, Westgoten, Franken, Araber und Karolinger verjagten sich nacheinander von dem ehemals keltischen Siedlungsplatz Carcasso. 1130 gehörte der Boden den Grafen von Béziers, die darauf eine erste Burg errichten ließen, hinter deren Mauern bald Katharer Zuflucht suchten. Ludwig VIII. ließ die verhaßten Ketzer später im Büßergewand durch die Gegend treiben. 1247 ging Carcassonne in den Besitz der französischen Krone über, wurde wegen befürchteter Übergriffe des benachbarten Aragón zur Festung ausgebaut, verfiel aber nach dem Pyrenäenfrieden von 1659 wieder, weil die Grenze zu Spanien nunmehr über die Pyrenäen verlief. Mitte des 19. Jh. begann der Wiederaufbau der Festung, in der sich aber nur wenige Menschen ansiedelten, da jenseits des Audeufers bis zum 17. Jh. eine neue Stadt entstanden war – das eigentliche Carcassonne. Von dessen grüner Flußpromenade und der alten Brücke Pont Vieux aus bietet die Cité den erfreulichsten Anblick, besonders wenn die Abendsonne die Zinnen zum Leuchten bringt.

In der Morgensonne, bevor die Besuchermassen die Festung stürmen, stellt ein Spaziergang zwischen den zwei Festungsmauern auf der **Promenade des Lices** ❶ eine erwägenswerte Ergänzung oder Alternative dar zu einem allzu ausführlichen Rundgang durch die mit Touristenfallen gespickte Attrappenstadt. Man betritt sie vom Parkplatz aus durch die nach Osten weisende **Porte Narbonnaise** ❷. Über die linker Hand gelegene Place Marcou und die Rue du Plô erreicht man das am wenigsten malträtierte Gemäuer der Cité, die **Kathedrale St-Nazaire** ❸ von 1269 mit ihren sehenswerten Fenstern und Statuen. Unweit südlich, in der **Tour de l'Inquisition** ❹ – einem der zahlreichen Türme der inneren und äußeren Mauer –, kann man sich beim Anblick von Halseisen und Kerkern den obligaten Schauer einer solchen Burgbesichtigung über den Rücken laufen lassen. Durch die Rue St-Louis gelangt man nach Norden zum **Château Comtal** ❺, in dem sich das **Musée lapidaire** mit Fundstücken aus den wichtigen Epochen Carcassonnes und seiner nahen Umgebung befindet.

Carcassonne 1 *Promenade des Lices* 2 *Porte Narbonnaise* 3 *Kathedrale St-Nazaire*
4 *Tour de l'Inquisition* 5 *Château Comtal/Musée lapidaire* 6 *Musée des Beaux-Arts*
7 *Chapelle des Carmes*

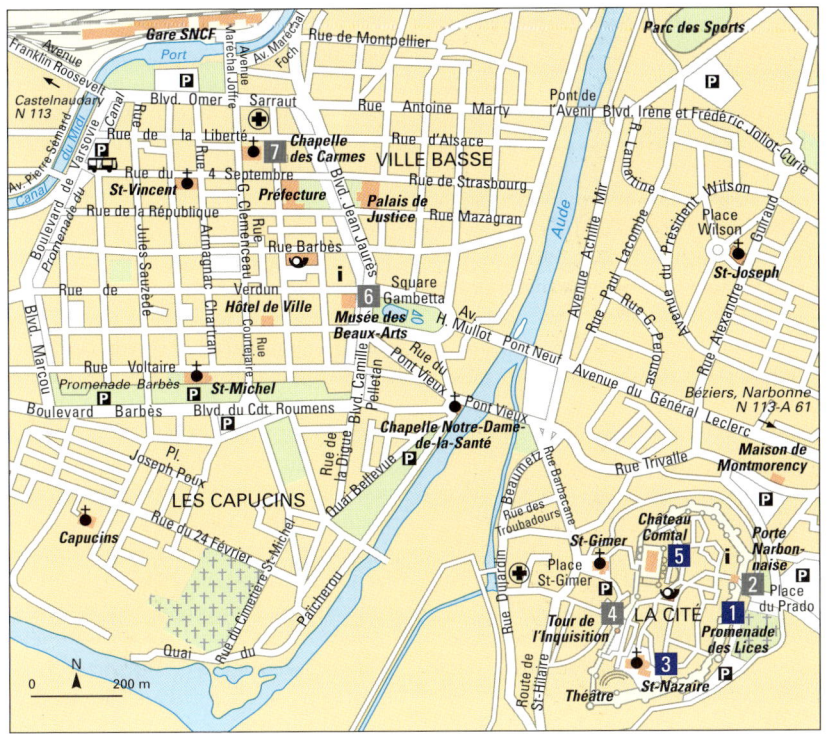

Wasserspeier der Kathedrale St-Nazaire

Die Unterstadt, die *Ville Basse*, hat kein aufregendes Stadt-, geschweige denn Abendleben zu bieten und wirkt wegen ihrer am Reißbrett geplanten Straßenverläufe, inmitten derer das **Musée des Beaux-Arts** 6 Malerei des 17.–20. Jh. zeigt, etwas eintönig. Betriebsam geht es auf der verkehrsbefreiten Rue G. Clemenceau zu. Sie führt zum Bahnhof und zum Canal du Midi, vorbei an der **Chapelle des Carmes** 7, in deren Frontpartie sich wie selbstverständlich Geschäfte befinden – Kirche und Kommerz, friedlich vereint.

Castelnaudary

■ (S. 292 f.) Ein deftiger Eintopf aus weißen Bohnen, Gemüse, Würstchen, Schweinefleisch und viel Gänseschmalz hat das mit nur 11 000 Einwohnern drittgrößte Städtchen des Departements zur Hauptstadt eben dieses magenfüllenden *Cassoulets* gemacht, das angeblich nirgends so gut schmeckt wie hier. Was die

Einwohner sonst noch ernährt, ist neben Weinanbau und bescheidener Industrie die Nähe zu Toulouse und der Canal du Midi. Der Stolz des wenig touristischen Städtchens ist die gotische Kollegiatskirche St-Michel mit einem die Dächer weit überragenden Glockenturm.

Montagne Noire

Ausgangsort Carcassonne; ca. 130 km, Dauer 1 Tag, Karte S. 227; kombinierbar mit den Touren im Minervois, s. S. 210 ff.)

Der Regen, der im Sommer der Audeebene fehlt, fällt in der Montagne Noire, wann immer es ein Tiefausläufer aus Südosten über das Mittelmeer und die Pyrenäen bis hierher schafft. Gleich hinter Carcassonne ändert sich der Pflanzenwuchs. In **Montolieu** (von *mont des oliviers*, »Olivenberg«), wie Saissac und **Cuxac-Cabardès** (S. 295) ein alter Tuchmacherort, verläuft die mediterrane Vegetationsgrenze.

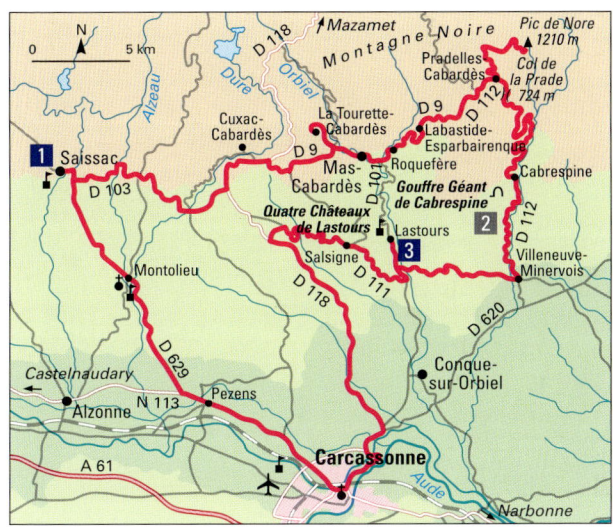

Montagne Noire

Saissac 1 (S. 322) gehört zu den malerischsten Dörfern der Montagne Noire. In reizvolle Landschaft eingebettet, wartet der Ort mit wunderschönen alten Häuserfassaden auf. Je mehr man sich den Höhenlagen nähert, desto grüner werden die Weiden und desto dichter die Mittelgebirgswälder mit seltenen Baumarten wie der Araukarie, hochgewachsen zu französischen Rekordhöhen. Hier oben, im westlichen Cabardès, fand der Kanalbauer Riquet jene Bäche, die er bei Lampy und St-Ferréol zu Seen aufstauen ließ, um den Canal du Midi gleichmäßig mit Wasser versorgen zu können.

Die kleinen Täler waren hier im Mittelalter so schwer zugänglich und dicht begrünt, daß sie den Katharern im 13. Jh. eine Zeitlang Schutz vor den päpstlichen Kreuzzugs- und Inquisitionstruppen boten. **La Tourette-Cabardès** ist so ein gottverlassener Zufluchtsort gewesen. Man passiert ihn auf dem Weg nach **Mas-Cabardès**, dessen uralter Baumbestand der schönen Dorfarchitektur beinahe die Schau stiehlt. **Roquefère**,

Labastide-Esparbairenque und **Pradelles-Cabardès** sind drei weitere sehenswerte und ganz unterschiedliche Ortschaften, an denen sich das Sträßchen zum Pic de Nore vorbeimogelt, der mit 1210 m höchsten Erhebung der Montagne Noire.

Auf einer rasanten Talfahrt nach Süden kehrt man nun unversehens schnell in die mediterrane Landschaft der Audeebene zurück. Sie ist mit ihren wilden Höhenzügen so ansehnlich, daß man sich dem Minervois vielleicht doch langsamer nähert, als es die gut ausgebaute Straße erlaubt. Für Höhlenfans ist ein Stopp bei Cabrespine unerläßlich. Der **Gouffre Géant de Cabrespine 2** (S. 289) ist ein seit 1988 der Öffentlichkeit zugängliches Riesenloch, in das man von einer Plattform aus gucken kann.

Bei Villeneuve-Minervois taucht man in die grüne Reblandschaft des östlichen Minervois ein, die man bald wieder hinter sich läßt, sobald die Straße nach **Lastours 3** (S. 300) Richtung Norden führt. Hier krönen den Hügel gleich vier ehe-

Les Quatre Châteaux de Lastours

malige Burgen, in die sich einst Katharer unter dem Schutz des Eigners, eines Herren von Cabaret, zurückgezogen hatten. Die Mauern hielten den Kreuzzugstruppen stand, nicht aber der armen Bevölkerung, die den Festungen später zu Leibe rückte und die hochherrschaftlichen Mauersteine zum Bau eigener Häuser verwendete – ein Schicksal, das im 17. Jh. auch der Cité von Carcassonne beschieden war, wohin man auf schnellem Wege über Salsigne zurückgelangt.

Oberes Audetal

Ausgangsort Carcassonne; ca. 100 km, Dauer $^1/_2$ Tag, Karte S. 229. Die gut ausgebaute Nord-Süd-Verbindung (D 118) trifft im Capcir auf die N 116 und bietet sich als Alternative zu den Küstenrouten an (Carcassonne–Perpignan: ca. 210 km, Dauer 1 Tag)

Die D 118 entlang des Audeoberlaufs verbindet die mediterrane Audeebene im Norden mit den Ausläufern der Pyrenäen im Süden und führt nahe an die alpinen Hochlagen des Capcir im südwestlichen Roussillon heran. Auf den ersten 50 km wird man von endlosen Platanenalleen und Weinreben begleitet, die am Horizont in den Himmel wachsen. Fast zu rasch durchrauscht man auf der Schnellstraße diese Landschaft bis nach **Limoux** [1] (S. 301), bekannt für Wärmendes aller Art: die Produktion von Schuhen und Textilien, einen ausgiebig gefeierten Karneval und den in ganz Frankreich getrunkenen »Blanquette de Limoux«, einen Wein, den man hier bereits zum Schäumen brachte, lange bevor der Champagner erfunden wurde. Eine Fahrtunterbrechung lohnt sich, zum Schaumweinkauf und Kurzbummel durch den schönen Ortskern.

Auch wenn noch ein erhebliches Wegstück vor einem liegt, sollte man sich zusätzlich Zeit für einen kleinen Abstecher nehmen: Am Südausgang des Textilstädtchens **Couiza** schlängelt sich ein 3,5 km langes Sträßchen bergauf, nach

Rennes-le-Château, einem schmucken Dörfchen, das fotogen auf einer Kuppe klebt, im Hintergrund die Pyrenäen und Richtung Meer die einsamen Hügelketten der südwestlichen Corbières. Zurück auf der D 118 erreicht man schließlich am Schnittpunkt zweier großer Straßen und Landschaften den eher unauffälligen Durchgangsort **Quillan**.

Unversehens ändert sich schon bald die Umgebung. Im **Défilé de Pierre-Lys** reichen schroffe Granitfelsen dicht an die Straße heran. Gleich nach Passieren des letzten von drei Tunneln und der Ortschaft Axat verschwindet die D 118 zwischen den steilen Steinwänden einer weiteren Schlucht, der **Gorges de St-Georges** 2. Es ist nicht die letzte spektakuläre Bresche, durch die sich die sachte ansteigende Straße zwängen muß, denn schon wenig später erzwingen der dichte Baumbewuchs und die **Gorges de l'Aude** erneut einen kurvenreichen Straßenverlauf.

Bevor man das Ende der Schluchten erreicht, kündigen Hinweisschilder die **Grottes de l'Aguzou** 3 an, ein Höhlensystem, das man unter sachkundiger Führung und ausgerüstet mit Helm, Lampe, Sicherungsseil und Proviant in sechs bis acht Stunden durchwandern kann (Auskunft und Anmeldung s. S. 355).

Wenig später tauchen aus dem Halbschatten längs der Straße halbverfallene Weiler und Wassermühlen auf – Waldromantik wie im Heimatfilm: Oben rauscht der Wind und unten das Wasser. Südlich der ergrauten Nester **Carcanières-les-Bains** und **Escouloubre-les-Bains**, deren Tage als Bade- bzw. Kurörtchen gezählt scheinen, verlieren sich die nun steiler ansteigenden Serpentinen allmählich im dichten Blätterdach eines sattgrünen Buchenwaldes. Er bedeckt mehr als die Hälfte des Audehochtals

und zählt zu den größten weitgehend intakten Waldgebieten dieser Art in Frankreich. In einer Höhe von etwa 1200 m treten die Wälder allmählich wieder von der Straße zurück und machen südlich der Ortschaft **Puyvalador** (s. S. 277) Platz für Roussillons Bergseen, Almen und Zweitausender.

Oberes Audetal

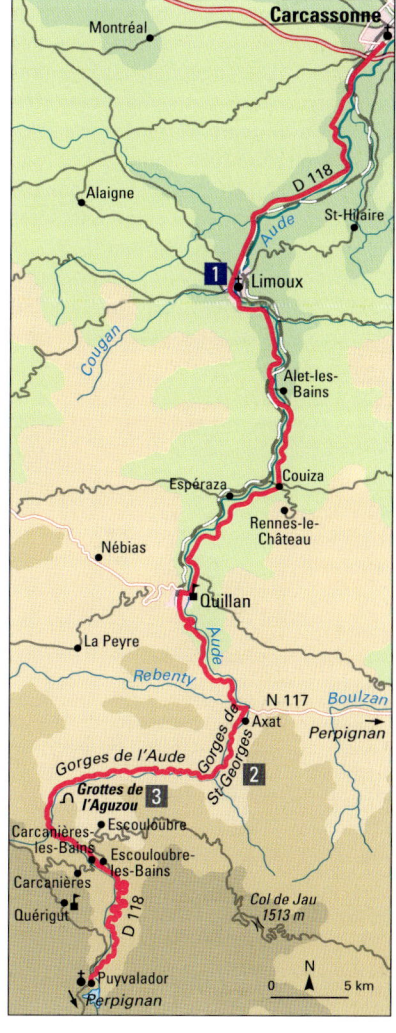

Nördliche Corbières

Ausgangsort Narbonne; ca. 160 km, Dauer 1 Tag, Karte S. 230

Der Etang de Bages gilt als schönster Strandsee der Küste, nicht zuletzt wegen seiner beiden Schmuckstücke, dem Künstler- und Fischerdörfchen **Bages** und dem Salzstädtchen **Peyriac-de-Mer** (S. 314). Die Weinstöcke entlang der Salinen holen sich bisweilen nasse Füße, und bei Südwind hört man hier manchmal Löwengebrüll. Es stammt von der nahegelegenen **Réserve africaine de Sigean** 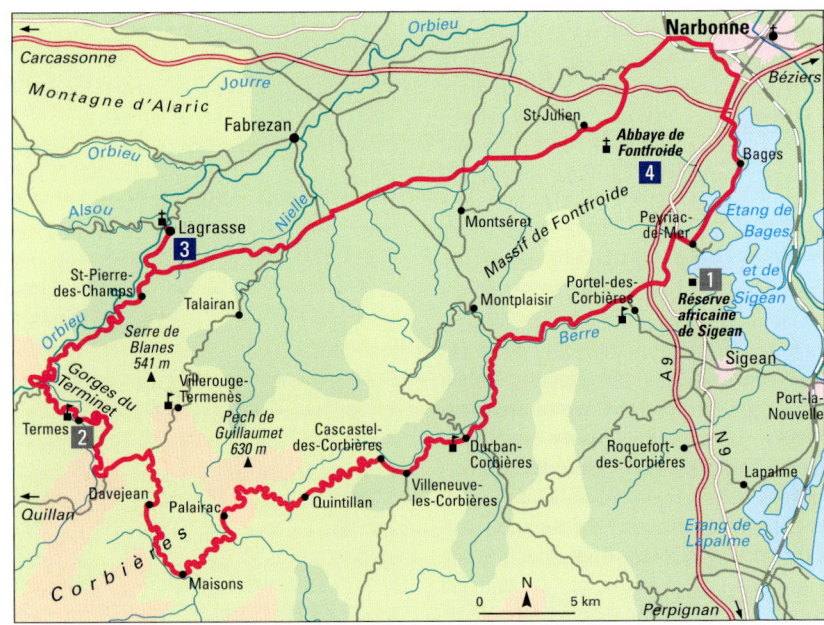, einem Freiwildgehege mit etwa 3000 Tieren, die zu zwei Dritteln aus Afrika stammen – die einzigen Attraktionen des wenige Kilometer entfernten Städtchens **Sigean** (S. 323).

Jenseits von Autobahn und Nationalstraße wartet eine völlig andere Welt:

selbstvergessen vor sich hindämmernde Dörfer und Burgruinen, eingebettet in Millionen von Weinstöcke, in spärlich begrünte Karsthügel oder schüttere Wäldchen. Vereinzelt ragen aus gezirkelten Rebzeilen und sorgsam gefurchten Ackerparzellen Zypressenreihen hervor – die starren Wächter verwitterter Friedhöfe. Nur ab und zu bringen kräftige Windböen Bewegung in die stille Landschaft. Allein die vielen Burgruinen deuten noch darauf hin, daß die Corbières einst unruhiges Grenzgebiet zu Katalonien und heftig umkämpftes Katharerland waren (s. S. 235).

Portel-des-Corbières, Durban-Corbières und Villeneuve-les-Corbières sind die ersten kleinen Orte mit Grenzlandgeschichte, die man passiert, bevor sich die Straße durch das wellige Land und an Cascastel-des-Corbières, Quintillan und Maisons vorbei nach Norden orien-

Nördliche Corbières

Die Abbaye de Fontfroide

tiert. Bald nach Davejean windet sich die Straße (D 139 und ein Stück D 613) nach **Termes** 2, einem schönen alten Häuserhaufen, der sich am Fuße einer Burgruine (mit weitläufigem Parkplatz, die letzten Meter hinauf zu Fuß) zwischen Fels und Flußschleife zwängt.

Spätestens nach Verlassen des unauffälligen Straßenweilers **St-Pierre-des-Champs** hat man auch die abgeschiedenen Corbières hinter sich gelassen und muß sich die zwei letzten Sehenswürdigkeiten der Fahrt mit erheblich mehr Besuchern teilen: zunächst **Lagrasse** 3 (S. 300), das sich mit seinen Häuserzeilen und dem, was von der **Abtei Ste-Marie d'Orbieu** im Laufe ihrer 1200jährigen Geschichte übrigblieb bzw. dazugebaut wurde, malerisch am Zusammenfluß von Sou und Alsou ausbreitet. 778 gegründet, entwickelte sich das Kloster zu einem der großen Grundbesitze der Gegend, wurde an der Wende zum 14. Jh. erweitert, während der Französischen Revolution geplündert und im 18. Jh. kurz vor dem vollständigen Verfall restauriert, erweitert und als Kloster wiederbelebt.

Am Nordostzipfel der Corbières, etwas versteckt in einer flachen Ge-birgsfalte, besiedelten 1093 ein paar Mönche nahe einer Quelle ein Stück unwirtliches Land. Es war ihnen vom Vizegrafen Narbonnes überlassen worden, der bald grünes Licht zur Gründung eines Klosters erteilte, dessen Orden sich 1146 den Zisterziensern unterstellte. Die **Abbaye de Fontfroide** 4 (S. 297) entwickelte sich in rasantem Tempo zu einem der einflußreichsten Zisterzienserklöster im Süden Frankreichs und zu einem unerbittlichen Bollwerk gegen die Häresie der Katharer. Nicht zufällig stammten zwei der Legaten, die Anfang des 13. Jh. im Dienst des Papstes Jagd auf die Ketzer machten, aus Fontfroide.

Die Religionskriege und die Französische Revolution gingen relativ spurlos an dem schönen Gemäuer vorüber, so daß die öffentlich zugängliche Klosteranlage – seit 1908 in Privatbesitz – zu einer der besterhaltenen im Süden des Landes zählt. Ihre Prunkstücke sind der Kapitelsaal und ein Kreuzgang mit spitzbogig überfangenen und von einem Bogenfenster oder mehreren Okuli durchbrochenen Bogenfeldern. Sie ruhen auf rundbogigen Arkaden, die von Doppelsäulchen getragen werden.

Das
Roussillon

Frankreichs »spanische Ecke« – Das Roussillon

Das Roussillon, in der Verwaltungssprache nüchtern »Pyrénées-Orientales« genannt, ist das abgelegene, fünfte Departement der Wirtschaftsregion Languedoc-Roussillon und Frankreichs kleinster Verwaltungsbezirk – aber was für einer. An seiner Côte Vermeille, dem schönsten Stück Küste zwischen Camargue und Costa Brava, reichen die Pyrenäen bis ins Meer. Um von Null auf 2784 m Höhe zu kommen, hat man es von hier nur 90 km weit auf den Pic du Canigou. Näher ist es von Perpignan ins Skigebiet des Capcir, wo in manchen Jahren bis in den Mai Ski gelaufen wird – vormittags, denn nachmittags tauschen nicht wenige die zwei kleinen Bretter gegen ein großes und jagen mit geblähten Surfsegeln die Küste rauf und runter, angetrieben vom Tramontane, dem Mistral des westlichen Midi. Er sorgt für starken Wind und klarem Himmel, der hier so tiefblau wie nirgends in Frankreich ist.

Das behaupteten jedenfalls Maler wie Picasso und Matisse, die wie viele andere Künstler hier gearbeitet, gelebt und geliebt haben, bevor sie ans andere Ende der französischen Mittelmeerküste wechselten. Mit der Côte d'Azur hat das »französische Katalonien« noch mehr als die Künstler gemeinsam. Wie beim östlichen Gegenstück werden hier Zitrusfrüchte reif, ißt man mehr Fischsuppe als anderswo und bleibt an der engen Felsküste nur wenig Platz für Straßen und Sandstrände. Beide Randstücke der Republik gehören zudem erst seit dem 16. bzw. 17. Jh. zum alten Zentralstaat und beheimaten nach wie vor viele Bewohner, die sich auch der Kultur und Sprache der Nachbarländer verbunden fühlen.

Eines aber unterscheidet Collioure, Port-Vendres und Banyuls-sur-Mer von Nizza und Menton: Hier sind alle Orte ein paar Nummern kleiner, und man nimmt den Sommertrubel gelassener, denn der Küste und dem Hinterland fehlt es am überdrehten, millionenschweren Urlauberrummel der Côte d'Azur. Und anders als dort, wo so manche alte Siedlung von Zweitwohnsitzen und »Schöner-Protzen«-Bauten erdrückt wird, leben hier die meisten Dörfer noch nicht vom Urlaubergeld. Viele der zahllosen romanischen Kirchen und Klöster liegen so verborgen wie eh, abseits der modernen Bebauungen und Verkehrsströme.

Die ältesten dieser Bauwerke stammen aus dem 8. Jh., als Pippin und sein Sohn Karl der Große die Araber aus dem Roussillon verdrängt hatten und diese erste Reconquista auf iberisch-fränkischem Boden nach architektonischen Ausdrucksformen für eine christliche Erneuerung im benediktinischen Geiste suchte. Während des 11./12. Jh., als das Roussillon von der zeitweiligen Toleranz seiner klerikalen und weltlichen Herrscher und der Zugehörigkeit zu Katalonien profitierte, erlebte die hiesige Romanik ihre zweite Blütezeit. Nur in der Provence sind auf so engem Raum und in einem vergleichbaren politischen Klima ähnlich viele romanische Bauwerke entstanden und erhalten geblieben wie im Roussillon.

◁ *Banyuls-sur-Mer an der Côte Vermeille*

350 Jahre ist es nun her, seit der katalanische Südzipfel Richelieu signalisierte, daß man sich auch mit dem Gedanken anfreunden könne, ein Teil Frankreichs zu werden. Man war der Bevormundung durch die erzkatholischen Kastilier überdrüssig geworden, die ihren Einfluß auf das Roussillon hatten ausdehnen können. Paris schickte das Militär. 1659 wurde der Pyrenäenvertrag geschlossen und das Roussillon französisch, zumindest auf dem Papier, denn der Pariser Zentralismus erschien den Toleranz gewohnten Katalanen diesseits der Pyrenäen kaum weniger repressiv als der ihrer ehemaligen spanischen Herrscher. So pflegte man – offen oder heimlich, je nach politischer Lage – die katalanische Geschichte und Sprache und die Illusion, eines Tages unabhängig zu werden.

Es ist weitgehend bei der Pflege kultureller Traditionen geblieben, von denen heute nicht viel mehr als *espadrilles*, Sardanatänze und zweisprachige Ortsschilder übriggeblieben sind. Ernsthaft glaubt hier keiner mehr daran, ohne Frankreich wirtschaftlich überleben zu können. Auch die im Rahmen des europäischen Binnenmarktes forcierte Regionalisierung wird kaum zu einer Wiederbelebung des pyrenäenübergreifenden katalanischen Geistes führen. Dafür ist das spanische Katalonien und sein Wirtschaftsmotor, die Olympiastadt Barcelona, dem kleinen Nachbarn zu überlegen. Dort hat man sich ohnehin längst starke Handelspartner und Absatzmärkte gesucht. Die meisten Bewohner Roussillons sind darüber gar nicht traurig, denn es verschont diesen schönen Zipfel Frankreichs vor einer Schwemme landschaftsfressender Industrieansiedlungen und abrupter gesellschaftlicher Umbrüche. Die Dezentralisierungsgesetze der 80er Jahre

Das Katalanische lebt – zumindest in den Ortsschildern – fort

haben bereits mehr kulturelle und politische Freiräume geschaffen als in den 350 Jahren zuvor.

Im alten Grenzland zwischen Languedoc und Roussillon

Ausgangsort Perpignan bzw. Salses; ca. 180 km, Dauer 1 Tag, Karte S. 236

Vielen Besuchern kommt das **Château-fort de Salses 1** (S. 322) spanisch vor. Aus gutem Grund. Bis zum Abschluß des Pyrenäenvertrages 1659 verlief hier die spanische Grenze, was die Franzosen nie so recht hatten einsehen wollen, so daß sie über Jahrhunderte hinweg militärische und politische Vorstöße unternahmen, um ihr Reich bis an die »natürliche« Grenze der Pyrenäen auszudehnen. 1497 hatten die Spanier davon die Nase voll. Das Herrscherpaar, Ferdinand II. von Aragón und Isabella von Kastilien, beauftragte seinen Gouverneur im damals Spanien angegliederten Roussillon, eine Festung bauen zu lassen.

Prächtig sollte sie werden und vor allem uneinnehmbar. Nur war sie auf Dauer strategisch leider wertlos, weil wieder einmal das Mittelmeer nicht mitspielte. Es schwemmte so viel Sand an, daß die Burg bald fern der Küste auf dem Trockenen saß und leicht zu umgehen war. 1542 zeigte der Franzose Franz den Spaniern, wie man das machte, als er bei einem Anmarsch auf Perpignan mit seinen Truppen den Weg am Meer entlang über Leucate wählte.

Es ist daher nicht ganz verständlich, warum des Sonnenkönigs angeblich so genialer Stratege und Festungsbauer Vauban das Châteaufort im 17. Jh. noch mit einem Wall umgab, als es längst französisch und der militärische Nutzen ohnehin fragwürdig geworden war. Die Region zumindest dankt es ihm, denn mit der Festung ist sie um eine ansehnliche Attraktion reicher: ein beeindruckender Klotz mit zwei Festungsrinnen, mächtigen Zwillingstürmen, Zugbrücke sowie gerundeten Mauerabschlüssen und Türmen, um Artilleriegeschosse abzulenken, die seit dem 15. Jh. zum Waffenarsenal der Europäer gehörten.

Pfeilspitzen, Faustkeile, vor allem aber den ältesten bisher bekannten Schädel Europas fand man 1971 in der Höhle »Caune de l'Arago«, wenige Kilometer nördlich von **Tautavel** 2 (S. 324). 455 000 Jahre soll das Knochenfragment des **Homme de Tautavel** alt sein und eine männliche Hirnmasse umschlossen haben, die zwar schon zum Denken taugte, nicht aber zur Entdeckung des Feuermachens. Knochen und sonstige Funde aus insgesamt 20 verschiedenen Bodenschichten sind in einem schönen Museum zu bewundern, und gleich nebenan kann man recht guten Wein aus örtlicher Produktion probieren. Beeindruckender als Schädel und Wein ist die Umgebung des Fundortes, das urzeitliche Verdoubletal, durch das man ins Weinanbaugebiet Fitou und

Zwischen Fenouillèdes und Corbières

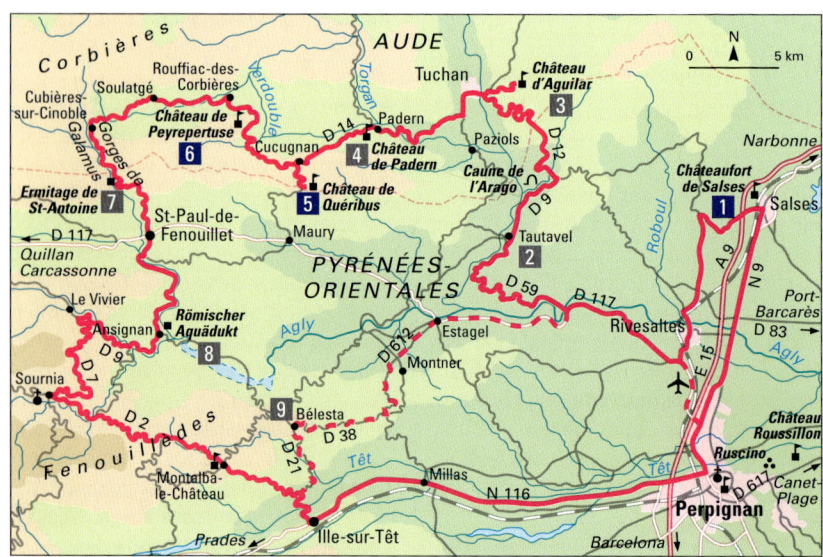

Kirche, König und Katharer
Die Geschichte einer Unterwerfung

Im Mittelalter hatte das Weltbild der Menschen eine feste Ordnung. Jedermann spürte im täglichen Leben, daß nur wenige oben und der große Rest unten standen. Eine Machtverteilung, die auch dem damaligen Dogma der Kirche entsprach. Der Himmel war für Gott und das Gute reserviert, während das Böse, der Teufel, in der Hölle angesiedelt war. Da sie per se Sünder waren, gehörten eigentlich auch alle Menschen dorthin.

Diese einfach gestrickte dualistische Glaubensauffassung vertraten im Prinzip auch die Katharer (von griechisch *katharoi*, »die Reinen«, wovon sich vermutlich das deutsche Wort »Ketzer« ableitet). Die Sekte, deren Vorläufer während des 10. Jh. im byzantinischen Balkanraum unter Führung des bulgarischen Priesters Bogumil urchristliche Ideale verkündeten, breitete sich zunächst im Rheinland und nach 1160 im ganzen mittel- und westeuropäischen Raum aus. 1167 waren im Languedoc bereits vier Bischofssitze mit Katharern besetzt, in Agen, Carcassonne, Toulouse und Albi, weshalb man die Katharer auch Albigenser nennt.

Wie die katholische Kirche waren die Katharer der Auffassung, daß man den Teufel nicht in der Hölle suchen müsse, sondern ihn bereits auf der Erde fände. Allerdings zogen sie aus diesem Glauben wesentlich radikalere Schlüsse: Da eine derart mißratene Welt ihrer Meinung nach unmöglich von Gott beabsichtigt, geschweige denn erschaffen

worden sein könne, gelte es, sich als gläubiger Mensch von allem Irdischen zu trennen. Auch die von der katholischen Kirche zur Läuterung empfohlene harte Arbeit war für die Katharer inakzeptabel, wenn sie zur Schaffung materieller Güter führte, die das weltliche Dasein des Menschen zwar verbessern, diese dadurch aber eher noch stärker an die böse Welt binden würde. Die Konsequenz daraus war die Ablehnung des Alten Testaments, strenge Askese und Verneinung alles Weltlichen von der Ehe bis zum Fleischgenuß, um sich Gott und dem Guten spirituell zu nähern.

Das einfache Erklärungsmodell für alle irdischen Mißstände kam bei der armen Bevölkerung des Midi gut an, da sich die katholische Kirche eher durch Prasserei, Ausbeutung und Arroganz als durch geistige Führerschaft auszeichnete. Ein weiterer Grund für die schnelle Ausbreitung der katharischen Häresie im damaligen Okzitanien lag in der wirtschaftlichen und politischen Stärke der Feudalherren von Carcassonne, Toulouse und Albi begründet, die ihre Grafschaften unabhängig von der französischen Krone regierten. Diese Stellung galt es möglichst geschickt zu festigen. So bedienten sich die selbstbewußten Grafen nur allzu gerne der Katharer und übernahmen die klaren Glaubensideale als Argumentationshilfe für ihre Auseinandersetzung mit der Kirche, deren Machtanspruch sie noch stärker zu begrenzen gedachten. Neben den Katharer-priestern und -bischöfen wußten sie auf diese Weise auch ihre Untertanen hinter sich, deren Sektierertum sie offiziell anerkannten und vor kirchlichen Anfeindungen schützten.

Dies kam einer unerhörten Provokation der römischen Kirche und ihres geistlichen und weltlichen Führungsanspruchs im christlichen Abendland gleich. Zudem mußte Rom befürchten, daß die spirituelle, irdische Güter ablehnende Geisteshaltung der Katharer dazu führen werde, die Arbeitsmoral und damit die Einkünfte der Kirche zu senken. Innozenz III., Gottes damaliger Stellvertreter in Rom, zögerte nicht lange und reagierte sehr »menschlich«, indem er zu einer bewaffneten Wallfahrt aufrief. Das Mittel des Kreuzzugs zur Unterwerfung und Kolonialisierung eines Landes hatte die Kirche bereits im Nahen Osten recht erfolgversprechend angewendet. Es bedurfte nur noch eines offiziellen Anlasses für die Mobilisierung der päpstlichen »Friedenstruppen«.

Den lieferte ein Dienstmann des aufmüpfigen, 1207 mit einem Kirchenbann belegten Grafen Raimund VI. von Toulouse, als jener aus Rache für die Bestrafung seines Herrn einen päpstlichen Legaten umbrachte. Fraglich blieb zunächst, ob für die militärische Strafaktion im Midi auch der französische König Philippe-Auguste zu gewinnen war, der wegen des Krieges mit England eigentlich andere Sorgen hatte. Schließlich ließ sich der Kapetingerkönig Ludwig VIII. zur Teilnahme seiner Truppen an dem Kreuzzug überreden, augenscheinlich vom Papst mit dem Argument geködert, daß ein im wahrsten Sinne des Wortes kopfloser Süden leicht dem Königreich einzuverleiben sei.

Wie recht Innozenz III. hatte, konnte sein erfolgreichster »Schlächter im Kirchenrock«, Simon de Montfort, ein kleinadliger Aufsteiger aus dem Norden Frankreichs, bereits 1209 beweisen, als er und seine Christentruppe die gesamte Bevölkerung Béziers' wahllos massakrierten. In wenigen Tagen starben 15 000 Menschen. Viele Städte ergaben sich angesichts dieser unglaublichen Brutalität kampflos, schworen der neuen Lehre ab und lieferten aus Angst vor Repressalien unbeugsame Katharer

zu den Ruinen des **Château d'Aguilar** 3 gelangt (zehnminütiger Aufstieg zu Fuß). Es ist die erste von drei weiteren Burgen entlang des Weges durch diesen früher unwegsamsten Teil der Corbières, der zu den am heftigsten umkämpften Gebieten während der Katharerkriege gehörte.

Nach Passieren der ehemaligen Grenzbastion **Château de Padern** 4 und des ansehnlichen **Cucugnan** wendet sich die Straße nach Süden und folgt dem Blick nach oben, wo sich ein eigenwilliger Bergzacken beim Näherkom-men als Burgruine entpuppt, deren Donjon zu Fels geworden zu sein scheint. Ob die exponierte Lage von Vorteil war, um von so schwindelerregender Höhe aus den Feind frühzeitig erspähen zu können, oder eher ein Handicap, weil man eine gute Zielscheibe abgab, läßt sich für das **Château de Quéribus** 5 (S. 317) nicht eindeutig entscheiden. Es wurde im 11. Jh. ursprünglich als Beobachtungsposten im französischen Grenzgebiet und erst später von den Katharern als Fluchtburg genutzt. Nicht gerade ein anheimelndes Plätzchen, denn

ans Messer der päpstlichen Inquisitoren und ihrer Folterknechte.

Bevor der Kreuzzug richtig begonnen hatte, war daraus schon ein schmutziger Krieg geworden. Nach einer blutigen Säuberungswelle im Süden, die

Raimund VI. von Toulouse lebend überstand, griff Ludwig VIII. in den Kirchenkrieg ein, eroberte bis auf Toulouse den ganzen Südwesten und verschaffte sich Zugang zum Meer. Mit Abschluß des Gebietsvertrages von Paris im Jahre 1229 wurde der Albigenserkrieg beendet, die Macht der Katharer und Grafen weitgehend gebrochen und die okzitanische Eigenständigkeit zerstört. Zugleich war der Grundstein für eine zentrale kapetingische Königsmacht in Frankreich gelegt, wie es der Papst prophezeit hatte. Rom und Paris waren höchst zufrieden.

Nur wenigen Katharern war es gelungen, den päpstlichen und königlichen Schergen im unwegsamen Gelände der Corbières vorläufig zu entgehen. Erst 1244 fiel ihre wichtigste Fluchtburg, Montségur (im benachbarten westli-

chen Departement Ariège). Quéribus konnte sich bis 1255 halten, während Peyrepertuse bereits 1240 an den Nachfolger Ludwigs VIII., den gleichnamigen Kapetinger mit der nächsthöheren Ordnungsnummer, gefallen war. Als allerletzter Katharer gilt ein gewisser Guillaume Bélibaste, den ein Inquisitionsgericht noch 1321 auf den Scheiterhaufen brachte. Er und seine anderen gemeuchelten Glaubensbrüder wurden zu Märtyrern, die den Interessen der alten und neuen Machthaber in Frankreich geopfert wurden.

selbst im Sommer pfeift einem der Wind in 728 m Höhe so kräftig um die Ohren, daß es bisweilen schwierig ist, sich auf den schwindelerregenden Treppenfragmenten zu halten.

Burgfans wird das kaum abhalten, auch noch die Nachbarfestung **Château de Peyrepertuse** 6 (S. 314) zu besteigen, deren Ruinen wie urtümliche Zahnstümpfe aus einem versteinerten Kieferknochen ragen. Die ebenfalls als Guckposten konzipierte Doppelburg diente den Katharern zeitweilig als Unterschlupf und erhielt nach dem Albigenserkrieg bis zur

Einverleibung des Roussillon 1659 ihre ursprüngliche Funktion zurück, ohne seither auf den militärischen Nutzen hin geprüft zu werden. Es fehlten schlicht die Feinde, die man von hier aus hätte beobachten und aufhalten können. Erst die Mauer- und Bastillestürmer der Französischen Revolution gaben der gewaltigen Burganlage den Rest.

Durch die schroffen Schluchten der **Gorges de Galamus** (nur mit Pkw und

Einsiedelei aus dem 15. Jh.:
Ermitage de St-Antoine ▷

Kleinbussen befahrbar) läßt man das Languedoc hinter sich und taucht bei der **Ermitage de St-Antoine** 7 wieder im Roussillon auf. Ein kurzer Weg und ein paar Treppenstufen führen zu der bewirtschafteten Einsiedelei aus dem 15. Jh., deren Häuser sich in eine schroffe Bergflanke schmiegen. Kurz vor **Ansignan** taucht linker Hand der Straße ein **römischer Aquädukt** 8 auf, über den immer noch Wasser fließt. Wohin die Römer vor 2000 Jahren das Wasser leiteten, ist ungeklärt. Ebenso rätselhaft blieb den Archäologen, warum hier ein so aufwendiges Bauwerk entstand, das neben der Wasserrinne über einen erstaunlichen Tunnel zwischen den beiden Brückenbogen verfügt, der von seiner Größe her auch Warenverkehr zuließ.

Man vermutet, daß die badefreudigen und gesundheitsbewußten Römer, die das Roussillon wegen seiner vielen Heilquellen schätzten, womöglich auch in dieser Gegend über Thermen verfügten bzw. deren Bau ins Auge gefaßt hatten. Daß man bisher keine aufschlußreichen Grabungsfunde gemacht hat, dürfte an der Zerstörungswut der Vandalen liegen, die im 4. Jh. das Roussillon heimgesucht und kaum einen römischen Stein auf dem anderen gelassen hatten.

Kurz bevor die Arme vom vielen Lenken durch das hügelige Weinland der Fenouillèdes und den Ort Sournia endgültig erlahmen, trifft die kurvenreiche Strecke südlich von **Montalba-le-Château** oder bei dem lebhaften Winzerort **Estagel** (S. 296) auf gut ausgebaute Straßen zurück nach Perpignan oder **Rivesaltes** (S. 318). Wählt man den Rückweg über Estagel, sollte man sich den Besuch des Archäologischen Museums in **Bélesta** 9 (S. 287) nicht entgehen lassen, wo man das vor kurzem entdeckte, älteste Höhlengrab Südfrankreichs nachgebaut hat.

Die Sandküste – Côte Sablonneuse

(Karte S. 242) Den Pyrenäenausläufern verdankt das Roussillon eine zweigeteilte Küste. Der 30 km lange Südzipfel, die Côte Vermeille, besteht aus einem steilen Felsufer mit vergleichsweise bescheidenen Stränden, allerdings vor einer teilweise atemberaubend schönen Berg- und Dorfkulisse. An der nördlichen, ebenfalls etwa 30 km langen Côte Sablonneuse ist es genau umgekehrt. Dort protzt Roussillons Küste mit ebenso durchgehend breiten, feinkörnigen und schattenlosen Sandstränden wie entlang der nördlichen Nachbardepartements Aude, Hérault und Gard. Aus dem gleichen Beton wie dort sind aber auch die meisten der modernen Ferienstädte und Appartementsilos gegossen, nach den Plänen von Architektenbüros, die im Rahmen des touristischen Erschließungsprogramms der westlichen Mittelmeerküste seit den 60er Jahren tätig sind. Das bedeutet zu 90 % normierte Ferienabwicklung in standardisierten Unterkünften und Restaurants. Und den Atem raubt hier eher der starke Urlauber- und Verkehrsstrom.

Lange bevor sich an Roussillons Küste die ersten Feriengäste drängelten, lebten im ehemaligen Sumpf- und Mückengebiet zwischen Le Barcarès und St-Cyprien zeitweilig über 100 000 Menschen – unfreiwillig und unter schlimmen Verhältnissen in Internierungslagern zusammengepfercht. Sie gehörten zu jenen etwa 500 000 Republikanern, die sich als Unterlegene im Spanischen Bürgerkrieg 1939 vor Franco und den Faschisten nach Frankreich retten konnten. Für den größten Teil der Flüchtlinge, zumeist Kommunisten, begann die erhoffte Freiheit in den »Camps de Concentration«, die man in »Centres d'Hébergement«

umbenannte, als bekannt wurde, welchem Zweck die Lager gleichen Namens im Nazideutschland dienten.

An den schlimmen hygienischen Zuständen in den Massenlagern änderte dies nichts. Zu Hunderten starben die Insassen an Infektionskrankheiten, weil die völlig überforderte und kopflos reagierende französische Zentralbürokratie die Emigranten aus Angst vor politischen Unruhen von der Bevölkerung und selbst einer ausreichenden medizinischen Versorgung abschottete. Einige Monate später leerten sich die Lager, nachdem sich die meisten Insassen – überwiegend Katalanen – als Gegenleistung für ein Bleiberecht in Frankreich zum Arbeitsdienst gemeldet hatten. Als die Nazis in Frankreich einmarschierten, füllten sich die Lager wieder, dieses Mal mit Intellektuellen und Oppositionellen, die aus Deutschland vor Hitler geflohen waren, von den Franzosen jedoch zunächst unterschiedlos als feindliche Ausländer behandelt und unter den gleichen schlechten Bedingungen festgehalten wurden. 1941 schloß man die Lager, an die heute nichts mehr erinnert.

Die erstgeborene der Zwillingsstädte **Port-Barcarès** 1 (S. 286) und Port-Leucate (s. S. 221) unterscheidet sich von ihrer kleineren und unwesentlich jüngeren Schwester im Norden durch noch größere, teilweise aber architektonisch gelungenere Hotel- und Appartementkomplexe sowie ein in ein Spielkasino umgewandeltes Schiffswrack. Es heißt Lydia, liegt auf Sand, ist den französischen Straßenkarten einen gesonderten Eintrag wert und bringt der Stadt viel Geld. Die Siedlungen liegen zu beiden Seiten der Durchgangsstraße, zur Meerseite das namensgebende ältere Wo-

Küste des Roussillon

St-Cyprien-Plage an der Sandküste des Roussillon

chenenddorf **Le Barcarès**, des weiteren Grande Plage, Lido und Port, zum Surfsee Etang de Leucate hin Coudalère, der architektonisch wohl schönste Komplex, ferner Cap de Front und Presqu'île.

Die zwei jüngst herausgeputzten und zerfleddert in der Landschaft stehenden Ferienorte, **Torreilles-Plage** 2 (S. 324) und **Ste-Marie-Plage** 3 (S. 322), halten die beiden großen Konkurrenten Port-Barcarès und Canet-Plage auf Abstand. Um Feriengäste buhlen die beiden Siedlungen allerdings auch: Torreilles-Plage mit großen Camping- und Ferienmobilplätzen, flachen Ferienhäusern und dem »Village des sables«, einer merkwürdigen Ansammlung von halb im Sand verbuddelten runden Wohnklötzen, und Ste-Marie-Plage mit Resten örtlicher Traditionen, so der jährlich am 15. August abgehaltenen »Zigeuner«-Prozession zum Meer und diversen kleineren, allerdings recht einfalls- und stillosen Appartementsiedlungen, vornehmlich

für Wochenendurlauber. Die schöneren Hälften der Badeorte sind die dazugehörigen Dörfer im Hinterland.

Canet-Plage 4 (S. 289 f.), der große Badevorort von Perpignan, feiert auch im Sommer Weihnachten, im Musée du Père Noël, dem mit über 4000 Ausstellungsstücken größten Weihnachts- und Spielzeugmuseum des Landes. Der Besuch ist eine wirklich lohnende Unterbrechung der UV-Dauerbestrahlung, zu der der schöne feinkörnige Strand verleiten mag. Eher als Beschäftigungstherapie wirken hingegen das Oldtimermuseum im Süden der weit auseinandergezogenen Uferbebauung, das Spielkasino und ein kleines Aquarium im Hafen. Canet-Plage ist eine Mischung von mäßig modernen Appartementkästen und alten Privathäusern aus der Jugendzeit des Badeortes.

Wie fast alle Retortenorte entlang der Sandküste ist auch **St-Cyprien-Plage** 5 (S. 319) die moderne »Zweignieder-

»La Baigneuse drapée«, Plastik von Aristide Maillol am Strand von St-Cyprien-Plage

lassung« eines alten, kleinen Örtchens im Hinterland, dessen Einwohnerzahl im Sommer spielend um das Hundertfache überboten wird. St-Cypriens bekannteste Frau steht im Herzen der Stadt am Boulevard Maillol. Die Plastik des gleichnamigen Künstlers dreht dem Meer den Rücken zu, so wie man es nach langen Debatten bei der Aufstellung des Kunstwerks entschieden hat. Der Stolz der Stadtoberen ist schließlich nicht das Meer und das Ufer, denn ersteres ist hier so blau und letzteres so breit und feinsandig wie überall entlang der Sandküste, sondern die großflächige Appartementkulisse. Zwar kann fast jeder größere Badeort der Küste eine solche vorweisen, aber hier wird immer noch weiter gebaut, so daß man bald die Bettenkapazität des bisher größten Badeortes im Roussillon, Port-Barcarès, erreicht hat. Schönster Teil des Ortes ist

das Südende am Plage Sud, auch Plage des Capellans genannt, wo die Pyrenäen näher und die Bauten flacher sind.

Die Ausläufer der Pyrenäen, die nahen Weinberge und das Grün eines Pinienwäldchens setzen der Monotonie der flachen 200 km-Sandküste ein Ende und verleihen **Argelès-Plage** 6 (S. 284) eine besondere Atmosphäre. Die ausgewogene Mischung neuer und älterer Bauten zieht ein eher junges Publikum an. Den Reiz des Ortes haben natürlich schon viele vorher entdeckt, so daß im Hochsommer auch die kleine Häuseransammlung **Le Racou-Plage** 7 (S. 318) am äußersten Südzipfel des breiten Strandes kaum noch über freie Zelt- und Hotelplätze verfügt. Die Suche danach lohnt sich, besonders für standfeste Surfer, da der Tramontane an dieser Ecke für guten Wind sorgt.

Die Felsenküste – Côte Vermeille

(Karte S. 242) Ein paar Kurven hinter Le Racou-Plage übernehmen die Pyrenäen die Regie. Kühle Fallwinde aus dem Bergland ziehen den Himmel frei, legen die Farben bloß und sorgen für Blaulicht von oben und unten. Das Meer spiegelt die Farbe des Äthers und zerlegt das Sonnenlicht in warme Violettöne. Eisenoxide lassen die Felsen rostrot schimmern. Gegen Abend leuchten sie um die Wette mit den Grüntönen der Rebhänge. Der Zufall hat es so gewollt, daß die Pyrenäen hier einigermaßen glatt ins Meer rutschen und Platz machen für mehrere natürliche Hafenbecken mit ein paar schmalen Sandsäumen, an denen seit frühesten Zeiten Fischer, Handwerker und Kaufleute siedelten.

Der Hafen von Collioure

Collioure

8 (S. 294 f.) Nacheinander entdeckten alle der hier durchreisenden Völker und Stämme diese schönste der vier schiffbaren Buchten für ihre Zwecke, und sei es nur um zu zerstören, was feindliche Okkupanten zuvor gebaut hatten: Phönizier, Kreter, Phokäer, Etrusker und Römer, die den Ort Caucoliberis nannten, später Westgoten, Araber, sogar Normannen und schließlich die Könige von Aragón, deren Baumeister 1171 eine erste Burg in Collioure errichteten. Im 13. Jh. fanden diverse Orden Gefallen an Collioure und den Weinbergen ringsum. Templer, Johanniter, Zisterzienser und Dominikaner schickten nacheinander ihre frommen Brüder. Und wie sie kamen, so verschwanden sie wieder, zuletzt die Templer, in deren Hauptdomizil Trouillas (bei Thuir) 1285 das Verfahren zur Herstellung eines natursüßen Weins entdeckt wurde, dessen Anbaugebiete längs der Côte Vermeille später nach dem Haupterzeugerort Banyuls benannt wurden.

1659, mit Abschluß des Pyrenäenvertrages, ergriff Ludwig XIV. Besitz von Collioure und ließ den Hafenkomplex vom Militärarchitekten Vauban zu einer zeitgemäßen Festungsstadt ausbauen. Das von Jakob dem Eroberer im 13. Jh. zwischen den beiden Hafenteilen Port d'Amont im Norden und Port d'Avall im Süden aufgeführte **Château Royal** verschwand hinter mächtigen Schanzwällen, für die mehrere Häuserzeilen abgerissen wurden. Dem Fort Miradou auf der steilen Nordküste setzte man zwei kleinere Festungen vor die Nase, und als Ersatz für ein Gotteshaus, das den Umbauten weichen mußte, errichtete man 1684–91 am Plage de Vincent die großzügig ausgestattete Barockkirche St-Vincent. Im Laufe der Jahre vernarbten die Wunden, und rund um das nördliche **Vieux Quartier du Mouré** gesellten sich Häuser und Gassen hinzu, in denen sich das warme Licht der Abendsonne verfängt.

Maler haben einen Blick für solche Farbenspiele, packen die Pinsel aus und bleiben. Matisse war einer von ihnen. In Paris war ihm kein Glück beschieden, wo andere seiner Idole und Künstlerfreunde längst ihren Malstil gefunden hatten. Matisse suchte ihn noch und hoffte, ihn im einfachen Collioure zu finden, weil ihm für die teure Côte d'Azur das Geld fehlte. So quartierte er sich im Sommer 1905 in einem Hotel am Bahnhof ein, malte, was die Farben hergaben, und sprach eines schönen Morgens zwei werbewirksame Sätze für das Städtchen: »Es gibt in Frankreich keinen blaueren Himmel als den von Collioure. Ich brauche nur die Fensterläden zu öffnen, und schon habe ich alle Farben des Mittelmeers bei mir.«

Seither kommen jedes Jahr bedrohlich mehr, um die Farben anzusehen, in natura, d. h. in den geputzten Gassen, auf den Hügeln ringsum und an den fünf kleinen Stränden, nicht aber auf der Leinwand, denn weder das kleine **Musée Peske** an der Straße nach Port-Vendres noch die Nachkommen seiner Freunde im Ort besitzen noch einen Original-Matisse. Auch die berühmte, vis à vis des Königsschlosses am Douy-Kanal gelegene **Hostellerie des Templiers** nicht mehr. Die Wände des altehrwürdigen Restaurants sind mit Bildern armer Künstler zugehängt, denen wie Matisse öfter das Geld für die Zeche ausging. Dabei entstanden während der zehn Jahre seines wiederholten Aufenthaltes in Collioure Hunderte von Zeichnungen und viele seiner berühmtesten Gemälde. Darunter auch die »Frau mit Hut«, die Matisse zum Begründer der Fauvisten machte, weil sie einem Kriti-

Belebte Hafenpromenade in Collioure

ker auf einer Ausstellung in Paris so »wild« gemalt erschien, daß er sich zu dem Entsetzensausruf *»je me sens au milieu des fauves«* hinreißen ließ.

Anstatt Matisse-Malerei bekommt man draußen auf der Restaurantterrasse der Hostellerie des Templiers und von den benachbarten Cafés, Bars und Bistros aus ein gutes Bild vom heutigen Sommerleben in Collioure geboten (nicht vom Essen, da sich die Restaurants mit guter Küche überwiegend an den Hügel des südlichen Port d'Avall zurückgezogen haben). Frühmorgens trotten zuerst die Hobbymaler, dann die Schnickschnackverkäufer vorbei und stellen bei den Fischerbooten an der Uferpromenade Boramar ihre Staffeleien und Verkaufsstände auf. Später setzt ein unablässiger Strom der Besucher und Badegäste ein: zu den Stränden rund um die **Kirche St-Vincent** und zum **Sentier de la Moulade**, einem seit 1997 temporär geschlossenen Pfad, der

an den Klippen entlang zu einer Kiessandbucht Richtung Le Racou-Plage führt (hin und zurück etwa 45 Minuten).

Von den knapp 3000 Einwohnern sieht man hier wenig. Ab und zu fahren noch ein paar Anchovisfischer aufs Meer. Die restlichen Fische werden billiger aus Port-Vendres, vor allem aber aus dem Atlantik angeliefert. Die Jüngeren stecken im Koch- und Kellnerdress oder fahren zum Geldverdienen nach Perpignan. Die alten Männer spielen Boule, wo immer sich dafür noch Platz findet, oder warten Touristen beobachtend dar-

auf, daß endlich die Geschäfte schließen und das Essen auf den Tisch kommt. Seit den 50er Jahren sind die Zeiten vorbei, als die Frauen am frühen Abend mit ihren Männern draußen am Hafen saßen und beim Schwatzen die Fischernetze flickten, aus Schnüren die Sohlen für *espadrilles* flochten und Anchovis entgräteten. Dafür verdienen hier heute auch die Frauen so gut wie nie zuvor und finden zwischen Herbst und Frühjahr genügend Zeit zum Einkaufsbummel in Perpignan und zum Ferienmachen – in Collioure z. B., das während dieser schönen Monate Atem schöpft für den nächsten Sommeransturm.

Port-Vendres

9 (S. 316 f.) Der schönste Ort der Felsküste ist Collioure, selbst wenn mehr und mehr Neubausiedlungen der Altstadt zu Leibe rücken. Pech für das nachfolgende Hafenstädtchen Port-Vendres, daß Collioure auch der erste ist, durch den man auf dem Weg nach Süden kommt. So hat man sich leicht an dessen Licht und Lage müde geguckt und übersieht schnell, daß auch der größere, nur 3 km entfernte Nachbarort noch etwas mehr als die langgestreckte Uferstraße zu bieten hat, über die sich leider der gesamte Durchgangsverkehr quälen muß. Den **Fischerei- und Handelshafen** z. B., dessen Gebäude längs der Hafeneinfahrt zu Spielzeughäuschen schrumpfen, wenn an ihren Kaimauern die großen Pötte vor Anker gehen. Für Augen und Magen interessanter sind eine Handvoll Fischkutter. Abend für Abend machen sie nach 17 Uhr am stadtnahen, nördlichen Hafenabschnitt fest, und Seeleute verkaufen einen Teil ihrer Fänge vom Boot weg, bevor der große Rest in die Fischauktionshalle wandert.

Port-Vendres ist eine gute Adresse für Fisch, von dem allerdings immer weniger – ob bei Tage mit Netzen oder des Nachts mit Locklampen – aus den küstennahen Fanggründen geholt wird. Das Mittelmeer ist hier nicht sehr fischreich, und Großfangschiffe räumen die Weltmeere wesentlich billiger mit ihren kilometerlangen Schleppnetzen leer. Schlechte Zeiten für die kleinen Fischer und Schiffseigner und gute für Geldanleger, die in leergewordenen Häusern Boutiquen und Ferienappartements einrichten und die freien Schiffsliegeplätze an Besitzer von Segel- und Motoryachten vermieten. Ein Ort für längere Badeferien ist Port-Vendres dadurch aber nicht geworden.

Geschichte und Architektur der Stadt sind eng mit der Funktion verbunden, die ihr Hafen zu allen Zeiten für die jeweiligen Nutzer bedeutete. Den Römern, die das Plätzchen »Hafen der Venus« nannten, verdankt das 6000-Einwohner-Städtchen wieder einmal den Namen, allerdings auch einen ewigen Archäologen- und Historikerstreit, ob hier oder bei Collioure die sagenumwobene Stadt Pyrène mitsamt dem großen Venusheiligtum gelegen habe. Die einschneidenden baulichen Veränderungen stammen aus der Zeit von 1772 bis zur Französischen Revolution. Nach den bereits 100 Jahre alten Plänen von Vauban, dem Kriegsarchitekten des Sonnenkönigs, ließ Ludwig XVI. das kleine Rund der Ankerplätze in einen Kriegshafen umbauen. Bauschutt und Aushub häufte man zu der (unvollendeten) **Place d'Obélisque** an der nördlichen Hafenzufahrt auf und krönte sie mit einem Obelisken zu Ehren des Königs.

Kunsthistorisch bedeutsamer und als Antikriegsdenkmal gedacht ist die Plastik für die Opfer des Ersten Weltkrieges gleich nebenan. Sie stammt von Aristide

Maillol, entstand 1923 und zählt zu den zentralen Werken des geschätzten Künstlers, der im benachbarten Banyuls-sur-Mer geboren wurde. Die Chaussée de la Jeté führt in Richtung Hafendamm zu mehreren kleinen Kiessandbuchten, wo die Badefreuden allerdings durch wenig vertrauenerweckendes Wasser beeinträchtigt werden. Südlich des Cap Béar in Richtung Banyuls-sur-Mer verstecken sich vier weitere kleine Badebuchten (Zufahrt über die N 114), die zu ungetrübteren Badefreuden einladen.

Banyuls-sur-Mer

 (S. 285 f.) Warum das Badeörtchen Banyuls-sur-Mer noch am ehesten Collioure das Wasser reichen kann? Vielleicht ist es der Baustil einiger Häuser, in denen sich die Nähe von Spanien bemerkbar macht. Vielleicht ist es die weite Bucht und die nahe ans Meer gerückte Hügelkette der Albères. Vielleicht ist es aber auch die Geräuschmischung aus dem Blätterrascheln der Promenadenpalmen und jenen hellen Klängen, die Takelleinen erzeugen, wenn sie der Wind an Hunderte von Masten schlägt. Das wird's wohl sein, denn Banyuls-sur-Mer hat sich in den letzten Jahren zu einem recht flotten Yachthafen und Ferienort mit einem Hauch von Côte d'Azur-Stimmung entwickelt, ohne dabei eine zweigeteilte Stadt zu werden, weil landschaftsschindende Appartementklötze weitgehend fehlen.

Dem »Laboratoire Arago«, einem meeresbiologischen Institut der Sorbonne, das in seinen Gebäuden am Südende des Hafens über die Wasserqualität der Küste bis nach Spanien wacht, ist es zu verdanken, daß Banyuls-sur-Mer über recht klares Meerwasser und sehr gute Tauchgründe verfügt. In einem öffentlichen **Aquarium** ist die

Banyuls-sur-Mer

Abstecher ins spanische Port-Bou

Das spanische Grenzörtchen ist das Pendant zu Cerbère: ein überdimensionierter Bahnhof, etwas Strandleben und graue, verwinkelte Gassen mit täglicher High-noon-Stimmung zur Siestazeit. Auf einem Felssporn, dem schönsten Ort über der Stadt, liegt ein Friedhof, auf dem Walter Benjamin begraben ist (Grab unbekannt). 1940 war dem jüdischen Philosophen, 1892 in Berlin geboren, die von Freunden organisierte Flucht auf einem alten Schmugglerpfad über den Puis d'el Mas von Banyuls-sur-Mer nach Port-Bou gelungen. Dort teilten ihm die Grenzbeamten mit, daß Spanien nur noch Personen mit einem gültigen französischen Ausreisevisum einreisen ließe – eine falsche Auskunft, wie sich erst später herausstellte. Benjamin, der befürchtete, nach Frankreich zurückzumüssen und dort in die Hände der Nazis zu fallen, nahm sich noch in derselben Nacht vom

Installation »Passagen« zum Gedenken an Walter Benjamin

26. auf den 27. September mit Tabletten das Leben. Der Pfad, auf dem noch weiteren deutschen Emigranten die Flucht vor deutschen Folterkammern gelang, diente später als Transportweg für geschmuggelte Zitrusfrüchte. Unter Umgehung des französischen Zolls ließen sich deutsche Besatzungsoffiziere aus Francos Spanien mit Vitaminen versorgen.

Seit Mai 1994 erinnert der Gedenkort »Passagen« von Dani Kharavan an das Schicksal Walter Benjamins und der Exilanten der Jahre 1933–45. Der israelische Künstler will den Besucher mit seiner aus drei Elementen bestehenden Installation zur Andacht und Meditation anregen. Ein Zitat Benjamins, das der Künstler in seine Installation integriert, steht für das Anliegen der Gedenkstätte: »Schwerer ist es, das Gedächtnis der Namenlosen zu ehren als das der Berühmten. Dem Gedächtnis der Namenlosen ist die historische Konstruktion geweiht.«

örtliche Meeresflora und -fauna zu sehen. Ganz in der Nähe der südlichen Hafenspitze erinnert das **Monument aux Morts** hoch auf einem Felsen an die Folgen des Ersten Weltkrieges und zugleich an Aristide Maillol, den bekanntesten Bildhauer Roussillons und Sohn von Banyuls-sur-Mer, der hier 1861 geboren wurde. Er starb 1944, nachdem er seiner Heimat, besonders den katalanischen Frauen, diverse Denkmäler gesetzt hatte. Sie zeigen allderdings ein Frauenbild, mit dem sich die jüngeren Französinnen des Roussillon nicht unbedingt mehr anfreunden können. Ein Museum in der **Métairie Maillol**, seiner späteren Wohn- und Grabstätte informiert über das Werk Maillols, Abzweig bei der Mairie landeinwärts Richtung »Musée Maillol«.

Banyuls-sur-Mer ist nicht nur Kunst-, sondern auch Weinkennern ein Begriff, denn auf den Weinbergen rund um die Stadt und entlang der Côte Vermeille reift die Rebsorte Grenache, aus der man einen Wein mit einem Restzuckergehalt von über 250 g, d. h. mehr als 14 % Alkohol pro Liter, keltert. Sehr süß bzw. schwer ist er also, der »Banyuls«, der als junger Wein zum Aperitif getrunken wird. Seine besondere Süße erhält er durch Zusatz von Weingeist während des Gärungsprozesses, eine Erfindung aus der Zeit, als der Templerorden im Roussillon ansässig war.

Außer dem kaum 20 m breiten, grobkieseligen Hauptstrand findet man in der Nähe des südlichen Ortsausgangs den kleinen Strand Plage du Troc und weiter in Richtung Cerbère, am Cap de l'Abeille, den abgeschotteten Strand Plage de Taillelauque, der nur mit Spürsinn und gutem Schuhwerk zu finden ist.

Eine landschaftlich schöne, 20 km lange Strecke ist die serpentinenreiche, wenig befahrene D 86, die von Banyuls-sur-Mer aus zunächst zu der 652 m hoch gelegenen **Tour Madeloc** führt, einen alten Wach- und Signalturm der Könige von Mallorca. Die Albèresausläufer querend gelangt man in weitem Bogen zurück nach Collioure (Stichstraße auch nach Port-Vendres). Von der Höhenstraße aus erschließt sich die ganze Geographie der Côte Vermeille, und selbst bei relativ diesiger Sommerluft kann man in Richtung Norden die Sandküste hinauf bis nach Canet-Plage sehen.

Cerbère

11 (S. 293) In dem Grenzort herrscht ein wenig Endzeitstimmung – dank Fortschritten in der Angleichung von EU-Normen. Die Spurbreite der spanischen Eisenbahn wird bald auf jene Kontinentalcuropas umgestellt sein. Die Tage des riesigen internationalen Umlade- und Umsteigebahnhofs sind damit gezählt und viele Arbeitsplätze in Gefahr. Im Rathaus setzt man nun auf Tourismus. Ob dem auf Zweckmäßigkeit hin konzipierten Grenzort die Umstellung gelingt, wird sich zeigen. Die Bucht ist eng und mit den zwei kleinen Strändchen nicht viel Staat zu machen. Dennoch sind bereits ein paar Ferienappartements entstanden. Tauchsportler haben schon die guten hiesigen Gründe entdeckt – eine Rarität, da sie an der Sandküste gänzlich fehlen.

Die Ebene

Perpignan

■ (S. 312 ff.) Mallorca kennen viele. Ihre alte Zweit-Hauptstadt Perpignan nur wenige. Die »Kapitale Französisch-Kataloniens«, wie man sie hier gerne nennt, ist Sitz der Departementverwaltung und

Perpignan *1 Palais des Rois de Majorque   2 St-Jean-le-Vieux   3 Kathedrale St-Jean
4 Le Castillet/Casa Païral   5 Loge de Mer   6 Rathaus   7 Palais de la Députation
Provinciale   8 Place de la Loge   9 Musée Hyacinthe Rigaud   10 Hôtel Pams/Stadt-
bibliothek   11 Hôtel de Cagariga/Musée d'Histoire naturelle   12 Place Cassanyes
13 St-Jaques*

mit rund 140 000 Einwohnern die Heimat eines Drittels der Roussillonein-
wohnerschaft, ein quicklebendiger Ort,
auch im Sommer, wenn er sich zu Frankreichs wärmster Stadt aufheizt und die
Hitze in den Gassen steht.

Die iberischen Temperaturen waren es
nicht, die Perpignan im 13. Jh. zum Fest-
landsregierungssitz des spanischen In-
selkönigreichs werden ließen, sondern
eher kühle Politik: Das seit Karolingerzei-

ten von autonomen Gebietsgrafen regierte Roussillon wurde 1172 durch Erb-
schaft ein Teil Aragóns, eines Könige-
reichs mit streitbaren Katalanen an der
Spitze. Im Languedoc war nichts mehr
zu holen, denn dort machten sich seit
Ende der Albigenserkriege die Kapetinger breit. Also blickte Aragóns politische
Führung nach Südwesten, und dort sah
sie sich Arabern gegenüber, die seit ihrer
Invasion im 8. Jh. weite Teile Spaniens

ihr eigen nannten. König Jakob beschloß das zu ändern, jagte den Muslimen mit Beginn des Jahres 1229 nacheinander Ibiza, Mallorca, Valencia und Murcia ab und hatte nichts dagegen, für seine Leistung bewundernd »der Eroberer« genannt zu werden.

Was ihn allerdings störte, war die ungelöste Erbfrage, da er aus zwei Ehen je einen Sohn hinterließ, die beide Ambitionen auf seine Nachfolge hatten. So teilte er sein Reich und überließ noch zu Lebzeiten seinen Söhnen das Regieren. Peter III. aus seiner ersten Ehe erhielt Aragón und Valencia, Jakob II. die Balearen und alle östlich der Pyrenäen gelegenen katalanischen Besitzungen, zusammengefaßt zum Königreich Mallorca. Von der gleichnamigen Insel im Südwesten, die allzu weit von den neuen Untertanen und Handelsplätzen im Osten entfernt lag, wollte der Königssohn sein Reich aber nicht re gieren. Also besann auch er sich aufs Teilen und machte Palma und Perpignan zu zwei halben Regierungsstädten.

Da der Herrscher und seine Regierungsbeamten nun hin und her pendeln mußten, wollten sie es in beiden Orten repräsentativ und bequem haben. Das versprach den königlichen Baumeistern ein volles Auftragsbuch und hieß für die Untertanen, den Gürtel enger zu schnallen, denn was in Perpignan schließlich dabei herauskam, war ein Palais, das mit seinen späteren Umfriedungen noch heute im Süden des historischen Zentrums die Fläche eines ganzen Stadtviertels einnimmt – gleichermaßen ein Filetstück unter Perpignans damaligen Baugeländen: Gleich nach Testamentsbekanntgabe 1272, vier Jahre vor dem Tod seines Vaters und bevor die Hauptstadtfrage endgültig geklärt war, hatte Jakob II. vorsorglich in Perpignan ein schönes Grundstück mit der Residenz der ehemaligen Gebietsgrafen des Roussillon erworben.

Das Gebäude genügte den königlichen Ansprüchen jedoch nicht. 1276 ließ der Jungkönig deshalb den Grundstein zum Bau des **Palais des Rois de Majorque** ❶ legen, in dem er bereits 1285 hof hielt. Bis 1344, als das Inselkönigreich wieder an das aragonesische Stammreich fiel, residierten hier die Könige von Mallorca. Nur 68 Jahre hatte das kleine Reich existiert. Die kurze Epoche reichte aber, um, etwas übertrieben, als »Goldenes Zeitalter« Roussillons in die Geschichte einzugehen. Unbestreitbar profitierten Perpignans Händler und Handwerker von der Nähe zu den Königen, die für ein gutes Investitionsklima sorgten. Das ursprüngliche Palais (Zugang über die Rue des Archers im Westen der Anlage) gibt nur noch eine Ahnung vom guten Leben der mallorquinischen Könige.

Ihrer Zeit entstammen der zentrale Innenhof, u. a. mit den östlichen, auffällig offen gestalteten doppelstöckigen Arkaden zu beiden Seiten der Westfront zweier übereinanderliegender Kapellen, ferner die Höfe des Königs und der Königin sowie im Südteil der ersten Etage der große Saal der Könige, in dem repräsentiert, gefeiert und regiert wurde, wo aber außer den Kaminen fast nichts mehr aus jenen Tagen erhalten ist. In den Räumlichkeiten unter dem Saal wird eine darstellende Übersicht der Kunst im Roussillon gegeben. Der Ausbau zur Festungsanlage erfolgte auf Veranlassung der aragonesischen Könige im 14. und 15. Jh., im 16. Jh. ließ Karl V. einen Festungswall ziehen, dem Philipp II. weitere Befestigungen und das äußere, als Triumphbogen gestaltete Eingangstor folgen ließ.

Aus der »guten alten Zeit« Perpignans stammt auch das größere der beiden Kirchengebäude an der Ostseite der Place Gambetta. Mauer an Mauer mit der Pfarrkirche **St-Jean-le-Vieux** 2, die im 11. Jh. während der Herrschaft von Roussillons Gebietsgrafen errichtet worden war, sollte auf Geheiß des mallorquinischen Königshauses eine Kathedrale entstehen, vor der selbst die französischen Kathedralbauexperten im Osten und die Aragoneser im Westen den Hut ziehen würden. Leider reichte dazu weder das Geld noch die kurze Herrschaftszeit. So präsentiert sich die im 15. Jh. vollendete **Kathedrale St-Jean** 3 wesentlich kleiner als geplant und mit einer fast ärmlichen Westfront, hinter der sich jedoch ein prächtiger gotischer Kirchenraum befindet.

Der größte Schatz für Perpignans Gläubige ist ein Kruzifix, das 364 Tage im Jahr an der Wand einer kleinen Seitenkapelle hängt (Zugang unmittelbar neben dem Südportal). Am Karfreitag holen die »Kapuzenmänner« den *Dévôt Christ* von der Wand und führen ihn bei der Sanch-Prozession mit sich. Die Schnitzarbeit eines rheinländischen Künstlers (etwa 1304) mutet in ihrer expressionistischen Darstellung des leidenden Gekreuzigten seltsam modern an und ist auf ungeklärte Weise Anfang des 16. Jh. nach Perpignan gelangt.

Auch nach der Wiedervereinigung des geteilten Aragón im Jahre 1344 ließ es sich in Perpignan zunächst angenehm leben. Die Stadt wurde von der flauen Wirtschaftslage am Mittelmeer wegen ihrer verflochtenen Handelsbeziehungen nur wenig getroffen. Die örtlichen Handwerker und Baumeister erhielten neue Bauaufträge, diesmal von den Aragonesen, die Perpignan zum Schutz vor den Franzosen befestigen und nach 1386 die markante Torfestung **Le Castillet** 4 errichten ließen. Von dem kleinen Schloß hat man eine wunderbare Aussicht auf Stadt und Land. Im Innern befindet sich in einem kleinen Museum – Casa Païral – eine Sammlung katalanischer Volkskunst. 1388 gründete

Perpignans Torfestung: Le Castillet

Blutsbrüder im Büßergewand
Die Karfreitagsprozession
der »Confrérie de la Sanch«

Jedes Jahr am Karfreitag hält in Perpignan das Mittelalter Einzug. Dann schlüpfen 600 gestandene Männer, vom örtlichen Metzger bis zum Bankdirektor, freiwillig in eine düstere Verkleidung. Sie verstecken ihre Bäuche unter den schwarzen oder roten Faltenwürfen bodenlanger Kutten, ziehen dunkle Handschuhe an und stülpen sich die *Caparutxa*, eine Spitzkappe mit zwei furchterregenden Sehschlitzen, über den Kopf. Danach sehen sie aus wie Mitglieder des Ku-Klux-Klan und sind doch nur Angehörige der friedlichen und sozial engagierten »Confrérie de la Sanch«, einer christlichen Bußbruderschaft mit langer Tradition. Man führt sie auf den katalanischen Dominikanerprediger Vincent Ferrier zurück, den eine Missionsreise 1415 nach Perpignan brachte, wo seine flammenden Reden – wie andernorts – die Menschen in spontan organisierten Prozessionszügen zusammenkommen ließen. 1416 rief man in der Kirche St-Jacques zur Erinnerung an den Prediger und nach spanischem Muster die »Bußbruderschaft vom kostbaren Blut des Herrn Jesus Christus« ins Leben, die sich vornehmlich um soziale Randgruppen kümmerte.

Die Ambivalenz in der heutigen Beurteilung der *Confrérie* hat zweierlei Gründe. Zur Zeit der Inquisition machten sich die Blutsbrüder zu Handlangern kirchlicher Folterknechte, weil sie zum Tode Verurteilte zum Schafott begleiteten – in Gewändern, die auf fatale Weise der Henkerskleidung ähneln. Darüber hinaus nahm die Bruderschaft im Laufe der Jahrhunderte immer stärker Züge eines märtyrerhaften Geheimbundes an, dessen Mitglieder versuchten, sich durch blutige und verstümmelnde Selbstgeißelungsrituale in Gefühlszustände zu bringen, die denen des Erlösers vor dessen Tod nahekommen sollten. 1777 wurde deshalb die Bruderschaft verboten, zumal der Zentralstaat nicht kontrollierbare politisch-religiöse Untergrundtätigkeiten vermutete.

Erst 1950 rief man die »Sanch«-Bruderschaft ins Leben zurück, etablierte ihre Zentrale im Castillet und dehnte die Karfreitagsprozession über das Viertel St-Jacques bis zur Kathedrale St-Jean aus, dem Aufbewahrungsort des *Dévôt Christ* (s. S. 254). Wie ehedem wird der Zug in Perpignan vom rotgewandeten Bruderschaftsältesten, dem *Regidor*, angeführt, der eine Eisenglocke mit sich führt. Glockenklang, Gesang und dumpfer Trommelschlag begleiten den merkwürdigen Umzug, der auch in Arles-sur-Tech und in Collioure veranstaltet wird.

Gänsehaut und Mittelalterromantik bleiben auf den Karfreitag beschränkt. Am Ostersonntag beginnt man die Auferstehung mit ausgiebigen Tafelfreuden an der frischen Luft nach katalanischer Art zu feiern – wenn nicht gerade der kalte Tramontane die Menschen in die Häuser treibt –, mit Musik und Sardana und vielen, vielen Schaulustigen, für deren kirchlich-kulturelle Bedürfnisse während der Karwoche ein Kirchenmusik-Festival ins Leben gerufen wurde.

Café in der Nähe der Torfestung

man das »Consulat de Mer«, eine Handelskammer zur Überwachung des Seehandels nebst Gericht und Börse, das seinen Sitz in der **Loge de Mer** 5 nahm. Das 1397 begonnene Gebäude erhielt erst Mitte des 16. Jh. seinen filigranen gotischen Dekor. Auch das 1315 erbaute **Hôtel de Ville** 6 gleich nebenan (mit einem Hauptwerk Maillols, der Plastik »la Méditerranée« im Innenhof und das benachbarte **Palais de la Députation Provinciale** 7, der ehemalige Sitz der Provinzabgeordneten, 1448 im katalanischen Stil errichtet, erfuhren je nach politischer und finanzieller Situation bauliche Veränderungen, das Rathaus zuletzt im 17. Jh.

In diesen 300 Jahren erlebte die Stadt einen kontinuierlichen wirtschaftlichen Abstieg und sah Herrscher aus Spanien und Frankreich kommen und gehen. 1491 folgte auf die Franzosen, von denen die Stadt verschiedentlich attackiert und besetzt worden war, das erzkatholische kastilisch-aragonesische Königspaar Ferdinand und Isabella, das die Aktivitäten der toleranten und wirtschaftlich liberalen Stadt völlig lähmte. Im 16. Jh. nahmen unter dem Habsburger Karl V. (auch König von Kastilien) und Philipp II. die zentralstaatlichen Repressalien Spaniens eher noch zu. Es dauerte dennoch weitere 100 Jahre, bis die Katalanen diesseits der Pyrenäen offen gegen die kastilische Unterdrückung revoltierten und Richelieu bei der Besetzung des Roussillon den Weg bahnten. 1659 wurde das Gebiet samt Perpignan französisch. Nicht lange, und die Katalanen mußten schmerzlich erfahren, daß sie den spanischen gegen den französischen Zentralstaat getauscht hatten, zu dessen ersten Amtshandlungen das Verbot gehörte, katalanisch zu sprechen. Anfang des 20. Jh. lebten noch immer kaum mehr als 25 000 Menschen in Perpignan, das bis zur Gründung der EG im provinziellen Dämmerschlaf versunken blieb. Seinen Bevölkerungsaufschwung verdankt die Stadt dem Ausbau zu einem lebhaften Umschlagplatz für Agrarerzeugnisse, der Nähe zu spanischen Handelsplätzen und, seit Ende des Algerienkrieges, dem Zustrom nordafrikanischer und später spanischer und portugiesischer Einwanderer.

Von Platz zu Platz durch die Altstadt

Die Seele einer Altstadt sind ihre Plätze. In Perpignan, wo die ethnischen Spannungen groß sind, werden sie immer unentbehrlicher für die gefährdete Einheit der Stadt: als kleinster gemeinsamer Nenner des Zusammenlebens. Denn was sich abends fein säuberlich entsprechend der Hautfarbe und des Sozialstatus auf Plätzen und in Restaurants trennt, muß sich am Tage wohl oder übel mischen, weil die Altstadt zu klein ist, die Wege zu kurz sind und die Plätze zu dicht beieinander liegen, um sich völlig aus dem Wege zu gehen. Und wenn Wochenendmarkt ist, spricht Madame sogar ein Wort mit den *Gitanes* und Monsieur mit den *Arabes*. Was will man machen, wenn das beste Obst und Gemüse am Wochenende auf der Place Cassanyes im arabischen Viertel verkauft wird, wo all jene Zigeuner und Immigranten wohnen, um die man sonst einen Bogen macht?

Die grüne Lunge der Altstadt ist der langgestreckte **Square Bir Hakeim** gleich südlich des **Palais des Congrès et de la Culture** und der Touristeninformation, unweit der Parkplätze am Têtufer: ein Ort zum Dösen und Klönen in der Mittagshitze unter dem dichten Blätterdach von Laubbäumen und Palmen. Stilgerecht betritt man die Altstadt durch das alte Stadttor Le Castillet. Ehe man sichs versieht, hat man die lauschige **Place de Verdun** überquert, denn die gegenüberliegenden Gassen ziehen einen unwillkürlich weiter, zur kleinen **Place de la Loge** 8, Perpignans Nummer Eins unter den Plätzen. In der Loge de Mer, wo einst das Gericht und die Börse des »Consulat de Mer« residierten, logiert heute ein Schnellrestaurant nun schon einige Jahre äußerst erfolgreich unter den Augen einer korpulenten Maillol-Grazie. Es hält seine Klientel mittels eines schmalen Durchgangs auf Halbdistanz zu den teuren Bistros der gegenüberliegenden Platzseite. An der **Place Arago** zahlt man in allen Cafés an dem verkehrsumtobten, lebhaften Palmenplatz fürs Sehen und Gesehenwerden ähnliche Preise. An der studentisch geprägten **Place du Pont d'Envestit** befindet sich die Kunsthochschule und ganz in der Nähe das **Musée Hyacinthe Rigaud** 9. Das nach dem Hofmaler Ludwigs XIV. benannte Kunstmuseum in den Räumlichkeiten des sehenswerten

Quai Vauban in Perpignan

Hôtel de Lazerme aus dem 17. Jh. zeigt Malerei vom 13. Jh. bis zur Moderne, u. a. von Rigaud, Alechinsky, Breughel, Calder, Ingres und Picasso. Auf dem Weg über die winzige **Place des Poilus** mit einem täglichen Markt zur **Place Rigaud** verengen sich die Gassen, und überlassen geputzte Fassaden einfacheren Häuserfronten das Feld. Die großzügige Rue Ermile Zola führt in das Armeleuteviertel Quartier St-Jacques. Bevor man sich dort unversehens im Orient wiederfindet, zeigt die abendländisch-bürgerliche Architektur, was sie zu bieten hat: das **Hôtel Pams** 10, eine prachtvoll ausgestattete Stuckvilla von der Wende zum 20. Jh. – schräg gegenüber der neuen Médiathek – und ein paar Häuser weiter das **Hôtel de Cagariga** 11, Sitz des Naturkundemuseums.

Besonders sonntags – ohnehin der beste Tag für Stadtbesichtigungen – könnte der Kontrast zwischen der nordwestlichen und der nordöstlichen Altstadt größer nicht sein. Während hier das Leben den ganzen Sonntag nicht richtig in Gang kommt, verwandeln sich keine 500 m entfernt die Gassen in einen großen Basar und die **Place Cassanyes** 12 jeden Samstag und Sonntag vormittag in den lautesten, buntesten, duftendsten und bestsortierten Markt der Stadt. In der Mitte wird das Geld verdient und in den Kaffeehäusern drumherum ausgegeben. Es herrscht orientalische Herzlichkeit und Geselligkeit. Überall stehen Männer in Gruppen beisammen, engagiert debattierend, aber immer seltener lachend. Auch in Perpignan hat die Ausländerfeindlichkeit in den letzten Jahren zugenommen, wächst auf der einen Seite die Angst vor Überfremdung, auf der anderen Seite die Furcht vor Diskriminierung, Arbeitslosigkeit oder Abschiebung.

Dazu kommen die Probleme der Ausländer untereinander. Die vielen tau-

Wochenmarkt an der Place Cassanyes

send Zigeuner des Viertels wollen nicht mit den später eingewanderten Marokkanern in einen Topf geworfen werden, die sich wiederum nicht gut mit den algerischen und tunesischen Fundamentalisten verstehen, von denen die wenigen christlichen und besonders die jungen Algerier der zweiten Generation gemieden werden. Und während die ältere Ausländergeneration Vorurteile, schlechte Arbeitsplätze und überteuerte Unterkünfte widerspruchslos hinnahm, verschaffen sich deren in Frankreich geborene Kinder immer lauter Gehör und fordern zunehmend massiv die Gleichbehandlung bei Ausbildung und Vergabe von Arbeitsplätzen. Auch in Perpignan wird Frankreich von den ungelösten Problemen seiner afrikanischen Kolonialgeschichte und Ausländerpolitik eingeholt.

Südlich der **Place du Puig**, um die sich teilweise triste Wohnblocks türmen, sind die Gassen so eng, daß die Häuser alle Intimitäten ausplaudern und man mit der Nase zu Gast an Dutzenden von Mittagstischen ist. Die nahegelegene **Kirche St-Jacques** 🔳, 1245 gegründet und im 14. Jh. im katalanischen Stil neuerbaut, ist Versammlungsort der Karfreitagsprozession der »Confrérie de la Sanch« (s. S. 255). Die **Place Gambetta** zu Füßen der Kathedrale ist nicht mehr von Müllsäcken, sondern von eleganten Geschäften und Hotels gesäumt. Der Platz wird täglich gereinigt, und es riecht nach französischen Backwaren und Parfüm, so wie es sich viele für die ganze Altstadt wünschen.

Elne

🔳 (S. 295, s. Karte S. 260/261) Um das 6000-Einwohner-Städtchen im Herzen der Ebene, das zwischen 587 und 1602, also über 1000 Jahre, die einzige

Kreuzgang der Kathedrale von Elne

Bischofsstadt im Roussillon war, kommen Romanikfans nicht herum. Von dem antiken iberischen Illiberis, das später Konstantin so sehr schätzte, daß er den Ort an der Via Domitia auf den Namen seiner Mutter Helena in »Castrum Helenae« umbenennen ließ, ist bis auf ein paar Steine nichts mehr übriggeblieben. Um so mehr hat sich von der 1062 geweihten, dreischiffigen **Kathedrale** und dem Kloster erhalten: eine mächtige Westfassade im lombardischen Stil (s. S. 74) – der rechte Turm stammt allerdings aus dem 15. Jh., der linke ist noch jüngeren Datums – und ein völlig intakter Kreuzgang mit äußerst kunstvollen Kapitellen und Bildhauerarbeiten aus dem 12.–14. Jh. Der Kreuzgang steht in direkter Nachfolge zu St-Michel-de-Cuxa (s. S. 266). In der **Chapelle St-Laurent** ist ein kleines Museum mit Grabungsfunden aus der iberischen und römischen Epoche der Stadt eingerichtet.

Ruscino

■ (S. 313, s. Karte S. 260/261) Aus Chronistenpflicht sei hier auf Ruscino hingewiesen, neben Illiberis die wohl größte iberische Siedlung diesseits der Pyrenäen (4.–2. Jh. v. Chr.). Der Ort, der es den Römern wert war, durch eine Stichstraße mit der Via Domitia verbunden zu werden, ist mit den Jahren auf die Fundamente eines Forums und einiger Wohnstätten geschrumpft. Sie sind derzeit nur durch die Maschen eines Zauns zu betrachten, da weitere Grabungen im Rahmen der Via Domitia-Forschung geplant sind (Anfahrt ab Perpignan über die D 617 Richtung Canet-Plage). Die Grabungsstelle befindet sich in unmittelbarer Nähe des **Château Roussillon**. Von dem Schloß aus dem 13. Jh. ist einzig der 20 m hohe Turm, Tour de Castell-Rossello erhalten.

Das Hinterland

Die folgenden Tages- und Halbtagestouren durch die Landschaft am östlichen Ausläufer des Canigoumassivs können miteinander kombiniert werden.

Die Aspres

Ausgangsort Thuir; ca. 90 km, Dauer
$^1/_2$ Tag, Karte S. 260/261

Es gibt Kulturlandschaften, da paßt alles zusammen, das Licht, das Klima, die Vegetation und die Geographie, eine Harmonie, der die Menschen ihre Architektur und die Art der Erwerbstätigkeit wie selbstverständlich anpaßten. Die »langsamen« Jahrhunderte vergangener Epochen ließen dazu die Zeit, andererseits blieb beim harten Kampf ums tägliche

Das Hinterland des Roussillon

Brot zu wenig Zeit, die Straßen und Dörfer aufwendiger zu bauen, als es fürs Überleben unbedingt nötig war. Die Aspres sind so eine klare und einfache Landschaft. Und obwohl auf drei Seiten von Fernstraßen eingeschlossen, sind die Veränderungen der letzten Jahrzehnte für die Gegend glimpflich ausgegangen.

Wer die vielen Wermutweine wie etwa den Cinzano, Américano, Dubon-

net und Ambassadeur auch probieren möchte, deren Produktionsstätten man in **Thuir** 1 (S. 324) besichtigen kann, sollte den Besuch wohl besser ans Ende der Tour legen. Unter der Ägide der zwei größten Pastis-Produzenten Frankreichs werden in der betriebsamen Kleinstadt pro Jahr 20 Mio. l mit Kräuter-, Blüten- und Wurzelextrakten aromatisierte Aperitifs produziert. Wein und Zutaten liefert zu einem großen Teil die Umgebung. Byrrh, den wohl besten und eigentlich nur in Frankreich bekannten Wermut aus Thuir, hatte ein katalanischer Apotheker im 19. Jh. ursprünglich als Medizin erdacht. Das Eine-Million-Liter-Faß, in dem der Aperitif jahrzehntelang zur geschmacklichen Reife gebracht wurde, ist in den »Caves Byrrh« zu besichtigen.

Eine Burg, ein Berg und ein paar auto-freie Gassen, das ist der alte Grafensitz **Castelnou**  (S. 293). Ein Dorf, dessen Häuser dort am Rande der Aspres genauso selbstverständlich den Hügel hinaufgewachsen sind, wie man es für diese Landschaft nicht anders erwartet. Aus dem dichten Grün der Umgebung windet sich die D 48 heraus ins Freie und führt über terrassierte, von Bränden kahlrasierte Hügelketten auf knapp 700 m Höhe. Der Ausblick auf die gegenüberliegende südöstliche Albèreskette ist noch fotogener von der romanischen Kirche, **Eglise de Fontcouverte** ,

aus (wenige hundert Meter der D 2 in Richtung St-Michel-de-Llotes folgen). Die zypressenumstandene Einsiedelei erinnert in Baustil und Lage an provenzalische Kapellen.

Zurück in der Ebene, lohnt das ehemalige Kloster **Monastir-del-Camp** (S. 306) einen 4 km-Abstecher auf der D 2 über den Ort Fourques hinaus, Richtung Villemolaque und Autobahn. Den heutigen Privatbesitz soll Karl der Große einer Legende zufolge gestiftet haben, als Dank für einen Sieg über die Araber, der ihm hier auf dem Schlachtfeld (lat. *campus* = Feld) dereinst gelungen war. Wahr

Der alte Grafensitz Castelnou im Hinterland des Roussillon

oder nicht, gelungen ist die 1087 fertig-gestellte Kirche und vor allem der um 1300 entstandene gotische Kreuzgang.

In einem zweiten Anlauf taucht man nun endgültig ein in die Aspresberge und in die Korkeichenwälder von **Llauro** und **Oms** 5. So schön der Anblick von verwilderten, knorrigen Bäumen auch sein mag, die Bewohner hätten lieber eine gepflegte Baumkultur so wie früher vor Augen, als die beiden Orte noch von der Korkproduktion lebten. Könnte man sich Praktischeres vorstellen, als im Tal den Wein und in den Hügeln die dazuge-hörigen Flaschenverschlüsse zu produ-zieren? Offensichtlich ja, denn preiswer-ter Konkurrenzkorken aus Portugal und Übersee drückte die Preise und führte zu einer Verlagerung der Produktionsstät-ten in das verkehrsmäßig besser er-schlossene Techtal.

So sieht man hier fast nur noch Eichenstämme mit einer groben und wulstigen Rinde. Kaum jemand macht sich noch die Mühe, die harte, zur Kor-kherstellung unbrauchbare »männli-che« Außenschicht abzuschälen, um der weichen »weiblichen« Rinde Licht und Platz zum Gedeihen zu geben. 12–15 Jahre dauert es, bis man eine Korkeiche dieser Region zum ersten Mal schälen kann, weitere zehn Jahre etwa, bis die weibliche Rinde genügend Ringe ange-setzt hat, um ihrerseits geschält und zu Korken verarbeitet zu werden.

Je mehr man sich dem Col Fourtou nähert, desto öfter blitzt das bis in den Hochsommer hinein schneebedeckte Canigoumassiv durch die zerzausten Baumwipfel. 2 km abseits der Route (D 618 Richtung Amélie-les-Bains) ver-birgt sich eine weitere, besonders wegen eines romanischen Kruzifixes und eines volkstümlich gestalteten Altars sehenswerte Pilgerkirche, die **Chapelle de la Trinité** 6 aus dem

Korkeichen bei Llauro und Oms, wo einst die Korkproduktion florierte

12./13. Jh. Weiter nördlich bleibt die Landschaft verwunschen und grün. Und ebenso kurvenreich wie bisher schlän-gelt sich die D 618 an der romanischen Kirche und den Häusern von **Boule-d'Amont** vorbei nach Bouleternère.

Auf dem Weg dorthin lohnt eine schlichte Kirche einen Abstecher über eine 4 km lange Zufahrt von der D 618, 5 km hinter Boule-d'Amont nach Westen abzweigend. Die Prioratskirche **Prieuré de Serrabone** 7 (S. 322) gehört auf-grund ihrer reizvollen Lage und ihres prächtigen Innenlebens zu den wohl be-merkenswertesten Beispielen romani-scher Baukunst und Weltanschauung im Roussillon des 11. Jh. Die Kirche stand früher nicht als einziges Bauwerk in dem abgelegenen Seitental, sondern war von Klosteranlagen und Häusern umge-ben. Der Graf von Cerdagne, ein gläubi-ger und spendierfreudiger Herr, gilt als

Gründer von Serrabone. 1151 wurden Kirche und Kloster in Anwesenheit so erlauchter Herren wie des Bischofs von Elne und der Äbte von St-Michel-de-Cuxa geweiht und den Augustinern zur Nutzung übergeben. Nachdem die Mönche wieder abgewandert waren und das Kloster 1592 säkularisiert wurde, verfielen die Gemäuer bis auf das Kirchengebäude.

Was Serrabone indes so einzigartig macht, ist der Skulpturenschmuck der Arkaden und Säulenkapitelle, auf denen die Sängerkanzel im Zentrum des einfachen, fast strengen Kirchenschiffs ruht.

Die Bildhauer jener Jahre hatten ihrer Phantasie bei der künstlerischen Umsetzung heilsgeschichtlicher Szenen und irdischer Laster freien Lauf lassen können. So sehr die bildhauerische Arbeit auch vom regional und individuell unterschiedlichen Aberglauben der Künstler geprägt sein mochte, die Bildsprache blieb für jeden Gläubigen des Mittelalters verständlich. So verbergen sich beispielsweise hinter Adler, Stier, Mensch und Löwe die Evangelisten Johannes, Lukas, Matthäus und Markus, hinter dem Hirsch wohl ein Symbol des Glaubens.

Conflent und Canigou

Ausgangsort Prades; ca. 30 km, Dauer ¾ Tag ohne Abstecher zum Pic du Canigou, Karte S. 260/261

Rund um den Pic du Canigou rauschen die Bäche, die das Wasser für den Têt heranschaffen. Das war schon den Römern bekannt, und so nannten sie das wichtige Verbindungstal zwischen Mittelmeer und den südwestlichen Pyrenäen *Pagus confluentis*, »Land des Zusammenflusses«, woraus später *Conflent* wurde. Und spätestens seit Römerzeiten führte eine Straße durch das Tal. Sie kreuzte sich in der Ebene mit der Via Domitia, die über den Col du Perthus nach Spanien reichte. Aus der römischen Epoche sind leider keine, aus der romanischen dafür um so bedeutendere Bauwerke in dem weiten und betriebsamen Tal erhalten geblieben, dessen Klima und Vegetation von der Nähe des 2784 m hohen Pic du Canigou und den anderen Pyrenäenmassiven zu jeder Jahreszeit beeinflußt werden.

Wirtschaftliches und kulturelles Zentrum des Conflent ist **Prades** 9 (S. 316), mit knapp 7000 Einwohnern immerhin die zweitgrößte Stadt des Roussillon. Davon merkt man allerdings wenig, es sei denn, man kommt im Hochsommer. Dann nämlich strömen die Besucher der katalanischen Sommeruniversität, des Pablo Casals-Musikfestivals und des Cineastentreffens, zu Tausenden in die zugeknöpfte Stadt und bringen Leben in die Restaurants und Hotels. Warum es den berühmten spanischen Cellisten und unermüdlichen Menschenrechtskämpfer Pablo Casals auf der Flucht vor Franco 1937 gerade hierher verschlug,

Die Asprestour endet im Conflent ähnlich malerisch, wie sie östlich von Thuir begonnen hat, mit einem gut erhaltenen mittelalterlichen Hügeldorf. Im Gegensatz zu Castelnou stehen in **Bouleternère** 8 viele der Gebäude, u. a. die beiden Wachtürme, im oberen Ortsteil sogar noch fast so unverändert da, wie sie dort im 13. Jh. errichtet wurden – erstaunlich, wenn man bedenkt, welches politische Hin und Her über Jahrhunderte im Têttal geherrscht hat, bis das Roussillon 1659 an Frankreich fiel.

weiß niemand so genau. Vermutlich fand er hier die Ruhe, um sich von seinen Konzerttourneen zu erholen.

1950 folgten zum ersten Mal hochkarätige Solisten und Kammermusiker seiner Einladung zu einem kleinen Festival, das sich zu einem der bedeutendsten Südfrankreichs entwickelte und jährlich in der nahegelegenen Abtei St-Michel-de-Cuxa veranstaltet wird. Ganzjährig herausragend und gut besucht ist der Dienstagsmarkt auf dem Platz an der Kirche St-Pierre. Wenn sich auf den Ständen die Obst- unbd Gemüseberge türmen, wenn die halbe Stadt zum Schwatzen und Einkaufen zusammenströmt und in den zwei, drei Bistros am Platz kaum ein freier Stuhl zu finden ist, kommt etwas von jener Atmosphäre auf, die man dem gutgelegenen Standort für Unternehmungen im Conflent während der ganzen Woche über wünscht.

Ein Teil dessen, was die **Abbaye de St-Michel-de-Cuxa** 10 (S. 316, sprich: »kuscha«) im Süden von Prades zum stilistischen Vorbild für andere Klöster wie z. B. Serrabone (s. S. 322), Monastir-del-Camp (s. S. 306) und St-Martin-du-Canigou (s. S. 321) werden ließ, steht heute in schöner Lage am Hudson River. Es ist ein halber Marmorkreuzgang, der älteste des Roussillon, 1140 errichtet und 1907 für den Verkauf an das Museum of the Cloisters in New York demontiert. Als man das als Frevel erkannt hatte, entschloß man sich im Roussillon zum Nachbau. Nun hat die Neue Welt einen alten und die Alte Welt einen neuen Kreuzgang, dem seine Jugend kaum anzusehen ist, weil für die Rekonstruktion von zwei Flügeln nach der Demontage aufgefundene Originalteile wie etwa die Kapitelle wiederverwendet wurden.

878 gegründet und durch Schenkungen reich geworden, wurde St-Michel-de-Cuxa frühzeitig zum architektonischen Vorbild für Sakralbauten im Roussillon. Zu verdanken war dies Graf Oliba, einem Sproß der Grafen von Cerdagne. Er wurde 1007 auf den prestigereichen Abtstuhl von Cuxa berufen, nachdem er sich zuvor fünf Jahre lang in einem anderen Kloster auf den avisierten Leitungsposten vorbereitet hatte. Was er dort neben abendländischer Philosophie über Architektur lernte, kam den Umbauten in Cuxa zugute, bei denen zum ersten Mal im Roussillon ostromanische, d. h. lombardische Stilmerkmale verwendet wurden, wie sie im Katalonien jenseits der Pyrenäen bereits früher Verbreitung gefunden hatten (s. S. 74). Auf Olibas Geheiß wurden u. a. der Chor eingewölbt, um den Hauptchor ein Umgang mit drei Apsiden in der Ostwand geschaffen, zwei Türme errichtet – von denen einer Mitte des 19. Jh. zusammenfiel – das Langhaus verlängert und die runde Krypta Notre-Dame-de-la-Crèche gebaut.

In **Villefranche-de-Conflent** 11 (S. 327) ist fast alles echt. Nur wenige Häuserfronten haben sich seit ihrem Entstehen im 12., 13. und 14. Jh. verändert, die **Kirche St-Jacques** ruht mit ihrem romanischen Portal und den Skulpturarbeiten inmitten schiefer Winkel und krummer Dächer wie für die Ewigkeit gebaut, und der Festungswall, der bis zu Vaubans Zeiten von Jahrhundert zu Jahrhundert dicker wurde, hat seinen Zweck erfüllt und die alte Grenzbastion gut beschützt.

Dennoch wirkt dieses Dorf, das eigentlich eine Stadt ist, weil den Einwohnern seit Gründung 1089 die Bürgerrechte zuerkannt wurden, merkwürdig künstlich, romantisiert und leblos – vermutlich, weil 200 Häuser und Wohnungen für knapp 400 Einwohner zuviel sind. Da verlieren sie sich leicht zwischen den allsommerlich anrückenden Besuchermassen, nutzen sich ihre freundlichen Gesichter vom vielen Angegucktwerden ab und nehmen im Laufe der Zeit das Aussehen von Wachsfiguren eines Freilichtmuseums an.

Etwas weniger Rummel herrscht auf der Festungsmauer, auf der man um die Stadt herumspazieren kann. Am wenigsten turbulent geht es auf der Vaubanfestung **Châteaufort Liberia** hoch über den Dächern von Villefranche zu. Der Weg dorthin ist steil, und es kostet viel Eintrittsgeld, wenn man sich durch die ehemaligen Soldatenunterkünfte und Verliese in Privatbesitz herumführen lassen möchte. Dafür ist Villefranche-de-Conflent aus der erhöhten Halbdistanz nett anzusehen und der schnurgerade überdachte Abstieg zurück fast schon sein Geld wert. Richtung Süden runden die nahegelegenen **Grottes des Grandes Canalettes** mit ihren Tropfsteinen das touristische Beschäftigungsprogramm rund um Villefranche-de-Conflent ab und absorbieren einen kleinen Teil der vielen Sommerbesucher.

Ein paar Kilometer weiter das Cadytal hinauf verbirgt sich hinter viel Grün und in klimatisch angenehmer Mittelgebirgshöhe der Kurort **Vernet-les-Bains** 12 (S. 326), dessen Heilwasser sich schon die Römer und im späten 19. Jh. auch Angehörige des englischen Jetsets vor der britisch beeinflußten Hotel- und Parkkulisse über ihre rheumatischen Glieder fließen ließen.

Von dem Örtchen Casteil aus führt ein 45minütiger, recht steiler Aufstieg zur **Abbaye de St-Martin-du-Canigou** 13 (S. 321), die hoch auf einem Felssporn thront. Ab Vernet-les-Bains kann man sich auch mit einem Jeep zum Kloster bringen lassen. Aus kunst-

Villefranche-de-Conflent

Fahrt mit dem »Petit train jaune«

Eine wirklich schöne Art, Villefranche-de-Conflent in Richtung des Hochplateaus der Cerdagne den Rücken zu kehren, ist der *Petit train jaune*, der »gelbe Minizug«, der von hier aus in der Regel ganzjährig und mehrmals täglich Richtung spanische Grenze startet. 1911 wurde die Bahnlinie zwischen Villefranche-de-Conflent und Latour-de-Carol eröffnet. Während der dreistündigen Fahrt durch 19 Tunnel und über 20 Brücken, von denen die 222 m hohe Hängebrücke, der Pont Gisclard, den Besuchern den schönsten Schwindelschauer über den Rücken jagt, überwindet die Schmalspurbahn – im Sommer teilweise mit offenen Anhängern – fast 1600 Höhenmeter. Sie passiert 22 Haltestationen, darunter Bolquère-Eyne, Frankreichs höchstgelegenen Bahnhof, an dem sie nur auf Bestellung hält, was übrigens für die meisten der Stationen gilt. Ob man sich für einen Stopp in einem der schönen Dörfer an der Strecke entscheidet oder die reizvolle Landschaft einfach an sich vorbeirauschen läßt, die Fahrt mit dem *Petit train jaune* ist in jedem Fall ein lohnendes Vergnügen.

Petit train jaune

269

historischer Sicht gebührt St-Michel-de-Cuxa wegen seiner architektonischen Vorreiterrolle zwar der erste Rang unter Roussillons Sakralbauten, dafür ist die Lage von St-Martin-du-Canigou im ganzen Languedoc-Roussillon jedoch unübertroffen und lohnt schon deshalb einen Besuch. Und baulich kann die Abtei durchaus mithalten, schließlich wurde ihre Kirche 1020 zum ersten Mal im Roussillon mit einer neuen Technik vollständig eingewölbt, und überdies dürfte es sich bei dem Glockenturm um den ersten seiner Art handeln, der nach lombardischem Vorbild isoliert errichtet wurde.

Das Kloster St-Martin-du-Canigou

Um 1000 legte Graf Guifred von Cerdagne, ein Bruder Olibas, des späteren Abtes von St-Michel-Cuxa, an der Stelle einer Einsiedelei den Grundstein für ein Kloster, in dem er sich später einmal mit seiner Frau zur ewigen Ruhe betten lassen wollte. Oliba war höchst erfreut über so viel Frömmigkeit in seiner Familie und lieh seinen begabten Baumeister Sclua aus, der hier die Gelegenheit nutzte, die für ihn neue, aus Nordspanien importierte Technik eines steinernen Tonnengewölbes auszuprobieren und zwei dreischiffige Kirchen übereinanderzubauen.

Auch der Kreuzgang bestand ursprünglich aus zwei Galerien, deren obere allerdings erst im 14. Jh. aufgesetzt und bei einer späteren Rekonstruk-

Richig Reisen Tip

Abstecher auf den Pic du Canigou

Nicht irgendein »Fast-Dreitausender« ist der Pic du Canigou, sondern so etwas wie der »Fujiyama des Roussillon«. Heilig wie jener den Japanern ist der hiesige Berg den Katalanen zwar nicht mehr, nachdem sich herausstellte, daß man ihn über Jahrhunderte fälschlich für den höchsten Gipfel der Ostpyrenäen gehalten hatte. Ein Symbol der Unbesiegbarkeit freiheitsliebender Katalanen ist er für die Alten jedoch geblieben.

Aber auch dafür kann der Berg wohl nicht mehr herhalten, seit man ihn mit dem Auto in eineinhalb Stunden bis knapp unterhalb seines 2784 m hohen Gipfels bezwingen kann. Aus Richtung Prades kommend, sind es 5 km auf der D 24 bis nach Villerach und ab Ortsende noch einmal 20 km auf einer ungeteerten *Route forestière* bis zum Chalethôtel des Cortalets, einer 80 Betten-Unterkunft auf 2150 m Höhe. Beileibe kein Katzensprung, denn die im Winterhalbjahr gesperrte Schlaglochpiste erfordert eine äußerst umsichtige Fahrweise. Es ist einfacher, sich von Prades oder Vernet-les-Bains frühmorgens mit einem Jeep auf den Berg fahren zu lassen. So oder so bleibt aber noch ein Fußmarsch für die letzten Kilometer auf den Gipfel. Angesichts der vielen plattgefahrenen Frösche, Blindschleichen und Feuersa-

tion dann weggelassen wurde, weil man deren Gesteinsreste zur Wiederherstellung der unteren Galerie verwendete. Im 15. Jh. brachte ein Erdbeben Teile der Anlage zum Einsturz, die nach der Französischen Revolution, ebenso wie St-Michel-de-Cuxa, verfiel, bis man im 20. Jh. wieder mit dem Aufbau begann. Im Kloster lebt heute eine benediktinische Mönchsgemeinschaft, deren Mitglieder die Führungen organisieren.

Albères und Vallespir

Ausgangsort St-André; ca. 80 km, Dauer 1 Tag, Karte S. 260/261

Erst seit den 60er Jahren ist das Techtal durch einen offiziellen Grenzübergang am Col d'Ares mit Spanien verbunden. Bis dahin war es vornehmlich die »grüne« Grenze, über die der Kultur- und Warenaustausch in den abgelegenen lamander auf der holprigen Piste ist es ohnehin sinnvoll, den gesamten Weg auf den Berg entweder mit dem Mountainbike oder zu Fuß zurückzulegen.

Wie letzteres geht, hat Tucholsky 1925 ausprobiert und in seinem »Pyrenäenbuch« der Nachwelt überliefert: »Das war ein Gebirgsmarsch wie aus dem Bilderbuch. Der Nachtportier schließt frühmorgens das Hotel auf, im Rucksack ist das Frühstückspaket, weil ich nicht weiß, wann ich wieder herunterkommen werde, und kaum sind acht Stunden vergangen, bin ich oben. Mir war das Meer versprochen worden,

doch dick verhängt lag das Land. Aber darauf kam es gar nicht an. Unterwegs war es viel schöner als oben.«

Wer wie Tucholsky den Weg für das Ziel hält, sollte sich in den Fremdenverkehrsämtern von Prades oder Vernet-les-Bains über die vielfältigen Wandermöglichkeiten erkundigen. Die erwähnte Forststraße ab Villerach wird von einem schmalen, oft den direkteren, also steileren Weg nehmenden Wanderpfad gesäumt, der an zwei unbewirtschafteten Wanderhütten vorbeiführt. Zunächst geht es 7 km nach Villerach und sodann in 849 m Höhe an der »Refuge forestier du Mas Malette« vorbei, die mit Wasser und Feuerstellen versorgt ist und einen Raum mit Kamin, aber keine Schlafmöglichkeiten bietet. Nach weiteren 5 km liegt in 1183 m Höhe die Schutzhütte »Refuge de la Mouline«, die über Wasser und einen Raum mit einem Kamin und 8–10 Schlafstellen verfügt. Für die 20 km bis zu dem Chalet-hôtel benötigt man 6–8 Stunden. Um eine einwandfreie Aussicht vom Gipfel genießen zu können, empfiehlt es sich, am Tag zuvor bis zum Chalet-hôtel zu wandern und früh am anderen Morgen in $1^1/_2$– 2 Stunden auf den Gipfel zu steigen, bevor er sich in Dunst hüllt.

Bergschneisen des Vallespir relativ unbehelligt von den Ordnungshütern beider Seiten abgewickelt wurde. Kein Dorf und Weiler entlang der südwestlichsten Pyrenäenflanke, der nicht irgendwann vom Schmuggel profitierte und andererseits mit dem Problem heimlicher Grenzübertritte von Straftätern oder Kriegsimmigranten konfrontiert wurde. Das Gedächtnis der Alten ist voller Geschichten davon, die längst Geschichte sind.

Im 11. und 12. Jh. war das Roussillon noch kein konfliktgeladenes Grenzland zwischen Spanien und Frankreich. Jenseits der Pyrenäen herrschten die Katalanen und Aragonesen, und diesseits hatten die toleranten Toulouser Grafen das Sagen, ohne daß ihnen die französische Krone ins Regieren reinredete. In liberalen und friedlichen Zeiten läßt sich gut bauen. Daß die Architektur hiesiger Kirchen stilbildend für die Romanik spä-

*Backstube in
St-Genis-des-
Fontaines*

terer Jahre und anderer Regionen wurde, verdankt sie dem iberischen Nachbarland. Von dort aus fanden sowohl der lombardische, in Frankreich *premier art roman* genannte Stil als auch die bewährten karolingischen und westgotischen Einwölbtechniken über die Pyrenäen den Weg in das katalanisch sprechende Freundesland Roussillon (s. S. 74, St-Michel-de-Cuxa, S. 266 und St-Martin-du-Canigou, S. 267 ff.).

Wenn es in diesem Zusammenhang um die Herausbildung romanischer Bildhauerkunst geht, werden besonders zwei Orte im Roussillon genannt: **St-André** 14 (S. 319 f.) und **St-Genis-des-Fontaines** 15 (S. 319). Sie liegen dicht beieinander an den nördlichen Albèresausläufern, wo Tech und Têt die Ebene des Roussillon geschaffen haben und das Klima mild und die Vegetation mediterran ist. Auch die im 9. Jh. aus dem Westen ins Land strömenden Mönche hatten es gerne warm, und das sumpfige Schwemmland für den Acker- und Weinbau trockenzulegen erwies sich als jene wahrhaft biblische Aufgabe, die man für ein gottgefälliges Leben gesucht hatte. Um dem Herrgott für soviel Arbeit zu dan-

ken, sein Wort zu verbreiten und ein Dach über dem Kopf zu haben, baute man Klöster und Kirchen auf Landparzellen, die den Mönchsgemeinschaften von Gebietsgrafen überlassen wurden. So oder ähnlich hat es sich zur Zeit Karls des Großen überall in der südwestlichen Mittelmeerregion zugetragen, vermutlich auch hier, wo es im 9. Jh. zur Gründung der beiden Klöster kam.

Während vom Kloster in St-André nur noch die Kirche steht, hat man in St-Genis den in den USA vermuteten, tatsächlich aber nach der Demontage in einem Privatschloß bei Paris bis 1983 verborgengehaltenen Kreuzgang wiederaufgebaut. Nur drei der Säulen sind Kopien, deren Originale im Rahmen des Kunstschachers Anfang des 20. Jh. nach New York gelangten (s. S. 266). Was die beiden Kirchen so berühmt macht, ihre Türstürze, ist echt und seit jeher am zugedachten Ort verblieben.

Das Relief aus dem Jahre 1020, das den Eingang der ehemaligen Klosterkirche von St-Genis-des-Fontaines (s. S. 76) überspannt, ist wegweisend für die romanische Bildhauerkunst. Es ist die älteste eindeutig datierte Skulpturarbeit der

Romanik Frankreichs. Das Flachrelief zeigt in der Mitte Christus in einer Mandorla (ein die ganze Figur umgebender Heiligenschein), getragen von zwei Engeln, denen jeweils drei Apostel oder Heilige zur Seite sitzen. Der Türsturz von St-André ist ganz offensichtlich später angefertigt worden, da er motivisch zwar ähnlich, insgesamt aber bereits plastischer und lebhafter gestaltet ist. Ob derselbe Künstler auch dieses Relief ausführte, wie vielfach vermutet wird, ist ungeklärt.

Kirschen und Kunst haben **Céret** 16 (S. 293 f.) bei Kennern berühmt gemacht. Die 6500-Einwohner-Stadt wird für die Atmosphäre ihrer kleinen Altstadt geliebt, wo sich auf knapp 250 m² mehr katalanisches und mediterranes Leben anhäuft als im ganzen übrigen Vallespir. Hier stehen die uralten Platanen fast so dicht wie die Bistrostuhlreihen darunter. Jeden Samstag vormittag findet ein Markt mit dem größten Angebot biody-

namischer und katalanischer Produkte weit und breit statt. Und hier drängelt sich während des Tanz- und Musikfestes *Festival de la Sardana*, das jährlich am ersten Augustwochenende beginnt, alles, was beim Tanzen Rang und Namen und einen Platz zum Zuschauen gefunden hat.

Von der Winter- und Frühjahrskälte bleibt der Ort zumeist verschont, weil die Geographie der Umgebung für ein günstiges Mikroklima sorgt. Besonders den Kirschen bekommt das gut. Sie werden hier früher als anderswo in Frankreich reif, und das erste Körbchen erhält traditionell der Präsident der Republik. Im Sommer hingegen weht ein beständiger Wind von den Berghängen der Albères. Er wirkt wie eine Klimaanlage, saugt die Hitze aus den Gassen, bläst – ohne viel Wind zu machen – frische Luft in die Stadt und färbt den Himmel ähnlich blau wie an der Côte Vermeille. Kein schlechter Ort

Das milde Klima lockte u. a. namhafte Künstler nach Céret

zum Leben, dachten all jene Künstler, die das Roussillon für sein Licht und seine katalanische Widerborstigkeit mochten und denen Collioure im Winter zu kalt und im Sommer zu überfremdet war.

Der katalanische Bildhauer Manolo, der Komponist Déodat de Séverac und der Maler Franck Burty Haviland waren zuerst da und lockten Freunde von der Küste und Paris nach Céret. Marc Chagall, Juan Gris kamen und blieben, zeitweilig auch Henri Matisse. Sogar Picasso und Braque stellten hier ihre Staffeleien auf und malten in dem Stil weiter, mit dem sie zuvor in Paris begonnen hatten, dem Kubismus. Nicht lange, und Céret erhielt den im provinziellen Überschwang kreierten Titel »Mekka des Kubismus«.

Wen es von der malerischen Altstadt zur Malerei zieht, der findet im **Musée d'Art moderne** einiges, was während der Künstleraufenthalte in Céret entstanden ist. Überdies sind zwei Plastiken in der Altstadt aufgestellt: Vor der Touristeninformation an der Avenue Georges Clemenceau erhebt sich Manolos Denkmal für Déodat de Séverac und an der Place de la Liberté im Süden befindet sich ein Kriegerdenkmal Maillols. Am nördlichen Ortsausgang an der D 115 überspannt der **Vieux Pont**, eine einbogige Steinbrücke aus dem 14. Jh., den Tech.

Cérets Nachbarort **Amélie-les-Bains** [17] (S. 283) fehlt es an nichts, was man von einem besseren Kurort erwartet, der auf eine 2000jährige Tradition als Heilbad zurückblickt: viele gute Cafés und Konditoreien, gehobene Boutiquen und Schmuckläden, teure Restaurants und Hotels, also alles, was einem zum Geldausgeben in den Sinn kommt, derweil man sich unter Fangopackungen und in Anti-Rheuma-Bädern langweilt. In einem Ort, wo viel Geld für Gesundheit und Gediegenheit ausgegeben wird, wirkt leider auch die wildeste Vegetation leblos und künstlich. Man sollte dennoch näher hinsehen, denn im feucht-milden Klima von Amélie-les-Bains gedeihen Mimosen, Palmen, Kakteen, Agaven und Oleander so gut wie nirgendwo sonst im Languedoc-Roussillon.

Das gesunde Klima und die Nähe zu Amélie-les-Bains haben aus dem früheren Industrieort **Arles-sur-Tech** [18] (S. 284 f.) eine Pensionärsstadt gemacht, in der es entsprechend gemächlich zugeht. Eine Unterbrechung der Fahrt für eine kleine Stadtbesichtigung lohnt die Abteikirche **Ste-Marie-de-Vallespir.** Karl der Große persönlich ließ das Kloster gründen. Es wurde nach normannischen Zerstörungen im 11. Jh. an anderer Stelle neu erbaut. Großzügige Landschenkungen der Feudalherren schufen die wirtschaftliche Voraussetzung dafür, daß sich das Kloster nach St-Michel-de-Cuxa zum zweitgrößten des Roussillon entwickeln konnte. Die Fassade des etwas düster wirkenden dreischiffigen Bauwerks ist aus ungeklärten Gründen – anders als üblich – geostet, während der Altarraum nach Westen zeigt. Das kreuzförmige Flachrelief im Tympanon des Hauptportals weist stilistische Ähnlichkeiten mit denen von St-André und St-Genis auf. Im Süden schließt sich ein licht gestalteter gotischer Kreuzgang an.

2 km hinter Arles-sur-Tech hat eine Felsenflanke des Pic du Canigou besonders schroffe, enge Schluchten gebildet: **Gorges de la Fou** heißt diese bis 300 m tiefe Spalte, über deren Grund ein (kostenpflichtiger) Weg führt. Wen es aus dem Tal auf die Höhe zieht, der sollte die Gelegenheit zu einem Abstecher auf der D 3 durch die Mittelgebirgswälder des Quératals nach **St-Laurent-**

de-Cerdans 19 (S. 321) nutzen. Interessanter als der Ort selbst ist seine landschaftliche Umgebung und seine Geschichte. Was hier oben etwas verschlafen vor sich hinzudämmern scheint, war Ende des 17. Jh. noch ein Industriestädtchen ähnlich wie Arles-sur-Tech, in dem mit der Weiterverarbeitung der Eisenvorkommen im Tal für damalige Verhältnisse recht viel Geld verdient wurde. Welcher Ort im Roussillon hatte zu jener Zeit schon die Mittel für eine eigene Schule, in der über 100 Kinder regelmäßig unterrichtet wurden? Nach Rückgang der Eisenvorkommen gelang St-Laurent-de-Cerdans recht problemlos die Umstellung auf die Produktion von bis dahin aus Spanien importierten bzw. geschmuggelten *espadrilles*, jenen spanischen Schuhen, die aus Hanf und Tuch gefertigt werden. Noch heute werden hier, wenn auch in bescheidenem Umfang, Stoffschuhe hergestellt. Wie man das früher machte, zeigt eine komplett erhaltene Werkstatt im **Musée de l'Espadrille**, in dem auch eine nachgebaute Eisenschmiede aus dem 17. Jh.

ausgestellt ist. Auf ein tragisches Kapitel der jüngeren Vergangenheit von St-Laurent weist ein anderer Ausstellungsraum hin. Hier sind ein Teil jener Holzverschläge aufgebaut, hinter denen kurzfristig bis zu 70 000 Republikaner gehaust hatten, die 1939 auf einer Massenflucht vor Franco über die grüne Grenze in das völlig überforderte St-Laurent geströmt waren. 1940 wurden die Lager wegen unhaltbarer hygienischer Zustände aufgelöst und die Flüchtlinge in den französischen Arbeitsdienst gesteckt (s. S. 241 f.).

In dem kleinen, kurz vor der spanischen Grenze gelegenen **Coustouges** 20, das den Römern einst als Garnison und Guckposten gedient hat, werden viele Fensterläden am Tage gar nicht erst geöffnet. In der kleinen Häuseransammlung gibt es wohl nicht viel für die Dorfbewohner zu sehen. Für die Besucher auch nicht, es sei denn, sie sind wegen der 1142 geweihten Kirche Ste-Marie gekommen, einem schlichten, aus rotem Sandstein und Granit errichteten Bau, der neben seinen klaren Proportionen durch seine malerische Lage an einem Felsbuckel beeindruckt. Vom 3 km weiter südlich gelegenen, 903 m hohen Can Damon kann man bei gutem Wetter in der Ferne die Costa Brava sehen.

Prats-de-Mollo 21 (S. 317) ist der letzte größere Ort am Ende des Techtals. Seine Höhenlage, die alles überragende gotische Kirche von 1689 mit einem erhaltenen romanischen Turm und Vaubans Festungsanlage verleihen dem Ort mehr Kühle und Strenge, als man sie in den Gassen wiederfindet. Bis zur Öffnung des nahen Grenzübergangs nach Spanien war hier auch für die Bewohner die Welt zu Ende. Nach Norden versperrt der Pic du Canigou den Weg, in den Süden gelangte man nur auf einem unsicheren Schmuggelpaß über den unwegsamen Col d'Ares, und ein paar Kilometer westlich gab es allenfalls noch die Thermalquellen im eher enttäuschenden **La Preste**.

Cerdagne und Capcir

Ausgangsort Mont-Louis; ca. 90 km, Dauer $1/2$ Tag, Karte S. 276; kombinierbar mit der Tour durchs obere Audetal (s. S. 228 f.)

Auch das ist Roussillon: Almen, Kühe, Skilifte, ringsum bis in den Sommer hinein schneebedeckte Pyrenäengipfel und zu Füßen des Pic Carlit, des mit 2921 m höchsten Berges des Departements, eines der höchstgelegenen Seengebiete Europas. Gleich hinter dem unversehrten Garnisonsstädtchen **Mont-Louis** 1 (S. 306), das auf Geheiß Ludwigs XIV., der dem Pyrenäenfrieden mißtraute, im 17. Jh. zu einer Grenzbastion ausgebaut

Cerdagne und Capcir

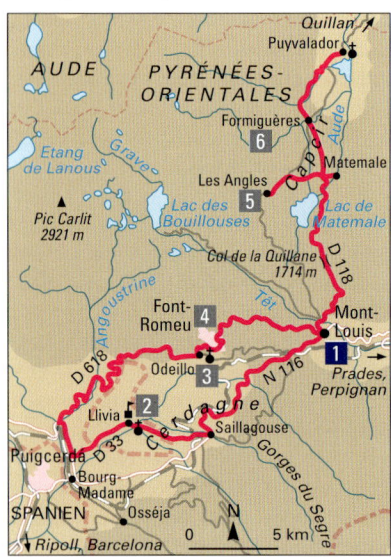

wurde, beginnt die Cerdagne, *la frontière sauvage*, das »wilde Grenzland«, wie man die Bergprovinz hier nennt.

Auch sie gehört nach unruhigen Jahrhunderten erst von 1659 an zu Frankreich, d. h. nicht ganz. Denn wenige Kilometer hinter Saillagouse, wo man in Richtung spanischer Grenze von der N 116 auf die kleinere D 33 abbiegen kann, hat sich 1659 ein kleines Stück Spanien ganz legal in Feindesland geschmuggelt, die kleine Enklave mit dem unscheinbaren Ferienhausörtchen **Llivia** 2. Und diese erinnert das diplomatisch so versierte Frankreich seit 350 Jahren daran, daß die königlichen Unterhändler bei der Formulierung des Pyrenäenvertrages unachtsam waren. In dem Vertragstext, der die Übergabe eines Teils der spanischen Cerdagne regelte, war ausdrücklich nur von den dazugehörigen 33 Dörfern die Rede. Das kleine Llivia genoß aber als einziger Ort – was den Unterhändlern entgangen war – Stadtrechte und blieb somit spanisches Hoheitsgebiet.

Nicht am Mittelmeer, das kaum 60 km Luftlinie von hier entfernt ist, sondern bei **Odeillo** 3 (S. 311), an der Nordseite der Cerdagne, scheint Frankreichs Sonne am häufigsten, nämlich durchschnittlich 3000 Stunden im Jahr. Seit 1969, lange bevor Solarenergie den meisten ein Begriff wurde, bündelt man hier die Sonnenstrahlung mit einem 40 m hohen Parabolspiegel, um mit der erreichten Hitze von bis zu 4000° Celsius Grundlagenforschung zu betreiben, etwa für hitzebeständiges Material.

Vom Glanz der Belle Epoque, während der die feine Gesellschaft in der Cerdagne zu kuren geruhte, ist im benachbarten **Font-Romeu** 4 (S. 297) noch etwas zu spüren. Einen Hauch von Morbidität umweht das pompöse Grand Hôtel, das die Eignergesellschaft des

Bizarre Konstruktion: Hohlspiegel für Hochtemperaturversuche in Odeillo

Petit train jaune 1920 hatte errichten lassen, um ihre spärlich besetzten Züge zu füllen. Ansonsten haben Appartementbauten heute die Oberhand über die alte Architektur von Font-Romeu gewonnen, das sich von einem Wallfahrtsziel zu einem modernen Skiort entwickelte und über ein hoch gelobtes Höhentrainingslager verfügt, in dem auch Olympioniken trainieren. Daß Spanien nah und Barcelona nur zwei Autostunden entfernt ist, hört man an der Sprache auf den Skipisten ringsum. Hier oben in den Bergen sind sich die beiden Hälften des ehemals pyrenäenübergreifenden Katalonien wieder recht nahe gekommen.

Auch im Capcir wird viel Katalanisch gesprochen, seit Urlauber aus Spanien und dem Roussillon das Nachbartal entdeckten und der 220 Seelen-Ort **Les Angles** 5 (S. 284) binnen weniger Jahre 19 000 Ferienbetten anbieten konnte.

Weil man hier auf Skiern die Berge nicht nur runter, sondern im Sommer mit überall zum Verleih angebotenen Mountainbikes auch wieder rauf kommt und der Stausee bei **Matemale** (S. 303) zum Surfen freigegeben wurde, ist im Capcir im Sommer fast so viel los wie im Winter.

Ähnlich übergangslos, wie zwischen dem Conflent und der Cerdagne die mediterrane Landschaft in eine alpine übergeht, vollzieht sich der Vegetationswechsel vom Capcir zum tiefergelegenen Audetal. Kaum hat man das dörflich gebliebene Verwaltungszentrum des Capcir, **Formiguères** 6 (S. 297) und dessen schiefergedeckte Holzhäuser passiert, enden bei dem unauffälligen Örtchen **Puyvalador** Almen und Krüppelkiefern. Und ein paar Windungen weiter verschwindet die Straße in den weiten Buchenwäldern des Audeoberlaufs.

Information

Unterkunft

Restaurants

Öffnungszeiten

Sehenswert

Aktivitäten

Einkaufen

Festivals

Bahn

Bus

Bootsfahrten

Flugverbindung

Serviceteil

Serviceteil

So nutzen Sie
den Serviceteil richtig

▼ Das erste Kapitel, **Adressen und Tips von Ort zu Ort**, listet die im Reiseteil beschriebenen Orte in alphabetischer Reihenfolge auf. Zu jedem Ort finden Sie hier Empfehlungen für Unterkünfte und Restaurants sowie Hinweise zu den Öffnungszeiten von Museen und anderen Sehenswürdigkeiten, zu Festen, Unterhaltungsangeboten etc. Piktogramme helfen Ihnen bei der raschen Orientierung.

▼ Die **Reiseinformationen von A bis Z** bieten von A wie »Anreise« bis Z wie »Zoll« eine Fülle an nützlichen Hinweisen – Antworten auf Fragen, die sich vor und während der Reise stellen.

Inhalt

Inhalt

281

Adressen und Tips von Ort zu Ort

Preiskategorien: Die Hotels wurden wie folgt eingestuft (Angaben jeweils für ein Doppelzimmer): F = 100–250 Francs, FF = 250–350 Francs, FFF = 350–560 Francs, FFFF = 600–1500 Francs und mehr.

Agde (34300)

 Office de Tourisme:
1, Pl. Molière, ✆ 04 67 94 29 68

 Hotels: Des Arcades, F, 16, Rue Louis Bages, ✆ 04 67 94 21 64, einfaches Haus in der Nähe der Kathedrale
Les Deux Frères, F–FF, 7, Av. Victor Hugo, ✆ 04 67 21 14 42, Fax 04 67 21 17 70, Logis-de-France-Haus in Bahnhofsnähe, mit Restaurant
L'Affenage, FF, 2, Route de Vias, ✆ 04 67 94 18 86, Fax 04 67 21 22 67, komfortables Hotel am linken Ufer des Hérault
Orion Tourisme, F-FFF, Av. des Sergents, ✆ 04 67 26 15 49, Fax 04 67 01 15 75, gut ausgestattetes 3-Sterne-Hotel mit Schwimmbad
La Tamarissière, FFF–FFFF, 4 km südwestl. an der D 32 E, ✆ 04 67 94 20 87, Fax 04 67 21 38 40, idyllisch gelegen: vor dem Hotel fließt der Canal de l'Hérault, dahinter liegen ein Rosengarten und ein Kiefernwald, mit Pool

Restaurant: La Tamarissière (s. o.), ausgezeichnete Karte mit moderaten Preisen: Meeresfrüchte,

Fisch- und Fleischgerichte und sehr gute Weinauswahl

 Museum: Musée agathois, Rue de la Fraternité, ✆ 04 67 94 82 51, Heimatmuseum, ganzjährig 10–12 und 14–18 Uhr, Mitte Sept.–Mitte Juni Di geschl.

Aigues-Mortes (30220)

 Office de Tourisme: porte de la Gardette, ✆ 04 66 53 73 00

 Hotels: Hostellerie des Remparts, FF–FFF, 6, place Anatole-France, ✆ 04 66 53 82 77, Fax 04 66 53 73 77, zentral, nah an der Tour de Constance gelegen; einige Zimmer mit Blick auf die Wehranlagen
Les Templiers, FFF–FFFF, 23, rue de la République, ✆ 04 66 53 66 56, Fax 04 66 53 69 61, stimmungsvolles Haus aus dem 17. Jh., im mittelalterlichen Stadtzentrum; freundlicher Empfang

Restaurant: Les Arcades, 23, boul. Gambetta, ✆ 04 66 53 81 13: in diesem stilvollen Gemäuer aus dem 16. Jh. – oder auf seiner Gartenterrasse – werden hauptsächlich Meeresfrüchte serviert

 **Besichtigung: Tour Constance**, Juni–Aug. 9–19 Uhr, April/Mai und Sept. 9.30–12 und 14–18 Uhr, Okt.–März 9.30–12 und

14–17 Uhr, geschl. 1. Jan., 1. Mai,
1. und 11. Nov. und 25. Dez.
Führungen durch die Salzgärten (*salines*) finden im Juli und Aug. Mi und Fr
nachmittag statt, Auskunft im Fremdenverkehrsamt

 Markt: Wochenmarkt, Mi und
So

Amélie-les-Bains (66110)

 Office de Tourisme: Quai du
8-Mai-1945, ℘ 04 68 39 01 98

 **Hotels/Restaurants:**
Martinets, F, 5, Rue Herma
Bessière, ℘ 04 68 39 00 64, direkt an
den Thermen, gutbürgerlicher Standard, mit Garten und Restaurant
La Chaumlère, F, 2, Av. de Vallespir, ℘
04 68 39 05 35, einfaches, bodenständiges Haus mit Restaurant
Palmarium, F-FF, 44, Av. de Vallespir,
℘ 04 68 39 19 38, Fax 04 68 39 04 23,
familiäres Logis-de-France-Haus mit
gutem Komfort, auch Restaurant
Palm-Tech, F-FF, Quai Georges Bosch,
℘ 04 68 83 98 00, Fax 04 68 39 84 27,
am Ufer des Tech gelegen, schöner
Ausblick, mit Restaurant
Castel Emeraude, FF-FFF, Route de
la Corniche, La petite Provence,
℘ 04 68 39 02 83, Fax 04 68 39 03 09,
sehr ruhiges Haus in einem ausgedehnten Park, komfortable Zimmer, Restaurant mit Gartenterrasse
Chez Françoise, Corsavy, 9 km westlich
an der D115/D 43, 04 68 39 12 04, hier
bedienen Henriette und Véronique, das
Restaurant ist zu einer Institution geworden, seit 50 Jahren wird hier das
gleiche Menu geboten, zu gleichguter
Qualität und mit Wein nach Belieben …

Anduze (30140)

 Office de Tourisme: Plan de
Brie, ℘ 04 66 61 98 17

 Hotels: Le Luxembourg, F,
4, Rue du Luxembourg,
℘ 04 66 61 72 83
La Régalière, FF, Route de St-Jean-du-Gard, ℘ 04 66 61 81 93,
Fax 04 66 61 85 94, sehr gut ausgestattetes Logis-de-France-Haus, Swimmingpool (überdacht), Kinderspielplatz, Minigolf, Restaurant mit Gartenterrasse
Porte des Cevennes, FF, 2300, Route
de St-Jean-du-Gard, 3 km nordwestl.,
℘ 04 66 61 99 44, Fax 04 66 61 73 65,
ruhig gelegenes Logis-de-France-Haus
mit schönem Ausblick
Les Trois Barbus, FF-FFF, Route
de Mialet, ℘ 04 66 6172 12,
Fax 04 66 61 72 74, Landhaus mit herrlichem Blick auf die Cevennen, behagliche Zimmer, z. T. mit Loggia, reichhaltiges Frühstück, Swimmingpool
Les Demeures du Ranquet, FFF–
FFFF, Route de St-Hippolyte-du-Fort
(D 982), 30140 Tornac, 6 km südöstl.,
℘ 04 66 77 51 63, Fax 04 66 77 55 62,
modernisierte alte Farm, in einem ausgedehnten Garten liegen die kleinen
Häuschen mit geräumigen Zimmern,
Swimmingpool

 Restaurants: La Paillerette,
Route de St-Jean-du-Gard,
℘ 04 66 6173 27, variationsreiche traditionelle Küche, große Gartenterrasse
Les Trois Barbus (s. o.), Hotel-Restaurant mit schönem Blick in die Gorges du
Gardon, reichhaltiges Angebot regionaler Gerichte, wohlsortierte Weinkarte
Les Demeures du Ranquet (s. o.),
hier kocht eine große Liebhaberin lokaler Erzeugnisse, z. B. wildwachsende
Pilze oder Kastanien

Besichtigung: Bambou-seraie de Prafrance, 2 km nördl. von Anduze, ✆ 04 66 61 70 47, Bambuswald mit über 30 Arten, April–Ende Sept. 9.30–19 Uhr, März bis 18 Uhr, Okt.–Dez. 9.30–12 und 14–18 Uhr, im Nov./Dez. Mo/Di geschl., Jan./Feb. geschl.

 Markt: Wochenmarkt, Do
Einkaufen: Les Enfants de Boisset, Töpferwerkstatt von Anduze, ✆ 04 66 61 80 86, man kann bei der Herstellung der berühmten Töpferwaren zusehen und die Endprodukte erwerben

 Fahrt mit der Dampfeisen-bahn: Zwischen Anduze und St-Jean-du-Gard verkehrt eine alte Dampfeisenbahn, Auskunft St-Jean-du-Gard (s. S. 320)

Les Angles (66210)

 Office de Tourisme:
2, Av. de l'Aude, ✆ 04 68 04 32 76

 Hotels/Restaurants: Le Coq d'Or, F-FF, 2, Pl. du Coq d'Or, ✆ 04 68 04 42 17, Fax 04 68 04 44 84, gutbürgerliches Haus
L Llaret, F-FF, 12, Av. de Balcere, ✆ 04 68 30 90 90, Fax 04 68 30 91 66, komfortables Logis-de-France-Haus in See-Nähe, mit Restaurant

Argelès-Plage (66700)

 Office de Tourisme:
Pl. des Arènes, ✆ 04 68 81 15 85

 Hotels/Restaurants:
Le Commerce, F-FF, 14, Route de Collioure, ✆ 04 68 81 00 33,

Fax 04 68 81 69 49, im Zentrum von Argèles-sur-Mer, frisch renovierte Zimmer, Swimmingpool und Restaurant
La Chaumière Matignon, F-FF, 30, Av. du Tech, ✆ 04 68 81 09 84, schmuckes kleines Logis-de-France-Haus mit Restaurant, 200 m vom Strand, freundlicher Empfang
Maritime, FF, 12, Av. des Albères, ✆ 04 68 81 50 00, Fax 04 68 95 96 75, Strandhotel am Rande eines Pinienwaldes, Restaurant mit Terrasse zum Swimmingpool
Le Cottage, FF-FFF, 21, Rue Arthur Rimbaud, ✆ 04 68 81 07 33, Fax 04 68 81 59 69, charmantes ruhiges Haus (Logis de France) in Strandnähe, Zimmer mit Loggien zum Garten, familiäre Atmosphäre, Swimmingpool und Restaurant mit Terrasse, Madame kocht selbst, französische und spanische Gerichte
Club des Albères, FF-FFF, Chemin de Neguebous, ✆ 04 68 95 31 31, Fax 04 68 95 32 32, luxuriöse Hotelanlage mit Swimmingpool, Tennisplätzen, Fitneßangeboten und Abendprogramm
Plage des Pins, FFF, Allée des Pins, ✆ 04 68 81 09 05, Fax 04 68 81 12 10, Haus mit hohem Standard in exotischem Garten, nur wenige Meter vom Strand entfernt
Le Lido, FFF-FFFF, 50, Blvd. de la Mer, ✆ 04 68 81 10 32, Fax 04 68 81 10 98, mit Privatstrand und Gartenanlage, moderne Zimmer mit Blick aufs Meer, Restaurant mit Terrasse

Arles-sur-Tech (66150)

 Office de Tourisme:
Rue Barjau, ✆ 04 68 39 11 99

 **Hotel/Restaurant: Les Glycines**, F-FF, 7, Rue

du Jeu de Paume, ✆ 04 68 39 10 09, Fax 04 68 39 83 02, komfortables Logis-de-France-Haus mit Restaurant, in Familienbesitz, freundlicher Empfang

  Besichtigung: Gorges de la Fou, 2 km vom Ort entfernt, 1,2 km langer Weg durch die schmale Wasserklamm (ca. 1 ¹/₂ Std.), 10–18 Uhr

Aven Armand

 **Besichtigung:** Aven Armand, Tropfsteinhöhle auf der Causse Méjean bei Hures-la-Parade (an der D 986), ✆ 04 66 45 61 31, Ende März–Ende Mai 9–12 und 13.30–18 Uhr, Juni/Aug. 9–18 Uhr, Sept.–Anfang Nov. 9–12 und 13.30 18 Uhr

Bagnols-sur-Cèze (30200)

Office de Tourisme: Av. Léon Blum, ✆ 04 66 89 54 61, Fax 04 66 89 83 38

 Hotels: L'Arlequin, F, 2, Pl. de la Gare, ✆ 04 66 89 60 75, einfaches bequemes Haus, zentral gelegen
Le St-Georges, F–FF, 210, Rue Roger Salengro, ✆ 04 66 89 53 65, Fax 04 66 79 98 01, gut ausgestattete Zimmer, mit Restaurant
Château de Montcaud, FFFF, 30200 Combe-Sabran, 5 km westl., ✆ 04 66 89 60 60, Fax 04 66 89 45 04, sorgfältig restauriertes Schloß aus dem 19. Jh. in einem weitläufigen Park, liebevoll eingerichtete Zimmer, Swimmingpool, Fitneßraum und Tennisplatz, sonntags gibt es Jazz-Brunch

 **Restaurants: Les Jardins de Montcaud**, im Château de Montcaud (s. o.), im dem Schloß vorgelagerten Hof – rosenberankter Patio im Sommer, Kaminzimmer im Winter – raffinerte Küche, gute Weinauswahl

 Museen: Musée Albert André, Hôtel de Ville, Pl. Mallet, ✆ 04 66 39 94 21, französische Malerei des 19. und 20. Jh. in einem alten Herrschaftshaus aus dem 17. Jh., Juli/Aug. 10–12 und 14–18 Uhr, Sept.–Jan. Di geschl., Feb. geschl.
Musée d'Archéologie rhodannienne/Musée Léon Alègre, 24, Av. Paul Langevin, ✆ 04 66 89 74 00, archäologische und heimatgeschichtliche Sammlung, Jan.–Sept. Do–Sa 10–12 und 14–18 Uhr, Feb. geschl.
Besichtigungen: Atomkraftwerk Marcoule, COGEMA, B. P. 170, ✆ 04 66 79 51 55, Besichtigungen tägl. Juli/Aug. und während der Schulferien, sonst Mi, Sa und So nachmittags

 Markt: Wochenmarkt, Mi und Sa; Flohmarkt, jeden dritten Sa im Monat

Veranstaltungen: Zum *Bagnols Blues* (Blues, Jazz etc.) treffen sich in der ersten Julihälfte regionale und internationale Musikgruppen, Informationen ✆ 04 66 39 90 90

Banyuls-sur-Mer (66650)

Office de Tourisme: Av. de la République, ✆ 04 68 88 31 58

Hotels: Le Manoir, F, 20, Av. Maréchal Joffre, ✆ 04 68 88 32 98, einfaches Logis-de-France-Haus mit Garten und Restaurant

Villa Miramar, F–FF, Rue Lacaze
Duthiers, ✆ 04 68 88 33 85,
Fax 04 68 66 90 08, gemütliche Zimmer,
teilweise mit schönem Blick, Swimmingpool
Al Fanal, F–FF, 18, Av. du Fontaulé,
✆ 04 68 88 00 81, Fax 04 68 88 13 37,
charmantes altes Haus (Logis de
France) am Hafen, schattige Terrasse,
von der man das bunte Treiben beobachten kann, mit Restaurant
Les Elmes, F–FFF, Plage des Elmes,
✆ 04 68 88 03 12, Fax 04 68 88 53 03,
modernes Haus an einer kleinen
Bucht
Le Catalan, FF–FFF, Route de Cerbère,
✆ 04 68 88 02 80, Fax 04 68 88 16 14,
Hotel im katalanischen Stil, 300 m vom
Meer entfernt mit Blick auf die See und
die Berge, zwei Schwimmbäder

Restaurants: La Pergola,
Av. Fontaulé, ✆ 04 68 88 02 10,
Spezialität ist alles, was aus dem Meer
kommt, mit Terrasse
Le Chalut, 10, Av. du Fontaulé, ✆ 04
68 88 07 08, frische Fische und Meeresfrüchte, eine empfehlenswerte Bouillabaisse, auch der Nachtisch ist nicht
ohne … dazu eine feine Weinkarte mit
regionalen Sorten zu fairen Preisen
La Littorine, im Hotel Les Elmes (s.o.),
sehr gutes Restaurant der gehobenen
Preisklasse

 **Museum: Musée icono-
graphique Aristide
Maillol**, Métairie Maillol, ✆ 04 68 88
57 11, Mai–Sept. 10–12 und 16–19 Uhr,
Di geschl., Okt.–April 10–12 und 14–17
Uhr, Di und Dez. geschl.
**Besichtigung: Aquarium/
Observatoire océanologique**,
✆ 04 68 88 73 39, Juli/Aug. 9–12
und 14–22 Uhr, sonst 9–12 und
14–18.30 Uhr

Le Barcarès/
Port-Barcarès (66420)

Offices de Tourisme: Front de
Mer, ✆ 04 68 86 16 56; Mai–Sept.
auch Centre Culturel Cocteau/Marais,
✆ 04 68 86 18 23

**Hotels/Restaurants: Les
Regates**, F, 51, Blvd. du
Golfe du Lion, ✆ 04 68 86 11 81, Logis-
de-France-Haus mit Garten und Restaurant, Fahrradverleih
De la Plage, F–FF, 9, Blvd. du
Golfe du Lion, ✆ 04 68 86 13 84,
Fax 04 68 86 36 26, gut ausgestattete
Zimmer, mit Terrasse
Helios, FF, rue Cap du Front de Mer,
✆ 04 68 86 32 82, Fax 04 68 86 14 10,
mit Möglichkeit zur Thalassotherapie,
Swimmingpool, Restaurant mit
Terrasse

 Veranstaltungen: *Festival de la
Mer et de l'Etang,* Mitte–Ende
April, verschiedene Veranstaltungen im
Centre Culturel und auf der »Lydia«,
Rahmenprogramm, Auskunft
✆ 04 68 86 11 64 und 04 68 86 33 66

Barjac (30430)

Office de Tourisme:
Pl. du 8 Mai, ✆ 04 66 24 53 44

Hotels: Du Parc, F–FF, Rue des
Glycines, ✆ 04 66 24 50 74,
Fax 04 66 24 57 39, angenehmes Haus
mit Restaurant und Swimmingpool
Mas de Rivet, FF, ✆ 04 66 24 56 11,
gut ausgestattete Zimmer in einem
Mas (Bauernhaus) aus dem 16. Jh.,
mit Pool, Solarium und Restaurant
Le Mas du Terme, FF–FFF, Route de
Bagnols-sur-Cèze (D 901), 4 km südöstl.,

✆ 04 66 24 56 31, Fax 04 66 24 58 54, sehr ruhige Unterkunft inmitten von Weinbergen, Schwimmbad, diverse Sportmöglichkeiten in der Nähe, mit Restaurant

 **Restaurants: Le Clos des Capucins**, Pl. Charles Guynet, ✆ 04 66 24 57 55, geräumiges Restaurant mit Gartenterrasse
Hostellerie de Landes, 5 km südöstl. an der D 901, ✆ 04 66 24 56 14, gutbürgerliche Küche der Region, mit Gartenterrasse

 Markt: Wochenmarkt, Fr; Flohmarkt, Ostern–Mitte Aug. jedes Wochenende

Beaucaire (30300)

 Office de Tourisme: 24, cours Gambetta, ✆ 04 66 59 26 57, Fax 04 66 59 68 51

 **Hotels: Le Parc**, F, route de Bellegarde, ✆ 04 66 01 11 45, Fax 04 66 01 02 28, einfaches kleines Haus mit Garten, Logis de France
Le Robinson, FF–FFF, route de Remoulins (Pont du Gard; nach 2 km in nördlicher Richtung über die D 986), ✆ 04 66 59 21 32, Fax 04 66 59 00 03, schön am Ufer eines Kanals gelegenes Logis-de-France-Hotel, einfache, helle und komfortable Zimmer, Swimmingpool und Garten

 **Restaurant: Le Robinson** (s. o.): traditionelle Küche

 **Museen: Musée Municipal Auguste-Jacquet**, Montée du Château, im Schloßgarten, ✆ 04 66 59 47 61, archäologisches und heimatgeschichtliches Museum, 9–12 und 14–18 Uhr, Di geschl.
Mas de Vergère, 6 km von Beaucaire, ✆ 04 66 59 60 13, Freilichtmuseum auf einem alten Hof inmitten von Weinbergen, gezeigt wird das Leben von Bauern und Handwerkern zu Beginn des 20. Jh. sowie die landwirtschaftliche Entwicklung (1900–50) der Region, tägl. Feb.–Dez.
Besichtigung: Château, Schloßruine mit **Musée de la Vignasse**, gallo-römischer Weinkeller, Ausstellung über Weinherstellung in römischer Zeit, Weinprobe und Verkauf, Mo–So
Château des Tourelles, Route de Bellegarde, 4 km von Beaucaire, April–Okt. tägl. 14–18 Uhr, sonst nur Sa 14–18 Uhr

Bédarieux (34600)

 Office de Tourisme: 77, Rue St-Alexandre, ✆ 04 67 95 08 79

 **Hotel/Restaurant: Central**, F, 3, Pl. aux Herbes, ✆ 04 67 95 06 76, einfaches Haus mit Restaurant
Moderne, F-FF, 112, Av. Jean Jaurès, 04 67 95 01 52, einfaches Haus mit gutem Komfort

 **Museum: Maison des Arts**, Av. Abbé Tarroux, ✆ 04 67 95 16 62, Kunst und Volkskunst, 14–18 Uhr

Bélesta (66720)

 **Museum: Château-Musée**, ✆ 04 68 68 84 55, archäologisches Museum mit vorge-

schichtlicher Sammlung, u. a. die älteste Familiengrabstätte, die in Frankreich entdeckt wurde, Juli/Aug. 10–19 Uhr, sonst 10–12 und 14–18.30 Uhr

Béziers (34500)

Office de Tourisme: Palais de Congrès, 28, Av. Saint Sans, ✆ 04 67 76 47 00)

Hotels: Terminus, F, 76–78, Av. Gambetta, ✆ 04 67 49 23 64, Fax 04 67 49 99 74, Hotel in Bahnhofsnähe, gutes Preis-Leistungs-Verhältnis, mit Restaurant
De France, F–FF, 36, Rue Boieldieu, ✆ 04 67 28 44 71, Fax 04 67 28 07 84, klimatisiertes, modernes Haus im Zentrum, mit Restaurant
Des Poètes, F–FF, 80, Allées Paul Riquet, ✆ 04 67 76 38 66, Fax 04 67 76 25 88, angenehmes, familiäres Haus gegenüber der Grünanlage Plateau des Poètes, z. T. sehr ruhige Zimmer mit Blick auf den Park
Imperator, F–FFF, 28, Allées Paul Riquet, ✆ 04 67 49 02 25, Fax 04 67 28 92 30, sehr komfortables Haus im Zentrum
Le Castelet, FF–FFF, Route de Narbonne, südwestl. vom Stadtzentrum, ✆ 04 67 28 82 60, Fax 04 67 28 42 56, gut ausgestattetes Hotel, Swimmingpool, Garten, Restaurant
Grand Hotel Du Nord, FF–FFF, 15, Pl. Jean Jaurès, ✆ 04 67 28 34 09, Fax 04 67 49 00 37, zentral, am Busbahnhof, recht ruhige, angenehme Zimmer mit Doppelglasfenstern
Climat de France, FF, 34500 Villeneuve-de-Béziers, 6 km östl. an der Route Valras, ✆ 04 67 39 40 00, Fax 04 67 39 39 61, günstiges und komfortabel eingerichtetes Hotel mit Garten, Swimmingpool und

Tennisplatz, Restaurant mit Gartenterrasse
Château de Lignan, FFF–FFFF, 34500 Lignan-sur-Orb, Route de Murviel, 7 km nordwestl. über die D 19, ✆ 04 67 37 91 47, Fax 04 67 37 99 25, luxuriöse Unterkunft in einem frisch renovierten Schloß aus dem 18. Jh. in einem wunderschönen Park gelegen, geschmackvoll eingerichtete Zimmer, Fitneßraum, Swimmingpool, sehr empfehlenswertes Restaurant

Restaurants: La Cep d'Or, 2, Impasse Notairie, ✆ 04 67 49 28 09, idealer Ort für eine kleine Mahlzeit zwischen den Museumsbesuchen
Le Jardin, 37, Av. Jean Moulin, ✆ 04 67 36 41 31, phantasievolle Menüauswahl, sehr gute Weinkarte
Le Framboisier, 12, Rue Boieldieu, ✆ 04 67 49 90 00, traditionelle Küche mit einem Michelin-Stern, freundlicher Empfang

 Museen: Musée des Beaux-Arts, untergebracht in zwei alten Stadtpalästen: **Hôtel Fabrégat**, Pl. de la Révolution, ✆ 04 67 28 38 78, Vasen- und Porzellansammlungen und ein Teil der Gemäldesammlung (u. a. Delacroix, Géricault, Dufy, Utrillo), und **Hôtel Fayet**, Rue du Capus, ✆ 04 67 28 38 78, u. a. Malereien des 19. Jh., jeweils 9–12 und 14–18 Uhr, So vormittags und Mo geschl.
Musée du Biterrois, Caserne St-Jacques, ✆ 04 67 49 34 00, Archäologie, Heimat- und Naturgeschichte, Juni–Okt. 10–19 Uhr, sonst 9–12 und 14–18 Uhr, Mo geschl.
Besichtigungen: Stadtführungen werden vom Office de Tourisme (s. o.) und von der Association Promotion Patrimoine du Biterrois angeboten,

✆ 04 67 36 74 76, Ausgangspunkt Pl. de la Fontaine (Nähe Office de Tourisme)

 Markt: Wochenmärkte, Di Pl. Emile Zola, Mi Quartier de l'Iranget, Fr Pl. David d'Angers

 Veranstaltungen: *Festival de Béziers*, Juli, klassische Musik, Auskunft ✆ 04 67 31 76 76; *Féria de Béziers*, um den 15. August, blutiger Stierkampf in der Arena, Feste, Auskunft ✆ 04 67 76 13 45; *Fête du vin nouveau*, drittes Oktoberwochenende, Weinfest

 Flughafen: Béziers-Vias, 12 km südöstl. über die N 112 Richtung Sète, ✆ 04 67 90 99 10

Bidon (07700)

 Museum: Musée de la Vie, Av. Vermorel, ✆ 04 75 04 08 79, Museum der Vorgeschichte, Ende März–Mitte Nov. 10–18 Uhr

Bouzigues (34140)

 **Hotels/Restaurants: Zenith Club Hôtel**, F–FF, an der N 113, ✆ 04 67 78 38 00, Fax 04 67 78 30 17, gut ausgestattetes Haus mit Swimmingpool, Tennisplatz und Restaurant
Côte Bleue, FF, Av. Louis Tudesq, ✆ 04 67 78 30 87, Fax 04 67 78 35 49, Hotel-Restaurant am Etang de Thau gelegen, komfortable Zimmer, Swimmingpool, hier trifft man auf viele Einheimische, die die hervorragenden Muschelgerichte zu schätzen wissen – der Patron ist selbst Austernzüchter

 Museum: Musée du Bassin de Thau, Quai du Port de Pêche, ✆ 04 67 78 33 57, Ausstellung über Fischfang und Muschel- und Austernzucht, Juni–Sept. 10–12 und 14–19 Uhr, Okt. und März–Mai bis 18 Uhr, im Winter bis 17 Uhr

Gouffre Géant de Cabrespine

 Besichtigung: Riesenhöhle 10 km nordwestl. von Caunes-Minervois, ✆ 04 68 26 14 22, Führungen März–Nov. 10–12 und 14–18 Uhr, Teilnahme an einer 5stündigen Höhlenexpedition möglich, Auskunft ✆ 04 67 66 11 11

Canet-Plage (66140)

 Office de Tourisme: Pl. de la Méditerranée, ✆ 04 68 73 25 20

 **Hotels: St-Georges**, F–FF, 45, Promenade Côte Vermeille, ✆ 04 68 80 33 77, Fax 04 68 80 65 04, familiäres Logis-de-France-Haus direkt an der Strandpromenade, Restaurantterrasse zum Meer, Swimmingpool
La Chalosse, FF, 41, Av. de la Méditerranée, ✆ 04 68 80 35 69, Fax 04 68 80 56 71, nettes kleines Hotel 300 m vom Strand, freundlicher Empfang
Du Port, FF, 21, Blvd. de la Jetée, ✆ 04 68 80 62 44, Fax 04 68 73 28 83, zwischen Hafen und Strand, alle Zimmer mit Loggia, Restaurant
Le Clos des Pins, FF-FFF, 34, Av. du Roussillon, ✆ 04 68 80 32 63, Fax 04 68 80 49 19, traditionsreiches Haus in einem weitläufigen Park
Althéa, FF-FFF, 120, Promenade de la Côte Vermeille, ✆ 04 68 80 28 59,

Fax 04 68 73 37 27, charmantes Hotel mit origineller 70er-Jahre-Einrichtung, gutes Restaurant mit moderaten Preisen

Restaurants: La Pyrezzéria, 6, Rue de Cerdagne, ✆ 04 68 80 35 72, hier bekommt man das ganze Mittelmeer auf den Teller – natürlich nur die »leckeren Bissen« **Le Don Quichotte**, 22, Av. de Catalogne, ✆ 04 68 80 35 17, in etwas schummerigem Ambiente serviert der Patron Gerichte der Region, empfehlenswert sind die Fischgerichte, einfallsreich variiert, gute Weinauswahl **Le Bistrot Fleuri**, im Hotel Le Clos des Pins (s. o.) kocht ein Schüler von Paul Bocuse

Museen: Musée du Père Noël, Pl. de la Méditerranée, ✆ 04 68 73 20 29, Spielzeugmuseum, Juli/Aug. 10–20 Uhr, sonst 14.30–18.30 Uhr, Di (außer in den Schulferien) geschl. **Musée de l'Auto**, Canet-Sud, ✆ 04 68 73 22 56, Oldtimermuseum, Juli/Aug. 10.30–12.30 und 14.30–18.30 Uhr, sonst Mi, Sa, So, feiertags und in den Schulferien 14–18 Uhr **Musée du Bateau**, ✆ 04 68 73 12 43, vom U-Boot bis zur Königsbarkasse des Cheops, Gebäude und Öffnungszeiten wie Musée de l'Auto (s. o.) **Besichtigung: Aquarium**, Blvd. de la Jetée, ✆ 04 68 80 49 64, Juli/Aug. 10–20 Uhr, sonst 10–12 und 14.30–18.30 Uhr, Di (außer in den Schulferien) geschl.

Pic du Canigou

Hotel: Chalet-hôtel des Cortalets, F–FF, einzige Übernachtungsmöglichkeit unterhalb des Cani-

gou-Gipfels auf 2150 m, Auskünfte, auch über Anfahrten zum Chalet in kleinen Gruppen im Jeep, erteilen die Fremdenverkehrsämter von Prades (s. S. 316) und Vernet-les-Bains (s. S. 326)

Le Cap d'Agde (34300)

Office de Tourisme: Rond-point du Bon Accueil, ✆ 04 67 01 04 04

Hotels: Florid, F–FF, 12, Av. d'Outre-Mer, ✆ 04 67 26 82 60, Fax 04 67 26 09 92, gut ausgestattetes Haus, mit Restaurant und Swimmingpool **Alhambra**, F–FFF, 9, Av. du Passeur Challiès, ✆ 04 67 26 99 28, Fax 04 67 01 25 50 **St-Clair**, FF–FFF, Pl. St-Clair, ✆ 04 67 26 36 44, Fax 04 67 26 31 11, direkt am Hafen, helle Zimmer mit Balkon, Sauna, Fitneßraum und Swimmingpool **Capaô**, FF–FFF, Plage Richelieu, ✆ 04 67 26 99 44, Fax 04 67 26 55 41, Strandhotel, kleine und funktionelle Zimmer mit Sonnenterrasse, Swimmingpool und Fitneßraum, Restaurant mit Gartenterrasse **Du Golf**, FFF–FFFF, Ile de Loisirs, ✆ 04 67 26 87 03, Fax 04 67 26 26 89, komfortables Hotel auf der Insel im Etang de Luno, mit Strand und Swimmingpool, gutes Restaurant mit Gartenterrasse

Restaurants: La Madrage, 44, Rue de la Gabelle, ✆ 04 67 26 23 90, Fisch und Meeresfrüchte werden gekonnt mit der provenzalischen Küche kombiniert, Gartenterrasse

Le Brasero, Port Richelieu, ✆ 04 67 26 24 75, schmackhafte Fleisch- und Fischgerichte am Hafen, gute regionale Weine

 Museum: Musée de l'Ephebe, Mas de la Clape, ✆ 04 67 26 81 00, Unterwasserausgrabungen und antike Kunstgegenstände, Juli/Aug. 9.30–12.30 und 14.30–18.30 Uhr, Di geschl., sonst 9–12 und 14–18 Uhr, So vormittags und Di geschl.

 Aktivitäten: Aqualand, ✆ 04 67 26 85 94, Anfang Juni–Mitte Sept., Abenteuerbad mit vielen Wasserattraktionen
Ile de Loisirs, Freizeitinsel mit Lunapark, Casino, Diskothek und Unterhaltungsprogramm

 Veranstaltungen: *Fête de la Mer*, Ende Juli, Auskunft ✆ 04 67 26 38 58

Capestang (34310)

 Hotel/Restaurant: Franche-Comte, F–FF, 39, Cours Belfort, ✆ 04 67 93 32 21, kleines behagliches Haus, mit Restaurant und eigenem Fahrradverleih

Carcassonne (11000)

Offices de Tourisme: 15, Blvd. Camille Pelletan, ✆ 04 68 10 24 30, Fax 04 68 10 24 38; Ostern–Nov. auch in der Cité, Porte Narbonnaise, ✆ 04 68 10 24 36

Hotels: Le Montmorency, F–FF, 2, Rue Camille St-Saëns, ✆ 04 68 25 19 92, Fax 04 68 25 43 15, vor den Toren der Cité, angenehmes Hotel mit einfachem Standard
Hôtel du Pont Vieux, FF, 32, Rue Trivalle, ✆ 04 68 25 24 99, Fax 04 68 47 62 71, altes Herrenhaus am Fuße der Stadtmauer – die neorustikalen Zimmer sind nicht jedermann's Geschmack
L'Octroi, F–FFF, 106, Av. Général Leclerc, ✆ 04 68 25 29 08, Fax 04 68 25 38 71, empfehlenswertes Logis-de-France-Haus
Montségur, FF–FFF, 27, Allée d'Iéna, ✆ 04 68 25 31 41, Fax 04 68 47 13 22, stilvolles Ambiente mit antiken Möbeln
Le Donjon, FF–FFFF, 2, Rue du Comte Roger, La Cité, ✆ 04 68 71 08 80, Fax 04 68 25 06 60, im Herzen der mittelalterlichen Stadt, kleine schmucke Zimmer mit schönem Ausblick, Parkplatz gebührenpflichtig
Dame Carcas, FFF–FFFF, 15, Rue St-Louis, La Cité, ✆ 04 68 71 37 37, Fax 04 68 71 50 15, empfehlenswertes, ruhiges Hotel mit kleinem Garten, mittelalterlich-spartanisch eingerichtete Zimmer, ausgezeichneter Service
Les Trois Couronnes, FFF–FFFF, 2, Rue des Trois Couronnes, ✆ 04 68 25 36 10, Fax 04 68 25 92 92, Zimmer mit Balkon und Blick auf die des Nachts beleuchtete Cité, modernes Haus mit Pool, Sauna, Fitneßraum
Hôtel de la Cité, FFFF, Pl. de l'Eglise, La Cité, ✆ 04 68 71 98 71, Fax 04 68 71 50 15, wohl die beste Adresse in Carcassonne, die auch schon so manchen Star beherbergt hat, neogotisches Haus, luxuriöse Zimmer im Empirestil, Badezimmer aus Marmor
Domaine d'Auriac, FFFF, 4 km südwestl. an der Route St-Hilaire, ✆ 04 68 25 72 22, Fax 04 68 47 35 54, fürstliche Unterkunft der Kette »Relais & Château« in einer sehr alten Parkanlage, das Gebäude ist auf den Kellern einer karolingischen Abtei erbaut,

Swimmingpool, Tennis- und Golfplatz (9-Loch), sehr gutes Restaurant

 **Restaurants: Le Saladou**, 5, Rue du Petit Puits, La Cité, ✆ 04 68 71 23 56, charmantes kleines Lokal, preisgünstig

Auberge de Dame Carcas, 3, Pl. du Château, La Cité, ✆ 04 68 71 23 23, traditionelles Bistro, gute und preiswerte Gerichte

L'Ecurie, 1, Rue d'Alambert, ✆ 04 68 72 04 04, gegenüber der Kathedrale, einer der angesagtesten Orte der Stadt, vielleicht wegen der freundlichen Atmosphäre oder dem verlockenden und dabei nicht teuren Essen

Les Coulisses du Théâtre, Pl. de l'Eglise, La Cité, ✆ 04 68 47 63 39, die Karte ist Reich an Gerichten der Region, verführerische Desserts

La Barbacane, im Hôtel de la Cité (s. o.), ein neuer Küchenchef bietet vielversprechende Menüs, Reservierung erforderlich

Museen: Le Dépôt lapidaire du Château Comtal, Château Comtal, La Cité, ✆ 04 68 25 01 66, Heimatgeschichte und Skulpturensammlung, Juli/Aug. 9–19.30 Uhr, Juni/Sept. bis 19 Uhr, April/Mai 9.30–12.30 und 14–18 Uhr, Okt. 10–12 und 14–18 Uhr, sonst bis 17 Uhr, außer Juli/Aug. feiertags geschl.

Musée des Beaux-Arts, 1, Rue de Verdun, Ville Basse, ✆ 04 68 77 73 71, europäische Malerei des 17. Jh. bis heute, Mitte Juni–Mitte Sept. 10–12 und 14–18 Uhr, Mo/Di geschl.

Veranstaltungen: *Festival de la Cité*, Ende Juni–Ende Juli, Fest mit Tanz, Theater und Musik, Reservierung im Théâtre Municipal Jean-Alary, ✆ 04 68 77 71 05, Fax 04 68 77 70 73;

am 14. Juli um 22.30 h wird mit einem riesigen Feuerwerk der Nationalfeiertag bebangen. *Carcassonne la Médiévale*, Anfang–Mitte Aug., historische Aufführungen im Stadttheater, mittelalterlicher Markt, Turniere, Minnegesänge,

 Flughafen: Aéroport de Salvaza, 3 km westl. über die D 119, Auskunft ✆ 04 68 25 04 53

 Hauptbahnhof: Av. du Maréchal Joffre, am Canal du Midi

Busbahnhof: Blvd. de Varsovie

Carnon-Plage (34280)

 Office de Tourisme: La Civardière, Mauguio, ✆ 04 67 50 51 15

Hotels/Restaurants: Le Gedéon, F, 159, Av. Grassion Cibrand, ✆ 04 67 68 10 05, Fax 04 67 50 85 40, mit Garten und Restaurant

Helios, F–FF, Rue de la Gardiole, ✆ 04 67 50 75 50, Fax 04 67 59 45 70

Neptune Inter Hôtel, FF–FFF, Port de Plaisance, ✆ 04 67 50 88 00, Fax 04 67 50 96 72, komfortables Hotel, Hafenblick, Swimmingpool, Restaurant

Castelnaudary (11400)

 Office de Tourisme: Pl. de la République, ✆ 04 68 23 05 73

Hotels: Grand Hôtel Fourcade, F, 14, Rue des Carmes, ✆ 04 68 23 02 08, Fax 04 68 94 10 67, einfaches Logis-de-France-Haus mit empfehlenswertem Restaurant

Du Centre et du Lauragais, F,
31, Cours de la République, ✆ 04 68 23
25 95, Fax 04 68 94 01 66, im Stadtzentrum nahe des Office de Tourisme
Clos St-Siméon, F–FF, Route de Carcassonne, etwas außerhalb,
✆ 04 68 94 01 20, Fax 04 68 94 05 47,
modernes Haus (Logis de France) mit
Garten, Swimmingpool und Restaurant
Du Canal, F–FF, 2, Av. Arnaut Vidal,
✆ 04 68 94 05 05, Fax 04 68 94 05 06,
charmantes Haus (Logis de France) am
Canal du Midi, ruhige Zimmer, Fahrradverleih

 **Restaurants: Du Centre et du
Lauragais** (s. o.), regionale
Küche mit *Foie gras*, Wurstspezialitäten
und *Cassoulet de Castelnaudary*
Tirou, 90, Av. Monseigneur de Langle,
✆ 04 68 94 15 95, die freundliche Bedie-
nung und das gute Essen laden zum
Wiederkommen ein

 **Museum: Musée
archéologique du
Présidial**, Rampe du Présidial,
✆ 04 68 23 05 73, 10–12 und 15–19 Uhr,
heimatkundliche Ausstellung, Di, So
vormittags und feiertags geschl.
Besichtigung: Eglise St-Michel,
10–12 und 14–18 Uhr, So nachmittags
geschl.

 **Bootsfahrten:** Bootsverleih am
Hafen bei der Société Crown Blue
Line, Le Grand Bassin, ✆ 04 68 23 17 51

Castelnou (66300)

 **Restaurant: L'Hostal**, 13, Car-
rer de na Patora, ✆ 04 68 53 45
52, regionale Küche, im Sommer sitzt
man auf der Gartenterrasse mit schönem Blick über das Tal

 **Besichtigung:
Château de Castelnou**,
✆ 04 68 53 22 91, Burgbesichtigung
Juni–Sept. 10–20 Uhr, Mitte Feb.–Mai
11–19 Uhr, Okt.–Mitte Jan. 12–17 Uhr,
Mitte Jan.–Mitte Feb. nur Sa/So

Caunes-Minervois (11160)

 **Hotel/Restaurant:
D'Alibert**, F–FFF, Pl. de la
Mairie, ✆ 04 68 78 00 54, kleines behag-
liches Logis-de-France-Haus, schöner
Innenhof aus dem 16. Jh, mit empfeh-
lenswertem Restaurant

Cerbère (66290)

 Office de Tourisme:
Front de Mer, ✆ 04 68 88 42 36,
nur Juni–Sept.

 **Hotels/Restaurants: La
Dorade**, F–FF, Av. Charles
de Gaulle, ✆ 04 68 88 41 93, gutbürgerlicher Komfort, preisgünstiges Restaurant mit Terrasse, am Meer

Céret (66400)

 Office de Tourisme:
1, Av. Georges Clemenceau,
✆ 04 68 87 00 53

 Hotels: Vidal, F, 4, Pl. du 4 Sep-
tembre, ✆ 04 68 87 00 85, Logis-
de-France-Haus mit Restaurant
Pyrénées, F–FF, 7, Rue de la
République, ✆ 04 68 87 11 02,
Fax 04 68 87 31 66, charmantes Hotel
im katalanischen Stil, mit Restaurant
Des Arcades, F–FF, 1, Pl. Pablo Picasso,
✆ 04 68 87 12 30, Fax 04 68 87 49 44,

zentral gelegenes Hotel mit südländischem Flair, Zimmer mit Cuisinette,
Restaurant mit Terrasse
Le Mas Trilles, FFF–FFFF, Pont-de-
Reynès, 2 km westl. an der D 115,
🕿 04 68 87 38 37, Fax 04 68 87 42 62,
ruhiges, modernes Hotel mit Swimmingpool und Restaurant
La Terrasse au Soleil, FFFF, Route
de Fontfrède, 🕿 04 68 87 01 94,
Fax 04 68 87 39 24, luxuriöse Unterkunft
in einem alten Bauernhaus mit großem
Park, grandioser Blick auf den Pic du
Canigou, Swimmingpool, Tennisplatz,
sehr gutes Restaurant – der Küchenchef
verbindet gekonnt die provenzalische
mit der katalanischen Küche

 **Restaurant: Les Feuillants**,
1, Blvd. La Fayette,
🕿 04 68 87 37 88, das Ehepaar Banyols
und seine Truppe zaubern hier traum-
hafte Gerichte und variieren gekonnt
die Küche der Region, charmante Atmosphäre in einer Belle-Epoque-Villa,
ausgesuchte Weine des Roussillon –
das alles hat natürlich seinen Preis

**Museen: Musée d'Art
moderne**, Blvd. Maréchal
Joffre, 🕿 04 68 87 27 76, Kunst des
20. Jh., Juli–Sept. 10–19 Uhr, sonst bis
18 Uhr, Di geschl., 1stündige Führungen möglich
Casa Catalane de la Culture,
Pl. Pablo Picasso, 🕿 04 68 87 31 59,
10–12 und 14–18 Uhr, Ausstellung über
Mineralogie, Archäologie und Botanik

Veranstaltungen: *Fête de la
Cérise*, letztes Maiwochenende;
Festival de la Sardana, zweite August-
hälfte, Musik- und Tanzveranstaltungen,
Auskunft 🕿 04 68 87 35 83

Clermot-l'Hérault (34800)

 Office de Tourisme: 9, Rue
René Gosse, 🕿 04 67 96 23 86

 Hotels: Grand Hôtel, F–FF, 2,
Rue Coutellerie, 🕿 04 67 96 00
04, gutbürgerliches Logis-de-France-
Haus mit Garten
La Source, FF-FFF, Villeneuvette, (4
km in Richtung Bédarrieux) 🕿 04 67 96
35 95, Fax 04 67 96 90 09, das Dorf liegt
auf dem Gelände einer Tuchfabrik aus
der Zeit Ludwig XIV., und ein Teil der
Hotelzimmer ist in den alten Arbeiter-
unterkünften untergebracht - moderni-
siert, versteht sich; ein empfehlenswertes Restaurant ist angeschlossen.

 Restaurant: Mimosa,
34800 St-Guiraud, 8 km nördl.,
🕿 04 67 96 67 96, ausgezeichnete
Küche, mit Gartenterrasse, hier kann
man aus einer der besten Weinkarten
der Region auswählen

Collioure (66190)

Office de Tourisme:
Pl. du 18 Juin, 🕿 04 68 82 15 47

Hotels: Les Caranques,
F–FF, Route de Port-Vendres,
🕿 04 68 82 06 68, Fax 04 68 82 00 92,
einfaches Hotel, malerisch an einer kleinen Bucht gelegen, mit schönem Blick
über Collioure, Restaurant
Le Bon Port, FF, 12, Route de Port-
Vendres, 🕿 04 68 82 06 08, Fax 04 68 82
54 97, Logis-de-France-Haus zwischen
einem Kiefernwald und dem Meer gelegen, die Zimmer sind nach verschiedenen Häfen benannt, von der schattigen Terrasse Blick auf den Hafen, die
Bucht und den Ort, mit Restaurant

Mas des Citronniers, FF–FFF, 22, Av. de la République, ✆ 04 68 82 04 82, Fax 04 68 82 52 10, Logis-de-France-Haus gegenüber dem Château Royal, Strand- und Hafennähe, familiäre Atmosphäre

Hostellerie des Templiers, FF–FFF, Quai de l'Amirauté, ✆ 04 68 98 31 10, Fax 04 68 98 01 24, charmantes Hotel gegenüber dem Schloß, mit Fresken verzierte Fassaden, reichhaltiges Frühstück

Casa Païral, FF–FFFF, Impasse des Palmiers, ✆ 04 68 82 05 81, Fax 04 68 81 52 10, katalanische Villa, das alte Familienhotel, in einem südländischen Park gelegen, ist eine wahre Oase der Ruhe, sehr geschmackvoll eingerichtete Zimmer, Swimmingpool

Relais des Trois Mas, FFF–FFFF, Route de Port-Vendres, ✆ 04 68 82 05 07, Fax 04 68 82 38 08, traumhaft schöne und komfortable Zimmer in kleinen Maisonettes direkt am Fuße der Berge, die meisten mit Terrasse, die einen phantastischen Blick auf Collioure und den Strand haben, Swimmingpool und Fitneßraum

 **Restaurants: Hostellerie des Templiers** (s. o.), die vielen Bilder an den Wänden erzählen von all den Malern, die hier mit Kunst statt mit Geld gezahlt haben

La Marinade, 15, Pl. du 18 Juin, ✆ 04 68 82 09 76, Lokal im Ortskern, Terrasse unter hundertjährigen Platanen, katalanische Küche

La Balette, im Hotel Relais des Trois Mas (s. o.), ein Michelin-Stern, vorzügliche Gerichte und exzellenter Service vor traumhafter Kulisse

 Museum: Musée Peske/ Musée d'Art moderne, Route de Port-Vendres/Jardin G.-Pams, ✆ 04 68 82 10 19, Kunst des 20. Jh.,

März–Mai und Okt.–Dez. 14–18 Uhr, Juni–Sept. 15–20 Uhr, Di geschl.
Besichtigung: Château Royal, ✆ 04 68 82 06 43, Juni–Sept. 10–17.15 Uhr, sonst 9–16.15 Uhr

 **Veranstaltungen:** *Féria de Collioure* mit Rahmenprogramm, Mitte August, ✆ 04 68 82 15 47

Cuxac-Cabardès (11390)

 Hotel/Restaurant: Le Castel, F, Hameau de Cazelles, ✆ 04 68 26 58 39, kleines Logis-de-France-Haus (5 Zimmer) mit Garten und Restaurant

Elne (66200)

Office de Tourisme: Mairie, Blvd. Voltaire, ✆ 04 68 22 05 07

Hotels/Restaurant: Le Carrefour, F, 1, Av. Paul Reig, ✆ 04 68 22 06 08, einfaches Haus

Le Week-end, F, 29, Av. Paul Reig, ✆ 04 68 22 06 68, Fax 04 68 22 17 16, Logis-de-France-Haus im katalanischen Stil, in einem Aprikosen-und Pfirsichhain, Restaurant mit Gartenterrasse. Der Hotelbesitzer organisiert auf Anfrage kleine archäologische Touren

 **Museen: Cloître d'Elne**, archäologisches Museum im Kloster von Elne, ✆ 04 68 22 70 90, Juli/Aug. 9.30–18.45 Uhr, Juni/Sept. 9.30–12.15 und 14–18.45 Uhr, April/Mai 9.30–12.15 und 14–17.45 Uhr, sonst 9.30–11.45 und 14–17.45 Uhr

Musée Terrus, Rue Balaguer, ✆ 04 68 22 88, Werke von Etienne Terrus, der als Vorläufer des Fauvismus gilt, 10–19 Uhr

Oppidum d'Ensérune

 **Museum:**
Musée d'Ensérune,
34310 Colombiers, ✆ 04 67 37 01 23,
Ausstellung von Funden der vorrömischen Ansiedlung, Juni–Aug. 9.30–
19 Uhr, April/Mai und Sept. 10–12 und
14–18 Uhr, Okt.–März 10–12 und 14–
16 Uhr, So bis 17 Uhr
Besichtigung: Die Anlage selbst ist
Juni–Aug. 9.30–19.30 Uhr, April/Mai
und Sept. bis 18.30 Uhr, sonst bis
17.30 Uhr zu besichtigen

L'Espérou (30570)

 **Hotels/Restaurants:**
Du Touring, F,
✆ 04 67 82 60 04, gutbürgerliches
Logis-de-France-Haus mit Restaurant
Du Parc et de L'Espérou, F–FFF,
Carrefour des Hommes de la Route,
✆ 04 67 82 60 05, Fax 04 67 82 62 12,
komfortables Logis-de-France-Haus mit
Restaurant

 Aktivitäten: Skizentrum
L'Espérou/Prat-Peyrot, Abfahrt
und Langlauf, Skikurse, Skiverleih,
✆ 04 67 82 60 17, Auskunft über die
aktuellen Schneeverhältnisse unter
✆ 04 67 82 61 64

Estagel (66310)

 **Office de Tourisme:**
Mairie, ✆ 04 68 29 10 42

 **Hotel/Restaurant:**
Les Graves, F–FF,
9, Blvd. Jean Jaurès, ✆ 04 68 29 00 84,
Fax 04 68 29 47 04, Hotel mit Restaurant
und Gartenterrasse

Florac (48400)

 Office de Tourisme: Av. J.-Monestier, ✆ 04 66 45 01 14

 **Hotels/Restaurants:**
Le Pont Neuf, FF,
✆ 04 66 45 01 67, Fax 04 66 45 28 43,
einfaches modernes Haus am Ortseingang am Ufer des Tarnon, gut ausgestattete Zimmer, mit Restaurant und
Gartenterrasse
Le Rochefort, F–FF, Carrefour de la
Pierre et de l'Eau, ✆ 04 66 45 02 57, Fax
04 66 45 25 85, Logis-de-France-Haus
mit geräumigen Zimmern, schöner
Ausblick vis à vis der Causse Méjean-
Steilwand, Restaurant (Le Dolmen) mit
regionaler Küche
Grand Hôtel du Parc, FF-FFF,
✆ 04 66 45 03 05, Fax 04 66 45 11 81,
schönes Hotel (Logis de France) in
einem liebevoll angelegten Park vor
einer beeindruckenden Bergkulisse, angenehme Atmosphäre, mit Pool und
sehr empfehlenswertem Restaurant
La Lozerette, F–FF, 48400 Cocurès,
6 km nordöstl. an der N 106 und D 998,
✆ 04 66 45 06 04, Fax 04 66 45 12 93,
empfehlenswerte Adresse im Herzen
des Mont Lozère, gut ausgestattete
Zimmer, z. T. mit Terrasse in den Garten, charmanter Empfang, das Restaurant im rustikalen Stil bietet schmackhafte gutbürgerliche Küche

 **Besichtigung: Le
Château** mit naturkundlicher Ausstellung im Informationszentrum des Parc National des Cévennes,
✆ 04 66 49 53 01, Juli/Aug. 9–19 Uhr,
April–Juni und Sept.–Mitte Nov. Mo–Fr
9–12.30 und 14–18.30 Uhr, Sa/So und
feiertags 10–12.30 und 14–18 Uhr, sonst
Mo–Fr 9–12 und 14–18 Uhr, Sa/So und
feiertags geschl.

Font-Romeu (66120)

 Office de Tourisme:
Av. Emmanuel Brousse,
✆ 04 68 30 68 30

 Hotels/Restaurants:
Y Sem Bé, F–FFF,
Rue des Ecureuils, ✆ 04 68 30 00 54,
Fax 04 68 30 25 42, Haus im Chaletstil,
alle Zimmer mit Balkon/Terrasse und
wunderbarer Aussicht, Restaurant
L'Orée du Bois, FF, Av. Emmanuel
Brousse, ✆ 04 68 30 01 40, Fax 04 68 30
41 60, kleines Hotel in der Nähe der
Seilbahn, mit Kaminzimmer
Carlit, FFF, Av. Docteur Capelle,
✆ 04 68 30 80 30, Fax 04 68 30 80 68,
modernes Haus, schön angelegter
Park, mit Swimmingpool und Sola-
rium

 **Aktivitäten: Font-Romeu/
Pyrénées 2000**, eines *der*
Skizentren der Region: 40 Pisten, 31
Lifte, 450 Schneekanonen, 80 km Loi-
pe, Info ✆ 04 68 30 68 30 und 04 68 30
12 42

Abbaye de Fontfroide

 Besichtigung: ehemaliges
Zisterzienserkloster, 13 km
vom Autobahnkreuz Narbonne-Sud,
✆ 04 68 45 11 08, Besichtigung nur mit
1stündiger Führung, Juli/Aug. $\frac{1}{2}$stündl.
9.30–18.30 Uhr, März–Juni und Sept./
Okt. $\frac{3}{4}$stündl. 10–12 und 14–17 Uhr,
sonst 10–12 und 14–16 Uhr

Formiguères (66210)

 Office de Tourisme: Pl. de
l'Eglise, ✆ 04 68 04 47 35

 **Hotels/Restaurant:**
Picheyre, F, 2, Pl. de
l'Eglise, ✆ 04 68 04 40 07, einfacher
Komfort, Tennisplatz, Restaurant mit
Terrasse
Auberge de la Tutte, F, Route de
Mont-Louis, ✆ 04 68 04 40 21,
Fax 04 68 04 37 46

La Franqui-Plage (11370)

 Hotel: La Plage, F–FF, Av. de la
Méditerranée, ✆ 04 68 45 70 23,
Fax 04 68 45 65 64, freundlicher Ser-
vice, Swimmingpool und Restaurant

 Restaurant: Le Mayflower,
20, Av. du Front de Mer,
✆ 04 68 45 63 70, Restaurant und
Crêperie

Ganges (34190)

 **Office de Tourisme:** Salle de
l'Horloge, ✆ 04 67 73 66 40

Hotels/Restaurants:
De la Poste, F,
8, Rue des Anciens Combattants,
✆ 04 67 73 85 88, einfacher Dorfgasthof
Château de Madières, FFFF,
34190 Madières, 20 km südöstl.,
✆ 04 67 73 84 03, Fax 04 67 73 55 71,
die weite Anfahrt lohnt sich: gepflegte
Zimmer mit hohem Standard in altehr-
würdigem Gebäude, Panoramablick
auf die Gorges de Vis, mit Swimmingpool, vorzügliches Restaurant mit
einer reichhaltigen Auswahl an Gerichten der südlichen Regionen Frankreichs
Auberge Les Norias, 254, Av. des
Deux Ponts, 34190 Cazilhac,

04 67 73 55 90, traditionelle, regionale Gerichte, mit Raffinesse zubereitet, auf der Gartenterrasse serviert, empfehlenswert ist die *Assiette gourmande* mit köstlichen hausgemachten Pâtisserien, recht günstig, auch Zimmervermietung (F–FF)

 **Besichtigung: Grotte des Demoiselles**, 9 km südöstl., Führungen durch die Tropfsteinhöhle Juli/Aug. 9–19 Uhr, April–Juni und Sept. 9–12 und 14–19 Uhr, Okt.–März 9.30–12 und 14–17 Uhr, Zugang mit einer Seilbahn möglich

La Garde-Guérin (48800)

 **Hotel/Restaurant: Auberge Régordane**, FF, 04 66 46 82 88, Fax 04 66 46 90 29, charmante Unterkunft in einem Gebäude aus dem 16. Jh., im mittelalterlichen Ortskern, mit Restaurant

Génolhac (30450)

 Office de Tourisme: Maison de Pays, 04 66 61 18 32

 **Hotels/Restaurants: Du Commerce**, F–FF, 46, Grand'Rue, 04 66 61 11 72, kleines Hotel mit gutem Komfort, mit Restaurant
Mont Lozère, F–FF, 13, Av. de la Libération, 04 66 61 10 72, Fax 04 66 61 23 91, preisgünstiges, gut ausgestattetes Logis-de-France-Haus, Restaurant mit Gartenterrasse

Gignac (34150)

 Office de Tourisme: Pl. Général Claparède, 04 67 57 58 83

 Hotel: Motel du Vieux Moulin, F–FF, Blvd. du Moulin, 04 67 57 57 95, Fax 04 67 57 69 19, kleine, ruhige Bungalows mit Garten (Logis de France), Swimmingpool, Restaurant

Restaurant: Domaine du Pelican, Mas Pélican, 04 67 57 68 92, in diesem alten Tempelritter-Gebäude holt der Hausherr das bestmögliche aus seinen Weinbergen, einen sehr guten Côteau de Languedoc, der vor Ort probiert und erstanden werden kann, dazu werden kleine Gerichte gereicht

La Grande-Motte (34280)

Office de Tourisme: Pl. du 1er-Octobre-1974, 04 67 29 03 37

Hotels: Le Quetzal, FFF, Allée des Jardins, 04 67 56 61 10, Fax 04 67 56 86 34, ruhiges Haus in einem kleinen Pinienhain, schicke Zimmer mit Loggien, Swimmingpool
La Méditerranée, FFF–FFFF, 227, Allées du Vaccarès, 04 67 56 53 38, Fax 04 67 56 98 30, geräumige Zimmer, großer Garten, Swimmingpool
Azur, FFF–FFFF, Presqu'île du Port, 04 67 56 56 00, Fax 04 67 29 81 26, Hotel im Marinestil nahe Kasino und Hafen mit einem schönen Garten, komfortable Zimmer mit Blick aufs Meer

 **Restaurants: La Calèche**, Av. du Casino, 04 67 56 68 99, ein

schöner Ort um Pizza oder Nudeln mit Meerblick zu genießen

Alexandre, Esplanade de la Capitainerie, ✆ 04 67 56 63 63, exzellente und ausgefallene Meeresfrüchte und Fischgerichte, z. B. Austern im Nußaroma, Risotto mit Hummer und Seeteufel mit Pilzen, wohlsortierte Weinkarte

 Veranstaltungen: *Festival du Musique du Monde*, Ende Juli, kulturelle Veranstaltungen, Musik aus aller Welt; *Nuits musicales du Palais*, Mitte Juli–Mitte Aug., klassische Musik; *Festival du Jazz*, zweite Augustwoche, Auskunft beim Office de Tourisme (s. o.)

Le Grau-du-Roi (30240)

 Office de Tourisme: boul. Front de Mer, ✆ 04 66 51 67 70

 Hotel: Relais de l'Oustau Camarguen, FFF, route des Marines, ✆ 04 66 51 51 65, Fax 04 66 53 06 65, provenzalisches Haus mit ruhigen, komfortablen Zimmern direkt am Hafen von Port Camargue

 Restaurant: Le Spinaker, Route de Môle, ✆ 04 66 53 36 37, direkt am Hafen, Fischgerichte (etwa Sardinen-Tarte), Meeresfrüchte (unter anderem Seeigel), wunderbare Desserts, kleine, aber feine Weinauswahl

 Museum: Palais de la Mer (Tiefseemuseum), Av. du Palais de la Mer, Jan.–März, Okt., Nov. 9.30–12 und 14.30–19 Uhr; April–Juni, Sept. bis 21 Uhr; Juli/Aug. 9.30–23 Uhr, Mo nur nachmittags geöffnet

 Veranstaltung: Musikfestival, dritte Juni-Woche

Gruissan, Gruissan-Plage, Port-Gruissan (11430)

 Office de Tourisme: 1, Blvd. Pech Meynaud, Gruissan, ✆ 04 68 49 03 25 und 04 68 49 09 00

 Hotels: La Plage, FF, 13, Rue du Bernard l'Hermite, Gruissan-Plage, ✆ 04 68 49 00 75, direkt am Strand, freundliche Zimmer, von der Terrasse blickt man auf die Chalets aus dem Film »37°2 le matin – Betty Blue«
Les Trois Caravelles, FF, 1, Allées des Courlis, Gruissan-Plage, ✆ 04 68 49 13 87, Fax 04 68 49 67 17, gastfreundliches Logis-de-France-Haus direkt am Meer, mit Restaurant
Le Corail, FF–FFF, Quai Ponant, Port-Gruissan, ✆ 04 68 49 04 43, Fax 04 68 49 62 89, modernes Haus (Logis de France), schöner Blick auf den Hafen, Restaurant

 Restaurants: La Marée, Vieux Port Barberousse, ✆ 04 68 49 16 26, im 1. Stock über dem Fischladen direkt am Meer sind frisch zubereiteter Fisch vom Grill oder Muscheln à la Crème die Spezialitäten, serviert in netter Atmosphäre im blau-weiß gehaltenem Speisesaal, preiswert
L'Estagnol, Av. de Narbonne, Gruissan ✆ 04 68 49 01 27, schmuckes Fischerhaus mit einer schattigen Gartenterrasse, Ausblick auf den Etang mit seinen Flamingos, auf dem Teller delikate Fischgerichte, z. B. Fischeintopf oder Muscheln in *sauce ravigotte*, einer scharfen Kräutersoße – und das alles zu vernünftigen Preisen

 **Museum: Musée de la Vigne et du Vin**, Château le Bouis, ✆ 04 68 49 00 18, Geschichte

des Weinanbaus, April–Sept. 9–20 Uhr, Okt.–März bis 18.30 Uhr

 Veranstaltungen: *Fête des Pêcheurs*, Fischerfest am letzten Juniwochenende; *Marché Gourmand*, Feinschmeckermarkt auf der Pl. des Menhirs am letzten Sa im Juli

Lagrasse (11220)

 Office de Tourisme: 6, Blvd. de la Promenade, ☏ 04 68 43 11 56

 Hotel: Auberge St-Hubert, F–FF, 9, Blvd. de la Promenade, ☏ 04 68 43 15 22, kleines, solides Logis-de-France-Haus mit Garten und Restaurant

 Einkaufen: Château Saint-Auriol, ☏ 04 68 58 15 15, hier, inmitten 40 ha Rebstöcken haben zwei Weinkenner alte Weinsorten wiederentdeckt und laden zur Verkostung und zum Verkauf ein.

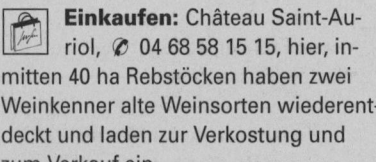 **Besichtigung: Abbaye Ste-Marie d'Orbieu**, ☏ 04 68 43 13 97, Besuch von Klostergebäude und Donjon Mitte Juni–Mitte Sept. 10–12 und 14–18.30 Uhr, So vormittags geschl., sonst 14–17 Uhr, in den Schulferien auch 10–12 Uhr

Lamalou-les-Bains (34240)

 Office de Tourisme: 2, Av. du Docteur Ménard, ☏ 04 67 95 70 91

Hotels/Restaurants:
La Paix, F–FF, 18, Av. Alphonse Daudet, ☏ 04 67 95 63 11,

Fax 04 67 95 67 78, einfaches, gepflegtes Haus (Logis de France), zentral gelegen, Restaurant mit Gartenterrasse
Belleville, F–FF, 1, Av. Charcot, ☏ 04 67 95 57 00, Fax 04 67 95 64 18, idyllisch gelegen in einem Park mit uralten Bäumen und Blumengarten, die Zimmer sind frisch renoviert
Hôtel Mas, F–FF, 25, Av. Charcot, ☏ 04 67 95 62 22, Fax 04 67 95 67 78, ehrwürdiges Kurhotel (Logis de France) aus dem 19. Jh., liebevoll renoviert, sehr empfehlenswertes Restaurant mit moderaten Preisen

 Veranstaltungen: *Festival National de l'Operette*, Ende Juli–Ende Aug., ☏ 04 67 95 67 35

Lastours (11600)

 **Besichtigung: Les Quatre Châteaux de Lastours**, Anfahrt über die D 101, 2 km südl. von Mas Cabardès, Zugang zu den vier Burgruinen nur zu Fuß über einen Weg rechts der Straße (ca. $\frac{1}{2}$ Std.), Juli/Aug. 9–20 Uhr, April–Juni und Sept. 10–18 Uhr, Okt. 10–17 Uhr, sonst nur Sa/So und feiertags 10–17 Uhr, Jan. geschl.

Lac de Laouzas/ Nages (81320)

Hotel/Restaurant: L'Escapade, F–FF, Murat zur Vebre, ☏ 04 63 37 40 51, einfaches Logis-de-France-Haus am Nordwestufer des Sees, freundlicher Empfang, Garten und Restaurant

Lattes (34970)

 Hotel: Mas de Couran, FF–FFF, Route de Fréjorgues, ✆ 04 67 65 57 57, Fax 04 67 65 37 56, schönes Haus aus dem 19. Jh. im Stil des Languedoc, mit Park und riesigem Schwimmbad, leider ist der Straßenlärm allzeit präsent

Restaurant: Le Mazerand, Route Fréjorgues, ✆ 04 67 64 82 10, schon beim Lesen der Karte läuft einem das Wasser im Munde zusammen: Gemüse-Rosette auf Lammratatouille in eigenem Saft, Seebarschfilet auf Olivencreme, Nougat-Glacé mit Distelhonig und hausgemachtem Gewürzkuchen – auch die Desserts sind ein Gedicht, Terrasse mit Blick auf den weitläufigen Park

  Museum: Musée archéologique Henri Prades, 390, Route de Pérols, ✆ 04 67 65 31 55, archäologische Sammlung, 10–12 und 14–17.30 Uhr, Di geschl.

Leucate-Plage/
Port-Leucate (11370)

Offices de Tourisme: Centre Polyvalent, Port-Leucate, ✆ 04 68 40 91 31; Juli/Aug. auch Av. Jean Jaurès, ✆ 04 68 40 04 73

Hotels/Restaurant: Jouve, FF, 39, Av. de la Côte Rêvée, Leucate-Plage,✆ 04 68 40 02 77, modernes Haus am Strand, empfehlenswertes Restaurant mit Gartenterrasse
Deux Golfs, FF–FFF, Port-Leucate, ✆ 04 68 40 99 42, Fax 04 68 40 79 79, recht ruhiges Haus, Zimmer z. T. mit Blick auf den Hafen

 Markt: Feinschmeckermarkt, zweiter Sa im Aug.

Limoux (11300)

 Office de Tourisme: Promenade du Tivoli, ✆ 04 68 31 11 82

 Hotels: Des Arcades, F, 96, Rue St-Martin, ✆ 04 68 31 02 57, Fax 04 68 31 66 42, gemütliches Logis-de-France-Haus mit Restaurant und Fahrradverleih
Hôtel Moderne et Pigeon, FF–FFF, 1, Pl. Général Leclerc, ✆ 04 68 31 00 25, Fax 04 68 31 12 43, frisch renovierte Zimmer mit luxuriösen Marmorbädern, freundlicher Empfang

Restaurants: Tourtines, Villarzel du Razes, 11 km nördlich über die D 623 und 318, ✆ 04 68 31 76 76, das Restaurant liegt im Grünen, umgeben von einem offenen Wildpark mit Rehen und Wildschweinen – ein Kinderparadies, daher für Familien auch als Hotel (FF) zu empfehlen
Hôtel Moderne et Pigeon (s. o.), ausgezeichnete Küche, zu empfehlen sind geschmorte Ente auf Safran und Knoblauch oder Seezunge, als Filet in Chardonnay oder als Spezialität des Hauses *à la Moderne et Pigeon*

 Museum: Musée Petiet, Promenade du Tivoli, Archäologie und Malerei des 19.–20 Jh., Juni/Aug.–Mitte Sept. 14–17 Uhr, Juli 10–12 und 14– 18 Uhr, Mo geschl.

Veranstaltungen: *Carnaval de Limoux*, Mitte Jan.–Palmsonntag, Umzüge und Feste

Lunel (34400)

 Office de Tourisme: Pl. des Martyrs de la Resistance, ✆ 04 67 87 83 97

 Hotel: Via Domitia, FF, Av. Louis Lumière, ✆ 04 67 83 11 55, Fax 04 67 71 02 19, modernes, komfortables Hotel am Ortsausgang in Richtung Nîmes

Restaurant: Chodoreille, 140, Rue Lakanal, ✆ 04 67 71 55 77, traditionelle Küche, die man im charmanten Patio genießen kann, z. B. Terrine von geräuchertem Lachs und eine feine Käseauswahl

La Malène (48210)

Office de Tourisme: Mairie, ✆ 04 66 48 51 16

Hotels: Manoir de Montesquiou, FFF–FFFF, ✆ 04 66 48 51 12, Fax 04 66 48 50 47, inmitten der Gorges du Tarn liegt dies alte Manoir aus dem 15./16. Jh., stilvolle Zimmer
Château La Caze, FFF–FFFF, ✆ 04 66 48 51 01, Fax 04 66 48 55 75, romantisches Schloß aus dem 15. Jh. am Ufer des Tarn, eine gute Adresse, um einmal fürstlich zu übernachten

Restaurant: Manoir de Montesquiou (s. o.), phantasievolle und reichhaltige Küche, gute Weinkarte, charmanter Empfang

Extra-Tip: Les Bateliers de Gorges du Tarn, ✆ 04 66 48 51 10, Fax 04 66 48 52 07, ob man sich selbst in einem Kanu oder Kajak auf den Fluß begibt oder lieber in einem Boot gefahren wird – hier kann man alles mieten

Marseillan/ Marseillan-Plage (34340)

 Office de Tourisme: Marseillan-Plage, ✆ 04 67 21 82 43

 Hotels/Restaurant: Château du Port, FF–FFF, 9, Quai de la Résistance, Marseillan, ✆ 04 67 77 65 65, Fax 04 67 77 67 98, sehr empfehlenswerte Unterkunft am Hafen, das Gebäude im Stil des 18. Jh. bietet nüchterne und geschmackvoll eingerichtete Zimmer
Chez Philippe, 20, Rue de Suffren, ✆ 04 67 01 70 62, in Hafennähe kann man hier auf der von Kiefern beschatteten Terrasse sehr leckere und ganz und gar frische Fisch- und Meeresfrüchte-Gerichte genießen. Reservierung empfehlenswert!

 Besichtigung/Einkauf: Chais de Noilly Prat, ✆ 04 67 77 20 15, hier kann man bei der Wermutherstellung zusehen und das Endprodukt probieren und kaufen, März–Okt. 10–12 und 14.30–18 Uhr, sonst bis 17.30 Uhr, Di geschl.

Aven de Marzal

 Besichtigung: Tropfsteinhöhle, Île Girodet, 07700 St-Remèze, Besichtigung der Tropfsteinhöhle mit Museum der unterirdischen Welt und erstem prähistorischen Zoo Frankreichs, März–Nov.

Matemale (66210)

 Office de Tourisme:
⌀ 04 68 04 34 07

 **Hotel/Restaurant:**
La Belle Aude, F,
⌀ 04 68 04 40 11, Fax 04 68 04 39 89,
solides Hotel mit Swimmingpool und
Restaurant, preiswerte Menüs

Méjannes-le-Clap (30430)

 Office de Tourisme:
Mairie, ⌀ 04 66 24 42 41

 Hotels/Restaurants:
Pension de la Cigalière,
F, Pl. aux Herbes, ⌀ 04 66 24 41 42,
Fax 04 66 60 21 50, einfaches Haus mit
angenehmer Atmosphäre und Restaurant
Le St-Hubert, FF, Route de Barjac,
⌀ 04 66 24 46 84, komfortables Hotel
mit Swimmingpool und Restaurant

Mende (48000)

 Office de Tourisme:
Blvd. Henri Bourrillon,
⌀ 04 66 65 02 69

 Hotels: Hôtel du Palais,
F, Pl. Urbain V. (Eingang Rue
de l'Ormeau), ⌀ 04 66 49 01 59, zentral
gelegen, schöne Ausblicke auf die
Kathedrale **France**, F–FF, 9, Blvd. Lu-
cien Arnaud, ⌀ 04 66 65 00 04,
Fax 04 66 49 30 47, komfortables Logis-
de-France-Haus, empfehlenswertes
Restaurant
Mimat, F–FF, 7, Quai Petite Roubey-
rolle, nordwestl. des Ortskerns,
⌀ 04 66 49 13 65, schön ruhig

Relais de la Tour, FF–FFF, 30, Av. des
Gorges du Tarn, ⌀ 04 66 49 05 50,
Fax 04 66 65 05 21, gut ausgestattetes
Hotel, Swimmingpool, Tennisplatz
Pont Roupt, FF–FFF, 2, Av. du
11 Novembre, ⌀ 04 66 65 01 43,
Fax 04 66 65 22 96, großes, gut ausge-
stattetes Hotel (etwas anonym) am Ufer
des Lot, 5 Gehminuten zum Zentrum,
Swimmingpool, Fitneßraum und Sauna
Le Lion d'Or, FF–FFF, 12, Blvd. Bri-
texte, östl. in Richtung Langogne,
⌀ 04 66 49 16 46, Fax 04 66 49 23 31,
bestes Haus am Platze, mit Garten,
Swimmingpool und sehr gutem Re-
staurant

 Restaurant: Le Mazel, 25, Rue
Collège, ⌀ 04 66 65 05 33, im
Stadtzentrum, preisgünstige und gute
Gerichte, im Sommer draußen serviert

 **Museum: Musée Ignon-
Fabre**, 3, Rue de l'Epine,
⌀ 04 66 65 05 02, Museum für Archäologie und Lokalgeschichte, wird z. Zt.
renoviert (Stand Sommer 1996)

Besichtigung/Einkauf:
**Coopérative des artisans
de Lozère**, 4, Rue de l'Ange, altes Kar-
meliterkloster aus dem 14. Jh., Ausstellung und Verkauf von Kunsthandwerk
und Spezialitäten aus der Region,
Juli/Aug. 9–12 und 14–19 Uhr, So und
feiertags geschl., sonst auch Mo geschl.

Veranstaltung: *Concerts sous
Roche l'Aven Armand*, Mitte
Juli–Anfang Aug., internationale klassi-
sche Musik und Jazz vor spektakulärer
Kulisse, Auskunft ⌀ 04 66 49 17 47

Meyrueis (48150)

 Office de Tourisme: Tour de l'Horloge, ✆ 04 66 45 60 33

 Hotels: Europe, F, Quai d'Orléans, ✆ 04 66 45 60 05, Fax 04 66 45 65 31, angenehmes Haus mit Swimmingpool und Restaurant
Family, F, ✆ 04 66 45 60 02, Fax 04 66 45 66 54, gut ausgestattetes Logis-de-France-Haus, Garten, Pool und Restaurant
Renaissance, FF–FFF, Rue de la Ville, ✆ 04 66 45 60 19, Fax 04 66 45 65 94, stilvolle Unterkunft in einem Gebäude aus dem 16. Jh., gutes Preis-Leistungs-Verhältnis, schön ruhig
Château d'Ayres, FF–FFFF, 48150 Ayres, 1,5 km östl. an der D 57, ✆ 04 66 45 60 10, Fax 04 66 45 62 26, majestätischer Bau aus dem 18. Jh. in einem Park mit altem Baumbestand, geräumige Zimmer, sympathisches Ambiente

 Restaurant: Château d'Ayres (s. o.), von den Cevennen inspirierte Küche von Chef Thibault Demontjou zubereitet, gute Auswahl regionaler Weine

Besichtigungen:
Aven Armand, 11 km nordwestl. von Meyrueis über die D 986, ✆ 04 66 45 61 31, $^3/_4$stündige Führungen durch die Tropfsteinhöhle Juli/Aug. 9.30–19 Uhr, Mitte März–Ende Mai und Sept. 9.30–12 und 13.30–18 Uhr, Okt. 9.30–12 und 13.30–17 Uhr, sonst nach Vereinbarung, Nov.–Jan. geschl.
Grotte de Dargilan, 8,5 km nordwestl. von Meyrueis über die D 39 und D 139, 1stündige Führungen durch die Tropfsteinhöhle Juli/Aug. 9–19 Uhr, April–Juni und Sept. 9–12 und 14–18

Uhr, Okt. 10–12 und 14–17 Uhr, Nov.–März geschl.
Belvedere des Vautours ("Geier-Aussichtspunkt"), in der Gorges de la Jonte zwischen Meyrueis und Le Rozier, an der D 996 nahe Le Truel, ✆ 05 65 62 69 69, neben Geiern in freier Wildbahn kann man auch ein Greifvogel-Museum besuchen, geöffnet 10–18, im Sommer bis 19 Uhr

Mèze (34140)

 Office de Tourisme: Rue P.-A.-Massaloup, ✆ 04 67 43 93 08

 Hotels/Restaurant: Du Port, F, 1, Quai Descournut, ✆ 04 67 43 81 16, einfaches Hotel, Restaurant
De Thau, F–FF, Rue de la Parée, ✆ 04 67 43 83 83, Fax 04 67 43 69 45

 Besichtigung: Station de lagunage Mèze-Hérault, ✆ 04 67 43 87 67, rein biologisch arbeitende Kläranlage, Aufzucht von Zierfischen und Wasserpflanzen: 1 $^1/_2$stündige Führungen Juli/Aug. 10–18 Uhr, sonst 14–16.30 Uhr, Mitte Nov.–Mitte Feb. Sa geschl.

Mialet (30140)

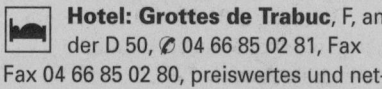 **Hotel: Grottes de Trabuc,** F, an der D 50, ✆ 04 66 85 02 81, Fax Fax 04 66 85 02 80, preiswertes und nettes Gasthaus, ruhig und schön gelegen, mit Restaurant

Restaurant: Auberge du Fer à Cheval, ✆ 04 66 85 02 80, einfaches Restaurant mit Gartenterrasse, preiswert

Museum: Musée du Désert, Mas Soubeyran, ✆ 04 66 85 02 72, Geburtshaus des Kamisardenführers Rolland, Ausstellung über 200 Jahre Hugenottengeschichte, Juli/Aug. 9.30–18.30 Uhr, März–Juni und Sept.–Nov. 9.30–12 und 14.30–18 Uhr, Dez.–Feb. geschl.

Besichtigung: Grotte de Trabuc, östl. von Mialet, ✆ 04 66 85 03 28, 1stündige Führungen durch die Tropfsteinhöhle Mitte Juni–Mitte Sept. 9.30–18.30 Uhr, Mitte März–Mitte Juni und Mitte Sept.–Mitte Okt. 9.30–12 und 14–18 Uhr, Mitte Okt.–Ende Nov. So und feiertags 14–18 Uhr, Dez.–Mitte März geschl. es besteht die Möglichkeit, an einer 5stündigen unterirdischen Safari teilzunehmen, nur nach Vereinbarung, Auskunft in Montpellier, ✆ 04 67 66 11 11 oder vor Ort

Millau (12100)

 Office de Tourisme: Av. Alfred Merle, B. P. 331, ✆ 05 65 60 02 42 Das Verkehrsamt gibt eine sehr empfehlenswerte Broschüre mit Tagestouren (Auto) heraus, sie heißt Millau-Guide Circuits

Hotels: Commerce, F, 8, Pl. Mandarous, ✆ 05 65 60 00 56, Fax 05 65 60 96 50, einfaches Haus im Stadtzentrum

Moderne, F, 11, Av. Jean Jaurès, ✆ 05 65 60 59 23, Fax 05 65 59 29 01, preisgünstiges Hotel, Restaurant

Causses, F–FF, 56, Av. Jean Jaurès, ✆ 05 65 60 03 19, Fax 05 65 60 86 90, bequemes und ruhiges Logis-de-France-Haus, mit Garten und Restaurant

Château de Creissels, F–FFF, Rte. de St-Affrique, 12100 Creissels, 2 km au-

ßerhalb, ✆ 05 65 60 16 59, Fax 05 65 61 24 63, mittelalterlicher Bau mit einem Turm aus dem 12. Jh., gut ausgestattete Zimmer mit Blick auf den Park, empfehlenswertes Restaurant

Cévenol, FF, 115, Rue Rajol, ✆ 05 65 60 74 44, Fax 05 65 60 85 99, modernes Hotel am Ufer des Tarn, Schwimmbad, Restaurant

International, FF–FFF, 1, Pl. de la Tine, ✆ 05 65 59 29 00, Fax 05 65 59 29 01, ein moderner Bau mit hellen, geräumigen Zimmern, empfehlenswertes Restaurant

La Musardière, FFF, 34, Av. de la République, ✆ 05 65 60 20 63, Fax 05 65 61 02 05, sehr angenehmes und komfortables Hotel nicht weit vom Stadtzentrum

 Restaurants: La Braconne, 7, Pl. Maréchal Foch, ✆ 05 65 60 30 93, sympathisches Restaurant mit Terrasse, gegenüber vom Museum

Le Square, 10, Rue St-Martin, ✆ 05 65 61 26 00, preisgünstige Fisch- und Fleischgerichte in den malerischen Arkadengängen der Altstadt

 **Museen: Musée du Millau et des Causses**, Hôtel de Pégayrolles, ✆ 05 65 59 01 08, vorgeschichtliche und archäologische Sammlung, 10–12 und 14–18 Uhr, Okt.–März So geschl.

Maison de la Peau et du Gant de Millau, nebenan in der Rue St-Antoine 1, ✆ 05 65 61 25 93, Öffnungszeiten wie Musée du Millau et des Causses (s. o.)

Besichtigung: Fouilles de la Graufesenque, 1 km südwestl. von Millau an der N 9 (Route de Montpellier), ✆ 05 65 60 11 37, Besichtigung der Ausgrabungsstätte 9–12 und 14–18.30 Uhr

Minerve (34210)

 Office de Tourisme:
Mairie, ℘ 04 68 91 81 43

  Hotel/Restaurant:
Relais Chantovent, F,
℘ 04 68 91 14 18, Fax 04 68 91 81 99,
einfaches ruhiges Haus mitten in der
Altstadt, Restaurant mit Terrasse

  **Museen: Musée
d'Archéologie et de
Paleontologie**, ℘ 04 67 89 47 98, Museum für Archäologie und Paläontolo-
gie, Juli–Mitte Sept. 10.30–17.30 Uhr,
April–Juni 13.30–17.30 Uhr, sonst So
und feiertags 13.30–17.30 Uhr
Musée Hurepel, Rue des Martyrs,
℘ 04 68 46 10 28, Ausstellung über
das Leben der Katharer, Juli/Aug.
11–19 Uhr, April–Juni und Sept.–Mitte
Okt. 14–18 Uhr

 Veranstaltung: *Minervois-Festi-
val*, August, Konzerte und Theateraufführungen, Auskunft und Reser-
vierungen ℘ 04 68 91 12 52

Prieuré de Monastir-del-Camp

 **Besichtigung:** Klosterbe-
sichtigung auf Anfrage,
℘ 04 68 38 80 71, 9–12 und 16–19 Uhr

Mont-Louis (66210)

Offices de Tourisme: Rue du
Marché, ℘ 04 68 04 21 97;
Mairie, ℘ 04 68 04 21 18

**Hotels/Restaurant: Le
Clos Cerdan**, F–FF, La Ca-
banasse, N 116, ℘ 04 68 04 23 29, Fax
04 68 04 23 79, Berghotel aus behauenen Bruchsteinen am Ortsrand, gut
ausgestattete Zimmer mit wunderba-
rem Panoramablick, Pool, Restaurant

 Besichtigung: Kasemat-
ten der Zitadelle, Juli/Aug.
9–12 und 14–18 Uhr

Montpellier (34000)

Office de Tourisme:
Le Triangle, Allée du Tourisme,
℘ 04 67 60 60 60, Fax 04 67 60 60 61

 Hotels: Du Parc, F-FF, 8, Rue
Achille-Bège, ℘ 04 67 41 16 49,
Fax 04 67 54 10 05, schönes Gebäude
aus dem 18. Jh., jedes Zimmer hat
einen anderen Maler zum „Paten" ...
Hôtel des Arceaux, F–FF, 33–35, Blvd.
des Arceaux, ℘ 04 67 92 03 03,
Fax 04 67 92 05 09, charmantes kleines
Hotel mit Aussicht auf das schöne
Aquädukt aus dem 17. Jh., mit Garten
Du Palais, F–FFF, 3, Rue du Palais,
℘ 04 67 60 47 38, Fax 04 67 60 40 23,
Stadtvilla aus dem 19. Jh. mit modernen Zimmern und angenehmer Atmosphäre im alten Stadtkern
Astron, FF–FFF, 45, Av. du Pirée,
℘ 04 67 20 57 57, Fax 04 67 20 58 58,
schräg gegenüber vom Office de
Tourisme, gut ausgestattete Zimmer,
teilweise mit kleinen Küchen, eine
gute Adresse für einen längeren Aufenthalt
Le Guilhem, FF–FFFF, 18, Rue Jean
Jacques Rousseau, ℘ 04 67 52 90 90,
Fax 04 67 60 67 67, Hotel im nordwestl.
alten Stadtkern, die geschmackvoll eingerichteten Zimmer sind auf mehrere
alte Häuser verteilt, mit Garten, sehr
gutes Frühstück

New Hotel du Midi, FFF,
22, Blvd. Victor Hugo, ✆ 04 67 92 69 61,
Fax 04 67 92 73 63, charmanter Bau aus
dem 19. Jh. im Stadtzentrum, von den
neuen Besitzern behutsam renoviert
und neu ausgestattet

Sofitel Antigone, FFFF, 1, Rue Pertui-
sanes, ✆ 04 67 99 72 72, Fax 04 67 65
17 50, zentral am Antigone-Viertel,
Swimmingpool auf dem Dach, schöner
Blick auf die Stadt, die Zimmer sind kli-
matisiert und perfekt lärmisoliert

Alliance-Métropole, FFF–FFFF,
3, Rue du Clos René, ✆ 04 67 58 11 22,
Fax 04 67 92 13 02, Hotel der Holiday-
Inn-Kette, stilvoller Stadtpalast aus
dem 19. Jh. in Bahnhofsnähe, eine vor-
nehme Adresse, Restaurant

Restaurants: Le César,
17, Pl. du Nombre d'Or,
✆ 04 67 64 87 87, Bistro im Pariser Stil
im Antigone-Viertel, Auswahl an köstlichen Salatvariationen

L'Aromate, 8, Rue Puits des Esquilles,
✆ 04 67 66 06 27, gute italienische
Küche, sehr preisgünstig

Isadora, 6, Rue du Petit Scel,
✆ 04 67 66 25 23, liebevoll renoviert, im
alten Stadtkern, Terrasse, Gewölbe aus
dem 13. Jh. – sehr stimmungsvoll, hervorragender Salat von Wachtelconfit
mit Kaiserschoten und *Foie gras*

Jardin des Sens, 11, Av. St-Lazare, ✆
04 67 79 63 38, der »Garten der Sinne«
ist ein nüchterner, luftiger Bau, der
praktisch nur aus Glasflächen besteht,
die Brüder Pourcel bieten großartige
Menüs und eine liebevoll ausgewählte
Weinkarte

 **Museen: Musée
d'Anatomie**, Medizinische
Fakultät, Rue de l'Ecole de la Médecine,
✆ 04 67 60 73 71, geöffnet nur Mi 14–17
Uhr

Musée Atger, Medizinische Fakultät,
Rue de l'Ecole de la Médecine,
✆ 04 67 66 27 77, Zeichnungen und
Radierungen, Mo–Fr 13.30–16.30 Uhr,
Aug. geschl.

Musée Cité Agropolis, Parc Agropolis, 951, Av. Agropolis, ✆ 04 67 04 75 00,
agrartechnologisches Museum, Mo–Fr
10–12 und 14–18 Uhr, Juli/Aug. nur
nach Absprache, Di geschl.

Musée Fabre, Blvd. Sarrail,
✆ 04 67 14 83 00, Kunstmuseum, 9–
17.30 Uhr, Sa/So bis 17 Uhr, Mo geschl.

Musée du Vieux Montpellier,
Hôtel de Varennes, 2, Pl. Pétrarques,
✆ 04 67 66 02 94, stadtgeschichtliche
Sammlung, Di–Fr 9.30–12 und 13.30–
17 Uhr, Sa 13.15–17.15 Uhr

Musée Fougau, Hôtel de Varennes,
2, Pl. Pétrarques, ✆ 04 67 60 53 73,
heimatkundliche Sammlung, Mi und
Do 15–18 Uhr

Musée Sabatier d'Espeyran,
Patrizierhaus neben dem Musée Fabre,
Besichtigung auf Anfrage im Musée
Fabre (s. o.)

Musée de la Société archéologique,
Hôtel des Trésoriers de France, 7, Rue
Jacques Cœur, ✆ 04 67 52 93 03, Mu-
seum für Vor- und Frühgeschichte,
Juli/Aug. 14–18 Uhr, So geschl., sonst
bis 17 Uhr

Musée Languedocien, Volkskunde-
museum, Adresse und Öffnungszeiten
wie Musée de la Société archéologique
(s. o.)

Besichtigungen: Le Corum,
Esplanade Charles de Gaulle,
✆ 04 67 61 67 61, Kongreßzentrum,
Führungen Sa 14–19 Uhr und auf Anfrage

Terrasse du Corum,
Mai–Okt. 10–22 Uhr, sonst 10–19 Uhr

Jardin des Plantes, Blvd. Henri IV,
April–Okt. 10–19 Uhr, sonst 10–17 Uhr,
Mo geschl.

 **Markt:** verschiedene Wochen-
märkte an jedem Tag der Woche,
in den Hallen Castellane oder Laissac,
auf der Pl. Jean Jaurès und dem Plan
Cabannes; am dritten und letzten Sa im
Monat stellen die Bouquinisten im
Quartier St-Anne aus; So morgens ist
Bauernmarkt auf der Av. Samuel Cham-
plain im Antigone-Viertel

 Veranstaltungen: *Printemps
des Comediens*, Mitte Juni–Anfang Juli, Treffen internationaler Künstler, die im prächtigen Park des Château
d'O ihre Stücke aufführen, Auskunft
𝄞 04 67 61 06 30; *Festival International
Montpellier Danse*, Ende Juni–Ende
Juli, an verschiedenen Orten in Montpellier finden internationale Tanz-
vorführungen statt (Schwerpunkt zeitgenössische Choreographie),
𝄞 04 67 60 83 60; *Festival de Radio
France*, Mitte Juli–Anfang Aug., Opern-
aufführungen, Symphoniekonzerte,
Jazz, Lyrik an diversen Spielorten in der
ganzen Stadt, 𝄞 04 67 61 66 81 und
04 67 02 01 01; *Festival International du
Cinéma Méditerranée*, Ende Okt./An-
fang Nov., 𝄞 04 67 66 36 36

✈ **Flughafen:** Montpellier-
Fréjorgues, 7 km südöstl. über
die D 21, 𝄞 04 67 20 85 00

🚆🚌 **Hauptbahnhof und
Busbahnhof:** Rue Jules
Ferry/Pl. A.-Gilbert

Chaos de Montpellier-
le-Vieux

 Besichtigung: Felsenmeer, 16 km von Millau
über die D 110, 𝄞 05 65 60 66 30 (Info
Peyreleau), Mitte März–Mitte Sept.

9.30–19 Uhr, Mitte Sept.–Anfang Nov.
bis 18 Uhr, sonst nach Vereinbarung,
Nov.–Jan. geschl.

Mourèze (34800)

🛏 **Hotel: Hauts de Mourèze**, FF,
𝄞 04 67 96 04 84, Fax 04 67 96 25
85, sehr ruhig gelegenes Haus mit Blick
auf die grandiose Landschaft, Pool

 **Besichtigung: Parc des
Courtinals im Cirque de
Mourèze**, 𝄞 04 67 96 08 42, alte galli-
sche Siedlung (Neolithikum bis Ende
Bronzezeit/Anfang Eisenzeit), auf
Wunsch 3/4stündige Führung, April–Okt.
9–18 Uhr, sonst nur Sa/So und feiertags
13–17 Uhr

Narbonne (11100)

ℹ **Office de Tourisme:** Pl. Roger
Salengro, 𝄞 04 68 65 15 60

🛏 **Hotels: Le Floride**, F, 66, Blvd.
Frédéric Mistral, 𝄞 04 68 90 66 39,
Fax 04 68 32 53 54, einfaches Hotel,
zentral gelegen zwischen Stadtkern und
Bahnhof
Du Midi, F, 4, Av. de Toulouse,
𝄞 04 68 41 04 62, Fax 04 68 45 42 87,
Logis-de-France-Haus mit Restaurant
Régent, F–FF, 13, Rue Suffren,
𝄞 04 68 32 02 41, Fax 04 68 65 50 43,
ruhiges Hotel mit komfortablen Zim-
mern
Croque Caille, F–FF, 3 km außerhalb,
Route de Perpignan, 𝄞 04 68 41 29 69,
Fax 04 68 42 47 9, kleines und ange-
nehmes Logis-de-France-Haus, Garten,
Swimmingpool, Restaurant
Languedoc, F–FFF, 22, Blvd. Gambetta,
𝄞 04 68 65 14 74, Fax 04 68 65 81 48,

so, wie man sich ein angestaubtes Grandhotel der Jahrhundertwende vorstellt, mit Pianobar und Billardsaal, Restaurant (La Coupole)

Novotel, FFF, Rte. de Perpignan quartier Plaisance, ✆ 0468 42 72 00, Fax 04 68 42 72 10, komfortabel, gut ausgestattet – ein typischer Vertreter der Kette eben

La Résidence, FF–FFF, 6, Rue du 1er Mai, ✆ 04 68 32 19 41, Fax 04 68 65 51 82, zentral gelegen, ruhige Zimmer, schön eingerichtet

Restaurants: L'Estagnol, 5 bis, Cours Mirabeau, ✆ 04 68 65 09 27, Brasserie mit Terrasse, preiswerte Menüs

L'Alsace, 2, Av. Pierre Sémard, ✆ 04 68 65 10 24, Austernmousse mit Trüffeln oder delikate Wildgerichte sind die Spezialität der Brüder Sinfreu, gute Weinauswahl

La Table de St-Crescent, Rte de Perpignan, ✆ 04 68 41 37 37, der Küchenchef ist ein Perfektionist und hat viele alte regionale Rezepte wieder ausgegraben – hier kann man das Languedoc wirklich schmecken!

 **Museen: Musée archéologique**, Palais des Archevêques, ✆ 04 68 90 30 54, archäologische Sammlung, Mai–Sept. 9.30–12.15 und 14–18 Uhr, sonst 10–12 und 14–17 Uhr, Mo geschl.

Musée d'Art et d'Histoire, Kunstmuseum, Adresse und Öffnungszeiten wie Musée archéologique (s. o.)

Musée de l'Horreum, ehemaliges römisches Warenlager nahe der Place Bistan, Öffnungszeiten wie Musée archéologique (s. o.)

Musée lapidaire, Eglise Notre-Dame-de-Lamourgié, Blvd. du Docteur Ferroul, ✆ 04 68 90 30 66, Lapidarium,

Juli/Aug. 9.30–12.15 und 14–18 Uhr, 14. Juli geschl.

Besichtigung: Cathédrale St-Just, 1stündige Führungen 9.30–11.50 und 14–18.50, Fr/Sa nur bis 17.50 Uhr, So und feiertags geschl., Nordturm und Terrasse können Mitte Juni–Mitte Sept. 9.30–17.30 Uhr besichtigt werden, So geschl., die Schatzkammer ist Mitte Juni–Mitte Sept. 9.30–11.30 und 14–17.30 Uhr, sonst 14.15–16 Uhr geöffnet, Mo/Mi geschl.

Veranstaltungen: *Forum du Théâtre Méditerranéen*, Juni, Theaterfestival, Infos und Reservierung ✆ 04 68 90 90 00, Fax 04 68 90 90 09; *Festival de Théâtre Amateur*, Anfang Juli, Laientheater, Auskunft beim Service Animation de la Ville de Narbonne, ✆ 04 68 90 30 30, Fax 04 68 90 30 11

Hauptbahnhof: Blvd. Frédéric Mistral, Information über Autoreisezüge unter ✆ 04 67 62 50 50

Narbonne-Plage (11100)

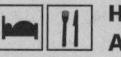 **Hotels/Restaurants: Clape**, F–FF, Rue des Flots Bleus, ✆ 04 68 49 80 15, Fax 04 68 75 05 05, gutes Preis-Leistungsverhältnis, komfortable Zimmer

La Caravelle, F–FF, Blvd. du Front de Mer, ✆ 04 68 33 80 38, Logis-de-France-Haus, gut ausgestattet, am Strand, Restaurant

Navacelles (34520)

Hotel/Restaurant: Auberge de la Cascade, F, ✆ 04 67 81 50 95, Fax 04 67 81 53 45. Logis-de-France-Haus, mit Restaurant

Nîmes (30000)

Office de Tourisme: 6, rue Auguste, ✆ 04 66 67 29 11, Fax 04 66 21 81 04

Hotels: Milan, F–FF, 17, av. Feuchères, ✆ 04 66 29 29 90, Fax 04 66 29 05 31, verkehrsgünstig zwischen Stadtzentrum und Bahnhof gelegen, einfache, ordentliche Zimmer
Amphithéâtre, F–FF, 4, rue des Arènes, ✆ 04 66 67 28 51, Fax 04 66 67 07 79, gegenüber des Amphitheaters, komfortable Zimmer, freundlicher Empfang
Plaza, FF–FFF, 10, rue Roussy, ✆ 04 66 76 16 20, Fax 04 66 67 65 99, zentrale Lage, doch erstaunlich ruhig, mit angenehmer Atmosphäre und sehr freundlicher Bedienung, private Garage
New Hotel La Baume, FF–FFF, 21, rue Nationale, ✆ 04 66 76 28 42, Fax 04 66 76 28 45, behutsam modernisiertes altes Gemäuer aus dem 17. Jh. mit komfortablen Zimmern
Impérator Concorde, FFF–FFFF, quai de la Fontaine, ✆ 04 66 21 90 30, Fax 04 66 67 70 25, gegenüber des Jardin de la Fontaine, ehrwürdiges Gebäude mit kürzlich renovierten und sehr behaglichen Zimmern, die schönsten blicken auf den blühenden Innenhof
Le Vieux Castillon, FFFF, 30210 Castillon-du-Gard (zwischen Nîmes und Avignon), ✆ 04 66 37 00 77, Fax 04 66 37 28 17, das Hotel mit Restaurant (ein Michelin-Stern) liegt in einem mittelalterlichen Dorf direkt am Aquädukt, in alten Gemäuern komfortabel untergebracht, kann man hier exquisit schlafen und speisen – ein Kleinod

Restaurants: Ophélie, 35, rue Fresque, ✆ 04 66 21 00 19, im Patio eines Gebäudes aus dem 17. Jh., provenzalische Gerichte

Pétrus, 7, rue de la République, ✆ 04 66 76 04 81, der Maître variiert traditionelle Gerichte der Region mit Salaten und eßbaren Blüten; sehr schöner Garten, in dem die Zutaten wachsen...
Le Cinq Antoine, 5, rue St-Antoine, ✆ 04 66 21 86 01, kleines Bistro, nur wenige Schritte vom Amphitheater entfernt, freundliche Atmosphäre, einfache und typisch provenzalische Gerichte
Alexandre, 30128 Garons (ca. 10 km in Richtung Arles an der E80), 2, rue Xavier-Tronc, ✆ 04 66 70 08 99, etwas außerhalb, ein Michelin-Stern und zwei Kochmützen – unbedingt reservieren, originelle Variationen klassischer Gerichte wie Austern- und Muschel-Tartar oder Wachtel-Frikassee in Lakritz-Röllchen und eine sehr beeindruckende Dessert-Auswahl, sehr gute regionale Weine

Museen: Musée archéologique, boul. Amiral-Courbet, ✆ 04 66 67 25 57, Mitte Juni–Mitte Sept. 9–18 Uhr, sonst 9.30–12.30 und 14–18 Uhr, außerhalb der Saison So und Mo vormittags sowie 1. Jan., 1. Mai, 1./11. Nov. und 25./26. und 31. Dez. geschl.
Musée des Beaux-Arts (Kunstmuseum), rue Cité-Foulc, Mitte Juni–Mitte Sept. 9.30–18.30 Uhr, sonst 9.30–12.30 und 14–18 Uhr, Führungen Mi 15 Uhr, außerhalb der Saison So und Mo vormittags sowie 1. Jan., 1. Mai, 1./11. Nov., 24./25. und 31. Dez. geschl.
Musée du Vieux Nîmes (Heimatmuseum), neben der Kathedrale, ✆ 04 66 36 00 64, Mitte Juni–Mitte Sept. 10–18 Uhr, sonst 14–18 Uhr, außerhalb der Saison So und Mo vormittags sowie am 1. Jan., 1. Mai, 1./11. Nov., 25./26. und 31. Dez. geschl.
Musée d'Art contemporain (Museum für zeitgenössische Kunst), place de la Maison Carrée, ✆ 04 66 76 35 70,

im Winter 11–18 Uhr, im Sommer 11–20 Uhr, Mo geschl.

Musée Taurin (Stierkampfmuseum, wechselnde Ausstellungen), boul. Amiral-Courbet

Besichtigung: Amphitheater und **Magne-Turm**, Mai–Sept. 9–19, sonst 9–12 und 14–17 Uhr, 1. Jan., 1. Mai und 25. Dez. geschl. Das Amphitheater kann an den Tagen, an denen eine Vorstellung oder Corridas stattfinden, nicht besichtigt werden.

 Markt: großer und lebhafter provenzalischer Wochenmarkt, Mo.
Einkaufen: Lou Galoubet, 54, rue Porte-de-France: wer sich für den Besuch in der Arena standesgemäß einkleiden will, hier gibt es andalusische Kleidung für sie und ihn.

Veranstaltungen: Féria de Nîmes, zweiwöchige Feria mit Stierkämpfen im Amphitheater, Theater, Folklore, Jazz etc. Beginn: eine Woche vor Pfingsten, Karten für die etwa zwölf blutigen *Corridas* (mit Torero-Größen) und *Novilladas* (mit Torero-Nachwuchs, auch Franzosen) sollten wegen der großen Nachfrage mindestens 4–6 Wochen vorher bestellt werden. Vorbestellungen nur gegen Scheck + 20 Francs Vorverkaufsgebühr. Auskunft, Preise und Reservierung: Bureau de Location, 1, rue Alexandre, Ducros (vis à vis Arena), ✆ 04 66 67 28 02, 10–12.30 und 15–18.30 Uhr. Opernfestival, Juli. Weinlese Féria, letztes Wochenende im Sept. Kulturfestival in der Arena, im Hochsommer

 Bahnhof: boul. Talabot/ave. Feuchères, ✆ 04 66 23 50 50

 Busbahnhof: rue Ste-Félicité, ✆ 04 66 29 27 29

Chaos de Nîmes-le-Vieux

 Besichtigung: Felsenmeer im Causse Méjean, bei Aures, April–Sept.

Octon (34800)

 Office de Tourisme: Mairie, ✆ 04 67 96 08 52

 Hotel/Restaurant: Mas de Clergues, FF, ✆ 04 67 96 08 84, sehr ruhig, grandioser Ausblick, Restaurant, Swimmingpool

 Aktivitäten: In der Nähe liegt der Lac du Salagou, wunderbar geeignet für Wassersport und Angeln

Odeillo (66120)

 Restaurant: Le Coq Hardi, 2, Rue de la République, ✆ 04 68 30 11 02, regionale Küche, mit Gartenterrasse

 **Besichtigung:** Ausstellung **Le Four Solaire,** ✆ 04 68 30 77 86, Juli/Aug. 10–12.30 und 13–19.30 Uhr, sonst 10–12.30 und 13.30–17.30 Uhr, Mitte Nov.–Mitte Dez. geschl.

Olargues (34390)

Office de Tourisme: Rue de la Place, ✆ 04 67 97 71 26

Hotel/Restaurant: Domaine de Rieumégé, FFF, Route de St-Pons, ✆ 04 67 97 73 99, Fax 04 67 97 78 52, das Gebäude aus dem 17. Jh. birgt komfortable Zimmer und einen rustikalen Speisesaal, in dem die großzügige gutbürgerliche Küche des Languedoc serviert wird

 **Museum: Musée d'Art et des Traditions Populaires**, ☎ 04 67 97 70 79, Heimatmuseum, Anfang Juli–Mitte Sept. Mo–Sa 10.30–12 und 15–18 Uhr, So nur vormittags

Orgnac l'Aven (07150)

 Besichtigung: Aven d'Orgnac, Tropfsteinhöhle und Museum bei Issirac (an der D 217), ☎ 04 75 38 62 75, März–Mitte Nov.

Palavas-les-Flots (34250)

Office de Tourisme: Hôtel de Ville, ☎ 04 67 07 73 34

 Hotels: De France, F–FF, 9, Quai Georges Clémenceau, ☎ 04 67 68 00 35, Fax 04 67 68 54 64, komfortables Haus mit Restaurant
Brasilia, F–FFF, 9, Blvd. Joffre, ☎ 04 67 68 00 68, Fax 04 67 68 40 41, modernes Haus mit hellen Zimmern, meist mit Balkon und Blick auf das 20 m entfernte Meer
Amérique, FF, 7, Av. F.-Fabrège, ☎ 04 67 68 04 39, Fax 04 67 68 07 83, Hotel im kalifornischen Stil, gut ausgestattete, aber nüchterne Zimmer, schöner Wintergarten, Swimmingpool
Mar y Sol, FF–FFF, 8, Blvd. Joffre, ☎ 04 67 68 00 46, Fax 04 67 68 93 10, mit Fitneßraum und Swimmingpool

Restaurant: L'Escale, 5, Blvd. Sarrail, ☎ 04 67 68 24 17, die Küche wartet mit preisgünstigen Köstlichkeiten auf, Gartenterrasse

Perpignan (66000)

Offices de Tourisme: Palais de Congrès, Pl. Armand Lanoux, ☎ 04 68 66 30 30; Comité Départemental, Quai de Lattre de Tassigny, ☎ 04 68 34 29 94

Hotels: Avenir, F, 11, Rue de l'Avenir, ☎ 04 68 34 20 30, Fax 04 68 34 15 63, einfaches, ruhiges Hotel nahe am Bahnhof, familiäre Atmosphäre, Sonnenterrasse fürs Frühstück
Christina H., F–FF, 50, Cours Lassus, ☎ 04 68 35 24 61, Fax 04 68 35 67 01, am Square Bir Hakeim, einfach, der neue Teil des Hotels bietet einen höheren Standard und ist etwas teurer
La Loge, FF, 1, Rue Fabriques d'En Nabot, ☎ 04 68 34 41 02, Fax 04 68 34 25 13, altes Bürgerhaus mitten in der Fußgängerzone, beeindruckende Eingangshalle mit Springbrunnen, bequeme Zimmer
La Cigale, FF–FFF, 78, Blvd. Jean Bourrat, ☎ 04 68 50 20 14, Fax 04 68 66 90 40, zwischen St-Jacques und dem Park La Miranda, mit Restaurant
Windsor, FF–FFF, 8, Blvd. Wilson, ☎ 04 68 51 18 65, Fax 04 68 51 01 00, zentral zwischen Blumenmarkt und Kongreßzentrum, elegantes Ambiente, reichhaltiges Frühstücksbuffet
Park-Hotel, FF–FFF, 18, Blvd. Jean Bourrat, ☎ 04 68 35 14 14, Fax 04 68 35 48 18, stilvolles, großes Hotel im Stadtkern, freundlicher Empfang, frisch renovierte Zimmer, mit sehr gutem Restaurant (s. u.) und Bistro
La Villa, FFFF, 109, Av. Victor Dalbiez, ☎ 04 68 56 67 67, Fax 04 68 56 54 05, im Süden von Perpignan, eine luxuriöse Mittelmeervilla, geräumige, geschmackvoll und gut ausgestattete Zimmer, Blick in den Garten oder den Innenhof, großer Pool, mit Restaurant

Restaurants: La Malassis, 10, Rue Alsace-Lorraine, ✆ 04 68 35 50 92, ein modernes Bistro mit einem eigenwilligen Charme
Opéra Bouffe, Impasse de la Division, ✆ 04 68 34 83 83, hier ist richtig, wer die regionale Küche probieren möchte
La Bodega du Castillet, Rue des Fabriques Couvertes, ✆ 04 68 34 88 98, man sieht es schon am Namen, hier wird spanisch gespeist, z. B. Tapas
Le Chapon Fin, im Park-Hotel (s. o.), exquisite Küche mit einem Michelin-Stern, die aus der Nähe zum Meer wie auch aus der Landwirtschaft rund um Perpignan schöpft: Spargelcreme auf Scampi und Kaviar, Kabeljau mit Orangen-Zitronen-Confit oder Lammrücken mit Paprikaschotenkruste, besonders empfehlenswert sind die Desserts, z. B. Schokoladenkuchen mit Koriander

Museen: Casa Païral, Le Castillet, Pl. Verdun, ✆ 04 68 35 42 05, katalanisches Volkskunst- und Heimatkundemuseum, Mitte Juni–Mitte Sept. 9.30–19 Uhr, So bis 18 Uhr, sonst 9–18 Uhr, So bis 17 Uhr, Di geschl.
Musée d'Histoire naturelle, Pl. Fontaine Neuve, ✆ 04 68 35 50 87, Naturkundemuseum, Öffnungszeiten wie Casa Païral (s. o.)
Musée Hyacinthe Rigaud, 16, Rue de l'Ange, ✆ 04 68 35 43 40, Kunstmuseum, im Sommer 9.30–12 und 14.30–19 Uhr, sonst 9–12 und 14–18 Uhr, Di geschl.
Musée Numismatique Joseph-Puig, Av. de la Grande Bretagne, ✆ 04 68 34 11 70, Münzmuseum, 8.15–12 und 14–18 Uhr, So/Mo geschl.
Musée de l'Aviation, Mas Palègry, Route d'Elne, ✆ 04 68 54 08 79, Flugzeugausstellung, Mitte Juni–Mitte Sept. Di–Sa

Besichtigungen: Citadelle et Palais des Rois de Majorque, ✆ 04 68 66 38 83, Juli/Sept. 10–18 Uhr, sonst 9–17 Uhr
Campo Santo, mittelalterlicher Friedhof, Mo–Fr 10–12 und 14–17 Uhr, So nur 14–17 Uhr, Mitte Mai–Ende Juli und zwei Wochen im Aug. wegen Festlichkeiten geschl., Informationen beim Office de Tourisme (s. o.)
Ruscino, Route de Canet, in der Nähe des Château Roussillon, Anfahrt von Perpignan über die D 617 in Richtung Canet-Plage, Besichtigung der römischen Ausgrabungsstätte Juli/Aug. Sa, auf Anfrage für Gruppen ganzjährig

 **Markt:** jeden So bunter Wochenmarkt und Basar auf der Pl. Cassanyes und den umliegenden Straßen; Flohmarkt, So vormittags am Palais des Expositions, Route de Bompas, nördliches Iétufer

Veranstaltungen: Straßenkarneval im Feb./März, besonders interessant ist der Rosenmontagabend mit der »Tio-Tio-Parade«, Karfreitagsprozession der *Confrérie de la Sanch*, parallel dazu wird ein Kirchenmusik-Festival veranstaltet, Spielorte sind Kirchen und Kapellen im Roussillon; *Fête du St-Jean*, hier wird die »gesegnete« Flamme vom Berg Canigou heruntergebracht, 23. Juni, Festivitäten um das Feuer des St-Jean, Mittelalterlicher Markt; Jazz-Festival, Okt., ✆ 04 68 35 37 46; Kulturelle Woche und Weinfest, Okt. Festival International du Photojournalisme, Ende Aug. bis Anfang Sept. Die Ausstellungen in Klöstern, Palais und öffentlichen Gebäuden sind eintrittsfrei.

Flughafen: Perpignan-Rivesaltes, 6 km nördl. an der N 9, ✆ 04 68 52 60 70

Bahnhof: Blvd. du Conflent

 Busbahnhof: Av. Général Leclerc, südliches Têtufer

Château de Peyrepertuse

 Besichtigung: Zufahrt zum Château über Duilhac (am südlichen Ortseingang), 3,5 km über eine enge Straße, vom Parkplatz $1/2$stündiger Aufstieg über einen z. T. holprigen Pfad, im Sommer 10–19 Uhr, sonst bis Sonnenuntergang

Peyriac-de-Mer (11440)

 Office de Tourisme: Chemin du Moulin, ✆ 04 68 41 38 12

 Restaurant: Auberge du Cadran Solaire, N 9, ✆ 04 68 48 09 00, gute Küche der Region, mit Gartenterrasse, preisgünstig

Pézenas (34120)

 Office de Tourisme: Pl. Gambetta, ✆ 04 67 98 36 40

 Hotels/Restaurants: Grand Hôtel Molière, F–FF, Pl. du 14 Juillet, ✆ 04 67 98 14 00, Fax 04 67 98 98 28, mitten im alten Stadtkern, gut ausgestattet, mit Garten, Swimmingpool und Restaurant
Hostellerie de St-Alban, FF–FFF, 31, Route d'Agde, 34120 Nézignan-l'Evêque, ✆ 04 67 98 11 38, Fax 04 67 98 91 63, modernes, ruhiges Haus, mit Tennisplatz und Swimmingpool, Restaurant mit Gartenterrasse

Château de Rieutort, FFF, 34120 Paulhan, 11 km nördl., ✆ 04 67 25 00 61, Fax 04 67 25 29 92, das kleine (7 Zimmer) charmante Haus liegt idyllisch in einem Park, ruhige Zimmer, Swimmingpool, *dîner* für die Gäste

 Museum: Musée Vulliod-St-Germain, Rue Béranger, ✆ 04 67 98 90 59, Kunstausstellung, Heimatgeschichte und Erinnerungen an Molière, in der Saison 10–12 und 15–19 Uhr, So nur nachmittags, außerhalb der Saison 10–12 und 14–17 Uhr, Mo und feiertags geschl.
Besichtigung: Hôtel d'Alfonce, Rue Conti, ✆ 04 67 98 36 40, Mo–Fr 10–12 und 14–18 Uhr

Pont du Gard (30210)

 Office du Tourisme: Maison du Tourisme, 30210 Remoulins, ✆ 04 66 37 00 02 (Saison), sonst ✆ 04 66 37 22 34

 **Hotels/Restaurants: L'Arceau**, F–FF, 30210 St-Hilaire-d'Ozilhan, 3 km südöstl., ✆ 04 66 37 34 45, Fax 04 66 37 33 90, sehr freundlicher Empfang in diesem ehrwürdigen Gemäuer, rustikale und ruhige Zimmer, Restaurant mit Küche der Cevennen
La Bégude St-Pierre, FFF–FFFF, an der D 981, ✆ 04 66 63 63 63, Fax 04 66 22 73 73, diese Poststation aus dem 17. Jh. bietet stilvolle Zimmer, Swimmingpool und ein ausgezeichnetes Restaurant mit Gartenterrasse, diverse Sportmöglichkeiten
Hostellerie Le Castellas, FFF–FFFF, Grand'Rue, 30210 Collias, 7 km westl., ✆ 04 66 22 88 88, Fax 04 66 22 84 28, efeuberanktes Haus aus dem 17. Jh.

inmitten des schönen Dörfchens, geschmackvoll eingerichtete Zimmer, gutes Restaurant, Spezialität des Chefs sind Muscheln und Wild, empfehlenswert ist der exzellente Ziegenkäse
Le Vieux Castillon, FFFF, Rue de la Citernasse (D228), 30210 Castillon-du-Gard, ✆ 04 66 37 61 61, Fax 04 66 37 28 17, Hotel der Kette »Relais & Château« im mittelalterlichen Ortskern, die Zimmer sind auf mehrere kleine alte Häuser verteilt, z. T. mit Terrasse oder Patio, Swimmingpool, im Restaurant mit einem Michelin-Stern, in einem alten Gewölbe untergebracht, werden klassische provenzalische Gerichte serviert – vor allem die Desserts sind ein Gedicht

Le Pont-de-Montvert (48220)

 Office de Tourisme:
✆ 04 66 45 81 94

 Hotels/Restaurants:
La Truite Enchantée, F–FF, ✆ 04 66 45 80 03, Spezialität sind – natürlich – Forellen
Au Sources du Tarn, F–FF, ✆ 04 66 45 80 25, Fax 04 66 45 85 73, Berghotel (Logis de France) mit einfachem Komfort, am Fuße des Mont Lozère gelegen, mit Restaurant

 Museum: Ecomusée du Mont Lozère, ✆ 04 66 45 80 73, Architektur und Agrargeographie, Juni–Sept. 10.30–12.30 und 14.30–18.30 Uhr, So nachmittags und Mo vormittags geschl., Mai/Okt. Mo–Fr 9–12 Uhr
Besichtigung: Mas Camargues, 12 km östl. des Ortes, ✆ 04 66 45 80 73,

Architektur und Agrargeologie der Nordcevennen in einem Museumsgehöft, Juli/Aug. 10.30–12.30 und 14.30–18.30 Uhr

Pont-St-Esprit (30310)

 Office de Tourisme:
1, Rue Vauban, ✆ 04 66 39 44 45

 Hotels: Du Parc, F–FF, Av. Gaston Doumerge, ✆ 04 66 39 09 96, Fax 04 66 90 71 98, gutbürgerliches Logis-de-France-Haus mit Restaurant
La Bourse, F–FFF, 6, Pl. de la République, ✆ 04 66 39 20 44, Fax 04 66 39 11 79, gastfreundliches Haus im Zentrum, sehr gut ausgestattete Zimmer, aufgrund seiner auffälligen Farbgebung (beige-rosa-blau statt *bleu-blanc-rouge*) kaum zu übersehen
St-Jean-Baptiste, FF–FFF, N 86, Route de Nîmes, ✆ 04 66 39 33 24, Fax 04 66 39 10 46, nicht weit von den Schluchten der Ardèche und vor den Toren der Provence liegt dieses sympathische moderne Hotel, mit Park und Swimmingpool

 **Restaurants:**
Chez Clementine, Caserne Pépin, ✆ 04 66 39 08 90, einladendes Restaurant mit Gartenterrasse
Des Artistes, Rue Joliot Curie, ✆ 04 66 90 75 34

Museen: Musée Paul Raymond, im ehemaligen Rathaus, ✆ 04 66 39 09 98, Heimatgeschichte und prähistorische Funde, Juli/Aug. 10–12 und 14–18 Uhr, Mo geschl., Sept.–Juni nur So, Mi und Do, Feb. geschl.
Musée d'Art Sacré du Gard, Maison des Chevaliers, 2, Rue St-Jacques,

☎ 04 66 39 17 61, sakrale Kunst des Gard, 10–12 und 14–18 Uhr, außerhalb der Saison Mo geschl.
Besichtigung: Charteuse de Valbonne, die Kartause liegt 9 km westl. von Pont St-Esprit,

 Markt: Wochenmarkt, Sa

 Veranstaltung: *Rencontres Musicales,* zweite Augusthälfte, zeitgenössische Musik und Kammerkonzerte, Informationen ☎ 04 66 39 03 64

Port-la-Nouvelle (11210)

 **Office de Tourisme:** Pl. Paul Valéry, B. P. 20, ☎ 04 68 48 00 51

Hotels/Restaurant: De Miramer, F–FF, 30, Allée des Capucines, ☎ 04 68 48 02 06, einfache Zimmer
La Méditerranée, FF–FFF, Front de Mer, ☎ 04 68 48 03 08, Fax 04 68 48 53 81, Logis-de-France-Haus am Strand, gehobener Standard, mit Restaurant – der *maître de cuisine* serviert u. a. Seeteufel-Cassoulet mit Aïoli-Soße, Fischsuppe und Hühnerfrikassee mit Scampis

Port-Vendres (66660)

 Office de Tourisme: Quai Pierre Forgas, ☎ 04 68 82 07 54

Hotels: Les Tamarins, F–FF, Plage des Tamarins, Route de la Jetée, ☎ 04 68 82 01 24, Fax 04 68 82 16 34, solides Haus am Strand, Restaurant mit Terrasse
Le St-Elme, F–FF, 2, Quai Pierre Forgas, ☎ 04 68 82 01 07, charmantes Hotel, gut ausgestattete Zimmer, z. T. mit schönem Blick auf den Hafen, freundlicher Empfang
La Résidence, FF–FFFF, 29, Route de Banyuls, ☎ 04 68 82 01 05, Fax 04 68 82 22 13, guter Komfort, schöner Ausblick, Swimmingpool, Restaurant mit Gartenterrasse

 Restaurants: Le Chalut, 8, Quai François Joly, ☎ 04 68 82 00 91, Terrasse mit Blick auf das bunte Hafentreiben, serviert werden Fischspezialitäten wie Seeteufelmedaillons *à la sétoise*, Salat von Jakobsmuscheln und Gambas oder *fruits de mer*, preiswert
Côte Vermeille, Quai Fanal, ☎ 04 68 82 05 71, gute Küche zu günstigen Preisen, schöner Ausblick

Prades (66500)

Office de Tourisme: 4, Rue Victor Hugo, ☎ 04 68 96 27 58

Hotels/Restaurants: Les Glycines, F, 129, Rue Général de Gaulle, ☎ 04 68 96 51 65, gutes Preis-Leistungs-Verhältnis, komfortable Zimmer, mit Garten und Restaurant
Hexagone, F–FF, Rond-point Plaine St-Martin, ☎ 04 68 05 31 31, Fax 04 68 05 24 89, modernes Hotel, *dîner* nur für die Gäste
Château de Riell, FFFF, 66500 Molitg-les-Bains, nördl. von Prades an der D 14, ☎ 04 68 05 04 40, Fax 04 68 05 04 37, exquisite Unterkunft der Kette »Relais & Château« in einem richtigen Schlößchen mitten im Wald, mit Blick auf den Mont Canigou, behagliche Salons mit Kamin und edle Zimmer, Thermen auf dem Gelände, exzellentes Restaurant

Besichtigung: Abbaye de St-Michel-de-Cuxa, Kloster im Süden von Prades, A 04 68 96 15 35, 9.30–11.50 Uhr und 14–18 Uhr, Okt.–April bis 17 Uhr, So vormittags geschl.

 Markt: Wochenmarkt, Di

 Veranstaltungen: *Rencontres Cinématographiques de Prades,* Juli, Auskunft ✆ 04 68 05 20 47; *Festival Pablo-Casals,* letzte Juliwoche–Mitte Aug., Auskünfte und Reservierung ✆ 04 68 96 33 07, Fax 04 68 96 50 95;

 **Aktivitäten:** Von Prades aus werden Exkursionen zum Pic du Canigou angeboten, Informationen beim Office de Tourisme (s. o.), bei M. Almaric, ✆ 04 68 96 26 47 oder bei M. Le Bohec, ✆ 04 68 05 20 48

Prats-de-Mollo (66230)

 Office de Tourisme: Pl. Le Foiral, ✆ 04 68 39 70 83

 Hotels/Restaurants: Le Costabonne, F, 6, Pl. Le Foiral, ✆ 04 68 39 70 24, Fax 04 68 39 77 52, familiäres Logis-de-France-Haus an der Esplanade Le Foiral, wo Wochenmärkte und Pétanque-Spiele stattfinden, mit Restaurant
Le Bellevue, F–FF, Pl. Le Foiral, ✆ 04 68 39 72 48, Fax 04 68 39 78 04, gutbürgerliches Logis-de-France-Haus im katalanischen Stil vor der beeindruckenden Kulisse des alten Fort, mit Restaurant
Des Touristes, F–FF, Av. du Haut Vallespir, ✆ 04 68 39 72 12, Fax 04 68 39 79 22, großzügiges Logis-de-France-Haus 300 m vom Dorf entfernt, geschmackvoll eingerichtete Zimmer im rustikalen Stil, Restaurant mit katalanischen Spezialitäten
Le Val du Tech, F–FF, 66230 La Preste, ✆ 04 68 39 71 12, Fax 04 68 39 78 07, wunderschön gelegenes Logis-de-France-Haus, sehr ruhig, an der »wilden« Grenze das südlichste Hotel Frankreichs, mit Restaurant
Ribes, F–FF, La Preste, ✆ 04 68 39 71 04, Fax 04 68 39 78 02, auf 1130 m Höhe verspricht diese komfortable Unterkunft einen ruhigen Aufenthalt, Zimmer mit phantastischem Blick, das Restaurant bietet bodenständige regionale Küche

Château de Quéribus

 Besichtigung: Die Burg liegt südwestl. von Tuchan Zufahrt über die D 123, ½stündiger Aufstieg vom Parkplatz aus, ✆ 04 68 45 03 69, Juli/Aug. 9–21 Uhr, Mai/Juni und Sept. 10–19 Uhr, April/Okt. 10–17 Uhr, sonst nur Sa/So und in den Schulferien, Jan. geschl.

Quillan (11500)

 Office de Tourisme: Pl. de la Gare, ✆ 04 68 20 07 78

 Hotels/Restaurants: Terminus, F–FF, 45, Blvd. Charles de Gaulle, ✆ 04 68 20 05 72, Fax 04 68 20 13 71, einfaches Hotel, zentral gelegen, mit Restaurant
La Pierre Lys, F–FF, Av. Carcassonne, ✆ 04 68 20 08 65, gutes Preis-Leistungs-Verhältnis, mit Garten, Zimmer teilweise mit sehr schönem Ausblick, mit Restaurant

Cartier, F–FFF, 31, Blvd. Charles de Gaulle, ✆ 04 68 20 05 14, Fax 04 68 20 22 57, gutbürgerliches Logis-de-France-Haus, sehr gutes Restaurant (Les 3 Quilles)
La Chaumière, FF–FFF, 25, Blvd. Charles de Gaulle, ✆ 04 68 20 17 90, Fax 04 68 20 13 55, familiäre Atmosphäre, ideal für einen längeren Aufenthalt, mit Restaurant
Relais du Pays de Sault, in Espezel, 22 km südwestl. an der D 117, 613 und 29, ✆ 04 68 20 72 89, ein bißchen abgelegen aber einen Abstecher wert ist diese alte Epicerie, in der sich heute ein Restaurant, der Treffpunkt der Marktbesucher, befindet – leckere Gerichte unglaublich günstig und eine Atmosphäre, wie man sie nur noch selten findet.

Le Racou-Plage (66700)

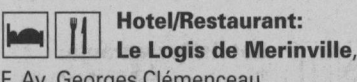 **Hotel: Val Marie**, F, ✆ 04 68 81 11 27, einfache Unterkunft mit Garten

Rieux-Minervois (11160)

Office de Tourisme: Pl. de l'Eglise Romane, ✆ 04 68 78 13 98

Hotel/Restaurant: Le Logis de Merinville, F, Av. Georges Clémenceau, ✆ 04 68 78 12 49, kleiner, komfortabler Dorfgasthof der Logis-de-France-Kette mit gutem und preisgünstigem Restaurant, Spezialität des Küchenchefs ist geschmortes Perlhuhn in *Vin-rosé-du-Minervois*

Rivesaltes (66600)

 Office de Tourisme: 8, Av. Lédru Rolin, ✆ 04 68 64 04 04

 Hotels/Restaurants: Alta Riba, F, Av. Manault, ✆ 04 68 64 01 17, Fax 04 68 64 60 91, moderne Zimmer, mit Garten und Restaurant, Spezialität sind Schnecken *à la catalane*, gute Weinkarte
La Tour de l'Horloge, F, 11, Rue Armand Barbès, ✆ 04 68 64 05 88, Fax 04 68 64 66 67, charmantes traditionelles Haus in der Nähe der Kirche, mit Restaurant
Novotel, FFF, N 9, ✆ 04 68 64 02 22, Fax 04 68 64 24 27, modernes, komfortables Haus mit südländischem Flair, großer Park und Swimmingpool, 5 km zum Flughafen Perpignan, mit Restaurant

Roquefort-sur-Soulzon (12250)

 Office de Tourisme: Av. Lauras, ✆ 05 65 59 93 19

 Hotel/Restaurant: Grand Hôtel, FF–FFF, ✆ 05 65 59 90 20, Fax 05 65 59 97 92, komfortables Haus mit empfehlenswertem Restaurant, hier kann man den berühmten Käse in diversen delikaten Variationen probieren

 Besichtigung: Caves de Roquefort, ✆ 05 65 59 93 30, 1stündige Führung durch Käserei und Keller Juli/Aug. 9.30–18.30 Uhr, sonst 9.30–11.30 und 14–17 Uhr

Le Rozier/Peyreleau (12720)

 Office de Tourisme:
Peyreleau, ✆ 05 65 62 60 89

 **Hotels/Restaurants:**
Grand Hôtel des
Voyageurs, F–FF, Le Rozier,
✆ 05 65 62 60 09, Fax 05 65 62 64 01,
komfortables Logis-de-France-Haus,
mit Restaurant
Doussière, F–FFF, Le Rozier,
✆ 05 65 62 60 25, gutbürgerliches Hotel
mit Garten
Grand Hôtel de la Muse et du Ro-
zier, FFF, Peyreleau, ✆ 05 65 62 60 01,
Fax 05 65 62 63 88, am Ufer des Tarn
gelegen, mit Swimmingpool, Tennisplatz, Gartenanlage und Restaurant

St-André (66690)

 Besichtigung: Kirche,
Mitte Juni–Mitte Sept.
Mo–Sa 17.30–18.30 Uhr, sonst 16.30–
17.30 Uhr, So immer 9.30–11.30 Uhr

St-Cyprien-Plage (66750)

 Office de Tourisme: Quai Arthur Rimbaud, ✆ 04 68 21 01 33

 Hotels: Ibis, FF–FFF, Pl. de Mar-
bre/Quai Arthur Rimbaud,
✆ 04 68 21 30 30, Fax 04 68 21 28 32,
modernes Haus am Hafen
L'Almandin, FFF-FFFF, Bd. de l'Almandin Les Capellans, ✆ 04 68 21 01 02,
Fax 04 68 21 06 28, sehr ruhiges Hotel
in nahezu märchenhafter Umgebung,
großer Garten, geräumige Zimmer, es
gibt sogar einen Bootsservice, um vom
Hotel in den Ort zu kommen

Le Mas d'Huston, FFFF, 66750 Golf de
St-Cyprien, ✆ 04 68 37 63 63, Fax 04 68
37 64 64, luxuriöse Hotelanlage inmitten eines Golfplatzes, Pool und Tennisplätze, das Restaurant (Les Parasols) ist
bekannt für seine reichhaltigen Buffets

 Restaurants: El Hidalgo,
7, Quai Arthur Rimbaud,
✆ 04 68 21 15 30, kleines Lokal in Hafennähe, Spezialitäten sind Paella, Fisch
und Meeresfrüchte, preisgünstig
Panoramique, 6, Av. François
Desnoyer, ✆ 04 68 37 11 71, hier liegt
das erstklassige Essen in Konkurrenz
mit dem phantastischen Ausblick aufs
Mittelmeer, den man aus dem hellen
Saal hat

 Museen: Musée des Arts
Catalans, Rue Jules Ro-
main, ✆ 04 68 21 32 07, Ausstellung katalanischer Künstler und Künstlerinnen,
14–18 Uhr, Di geschl.
Musée Desnoyer, Rue Emile Zola,
✆ 04 68 21 06 96, Werke von Picasso,
Dufy, Mirò, Chagall und eine Ausstellung über Leben und Werk von François Desnoyer, 14–18 Uhr, Di geschl.

Veranstaltungen: Kammermu-
sikfestival mit internationalen
Künstlern im Juli/Aug., diverse Sport-
feste wie *Coupe de Golf, Tour de France
à la Voile,* Informationen im Office de
Tourisme (s. o.)

St-Genis-des-Fontaines (66740)

Besichtigung: Kloster aus
dem 13. Jh., Mitte Juni–
Mitte Sept. Mo–Fr 10–12 und 14–18 Uhr,
Sa/So und feiertags 9–12 und 14–18.30
Uhr, sonst 9.30–12 und 14–17 Uhr

St-Gilles (30800)

Office de Tourisme: Maison Romane, Pl. Frédéric Mistral, ✆ 04 66 87 33 75

Hotel: Le Cours, F–FF, 10, Av. François Briffeuille, ✆ 04 66 87 31 93, Fax 04 66 87 31 83, zentral gelegen, mit Restaurant und Gartenterrasse
Heracle, F-FF, Port de Plaisance, ✆ 04 66 87 44 10, Fax 04 66 87 13 65, komfortables Haus, am Kanal gelegen

Restaurant: Le Clément-IV, Port de Plaisance, ✆ 04 66 87 00 66, am Kanal gelegen, originelle Fischgerichte

Besichtigung: Abteikirche St-Gilles, ✆ 04 66 87 41 31, ehemaliger Chor, Wendeltreppe und Krypta, Jan./Feb. 10–12 und 14.30–16.30 Uhr, So/Mo vormittags geschl., April–Juni und Okt. 9–12 und 14–18 Uhr, So geschl., Juli–Sept. Mo–Sa 9–12.30 und 15–19 Uhr, So 9.30–12.30, März und Nov./Dez. Mo–Sa 9–12 und 14–17 Uhr, Mi und So nachmittags geschl.

St-Guilhem-le-Désert (34150)

Office de Tourisme: 9, Rue de la Front du Portal, ✆ 04 67 57 44 33

Hotel/Restaurant: Hostellerie St-Benoit, FF, Route de St-Guilhem, 34150 Aniane, 4 km südöstl., ✆ 04 67 57 71 63, Fax 04 67 57 47 10, gastfreundliches, ruhiges Haus mit Pool, Restaurant mit Gartenterrasse

Museum: Musée de l'Abbatiale, ✆ 04 67 57 71 45, Kunstschätze und Geschichte der Abtei, Juli–Sept. 14.30–17.30 Uhr, sonst Mi geschl.
Besichtigung: Grotte de Clamouse, 3 km südl., ✆ 04 67 57 71 05, Führungen durch die Tropfsteinhöhle Juli/Aug. 10–20 Uhr (letzter Einlaß 19 Uhr), sonst 12–18 Uhr (letzter Einlaß 17 Uhr)

Veranstaltung: *Saison Musicale de St-Guilhem*, Juli/Aug., überwiegend Barockmusik, Auskunft und Reservierung: Saison Musicale, 165, Rue Michel-Ange, ✆ 04 67 63 14 99 und 04 67 57 42 95

St-Jean-du-Gard (30270)

Office de Tourisme: Pl. Rabaut St-Etienne, B. P. 2, ✆ 04 66 85 32 11

Hotels: La Corniche des Cévennes, F, Quartier le Razet, ✆ 04 66 85 30 38, Fax 04 66 85 32 48, gutbürgerliches Hotel, mit Swimmingpool
Stevenson Tavern, F, Rue Pelet de la Lozère, ✆ 04 66 85 11 11, Fax 04 66 85 31 54, ob dies wirklich der Gasthof ist, in dem Stevenson nach seinem Eselsritt durch die Cevennen ankam – auf jeden Fall ist es eine einfache, gute Adresse, mit Restaurant
Auberge du Peras, FF, Route de Nîmes, ✆ 04 66 85 35 94, Fax 04 66 52 30 32, Logis-de-France-Haus mit Swimmingpool und Fahrradverleih, Restaurant mit Terrasse, gutes Preis-Leistungs-Verhältnis

Restaurant: L'Oronge, 103, Grand'Rue, ✆ 04 66 85 30 34,

sehr empfehlenswerte Küche (auch Hotel)

 Museum: Musée des Vallées cévenoles, 95, Grand'Rue, ✆ 04 66 85 10 88, heimatkundliche Sammlung, Juli/Aug. tägl. 10.30–19 Uhr, Mai/Juni und Sept. 10.30–12.30 und 14–19 Uhr, So vormittags und Mo sowie in den Schulferien) geschl.

 Fahrt mit der Dampfeisenbahn: Zwischen Anduze und St-Jean-du-Gard verkehrt eine Dampfeisenbahn, Infos bei C.I.T.E.V./T.V.C., am Bahnhof von St-Jean-du-Gard, ✆ 04 66 85 13 17

St-Laurent-de-Cerdans (66260)

 Office de Tourisme: 7, Rue Joseph Nivet, ✆ 04 68 39 55 75

 Restaurant: Hostellerie du Château, 3, Pl. Publique, ✆ 04 68 87 99 99, kleines Lokal mit Terrasse, katalanische und provenzalische Spezialitäten

 Museum: Musée de l'Espadrille, Rue Joseph Nivet, ✆ 04 68 39 55 75, Heimatkundemuseum, Mai–Sept. 10–12 und 15–19 Uhr, Juli/Aug. tägl., sonst Di geschl.

St-Martin-d'Ardèche (07700)

 Office de Tourisme: Rue de la Mairie, ✆ 04 75 98 70 91

 Hotel: L'Escabrille, F–FF, Rue Andronne, ✆ 04 75 04 64 37,

Fax 04 75 98 71 13, angenehmes Logis-de-France-Haus mit Swimmingpool und Fahrradverleih, Restaurant

Abbaye de St-Martin-de-Canigou

 **Hotel/Restaurant: Le Molière**, F–FF, 6, Blvd. St-Martin-du-Canigou, 66820 Casteil, ✆ 04 68 05 50 97, Logis-de-France-Haus mit Restaurant, Ausgangsort für den $1/2$stünd. Fußweg auf den Klosterberg

 Besichtigung: Zur Abtei kommt man nur zu Fuß oder mit dem Jeep-Service, Informationen im Office de Tourisme von Vernet-les-Bains, ✆ 04 68 05 55 35, Führungen durch die Abtei Mitte Juni–Mitte Sept. 10, 12, 14, 15, 16 und 17 Uhr, sonst 10, 12, 14.30, 15.30 und 16.30 Uhr, außer Di, ✆ 04 68 05 50 03; man kann auch Aufenthalte in der Abtei reservieren, bis zu einer Woche kann man hier auf 1094 m bleiben und den phantastischen Blick auf die Berge genießen, es gibt keine festen Preise sondern die Besucher geben eine Spende

St-Pons-de-Thomières (34220)

 Office de Tourisme: Pl. du Foirail, ✆ 04 67 97 06 65

 Hotels/Restaurants: Les Bergeries de Pondérach, FFF–FFFF, ✆ 04 67 97 02 57, Fax 04 67 97 29 75, an der D 907 Richtung Minerve gelegener, ehemaliger Gutshof (17. Jh.) mit altmodisch-gemütlichen Komfortzimmern und ausgezeichnetem Restaurant inmitten grüner Berglandschaft

Le Cabaretou, Rte de La Salvetat, ✆ 04 67 97 02 31, in diesem umgebauten Käsespeicher wird man mit den besten Produkten der Region, auch sehr guten Weinen, bewirtet

 **Museum: Musée de Préhistoire Régionale**, ✆ 04 67 97 22 61, vorgeschichtliche Sammlung, Mitte Juni–Mitte Sept. 10–12 und 15–18 Uhr, sonst Di/Do/Fr 10–12 Uhr, Mi/Sa 14.30–17.30 Uhr, So 10–12 und 14.30–17.30 Uhr, Mo geschl. **Besichtigung:** Für eine Führung durch die **Kathedrale** wende man sich an ✆ 04 67 97 02 24

Ste-Enimie (48210)

 Office de Tourisme: Mairie, ✆ 04 66 48 53 44

 **Hotels/Restaurants: Le Central**, F-FF, Rue Basse, ✆ 04 66 48 50 23, direkt am Tarn gelegenes einfaches Hotel
Château de la Caze, FFFF, 2 km nördl. von La Malène am Tarnufer, ✆ 04 66 48 51 01, Fax 04 66 48 55 75, fabelhaftes Haus aus dem 15. Jh, Luxus der Extraklasse, Zimmer mit Möbeln aus der Zeit und Himmelbetten ... Außerdem ist ein exquisites Restaurant angeschlossen

Ste-Marie-Plage (66470)

 Office de Tourisme: Ste-Marie-la-Mer, Rue des Mouettes, ✆ 04 68 80 67 35

Restaurant: Sol y Mar, 29, Av. de la Méditerranée, ✆ 04 68 80 47 16, gute Fischgerichte

Saissac (11310)

 Office de Tourisme: Mairie, ✆ 04 68 24 47 80

Restaurant: Au Beau Site, 25, Rue d'Antan, ✆ 04 68 24 40 37, nettes Lokal mit kleiner Gartenterrasse

Salses (66600)

Office de Tourisme: Pl. de la République, ✆ 04 68 38 66 13

Restaurant: La Table Salseenne, 4, Av. Xavier Llobères, ✆ 04 68 38 72 96, mit Gartenterrasse, katalanische Spezialitäten

 Besichtigung: Châteaufort de Salses, ✆ 04 68 38 60 13, Juli/Aug. 9.30–19 Uhr, Juni/Sept. bis 18.30 Uhr, April/Mai und Okt. 9.30–12.30 und 14–18 Uhr, sonst 10–12 und 14–17 Uhr

Prieuré de Serrabone

 Besichtigung: Prioratskirche, 5 km von Boule d'Amont, ✆ 04 68 84 09 30, 10–18 Uhr

Sète (34200)

 Office de Tourisme: 60, Grand'Rue Mario Roustan, ✆ 04 67 74 71 71

Hotels: Impérial, F–FFF, Pl. Edouard Herriot, La Corniche, ✆ 04 67 53 28 32, Fax 04 67 53 37 49, moderner, frisch renovierter Bau am Fuße des Mont St-Clair

Le Grand Hôtel, FF–FFFF, 17, Quai Maréchal de Lattre de Tassigny, ☏ 04 67 74 71 77, Fax 04 67 74 29 27, nobler Bau, charmante Zimmer in etwas verblichenem Empirestil
Terrasses du Lido, FF-FFF, Rond-Point de l'Europe, La Corniche, ☏ 04 67 51 39 60, Fax 04 67 51 28 90, gut ausgestattetes Haus mit Swimmingpool
Joies des Sables, FFF, Plage de la Corniche, ☏ 04 67 53 11 76, Fax 04 67 51 24 26, sehr komfortables Hotel, mit empfehlenswertem Restaurant (Les Flots d'Azur)

 **Restaurants: La Marine**, 29, Quai du Général Durand, ☏ 04 67 74 30 03, hier kann man, mitten im alten Hafen, die Küche Sètes kosten, vor allem Fisch und Meeresfrüchte
Les Savours Singulières, 5, Quai Charles Lemaresquier, feine Küche, mit dem Küchenchef, M. Sabatino, kommen Einflüsse aus Neapel und dem Elsaß in die Languedoc-Küche, z. B. Kalbshaxenfrikassee oder Rinderlendchen mit Steinpilzen und zum Abschluß Tiramisu *à la génoise*
La Palangrotte, Quai de la Marine, ☏ 04 67 74 80 35, mit einem schönen Blick auf das bunte Treiben des Hafens, gute bodenständige Küche der Region, die Weinkarte bietet eine feine Auswahl heimischer Weine

Museum: Musée Paul Valéry, Rue François Desnoyer (am Marine-Friedhof, Richtung Mont St-Clair), ☏ 04 67 46 20 98, Kunst und Lokalgeschichte, Ausstellungen zu Paul Valéry und Georges Brassens, Juli/Aug. 10–12 und 14–18 Uhr, Sept.–Juni Di und feiertags geschl.
Espace Brassens, 67, Blvd. Camille Blanc, ☏ 04 67 53 32 77, audiovisuelle

Ausstellung über das Leben Georges Brassens', Juli/Aug. 10–12 und 14–19 Uhr, Juni/Sept. 10–12 und 14–18 Uhr, Okt.–Mai 10–12 und 14–18 Uhr, Mo geschl.

 Bootstouren: Hafenrundfahrten und andere Exkursionen auf dem Canal de Sète und im Thau-Becken organisiert Sète-Croisières, B. P. 429, 34202 Sète, ☏ 04 67 46 00 46

 Veranstaltungen: *Journées Internationales Georges Brassens*, letzte Juniwoche, Musik, Variéte und Theater; *Festival de Sète*, zweite Junihälfte, Musik, Tanz, Variéte, Theater; *Fête de la St-Louis*, letztes Augustwochenende, vielfältige Veranstaltungen, meist auf dem Wasser, u. a. die beliebten *Joutes* (Schiffer- oder Fischerstechen, bei denen sich Barkenbesatzungen mit Stangen gegenseitig von den Booten stoßen), Informationen zu den Veranstaltungen im Office de Tourisme (s. o.)

Sigean (11130)

 Office de Tourisme: Pl. de la Libération, ☏ 04 68 48 14 81

Hotels/Restaurants: Le Ste-Anne, F, Route de Portel, ☏ 04 68 48 24 38, kleines und gutbürgerliches Logis-de-France-Haus mit Garten und Restaurant, sehr preisgünstig
Château de Villefalse, FFFF, 11130 Le Lac, 4 km nördl. an der N 9, ☏ 04 68 48 54 29, Fax 04 68 48 34 37, luxuriöse Unterkunft in einem weitläufigen Park mit Weingärten, geräumige Zimmer, Swimmingpool, Tennisplatz, Fitneßraum, Reitmöglichkeit, der Patron führt durch die Weinkeller

 **Museum: Musée des Corbières**, Pl. de la Libération, ✆ 04 68 40 24 24, Archäologie und Heimatgeschichte, 10–12 und 15–18 Uhr

Besichtigung: Réserve africaine de Sigean, 7 km nordwestl. (zwischen Peyriac-de-Mer und Sigean), ✆ 04 68 48 20 20, Freiwildgehege, im Sommer 9–18.30, im Winter bis 16 Uhr

Sommières (30250)

 Office de Tourisme: passage de Reilhe, ✆ 04 66 80 99 30

 Hotel: Auberge du Pont Romain, FF–FFF, 2, rue Emile-Jamais, ✆ 04 66 80 00 58, Fax 04 66 80 31 52, schöne Räumlichkeiten, ansprechend umgestaltetes Gebäude einer alten Teppichfabrik, am Rande von Sommières, sehr gutes Restaurant

🍴 **Restaurant: Le Manoir**, route d'Aubais, Mas de Cazalet, ✆ 04 66 77 74 01, klassische Küche, in einem Gebäude aus dem 16. und 18. Jh., in einem liebevoll gepflegten Garten

Tautavel (66720)

 Office de Tourisme: Mairie, ✆ 04 68 29 44 29

 Hotel: Auberge de l'Alzine, F–FF, Mas de l'Alzine, ✆ 04 68 29 02 70, mit Swimmingpool

 Museum: Musée de Tautavel, Centre Européen de Préhistoire (Europäisches Zentrum der Vorgeschichte), Av. Léon Jean Gregory, ✆ 04 68 29 07 76, Juli/Aug. 9–21 Uhr, Juni und Sept./Okt. 10–19 Uhr, April/Mai 10–12.30 und 14–19 Uhr, sonst 10–12.30 und 14–18 Uhr

Thuir (66300)

 Office de Tourisme: Blvd. Violet, ✆ 04 68 53 45 86

 Hotel: El Rosello, F–FF, 1, Av. François Mitterand, ✆ 04 68 53 42 45, einfaches Haus, mit Restaurant

🍴 **Restaurant: La Gibecière**, 4, Pl. Général de Gaulle, ✆ 04 68 53 12 54, gute regionale Küche zu günstigen Preisen, schöne Terrasse, Spezialität ist Wild

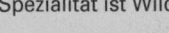 **Besichtigung: Caves Byrrh**, Blvd. Violet, ✆ 04 68 53 05 42, ³/₄stündige Führungen mit Informationen über die Wermutherstellung im Juli/Aug. tägl. 10–11.45 und 14–18.45 Uhr, April–Juni und Sept. 9–11.45 und 14.30–17.45 Uhr, So und feiertags geschl., Okt. auch Sa geschl., Nov.–März nur nach Vereinbarung

Torreilles-Plage (66400)

 Office de Tourisme: 1, Av. la Méditerranée, ✆ 04 68 2841 10

Trèbes (11800)

 Office de Tourisme: 1, Av. Pierre Loli, ✆ 04 68 78 89 50

 Hotel: La Gentilhommière, FF, Autobahnausfahrt Carcassonne Ost, ✆ 04 68 78 74 74, Fax 04 68 78 65 80, komfortables Logis-de-France-Haus, gut eingerichtet, mit Garten, Swimmingpool und Restaurant

 Restaurant: Auberge du Moulin, Ecluse de Trèbes, ✆ 04 68 78 83 00, alte, umgebaute Mühle am Kanal, schöner Blick auf die Schleuse und den Schleusenverkehr

 Einkaufen: Rolland und Colette Poite, Av. Pierre Curie (verlängert), 04 68 78 79 26, hier gibt es eine außerordentliche Auswahl an Confitüren, klassische Varianten ebenso wie ungewöhnliche Mischungen

Uzès (30700)

i **Office de Tourisme:** Av. de la Libération, ✆ 04 66 22 68 88

 Hotels: St-Géniès, F–FF, route St-Ambroix, ✆ 04 66 22 29 99, Fax 66 03 14 89, ein ruhiges Hotel mit schöner Gartenanlage etwa 1,5 km nördlich vom Stadtkern
Entraigues, FF–FFFF, 8, rue de la Calade, ✆ 04 66 22 32 68, Fax 04 66 22 57 01, ein alter Stadtpalast mit südlichem Flair, kleinen, aber feinen Zimmern und Sonnenterrasse mitten im historischen Stadtkern

 Restaurants: Les Jardins de Castille, ✆ 04 66 22 32 68, gegenüber dem Hotel d'Entraigues und der Kathedrale, schön begrünte Terrasse, ausgezeichnete leichte Küche
Le Castellas, 30210 Collias, Grande-Rue, ✆ 04 66 22 88 88, etwas außerhalb, aber einen Umweg wert – Restaurant und Hotel, geschmackvoll eingerichtete Räumlichkeiten, originelle Gerichte, empfehlenswerte Weinauswahl

  Besichtigung: Château, Bermonde-Turm und Gespenstersaal sind frei zugänglich, Führungen durch die anderen Räume und Gemächer 9.30–12 und 14.30–18 Uhr. ✆ 04 66 22 18 96. Nov.–März nur bis 17 Uhr, Ostern–Nov. Mo geschl., im Juli und Aug. Spätführung um 22.15 Uhr

 Markt: Wochenmarkt, Sa

 Veranstaltungen: Festival Alte Musik, ✆ 04 66 22 68 88, zweite Julihälfte. Knoblauch-Markt, 24. Juni

Valleraugue (30570)

 **Hotels/Restaurants: Petit Luxembourg**, F–FF, Rue du Luxembourg, ✆ 04 67 82 20 44, Fax 04 67 82 24 66, kleines Hotel mit empfehlenswertem Restaurant
Les Bruyères, F–FF, Rue André Chamson, ✆ 04 67 82 20 06, behagliches Dorfgasthaus (Logis de France), Swimmingpool und Restaurant

Vallon-Pont-d'Arc (07150)

i **Office de Tourisme:** Mairie, ✆ 04 75 88 04 01

 **Hotels/Restaurants: Des Touristes**, F, 07150 Rouvière, 6 km außerhalb, ✆ 04 75 88 00 01, einfaches Haus (Logis de France) mit Garten und Restaurant
Chames, FF–FFF, 6 km südöstl. an der Route des Gorges, ✆ 04 75 88 11 33, Fax 04 75 88 10 20, empfehlenswertes Landhotel, wunderbar ruhig und mit sehr schönem Blick, günstiges Restaurant

Du Tourisme, FF–FFF,
6, Rue du Miarou, ✆ 04 75 88 02 12,
Fax 04 75 88 12 90, Logis-de-France-
Haus mit gutbürgerlichem Komfort,
preiswertes Restaurant

 **Besichtigung: Les
Mazes**, 3 km von Vallon-
Pont-d'Arc, Seidenraupenzucht, Mitte
Juni–Mitte Sept.

Valras-Plage (34350)

 Office de Tourisme: Pl. René
Cassin, ✆ 04 67 32 36 04

 **Hotels/Restaurants:
Le Chalet**, F, 36, Blvd. du
Front de Mer, ✆ 04 67 32 00 60,
Fax 04 67 32 51 90, gutbürgerliches
Haus mit Restaurant
De la Plage, F–FF, 3, Blvd. St-Saëns,
✆ 04 67 32 08 37, Fax 04 67 39 70 91,
einfaches Logis-de-France-Haus, mit
Restaurant
Méditerranée, F–FF, 32, Rue
Ch.-Thomas, ✆ 04 67 32 38 60,
Fax 04 67 32 30 91, komfortables Logis-
de-France-Haus mit sehr empfehlens-
wertem Restaurant
Albizzia, FF–FFF, Blvd. Chemin Creux,
✆ 04 67 37 48 48, Fax 04 67 37 58 10,
modernes Haus, Swimmingpool
Mira Mar, FF–FFF, Blvd. du Front de
Mer, ✆ 04 67 32 00 31, Fax 04 67 32 51 21,
freundliches Strandhotel, Restaurant

Vergèze (30310)

 **Besichtigung: Perrier-
Mineralquelle**, 30310 Co-
dogan Richtung Nîmes, von der N 113
rechts auf die D 130, Information
✆ 04 66 87 62 00, 1stündige Führungen

um 9, 10, 13.30, 14.30, 15.30 Uhr,
Juni–Sept. auch 17 Uhr, Sa/So und
feiertags geschl.

Vernet-les-Bains (66820)

 Office de Tourisme: 6, Pl. de la
Mairie, ✆ 04 68 05 55 35

 Hotels: Eden, F–FF,
2, Promenade du Cady,
✆ 04 68 05 54 09, Fax 04 68 05 60 50,
gutbürgerliches Logis-de-France-Haus
am Ufer des Cady, Zimmer mit Balkon,
familiärer Empfang, preiswertes Restaurant
Princess, FF, Rue des Lavandières,
✆ 04 68 05 56 22, Fax 04 68 05 62 45,
ruhiges und preisgünstiges Haus der
Logis-de-France-Kette, schöner Blick
auf den Canigou, Restaurant mit Terrasse
Hôtel-Château de Nyer, FF–FFF,
10 km südwestl. von Vernet-les-Bains
in Nyer an der N 116, ✆ 04 68 97 08 73,
Fax 04 68 97 09 77, das Schloß im mau-
rischen Stil lohnt einen Abstecher – in
dem Gebäude aus dem 15. Jh. wohn-
ten die Grafen von Banyuls bis zur Revolution –, charmante Unterkunft mit
geschmackvoll eingerichteten Zimmern, Restaurant mit gutbürgerlicher
Küche
Le Mas Fleuri, FFF, 25, Blvd.
Clémenceau, ✆ 04 68 05 51 94,
Fax 04 68 05 50 77, charmantes Hotel in
einem hundertjährigen Park, komfortab-
ble Zimmer, Swimmingpool, Sauna,
Kinderspielplatz

🍴 **Restaurant: Au Comte
Guifred de Conflent**, Av. des
Thermes, ✆ 04 68 05 51 37, feine Küche
mit katalanischen Spezialitäten

Vialas (48220)

 **Office de Tourisme:**
Mairie, ✆ 04 66 45 80 10 und
04 66 41 00 05

 Hotel/Restaurant:
Chantoiseau, FFF,
Route du Haut, ✆ 04 66 41 00 02,
Fax 04 66 41 04 34, die kurvenreiche
Strecke, die es zu diesem mit einem Mi-
chelin-Stern ausgezeichneten Restau-
rant zurückzulegen gilt, lohnt sich: um-
fangreiche Karte mit ausgezeichneten
Gerichten, reichhaltige Weinauswahl

Le Vigan (30120)

 Office de Tourisme: Pl. du
Marché, ✆ 04 67 81 01 72

 Hotels: Du Commerce, F, 26,
Rue des Barris, ✆ 04 67 81 03 28,
zentral gelegenes Hotel mit einfachem
Komfort
Le Mas de la Prairie, FF,
Av. Sergent Triaire, ✆ 04 67 81 80 80,
Fax 04 67 81 16 58, komfortables Hotel
mit Swimmingpool und Restaurant
Château du Rey, FF–FFF,
30120 Rey, 5 km östl. über die D 999,
✆ 04 67 82 40 06, Fax 04 67 82 47 79,
ruhige Lage inmitten eines Parks, mit
Schwimmbad, auch Restaurant (L'Abe-
uradou)

Restaurant: Le Chandelier, 19,
Rue Pouzadou, ✆ 04 67 81 17 04,
hier ißt man sehr gut und günstig und
kann dazu von einer feinen Weinkarte
auswählen

**Museum: Musée céve-
nol,** Rue de Calquières, ✆
04 67 81 06 86, Heimatmuseum,
April–Okt. 10–12 und 14–18 Uhr, Di
geschl., Nov.–März nur Mi

 **Besichtigung/Einkauf:**
Maison des Magnans,
30120 Molières-Cavaillac, ✆ 04 67 81 05
06, Besichtigung einer Seidenraupenzucht (Anbau von Maulbeerbäumen,
Seidenraupenzucht, Verspinnen und
Färben der Seide) und Verkauf der
Seide, Mitte Mai–Mitte Sept. Mo–Fr, un-
regelmäßige Öffnungszeiten

 Markt: Wochenmarkt,
Di und Sa

Veranstaltungen: *Festival du
Vigan*, Mitte Juli–Ende Aug.,
Kunstausstellung sowie klassische und
zeitgenössische Musik, Auskunft ✆ 04
67 81 23 44

Villefort (48800)

Office de Tourisme: Mairie,
Rue de l'Eglise, ✆ 04 66 46 87 30,
hier befindet sich während der Saison
auch eine Informationsausstellung über
den Cevennen-Nationalpark

 **Hotels/Restaurant: Du
Lac**, F–FF, ✆ 04 66 46 81 20,
kleines, gutbürgerliches Haus
Balme, F–FF, Pl. du Portalet,
✆ 04 66 46 80 14, Fax 04 66 46 85 26,
komfortables Logis-de-France-Haus mit
Restaurant und Gartenterrasse

Villefranche-de-Conflet (66500)

Office de Tourisme:
Pl. de l'Eglise, ✆ 04 68 96 22 96
und 04 68 96 10 78

Hotels: Le Vauban, F, 5, Pl. de l'Eglise, ✆ 04 68 96 18 03, netter Dorfgasthof im Ortskern
Auberge du Cedre, F–FF, Domaine Ste-Eulalie, ✆ 04 68 96 37 37, kleines, angenehmes Haus, Restaurant mit Gartenterasse

 Restaurant: Auberge St-Paul, 7, Pl. de l'Eglise, ✆ 04 68 96 30 95, nettes Lokal mit Terrasse, zentral, sehr gute Weinauswahl aus dem Roussillon

 Besichtigungen: Stadt-mauern, Juli/Aug. 10–19.30 Uhr, Juni/Sept. 10–18.30 Uhr, sonst 14–17 Uhr, nur in den Schulferien auch 10–12 Uhr
Fort Liberia, ✆ 04 68 96 34 01, Juni–Sept. 9–20 Uhr, sonst 10–18 Uhr, auch Führungen möglich
Grotte des Grandes Canalettes, D 116 Richtung Cornélia-des-Conflent, ✆ 04 68 96 23 11, Juni–Sept. 10–18 Uhr, April/Mai und Okt. 10–12 und 14–18 Uhr, sonst So und in den Schulferien 14–17 Uhr

Fahrt mit dem »Gelben Mini-zug«: Le Petit Train Jaune fährt von Villefranche-de-Conflent nach Latour-de-Carol, eine Strecke, die von der SNCF nicht mehr bedient wird: eine schöne Art, die Cerdagne zu durchque-ren, der Zug verkehrt regelmäßig das ganze Jahr über, Information bei den nächsten SNCF-Bahnhöfen oder unter ✆ 04 68 96 56 62

Villeneuve-lès-Avignon (30400)

Office de Tourisme: 1, place Charles-David, ✆ 04 90 25 61 33, Fax 04 90 25 91 55

 Hotels: Atelier, FF–FFF, 5, rue de la Foire, ✆ 04 90 25 01 84, Fax 04 90 25 80 06, im Zentrum, ruhiges Haus aus dem 16. Jh., schöne, mit anti-ken Möbeln ausgestattete Zimmer; Patio und Dachterrasse, Swimmingpool
Hostellerie la Magnaneraie, FFF–FFFF, 37, rue Champ-de-Bataille, ✆ 04 90 25 11 11, Fax 04 90 25 46 37, persönliche Atmosphäre, sehr freundli-cher Service, provenzalisches Steinhaus aus dem 15. Jh., bezaubernder Garten, Swimmingpool, schöne Aussicht

Restaurants: La Maison, 1, rue Montée-du-Fort-St-André, ✆ 04 90 25 20 81, schmackhafte Haus-mannskost, sehr freundlicher Service
Aubertin, 1, rue de l'Hôpital, ✆ 04 90 25 94 84, raffinierte provenzali-sche Küche zu gehobenen Preisen, sehr gute Weinkarte
Le Prieuré, 7, place du Chapître, ✆ 04 90 15 90 15, Feinschmeckerrestau-rant (Trüffelspezialitäten, Lamm) in alter Priorei, ausgezeichnete Wein- und Champagnerkarte

  Museum: Musée Pierre-de-Luxembourg (Musée Municipal), rue de la République, von April–Sept. 10–12.30 und 15–19.30 Uhr, Okt.–März (Feb. geschl.) 10–12 und 14–17 Uhr, Di geschl.
Besichtigung: Fort St-André – zu be-sichtigen ist nur der Klostergarten, über die Rue de Verdun (Parkplatz) zu errei-chen, Juli–Aug. 9.30–19 Uhr, April, Juni und Sept. 9.30–12.30 und 14.30–18.30 Uhr, Mo und feiertags geschl.
Chartreuse du Val de Bénédiction, rue Cardinal-Aubert-et-Pape-Innocent-VI, April–Sept. 9.30–17.30 Uhr außer an Feiertagen, ab Pfingsten bis 18.30 Uhr. Führungen n. V. (frühzeitig anmelden), ✆ 04 90 15 24 24

Tour Philippe-le-Bel, rue Montée-de-la-Tour, ℘ 04 90 27 49 68, April–Sept. 10–12.30 und 15–19.30 Uhr, Okt.–März (Feb. geschl.) 10–12 und 14–17 Uhr, Di und an Feiertagen geschl.

 Veranstaltung: Rencontres Internationales d'Eté (Theater-, Tanz- und Musikfestival), Juli und Aug.

 Bootsfahrten auf der Rhône: Berge du Vieux-Moulin, ℘ 04 90 49 86 08, ein- bis zweitägige ›Kreuzfahrten‹ für Gruppen bis zu zwölf Personen

Villeneuve-lès-Maguelone (34750)

 Office de Tourisme: Hôtel de Ville, ℘ 04 67 69 75 78

 Besichtigung: Kathedrale von Maguelone, die Kirche liegt an einer 4 km langen Sackgasse, die in Palavas-les-Flots, am Ende der Rue Maguelone beginnt, von Juni–Sept. muß das Auto auf einem Parkplatz 2 km entfernt abgestellt werden, man kann dann mit einem Touristenzug weiterfahren, sonst kann man bis zur Kathedrale durchfahren, Juni–Sept. 9–19 Uhr, sonst 9–18 Uhr

Villeneuvette (34800)

 **Hotel/Restaurant: La Source**, FF, La Source, ℘ 04 67 96 36 95, Fax 04 67 96 90 09, angenehmes Hotel mit Swimmingpool und Tennisplatz, auch Restaurant

Viols-le-Fort (34380)

Museum: Exposition de Préhistoire, permanente vorgeschichtliche Ausstellung, Juli–Sept. Mi–So 15–18 Uhr, sonst auf Anfrage in der Mairie, ℘ 04 67 55 01 86
Besichtigung: Village préhistorique de Cambous, 6 km südl. von St-Martin-de-Londres, ℘ 04 67 55 70 57, Grabungsstelle mit prähistorischen Funden, Führungen Juli/Aug. 14–19 Uhr, April–Juni und Sept. Sa/So, feiertags und in den Ferien 14–18 Uhr, sonst nur So und feiertags 14–18 Uhr, 25. Dez. geschl.

Reiseinformationen von A–Z

Anreise

... mit dem Flugzeug

Lyon wird von Air France, Lufthansa, Austrian Airlines und Swiss Air angeflogen, die Flughäfen Montpellier, Nîmes und Perpignan derzeit noch ausschließlich von der innerfranzösischen Fluglinie Air Inter ab Paris. Hin- und Rückflugticket kostet z. B. von Berlin über Paris nach Montpellier ca. 800,– DM, von Düsseldorf ca. 600,– DM und von München ca. 700,– DM. Der Flug nach Nîmes kostet ca. 50,– DM, nach Perpignan ca. 80,– DM mehr. Lufthansa bietet außerhalb der Hochsaison sehr häufig ›spezials‹ nach Lyon und Marseille an, zu Preisen unter 500,– DM. Diese wie auch die Tickets zu Normaltarifen sind über das Internet buchbar, www.lufthansa.com.

... mit dem Zug

Die Urlaubszentren und größeren Orte im Languedoc-Roussillon sind im allgemeinen problemlos zu erreichen, schwieriger wird es jedoch bei kleinen Orten, vor allem im Hinterland. Ab Paris verkehren auch TGV-Züge (*Train à Grande Vitesse*). Der französische Hochgeschwindigkeitszug bewältigt die Strecke Paris–Lyon in zwei Stunden, in Montpellier trifft er nach rund vier Stunden und in Béziers nach knapp fünf Stunden ein.

Die Deutsche Bahn AG, die Österreichische Bundesbahn, die SSB und die Französische Staatsbahn SNCF bieten zahlreiche Vergünstigungen an, wie z. B. in Frankreich die »Carte Caris-

simo« für Jugendliche unter 26 Jahren und die »Carte Vermeil« für Reisende über 60 Jahren. Die Ermäßigungen sind in der Regel an die Reisezeit, -dauer und das Alter der Reisenden geknüpft. Seit 1995 kann man innerfranzösische Tarifermäßigungen auch in Deutschland geltend machen. Sie können in den Reisebüros über die SNCF-Reservierungszentale »Rail Europe Deutschland« gebucht werden. Auskünfte über die aktuellen Tarife erteilen die Reisebüros, die Deutsche Bahn AG und die Generalvertretung der französischen Staatsbahn SNCF, Kommerzielle Vertretung, Lindenstraße 5, 60325 Frankfurt/M., ✆ 01 80/52 18 238, Preisanfragen unter Fax 0 69/97 58 46 35.

Nicht ganz einfach haben es Rad-Urlauber, die ihr Fahrrad nach Frankreich mitnehmen wollen; der Transport endet an der Grenze. Es ist jedoch möglich, das Zweirad mit dem Haus-zu-Bahnhof-Versand der Bahn an den Zielort zu schicken – dies sollte sechs bis acht Tage vor der eigenen Abreise geschehen. Wer sein Rad lieber daheim läßt: An über 50 der größeren Bahnhöfe bietet die SNCF den Fahrradverleihservice »Train + vélo« an. Die Broschüre »Guide du train et du vélo« gibt die SNCF in Frankfurt heraus.

... mit dem Autoreisezug

Eine bequeme, jedoch teure Alternative zur Anreise mit dem Auto bietet der Autoreisezug. Die Verladebahnhöfe Avignon und Narbonne sind ab Deutschland auf direktem Wege zu erreichen. Die Reisezüge fahren ein- bis dreimal pro Woche und benötigen, je nach

Heimatbahnhof 18 bis 21 Stunden. Informationen und Buchungen bei der Vertretung der SNCF, den Reisezentren der Deutschen Bahn AG oder in den DER-Reisebüros; telefonisch unter ✆ 01 80/5 24 12 24. Eine rechtzeitige Buchung ist angeraten.

... mit dem Bus

Zwischen Deutschland und Zielen im Languedoc-Roussillon besteht kein Fernbusverkehr. Busreisen sind nur im Rahmen einer Pauschalreise möglich.

... mit dem Auto und Motorrad

Die Autobahnen in Frankreich sind bis auf wenige Ausnahmen gebühren-pflichtig. Auf Stadtautobahnen und -umführungon wird in der Regel keine Maut erhoben. Der Beginn der gebüh-renpflichtigen Zone wird durch den Hin-weis »Péage« angezeigt. Per Knopf-druck zieht man an den Mautstationen ein Ticket aus einem Automaten. Erst bei Verlassen der Autobahn oder Beginn eines neuen Streckenabschnitts wird die Gebühr fällig. Bei wenigen kurzen Abschnitten muß man im vor-aus bezahlen. Nur noch selten trifft man auf Mautstellen, bei denen man die angezeigte Summe in einen kleinen Trichter wirft, damit sich die Schranke öffnet. Für die Strecke Saarbrücken–Lyon fallen ca. 160 FF an Autobahn-gebühren an, bis Narbonne sind ca. 310 FF zu zahlen. Informationen über die Autobahngebühren erhält man in Frankreich unter ✆ 01 47 05 09 01.

Außerhalb der Hauptreisezeit sind die französischen Autobahnen im allge-meinen nicht so stark befahren wie die deutschen. Die zumeist parallel zur Au-tobahn verlaufenden Nationalstraßen

sind sehr gut ausgebaut und eine ab-wechslungsreiche Alternative zur Auto-bahn. Jedoch ist aufgrund der häufigen Geschwindigkeitsbeschränkungen und des oft starken Verkehrs mit einer doppelt so langen Fahrzeit zu rechnen.

Eng wird es auf Frankreichs Straßen während der Ferienwoche kurz vor bzw. nach Allerheiligen (1. November), in den Weihnachtsferien, während der ersten drei Wochen im Februar und in den Osterferien (etwa von Ende März bis Mitte April). Unter allen Umständen sollte man es vermeiden, sich am ersten und zweiten Juli- und August-wochenende auf französische National-straßen und Autobahnen zu trauen. Da fast alle Anbieter von Ferienhäusern und -wohnungen im Sommer nur mo-natsweise vermieten und die meisten Fabriken und Büros im gleichen Turnus schließen, strömt die Hälfte der 25 Mio. französischen Inlandsurlauber Mitte Juli mit Beginn der großen Ferien (*les grandes vacances*) in die Urlaubsorte, während die zweite Hälfte Mitte August anrückt. Einen Monat später ist der ganze Spuk vorbei, weil in ganz Frank-reich am selben Septembertag Schul-anfang (*la rentrée*) ist. Deshalb sollte man vor allem für den Rückweg das letzte Augustwochenende meiden.

Kurzabstecher von der Rhônetal-Autobahn

Auf der meistbefahrenen Anreiseroute ins Languedoc-Roussillon, der Auto-bahn A 6/A 7, ist nach langer Planung mit der fertiggestellten östlichen Lyon-Umfahrung Frankreichs gefürchtetster Autobahnengpaß entschärft worden, Lyons unfallträchtiger und abgasverpe-steter Fourvièretunnel. Bei Anse, ca. 20 km nördlich von Lyon, zweigt nun die

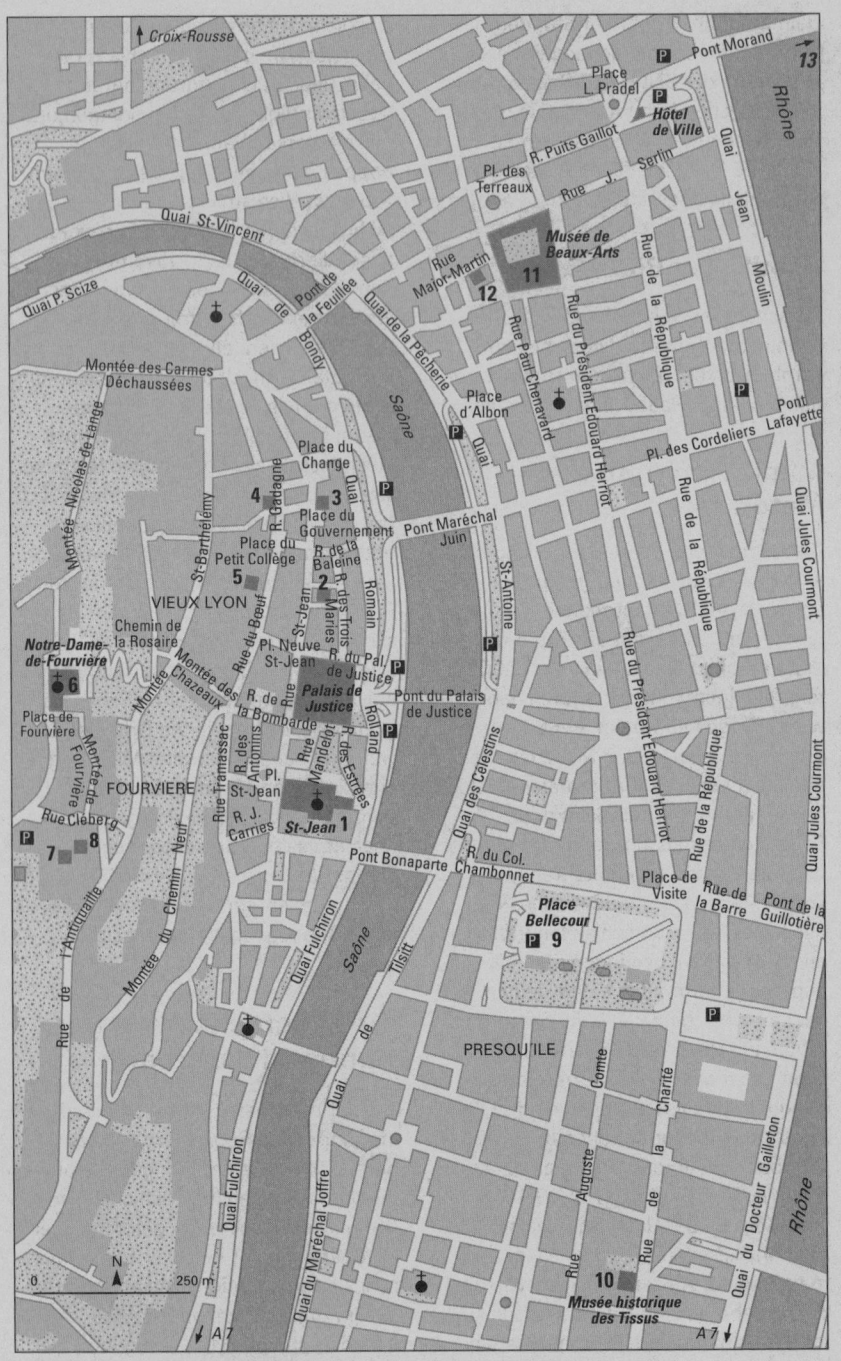

↑ Croix-Rousse

Pont Morand

13

Rhône

Place
L. Pradel

P

Hôtel
de Ville

Quai St-Vincent

R. Puits Gaillot

Rue J. Serlin

Quai Jean

Moulin

Pl. des
Terreaux

Rue
Major-Martin

Musée de
Beaux-Arts

11

12

Quai de la Pêcherie

Rue Paul Chenavard

Quai P. Scize

Quai de la Feuillée

Pont de
la Feuillée

Saône

Place
d'Albon

Rue de la République

Pont
Lafayette

Montée des Carmes
Déchaussées

Quai

Quai Jules Courmont

Bondy

P

Pl. des Cordeliers

Place du
Change

Montée Nicolas-de-Lange

4

R. Lainerie

3

Quai

Place du
Gouvernement

R. de la
Baleine

Pont Maréchal
Juin

St-Antoine

Rue de la République

VIEUX LYON

Place du
Petit Collège

5

2

R. des Trois
Maries

Romain

St-Jean

P

Chemin de
la Rosaire

Notre-Dame-
de-Fourvière

6

Montée des
Chazeaux

R. du Bœuf

Pl. Neuve
St-Jean

R. du Pal.
de Justice

P

Rue du Président Édouard Herriot

Place de
Fourvière

Montée de
Fourvière

R. de
la Bombarde

Palais de
Justice

Pont du Palais
de Justice

Rue de la République

FOURVIERE

Montée St-Barthélémy

Rue Trémassac

R. des
Antonins

Pl.
St-Jean

Rue
Mandelot

R. des Estrées

R. Roland

Rue du Président Édouard Herriot

Rue Cléberg

P

R. J.
Carries

St-Jean

1

Rue de la
Barre

Pont Bonaparte

Pont Chambonnet

R. du Col.
Chambonnet

R. des Célestins

Place de
la Visite

Pont de la
Guillotière

Rue de
la Barre

Rue de
la Charité

Montée de l'Amitquaille

Montée du Chemin Neuf

Quai Fulchiron

Saône

de

Tilsitt

Place
Bellecour

P

9

PRESQU'ILE

Rhône

Quai du Docteur Gailleton

Comte

Charité

Quai Jules Courmont

N

0   250 m

Quai du Maréchal Joffre

Quai Fulchiron

Quai

de

Auguste

de

la

10

Musée historique
des Tissus

A 7

A 7

A 46 von der A 6 ab, mündet 20 km südlich der Stadt bei Givors in die nach Süden führende A 7 und entlastet Lyons stets verstopften »Bauch« vom Durchgangs- und Schwerlastverkehr. (Hoffentlich) vorbei sind die Zeiten, als man in Lyon nur ein riesiges Verkehrshindernis sah. Die Stunden, die früher für die Stadtdurchquerung in die Fahrzeit einkalkuliert werden mußten, hat man nun für eine Stippvisite der unbekannten Rhônemetropole oder einen Kurzabstecher von der Rhônetal-Autobahn in die Departements Drôme und Vaucluse gewonnen.

Lyon

An- und Abfahrt

Durch den – nun verkehrsentlasteten – Fourvièretunnel gelangt man wie folgt in die Altstadt Vieux Lyon: Man bleibt, von Norden kommend, auf der A 6 und folgt unmittelbar am südlichen Tunnelausgang, noch vor Erreichen eines weiteren Kurztunnels, der Ausfahrt »Vieux Centre« bzw. »Perrache«. Entlang des westlichen Saôneufers und unterhalb des linker Hand gelegenen Fourvièrehügels gelangt man auf dem Quai des Etroits, der gleich hinter der Autobahnausfahrt in den Quai Fulchiron übergeht, zu den Uferparkplätzen am Palais de Justice. Da es sich bei den Quais um Einbahnstraßen handelt, führt der schnellste Weg zurück zur A 6/A 7 (nach Süden Richtung Vienne/Valence/Marseille einordnen) über eine der Saônebrücken und die gegenüberliegenden Quais am linken Flußufer.

Stadtgeschichte

Das Drei-Sterne-Restaurant des Küchenpapstes Paul Bocuse (ca. 13 km vor den nördlichen Toren der Stadt, Pont de Collonges, 69660 Collonges-au-Mont-d'Or, ✆ 04 72 42 90 90, Fax 04 72 27 85 87, langfristige Reservierung erforderlich, Anfahrt über die D 433, D 51) und zehn weitere besternte Gourmettempel machen Lyon zur unbestrittenen Welthauptstadt der Gastronomie. Warum gerade Lyon?

Guter Geschmack hat hier Tradition, denn Lyon, das sich mit Marseille um den Platz als Frankreichs zweitgrößte Millionenstadt streitet, liegt inmitten ertragreicher und äußerst vielfältiger Wein- und Agrarlandschaften. Daß allerdings eine ganze Stadt dem kollektiven Kochkult verfiel und seit Jahrhunderten Frankreichs kreativste Küchenkünstler hervorbringt, liegt wohl eher an seiner wohlsituierten Einwohnerschaft, die während der mehr als 2000jährigen Stadtgeschichte selten am Hungertuch nagte. Im Gegenteil! Die Herstellung feinster Stoffe und deren Export in alle Welt hat die Bürger der alten römischen Handels- und späteren Messestadt wählerisch und reich gemacht. Produziert wurden die kostbaren Webwaren nördlich der Saône im dichtbebauten Stadtviertel Croix-Rousse, das auf einem kleinen Berg gelegen ist, den man in Lyon den »Arbeitshügel« nennt.

Den Segen fürs Geschäft spendeten die Priester auf dem gegenüberliegenden Fourvièrehügel, im Volksmund »Bethügel« genannt, wo im Schutze der viertürmigen, knapp 1000 Jahre alten

---

Lyon   1 Kathedrale St-Jean   2 Haus Nr. 19   3 Häuser Nr. 7, 11   4 Hôtel de Gadagne   5 Cour des Loges   6 Basilika Notre-Dame-de-Fourvière   7 Römische Ausgrabungen   8 Musée de la Civilisation gallo-romaine   9 Pl. Bellecour   10 Musée historique des Tissus   11 Musée des Beaux-Arts   12 Café des Fédérations   13 Pralinengeschäft Bernachon

Kathedrale St-Jean im 16. Jh. das Reiche-Leute-Viertel St-Jean entstand, mit 24 ha das größte erhaltene Gebäudeensemble aus der Renaissance nach Venedig. Zu jener Zeit führte eine der wichtigsten westeuropäischen Handelsrouten von Genua über Lyon nach Norden, und neben heimischen Händlern ließen sich hier viele italienische Kaufleute nieder, um nicht für jede der jährlich mehr werdenden Messen anreisen zu müssen. Als es dort zu eng wurde, dehnte sich die Stadt auf der Presqu'île aus, der Halbinsel, deren distinguiert-prächtige Architektur den soliden Wohlstand der Stadt offenbart.

Im 17. Jh. schon hatte sich Lyon zur reichsten Stadt Frankreichs entwickelt. Ihr hohes Steueraufkommen und eine sehr geringe Arbeitslosenquote veranlassen Frankreichs Presse auch heute noch zu regelmäßigen Mutmaßungen darüber, ob in Lyon oder Paris die meisten Millionäre wohnen. Eine Stellungnahme Lyons zu dieser die »Grande Nation« bewegenden Frage verbietet selbstverständlich die einer Kaufmannsgilde und feinen Gesellschaft eigene Diskretion. Über Geld redet bekanntlich nur, wer davon zu wenig hat. Dem Ziel, auch in Zukunft Frankreichs zweitwichtigste Kunst-, Handels-, Banken- und Messestadt zu bleiben, kann derlei imageförderndes Understatement kaum schaden.

Stadtbesichtigung

Von den günstig gelegenen Uferparkplätzen aus bieten sich zwei Rundgänge an. Auf dem einen Weg hat man eher Kunsthistorisches im Auge. Er führt durch die Altstadt auf den Fourvièrehügel mit römischen Grabungsstätten und einem weiten Ausblick auf die harmonische Stadtlandschaft (Dauer zwei bis drei Stunden ohne Besuch der Mu

seen; s. Kartenziffern 1–8). Der andere, etwa gleichlange und ebenerdige Weg hat das attraktive großbürgerliche (Geschäfts-)Straßengewirr auf der von Rhône und Saône umflossenen Halbinsel zum Ziel (s. Kartenziffern 9–13). Weitere Informationen und Anregungen bei der Touristeninformation, Pl. Bellecour, ☎ 04 78 42 25 75.

Rundgang 1: Renaissanceviertel St-Jean und Fourvièrehügel

1 Kathedrale St-Jean, Baubeginn 11. Jh.
2 Rue St-Jean Hausnr. 19, Durchgang, (sogenannter *traboule*, lat. *transambulare* = hindurchgehen), ein für Lyon typischer Verbindungsweg zweier Gassen quer durch Häuserblocks und Innenhöfe zur Rue des Trois Maries. Weiter über die Pl. du Gouvernement.
3 Zurück auf die Rue St-Jean und vorbei an den wohl schönsten Renaissanceinnenhöfen des Viertels, Hausnr. 11 und 7. Hinter der Pl. du Change links in die Rue Gadagne abbiegen.
4 Hôtel de Gadagne, Hausnr. 10–14, größtes Renaissancehausensemble, Mitte 15. Jh. Weiter über die Pl. du Petit Collège in die Rue du Bœuf.
5 Cour des Loges, Hausnr. 1–4, gelungenes Beispiel eines modernisierten Renaissancestadtpalais (Hotel).
6 Über die Treppen der Montée des Chazeaux, dann ein kleines Stück links die Straße Montée St-Barthélémy bergan und wenig später rechts auf dem serpentinenreichen Parkweg Chemin de la Rosaire hinauf auf den Vorplatz der eher mißlungenen Basilika Notre-Dame-de-Fourvière, errichtet nach dem deutsch-französischen Krieg von 1870/71.
7 Über die Montée de Fourvière zu Lyons römischen Ausgrabungen, Ruinen eines Theaters, Odeons und Tempels sowie einer Handwerkersiedlung aus dem Jahrhundert nach der

Gründung von Lugdunum im Jahre
43 v. Chr.

8 Lohnend das anschaulich gestaltete
Antikenmuseum Musée de la Civilisation gallo-romaine (17, Rue Cléberg,
✆ 04 78 25 94 68, 9.30–12 und 14–
18 Uhr, Mo, Di und feiertags geschl.).

Zurück zum Ausgangsort über die
Montée St-Barthélémy.

Rundgang 2: Presqu'île

9 Über die Brücke Pont Bonaparte zur
Pl. Bellecour, einem der größten Stadtplätze Frankreichs, umgeben von mächtigen klassizistischen Häuserblocks aus
der Zeit um 1800.

10 Besuch des Musée historique des
Tissus (34, Rue de la Charité,
✆ 04 78 37 15 05, 10–17.30 Uhr, Mo
und feiertags geschl.), größte öffentlich
zugängliche Sammlung europäischer
Stoffe des 14.–18. Jh., orientalischer
Tuchwaren sowie von Musterexempla-
ren aus den Seidenwebereien Lyons.

11 Über die Rue de la République zur
schwülstig-monumentalen Pl. des Terreaux mit dem Hôtel de Ville an der östlichen Kopfseite und dem nach dem
Louvre bedeutendsten Kunstmuseum
Frankreichs. Das besonders für seine
Sammlung von Malerei (19./20. Jh.)
bekannte Musée des Beaux-Arts ist
in einem ehemaligen Kloster untergebracht (✆ 04 72 10 17 40, 10.30–18 Uhr,
Mo, Di und feiertags geschl.).

12 Zur Stärkung für die Weiterreise in
das Café des Fédérations, 8, Rue Major
Martin (✆ 04 78 28 26 00), den berühmtesten der rund 20 *bouchons* (wörtlich:
Korken) von Lyon. In dieser so typischen Kneipe laben sich die oberen und
unteren Zehntausend einträchtig nebeneinander (sofern in der engen Beize
Platz ist) an preiswerten Einheitsgerich-
ten, etwa an schmackhaften Linsen und
Schweinepasteten, begleitet von her-

vorragenden Hausweinen aus dem
nahen Beaujolais.

13 Abstecher über die Rhônebrücke
Pont Morand und die Pl. Lyautey zu
dem Pralinengeschäft Frankreichs an
der vornehmen Modemeile Cours
Franklin-D.-Roosevelt, Hausnr. 42. In
ehrwürdigem Ambiente präsentiert
Monsieur Bernachon, einer der welt-
besten Chocolatiers, seine süßen Gau-
menschmeichler wie Tiffany-Schmuck.

Zurück zum Ausgangsort über die
Rue Paul Chenavard, die Pl. d'Albon,
den Quai St-Antoine und den Pont du
Palais de Justice.

Stippvisiten im östlichen Rhônetal

Erstaunliches

**Le Palais Idéal du Facteur Cheval in
Hauterives:** Das zu Stein und Zement
gewordene Luftschloß eines armen
Briefträgers – laut Inschrift nach Bauzeit
von »10 000 Tagen, 93 000 Stunden, 33
Jahren der Mühe« 1912 vollendet – ist
wohl einer der surrealistischsten Privat-
bauten Frankreichs, eine verspielte
Mischung aus Hindutempel, Moschee
und Neuschwansteinromantik auf einer
Grundfläche von etwa 26 × 14 m (zwischen Vienne und Valence, Autobahnausfahrt Chanas, südlich von Le Péage-
de-Roussillon, ca. 25 km; 9.30–12 und
14–17.30 Uhr, Jan. geschl.).

Erquickliches

Valence: Schlendern durch die Fußgängerzone der von breiten Boulevards
des 19. Jh. umgebenen Altstadt;
Schlemmen beim Zwei-Sterne-Koch
Monsieur Pic, einem der beliebtesten
unter Frankreichs Besten (5-Gänge-
Menü ca. 500 FF, 8/9-Gänge-Menü mit
reichlicher Verwendung exquisiter

Drômetrüffel ca. 600 FF; Hotel-Restaurant, 285 Av. Victor Hugo, Richtung Autobahnkreuz Valence-Sud; ☏ 04 75 44 15 32, Fax 04 75 40 96 03, tägl. außer Mi, So nur mittags, Aug. und Feb. während der Ferien geschl. (langfristige Reservierung erforderlich).

Erhebendes
Dieulefit: »Von Gott gemacht« – so die Übersetzung – ist der Legende nach der schön gelegene Ort, von Künstlerhand geschaffen sind die Keramik und Glaskunst, für die die 3000-Seelen-Gemeinde berühmt ist. Bei schöner Aussicht läßt es sich hoch über dem kleinen Hügeldorf stilvoll und gut speisen: im romanischen Gemäuer des Ein-Sterne-Hotel-Restaurants Les Hospitaliers in Poet Laval (Autobahnausfahrt Montélimar-Nord/Le Logis-Neuf, ca. 40 km; ☏ 04 75 46 22 32, März–Mitte Nov.).

Ernüchterndes
La Garde-Adhémar: Hoch über dem Rhônetal thront das in den erlesenen Kreis der 100 schönsten Dörfer Frankreichs gewählte Bilderbuch- und Zweitwohnsitzdorf. Vom luftigen, mittelalterlich-entrückten Kirchplatz schweift der Blick weit über die Rhônebegradigung hinweg auf die Ikonen des 20. Jh., die AKWs und nukleartechnologischen Militärforschungsstätten von Tricastin und Mondragon (Autobahnausfahrt Montélimar-Sud/Malataverne, ca. 14 km).

Erdrückendes
Mornas: Die Neugier erweckend nah an die Autobahn gerückte Häuser- und Felsenkulisse des mittelalterlichen Orts entpuppt sich bei der Besichtigung als stranguliertes – aber dennoch sehenswertes – Dorfensemble. Eisenbahngleise und Straßen haben die eng an den Felsen geschmiegten Häuserzeilen fest im Griff, in der Ferne dröhnt die Autobahn, und von der idyllisch gelegenen, auf halbem Weg zur Schloßruine (12. Jh.) quer zu einem breiten Felsdurchlaß errichteten Kirche hat man einen Postkartenblick auf die dampfenden Kühltürme des AKWs von Marcoule (Autobahnausfahrt Bollène/Pont-St-Esprit, ca. 11 km).

Auskünfte

Allgemeine Informationen zu Frankreich und zur Region Languedoc-Roussillon, Hotel- und Campingplatzverzeichnisse etc. bekommt man bei den französischen Fremdenverkehrsämtern »Maison de la France«.

in Deutschland

Westendstraße 47
60325 Frankfurt/Main
☏ 0 69/9 75 80 10
Fax 0190/69 90 61
Internet: www.franceguide.com

Keithstraße 2–4
10787 Berlin
☏ 0 30/2 18 20 64
Fax 2 14 12 38

in Österreich

Hilton-Center 259 C
Landstrasser Hauptstraße 2a
1030 Wien
☏ 01/7 15 70 62

in der Schweiz

Löwenstrasse 59
Postfach 72 26
8023 Zürich
☏ 01/2 21 35 78, Fax 2 12 16 44

2, Rue Thalberg
1201 Genf
✆ 0 22/32 86 10

Detailliertere Informationen über die Region Languedoc-Roussillon erteilt das

Comité Régional du Tourisme
20, Rue de la République
34000 Montpellier
✆ 04 67 22 81 00
Fax 04 67 58 06 10

Anfragen zu den einzelnen Départements sind an das zuständige »Comité Départemental du Tourisme« zu richten:

Aude

57, Rue d'Alsace
B. P. 862
11004 Carcassonne
✆ 04 68 11 42 00
Fax 04 68 11 42 09

Gard

3, Pl. des Arènes
B. P. 122
30011 Nîmes
✆ 04 66 36 96 30
Fax 04 66 36 13 14

Hérault

Av. des Moulins
B. P. 3067
34034 Montpellier
✆ 04 67 22 81 00
Fax 04 67 58 06 10
www.cr-languedocroussillon.fr/tourisme

Lozère

14, Blvd. Henri Bourrillon
B. P. 4

48002 Mende
✆ 04 66 65 60 00
Fax 04 66 49 27 96

Pyrénées-Orientales (Roussillon)

Quai de Lattre de Tassigny
B. P. 540
66005 Perpignan
✆ 04 68 34 29 94
Fax 68 34 71 01

Auskünfte zu Unterkünften, Veranstaltungen, Märkten oder Ausflügen erhält man beim lokalen Fremdenverkehrsamt (Syndicat d'Initiative bzw. Office de Tourisme, Adressen bei den jeweiligen Orten s. S. 282 ff.).

Schriftliche Anfragen werden das ganze Jahr über beantwortet. Sie sollten möglichst in französisch oder englisch abgefaßt werden. In größeren Städten sind die Büros in der Regel ganzjährig vor- und nachmittags geöffnet, in kleineren Orten und ausgesprochenen Urlaubsregionen oft nur während der Saison zwischen Ostern und Ende September.

Autofahren

Allgemeines

Verkehrsverstöße werden in Frankreich in der Regel strenger geahndet als in Deutschland, vor allem Alkoholdelikte oder zu schnelles Fahren. Die Promillegrenze liegt bei 0,5. Bei Regen oder Schneefall ist Abblendlicht vorgeschrieben. Es besteht Gurtanlegepflicht für alle Autoinsassen. Die Mitnahme der Grünen Versicherungskarte ist zu empfehlen.

Höchstgeschwindigkeiten

Auf Autobahnen gilt ein Tempolimit von 130 km/h (bei Nässe 110 km/h), auf Landstraßen von 90 km/h (bei Nässe 80 km/h). Auf Straßen mit zwei Fahrstreifen in jeder Richtung bei baulich voneinander getrennten Fahrbahnen beträgt die Höchstgeschwindigkeit 110 km/h (bei Nässe 100 km/h), in Ortschaften 50 km/h.

Mietwagen

In der Hauptreisezeit sollten Leihwagen im voraus über Agenturen im Heimatland gebucht werden. In Frankreich gibt es in fast allen größeren Städten, an Flughäfen und Bahnhöfen Leihwagenfirmen (»Train + auto«; nähere Infos in der SNCF-Broschüre »Grandes Lignes – Autovermietung«). Kleinere lokale Anbieter sind allerdings oft günstiger als die großen Firmen. Ein internationaler Führerschein ist für Urlauber aus Deutschland, der Schweiz und Österreich nicht erforderlich. Ein Mindestalter von 21 Jahren wird bei fast allen Agenturen gefordert, der Fahrer muß seit mindestens einem Jahr den Führerschein besitzen.

Pannen und Notfälle

Polizeinotruf und Unfallrettung ✆ 17
Feuerwehr ✆ 18
Deutschsprachiger ADAC-Notruf (ganzjährig 24 Stunden am Tag)
✆ 00 49/89/22 22 22
An den Autobahnen stehen Notrufsäulen, ansonsten kann man unter
✆ 06 05 08 92 22 rund um die Uhr einen deutschsprachigen Pannendienst (AIT-Assistance) erreichen. Unter Umständen lohnt es, daheim einen Auslandsschutzbrief zu erwerben, um Ärger und eventuell entstehende Kosten zu vermeiden.

Wird ein ausländischer Autofahrer nach einem Unfall haftpflichtig gemacht, sollte er sich an das Bureau Central Français wenden:

Tour Gallieni II
36, Av. du Général-de-Gaulle
93171 Bagnolet CEDEX
✆ 01 49 93 65 50, Fax 01 43 63 70 24

Parken

Die Parkplatzsuche in den Stadtzentren von Nîmes, Montpellier, Béziers, Narbonne und Perpignan gestaltet sich schwierig. Zum Schutz vor dem sommerlichen Autoansturm haben sich die Altstädte mit Fußgängerzonen, einem Ring von Einbahnstraßen sowie einem Wald von Hinweis- und Verbotsschildern eingeigelt. Auch im Sinne der Besucher ist es daher dringend angeraten, das Auto am Stadtrand zu parken und auf öffentliche Verkehrsmittel umzusteigen oder aber den durchweg recht guten Parkleitsystemen zu vertrauen und die gebührenpflichtigen Parkhäuser zu benutzen. An manchen Tagen darf rechts und links nur an wechselnden Wochentagen, in der *Zone bleue* (blaue Zone) nur mit Parkscheibe geparkt werden; mit gelben Streifen markierte Straßenränder verheißen absolutes Parkverbot.

Straßenzustand

Der Straßenzustandsbericht (Baustellen, Sperrungen, Schneeverhältnisse) kann rund um die Uhr abgerufen werden: C.N.I.R., ✆ 01 48 94 33 33 (landesweit).

Tanken

Bis auf sehr abgelegene Tankstellen ist überall bleifreies Benzin (*essence sans plomb*) bzw. Superbenzin (*super sans plomb*) erhältlich. Benzin (*essence*) ist in Frankreich teurer als in Deutschland, Diesel (*gasoil*) etwas billiger. Es werden die gängigen Kreditkarten akzeptiert.

Badeorte Bade- und Ferienorte an der Küste	Camping	FKK	Segel- und Surfschulen	Tauchzentren	Spielkasinos	Schwimmbäder	Tennisplätze	Reitställe	Nächster Bahnhof
Argelès-Plage	X		X	X	X	X	X	X	Argelès
Banyuls-sur-Mer	X		X	X		X	X	X	Banyuls
Les Cabanes-de-Fleury	X		X			X	X		Narbonne
Canet-Plage	X		X	X	X		X	X	Perpignan
Le Cap d'Agde	X	X	X	X	X	X	X	X	Agde
Carnon-Plage	X		X	X			X	X	Montpellier
Cerbère	X			X			X		Cerbère
Collioure	X		X	X			X		Collioure
Farinette-Plage	X						X		Agde
La Franqui-Plage	X		X				X		Leucate
Frontignan-Plage	X		X	X		X	X	X	Frontignan
La Grande-Motte	X		X	X	X	X	X	X	Montpellier
Le Grau-d'Agde/ La Tamarissière	X X		X	X		X	X		Agde
Grau de Vendres	X		X			X	X		Béziers
Le Grau-du-Roi	X		X	X			X	X	Le Grau-du-Roi
Gruissan-Plage/Port	X		X	X	X	X	X	X	Narbonne
Leucate-Plage/Port	X	X	X	X		X	X	X	Leucate
Marseillan-Plage	X		X				X	X	Marseillan-Plage
Narbonne-Plage	X		X	X			X	X	Narbonne
Palavas-les-Flots	X		X	X	X		X	X	Perpignan
Port-Barcarès	X		X		X	X	X	X	Perpignan
Port-Camargue	X	X	X	X		X	X	X	Le Grau-du-Roi
Port-la-Nouvelle	X		X	X			X	X	Port-la-Nouvelle
Port-Vendres	X			X			X		Port-Vendres
Redoute-Plage	X		X					X	Béziers
Sérignan-Plage	X	X	X			X	X	X	Béziers
Sète	X		X	X		X	X	X	Sète
St-Cyprien-Plage	X		X	X	X	X	X	X	Elne/Perpignan
St-Pierre-sur-Mer	X		X				X	X	Narbonne
Ste-Marie-Plage	X		X	X			X	X	Perpignan
Torreilles-Plage	X		X				X	X	Perpignan
Valras-Plage	X		X		X		X	X	Béziers

Bahn- und Busnetz

Während die Urlaubsorte an der Küste und die großen Städte zur Hauptreisezeit recht gut mit Bahn und Bus erreichbar sind, muß man ganzjährig sehr viel Zeit und Nerven aufbringen, wenn man mit öffentlichen Verkehrsmitteln durch das Hinterland reisen will. Häufig verkehren dort die Busse zwischen den Dörfern nur ein- bis zweimal am Tag, und zwar i.d.R. am frühen Morgen und Abend, was eine urlaubsfreundliche Tagesgestaltung erheblich einschränkt. Auskunft, Fahrpläne und Tickets erhält man an den Busbahnhöfen (*gare routière*). Außerdem hat die französische Eisenbahn SNCF eine neue landesweit gültige Auskunft: ✆ 08 36 35 35 35 (frz.), 08 36 35 35 36 (dtsch.). Der SNCF im Internet: www.sncf.fr

Behinderte

Noch immer lassen die Reise- und Unterkunftsbedingungen für Behinderte erheblich zu wünschen übrig. Dennoch hat sich bei der Beförderung einiges verbessert. Die Hoteliers wurden gesetzlich dazu verpflichtet, behindertengerechte Zugänge zu den Zimmern zu schaffen, was inzwischen in fast allen Hotels umgesetzt wurde. Eine Übersicht über behindertengerechte Hotels und Restaurants gibt es bei der Association des Paralysés de France (A.P.F., Délégation de Paris, 22, Rue du Père Guérin, 75013 Paris, ✆ 01 40 78 69 00; ca. 100 FF). Der Verband für die Rehabilitation der Behinderten hat eine hilfreiche Informationsbroschüre herausgegeben, die rund 90 Städte und ihre Behinderteneinrichtungen vorstellt. Das Heft »Touristes quand même« ist erhältlich beim C.N.F.L.R.H. (Comité National de Liaison de Restitu-

tion des Handicapés), 38, Blvd. Raspail, 75007 Paris, ✆ 01 45 48 90 13, (Rückporto beifügen).

Die Deutsche Bahn AG hat für behinderte Bahnreisende eine Broschüre zusammengestellt, die neben Hinweisen zu Serviceleistungen und Fahrvergünstigungen über behindertengerechte Einrichtungen in den Zügen und Bahnhöfen der europäischen Nachbarländer informiert. Das Infoheft kann über die Deutsche Bahn AG, Geschäftsbereich Fernverkehr, 55118 Mainz, bestellt werden.

Über Einzel- und Gruppenreisenangebote für Behinderte gibt der Bundesverband Deutscher Omnibusunternehmer Auskunft, Coburger Straße 1c, 53113 Bonn. Der Reisedienst des Bundesverbandes Selbsthilfe Körperbehinderter e. V., Altkrautheimer Straße 17, 74238 Krautheim, ✆ 0 62 94/6 81 12, Fax 9 53 83, versendet eine Übersicht behindertengerechter Reiseprogramme für das In- und Ausland.

Diebstahl

Am Tourismus verdienen viele, leider auch Langfinger, die manchmal selbst für Kleinkram wie z. B. eine Musikkassette oder Sonnenbrille nicht vor Autoeinbrüchen zurückschrecken. Am besten schützt ein restlos leergeräumter Innenraum vor unliebsamen Überraschungen. Diese ereilen einen zumeist dort, wo man sich vollkommen sicher fühlt, beispielsweise an schönen Aussichtspunkten, an denen man das Auto nur kurzzeitig verläßt, aber auch in belebten Städten (berühmt-berüchtigt sind etwa die vielen Halteplätze an der Ardèche, die Camargue und Perpignan). Im Falle eines Autoeinbruchs ist ein Polizeiprotokoll der örtlichen Gendarmerie unabdingbare Voraussetzung für eine Schadensregulierung durch die Versicherung, falls man eine solche abgeschlossen hat.

Zum Problem des Schadensersatzes von geklauten Film- und Fotoapparaten sei stellvertretend für viele vergleichbare Urteile das Landgericht Nürnberg (AZ 11 S 1040/90) zusammenfassend zitiert: »Hält ein Tourist seine Tasche mit Videokamera und Fotoapparat während einer »Schnupfpause« nicht in ständigem Körper- oder Blickkontakt, braucht die Reisegepäckversicherung bei Diebstahl keinen Ersatz zu leisten.«

Diplomatische Vertretungen

Deutsche Botschaft

13–15, Av. Franklin-D.-Roosevelt
75008 Paris
✆ 01 42 99 78 00
Fax 01 43 59 74 18

Deutsche Vertretungen in der Region

Honorarkonsulat in Montpellier
35, Blvd. Rabelais
34000 Montpellier
✆ 04 67 64 28 87
Fax 04 67 64 29 77

Honorarkonsulat in Perpignan
48, Rue Claude Bernard
66000 Perpignan
✆ 04 68 35 60 84
Fax 04 68 51 03 35

Österreichische Botschaft

6, Rue Fabert
75007 Paris
✆ 01 45 55 95 66
Fax 01 45 55 63 65

Schweizerische Botschaft

142, Rue de Grenelle
75007 Paris
✆ 01 49 55 67 00
Fax 01 45 51 34 77

Essen und Trinken

Wo man trinkt und ißt

Auberge: zumeist ländliches Gasthaus, häufig mit Hotelbetrieb
Bar: Kneipe für ein Glas und kleine Happen im Stehen
Bistro: Lokal zum Trinken und Essen von kleineren Spezialitäten
Brasserie: Bierkneipe mit Restaurant
Buffet: Schnellimbiß
Buvette: Trinkhalle/Kiosk
Cabaret: Nachtlokal
Café: Lokalität zum Trinken und Essen kleinerer Gerichte
Cave: Kellerkneipe
Caveau: Weinkeller
Club: Nachtclub
Dégustation: Probierstube für örtliche Spezialitäten
Glacier: Eisdiele
Relais: ländliche Gaststätte
Relais routiers: Fernfahrergaststätten, meist mit guter und sättigender Küche
Restaurant: Speiserestaurant zum Mittag- und Abendessen, niemals nur zum Trinken
Restaurant libre service/Self-Service: Selbstbedienungsrestaurant
Restoroute: Autobahngaststätte
Rôtisserie: Grillrestaurant
Salon de dégustation: Probierausschank von Wein, manchmal auch Bar
Salon de thé: Konditorei und Café
Snack: Schnellimbiß/Schnellrestaurant
Taverne: Weinstube mit kleinen Gerichten

Restaurant-Knigge

Französischer Zentralstaatlichkeit und Tradition verdankt man bei einem Restaurantbesuch einen landesweit einheitlichen, geradezu ritualisierten Handlungsablauf, der auch den sprachunkundigen Ausländer relativ sicher über die vielen Hürden von der Tischwahl bis zur Bezahlung der Rechnung hievt. Die einzige Handlung, zu der man in einem guten Restaurant die Kellnerin oder den Kellner – die übrigens nicht mit *Garçon!*, sondern mit *Madame!* bzw. *Monsieur!* angeredet werden – auffordern muß, ist die, nach Abschluß des Essens die Rechnung auszustellen.

Nach Betreten der mittags normalerweise zwischen 12.30 und 14 Uhr und abends ab 19 Uhr zum Essen geöffneten Restaurants wird dem Gast oder den Gästen vom Patron oder Kellner ein Tisch zugewiesen, nachdem zuvor die Personenzahl ermittelt (*vous êtes combien de personnes?*, »wie viele Personen sind Sie?«) bzw. die Frage, ob reserviert wurde (*est-ce que vous avez reservé, Madame/Monsieur?*), mit ja (*oui*) beantwortet wurde. Während der Kellner die Speisekarten verteilt, fragt er, ob man einen Aperitif wünscht (*est-ce que vous désirez un apéritif?*).

Wenn überhaupt, trinken Franzosen vor dem Essen milde, nicht zu süße Getränke wie etwa ein Glas Champagner (*une flûte/coupe de champagne*), um die Geschmacksnerven vor Essensbeginn nicht unnötig zu strapazieren. Erst wenn die Speisekarten zugeklappt werden, signalisiert dies dem Kellner, daß man die Wahl getroffen hat und bereit zur Bestellung ist.

Hat man ein Menü (*menu*) oder ein einzelnes Gericht (*à la carte*) mit einem Stück Rindfleisch bestellt, folgt die Frage, wie das Fleisch zubereitet werden soll: blutig, d. h. nur leicht angebraten (*saignant*), halb gebraten (*à point*) oder gut durchgebraten (*bien cuit*).

Franzosen trinken in der Regel relativ viel Wasser zum Essen, entweder Mineralwasser mit Kohlensäure (*eau gazeuse*) oder mit (wenig) natürlicher Kohlensäure (*eau naturelle*). Auch kostenloses Leitungswasser (*une carafe d'eau* oder einfach *de l'eau plate*) wird häufig geordert. Beim Wein – Bier wird üblicherweise in einem Restaurant nicht zum Essen getrunken – beschränkt man sich auf die Bestellung einer bzw. einer halben Flasche (*une/une demie bouteille de vin*). Hat man nach dem Essen bzw. dem *digestif*, etwa einem Cognac, Durst auf mehr Alkohol, löscht man den nicht im Restaurant, sondern geht anschließend in eine Bar oder in ein Bistro.

Das Dessert und/oder der Käse wird erst nach dem Hauptgang ausgewählt, wozu einem der Kellner die Speisekarte zumeist unaufgefordert erneut vorlegt oder – auch wenn im Menü ein Dessert oder ein Käsegang vorgesehen ist – vorher die entsprechende Frage stellt (*est-ce que vous désirez un fromage/un dessert, Madame/Monsieur?*). Das Essen beschließt die Frage nach einem Kaffee (*est-ce que vous désirez un café, Madame/Monsieur?*), bei dem es sich immer um eine kleine Portion starken, schwarzen Kaffees handelt. Die Bitte, statt dessen einen Milchkaffee (*un café au lait*) zu bringen, dürfte das gesamte Restaurant in höchste Verwirrung versetzen, weil man den nur, wirklich nur vormittags trinkt. Wem der Kaffee nur mit Milch schmeckt, der sollte sich allenfalls einen Kaffee mit Dosenmilch (*un petit crème*) bestellen.

Hier nochmal die verschiedenen Kaffee-Typen: *Noisette:* schwarzer Kaffee mit ein paar Tropfen Milch; *Café serré:* Espresso, der mit wenig Wasser zubereitet wird; *Café crème:* Espresso mit heißer Milch und schließlich *Café au lait:* zu gleichen Teilen Kaffee und Milch.

Die abschließende Rechnung erbittet man mit dem Satz: *Madame/Monsieur, l'addition s'il vous plaît!* Wird mit einer Scheckkarte bezahlt, was durchaus üblich ist, sollte man das zusätzliche Trinkgeld von 5–10 % in bar hinzufügen, weil nur der exakte Betrag für das Essen auf diesem Zahlungsweg abgerechnet werden darf. Das Trinkgeld läßt man auf dem Teller liegen, auf dem die Rechnung überreicht wurde. Die Rechnung lautet übrigens immer auf den Gesamtbetrag und wird niemals von den Essensteilnehmern getrennt beglichen.

Zum Schluß ein Tip: Da eine französische Speisekarte bisweilen auch für Sprachkundige ein Buch mit sieben Siegeln ist, empfiehlt sich der Erwerb des unschlagbaren »Eßdolmetschers Frankreich« aus dem Orbis Verlag, herausgegeben von der Zeitschrift »essen & trinken«. Das praktische Taschenbuch enträtselt jede noch so komplizierte Speise- und Getränkekarte und ruft bei den französischen Kellnern und Köchen kein mitleidiges Grinsen, sondern stets höchste Bewunderung hervor.

Feiertage

1. Januar – Neujahrstag (*Jour de l'An*)
Ostermontag (*Lundi de Pâques*)
1. Mai – Tag der Arbeit (*Fête du Travail*)
8. Mai – Kapitulation der Deutschen/
Ende des Zweiten Weltkriegs
(*Armistice 1945*)
Christi Himmelfahrt (*Ascension*)
Pfingstmontag (*Lundi de Pentecôte*)
14. Juli – Nationalfeiertag/Sturm auf die Bastille (*Fête Nationale*)
15. August – Mariä Himmelfahrt
(*Assomption*)

1. November – Allerheiligen (*Toussaint*)
11. November – Waffenstillstand/Ende des Ersten Weltkriegs (*Armistice 1918*)
25. Dezember – Erster Weihnachtstag
(*Noël*)

An Feiertagen haben neben den meisten Geschäften auch die Museen geschlossen. Fällt der Feiertag auf einen Donnerstag, so bleiben am Freitag viele Banken, Verwaltungen, Geschäfte etc. geschlossen.

Festivals

Jährlich stattfindende Feste und Veranstaltungen, wie z. B. die Féria in Nîmes, das Internationale Tanzfestival in Montpellier und das *Festival de la Sardana* in Céret sind unter den jeweiligen Ortsbeschreibungen angegeben (s. S. 282 ff.).

Die Broschuren »Le Temps des Festivals« und »La France en Fête«, herausgegeben von den französischen Fremdenverkehrsämtern, listen einen großen Teil der Festivals im Languedoc-Roussillon mit Terminen, Preisen und Adressen für Kartenvorbestellungen auf. Sie können beim Comité Régional du Tourisme (s. S. 337) angefordert werden oder bei der Association technique des Festivals Languedoc-Roussillon (A.T.E.F.), 2, Rue Salle l'Evêque, 34000 Montpellier, ✆ 04 67 92 10 76.

FKK

Viele Küstenorte haben einen kleinen Abschnitt ihrer Strände für FKK freigegeben und durch ein Schild, etwa mit der Aufschrift »Naturisme«, kenntlich gemacht. An den Stränden in der Nähe von Port-Camargue und Villeneuve-lès-Maguelone sorgt vermutlich die Nähe der Unistadt Montpellier für das toleranteste Strandklima entlang der Westküste, so daß sich Nackte und Verhüllte unbekümmert mischen, obwohl es auch hier bestimmte Abschnitte für »mit« und »ohne« gibt. »Oben ohne« ist überall üblich.

Über große Nudistenzentren verfügen an der Küste die Ferienzentren Cap d'Agde, Port-Leucate und Sérignan-Plage. Die landschaftlich schönsten und gepflegtesten FKK-Anlagen im Hinterland findet man am Ufer des Hérault bei Gignac, zu beiden Seiten des Cèzeufers bei Méjannes-le-Clap und Barjac sowie in den südwestlichen Cevennen, am Oberlauf der Cèze bei Génolhac. Eine Liste aller FKK-Anlagen (»Naturisme«) versenden das Comité Régional du Tourisme sowie die hiesigen französischen Fremdenverkehrsämter (s. S. 336).

Geldwechsel und Zahlungsmittel

Der Umtauschkurs für Bargeld (100 FF = 30 DM = 210 öS = 24 sFR = 15 Euro; Stand: Februar 2000) ist bei Banken in Frankreich etwas günstiger als in Deutschland – sofern man keine allzu hohe Gebühr entrichten muß. Wechselstuben verlangen zumeist eine hohe Provision.

Größere Summen Bargeld sollte man nicht mit auf Reisen nehmen. Es ist sicherer, Eurocheques oder Reiseschecks einzulösen, Geld mit der EC-Karte abzuheben oder mit einer der gängigen Kreditkarten wie Visa, Euro- bzw. Mastercard zu bezahlen. Diners-Club- oder American-Express-Karten sind weniger verbreitet. Kreditkarten werden in den Banken, größeren Hotels, zahlreichen Restaurants, großen

Geschäften, Supermärkten und von den Autovermietungen akzeptiert. Das Bezahlen mit Kreditkarten ist in Frankreich gebräuchlicher als in Deutschland, selbst die Autobahngebühren können so problemlos beglichen werden.

Bei der Einlösung von Eurocheques, die bei Vorlage des Personalausweises, bzw. Reisepasses bis zu einer Summe von maximal 1400 FF akzeptiert werden, kassieren die Geldinstitute doppelt: In Frankreich behält die Bank bis zu 10 % (an Flughafen- und Bahnhofswechselstuben bis zu 14 %) der ausgestellten Summe ein, und die Heimatbank in Deutschland schlägt bei der Abrechnung noch einmal mit 1,75 % der ausgestellten Summe, mindestens aber 2,50 DM zu. Reiseschecks werden von Banken, Wechselstuben und größeren Hotels eingelöst. 1 % der ausgestellten Summe wird als Tauschgebühr beim Einlösen einbehalten.

Es ist günstig, Geld mit der EC-Karte abzuheben. Maximal 1400 FF gibt es pro Gang zum Automaten. Das Konto wird unabhängig von der abgehobenen Summe mit 5 DM pro Vorgang belastet. Das Netz der Geldautomaten mit EC-Zeichen ist inzwischen gut ausgebaut. Ein Verlust der EC-Karte ist unbedingt anzuzeigen (✆ 0 69/74 09 87). Die Karte wird umgehend gesperrt.

Keine Gebühren zahlt, wer ein Postsparkonto besitzt. Mit der Ausweiskarte und dem Personalausweis bzw. Reisepaß kann bei allen Postämtern mit der Aufschrift »Change« oder dem deutschen Posthorn-Symbol Geld abgehoben werden – bis zu 1000 DM in Franc pro Tag bzw. 2000 DM im Monat. Geld wechseln kann man bei den Poststellen allerdings nicht.

Gesundheit

Überregionaler Notruf für ärztliche Hilfe bzw. Krankenwagen (SAMU) ✆ 15, Polizei ✆ 17 und Feuerwehr ✆ 18. Zusätzlich sind örtlich wechselnde Notrufnummern für Notarzt und Krankenwagen aus den Zeitungen, über die Telefonauskunft und die Apotheken (*pharmacie*) zu erfahren, die durch grünleuchtende Neonkreuze auf sich aufmerksam machen. Wie hierzulande findet sich im näheren Umkreis immer eine dienstbereite Apotheke, deren Adressen ebenfalls aus der Zeitung oder aber durch entsprechende Aushänge an allen Apothekeneingängen zu ermitteln sind.

Medikamente wie Kopfschmerztabletten (*comprimés d'aspirins*). Durchfalltabletten (*comprimés contre la diarrhée*) und Verbandszeug (*des pansements*) sind in Frankreich generell preiswerter als in Deutschland. Wer auf ein Medikament ständig angewiesen ist, sollte sich vor der Abreise mit einer ausreichenden Menge versorgen oder sich rechtzeitig nach dem französischen Produktnamen erkundigen. Neben Medikamenten sind in den Apotheken Kosmetika, Mückenschutzmittel (wichtig in der Camargue, den Strandseen entlang der Küste und nahe der Kanäle), Kondome (*préservatifs*), Sonnencremes etc. erhältlich. Kondome gibt es auch in Drogerien und in Automaten in Restaurant- und Bistrotoiletten. Die Arzneimittelverpackungen sind oft mit einer Vignette versehen, die abgezogen und auf den vom Arzt ausgestellten Behandlungsvordruck (*feuille de soins assurance maladie*) geklebt werden muß.

Zwischen Deutschland bzw. Österreich und Frankreich besteht ein Sozialversicherungsabkommen; zwischen der Schweiz und Frankreich nicht. Deutsche und Österreicher sind also auch in Frankreich versichert. Vor Reisebeginn sollten sich deutsche Urlauber einen Auslandskrankenschein (E 111) von ihrer Krankenkasse besorgen, der im Fall einer Erkrankung bei der »Caisse Primaire d'Assurance Maladie« gegen einen Behandlungsschein umgetauscht werden kann. Wer einen Arzt aufsucht, wird erst einmal zur Kasse gebeten, später gibt es das Geld zurück. Auf der Rechnung des Arztes sollte die genaue Diagnose (*diagnostic*) leserlich vermerkt sein. In vielen Fällen wird nicht der Gesamt-, sondern nur ein Teilbetrag von der deutschen Krankenkasse erstattet, so daß der Abschluß einer Auslandskrankenversicherung inklusive Rücktransport mitunter lohnt. Eine Jahresreisekrankenversicherung gibt es bereits ab ca. 15 DM.

Karten

Sehr detailliert sind die Karten von Michelin (»Carte Routière et Touristique« im Maßstab 1 : 200 000. Die Region Languedoc-Roussillon wird durch drei Blätter abgedeckt: Nr. 80 (Albi – Rodez – Nîmes), Nr. 83 (Carcassonne – Nîmes) und Nr. 86 (Luchon – Perpignan).

Das »Institut Géographique National« (IGN) bietet für das Reisegebiet in der »Série rouge« drei Karten im Maßstab 1 : 250 000 an: Nr. 114 (Pyrénées – Languedoc), Nr. 115 (Provence – Côte d'Azur – um den Bereich der Ardèche abzudecken) und Nr. 111 (Auvergne – erforderlich für die nördlichen Cevennen und Causses). Die Karten überzeugen in ihrer Gestaltung als Reliefkarten, nicht aber in der Detailtreue, die von den Michelin-Karten weit übertroffen wird. Genauer als diese sind allerdings die IGN-Karten der »Série brune« im Maßstab 1 : 100 000, die zu vielbesuchten Regionen herausgegeben werden, z. B. Nr. 354 (Parc National des Cévennes) und Nr. 303 (Parc Naturel Régional de Camargue). Für Wanderer veröffentlicht IGN eine dritte Kartenreihe, die »Série bleue« im Maßstab 1 : 25 000 (weitere Kartentips für Wanderer s. S. 358).

Die Michelin-Karten und die IGN-Karten der »Série rouge« sind durchweg bei den örtlichen Tankstellen, in Buchhandlungen, Schreibwarengeschäften und teilweise auch Supermärkten erhältlich, die spezielleren IGN-Karten der »Série brune« in den betreffenden Gebieten, die sehr speziellen IGN-Blätter der »Série bleue« in den entsprechenden Läden der Wandergebiete. Sämtliche Karten sind über deutsche Buchhandlungen zu beziehen.

Kinder

Die Franzosen sind sehr kinderfreundlich, und wenn auch noch nicht überall Einrichtungen für die Kleinen bestehen, so sind die Angestellten von Restaurants, Hotels etc. doch sehr freundlich und hilfsbereit. Kinderbett und Hochstuhl gehören in vielen Fällen zur Ausstattung. In den Restaurants werden immer häufiger Kinderteller angeboten. Oft werden Ermäßigungen gewährt, so z. B. bei Unterkünften oder Eintrittspreisen.

An vielen Stränden, auf Campingplätzen oder in Touristenzentren gibt es spezielle Freizeitangebote für Kinder. Mitunter wird auch ein Babysitterdienst für die ganz Kleinen angeboten. Acht- bis Vierzehnjährigen, die mehr über das Reiseland Frankreich erfahren möchten, sei Louisa Somervilles Buch »Frankreich für Kinder – Land und Leute kennenlernen« (ars edition) empfohlen.

Lesetips

Erzählungen und Romane

Jean Carrière: Der Sperber von Maheux, Heidelberg 1980 – sprachgewaltiges Cevennenepos, für das der ehemalige Sekretär Jean Gionos den renommiertesten Literaturpreis Frankreichs, den »Prix Goncourt«, erhielt. Der vielschichtige Roman beschwört den Mythos des Südens und erzählt eindrucksvoll von dem unaufhaltsamen Niedergang einer Familie, der es nicht gelungen ist, im Würgegriff der erbarmungslosen Geographie der Nordcevennen zu überleben.

Mehdi Charef: Harki … und sie ließen ihre Seele auf der anderen Seite des Mittelmeers, Freiburg 1991 – der in Frankreich lebende Algerier und Autor der Filmvorlage »Tee im Harem des Archimedes« behandelt in seinem zweiten Roman die Geschichte seiner entwurzelten Landsleute, unter denen die *Harkis* eine besonders tragische Rolle einnehmen. Es sind Menschen, die sich des Landesverrats schuldig machten, weil sie im Algerienkrieg auf der Seite der französischen Kolonialherren gekämpft hatten, in ihrem Exilland Frankreich dafür aber keinen Dank erhielten, sondern von den Franzosen und den anderen algerischen Einwanderern gleichermaßen gemieden werden.

Lion Leuchtwanger: Der Teufel in Frankreich, Frankfurt/Main 1986 – Eindrücke und Erlebnisse seiner Flucht und Internierung in südfranzösischen Emigrantenlagern während des Zweiten Weltkriegs.

Robert Louis Stevenson: Reise mit dem Esel durch die Cevennen, Köln 1978 – hintergründig beschriebener Fußmarsch des Schatzinsel-Romanciers mit einem störrischen Esel durch die

ehemaligen Hochburgen der französischen Hugenotten im Jahre 1878.
Kurt Tucholsky: Ein Pyrenäenbuch, Reinbek bei Hamburg 1962 – Reiseeindrücke eines der bedeutendsten Gesellschaftskritiker und Satiriker in den ersten drei Jahrzehnten unseres Jahrhunderts.

Essays über Frankreich und die Franzosen

Ulrich Wickert: Frankreich – Die wunderbare Illusion, Hamburg 1989 – scharfsichtige und witzige Enträtselung unserer eigenwilligen Nachbarn des Tagesthemenmoderators und langjährigen Chef des ARD-Studios in Paris.
Theodore Zeldin: »Ich liebe das Leben, und das Leben liebt mich« – Was es heißt, Franzose zu sein, Reinbek bei Hamburg 1989 – humoriges Nebenprodukt einer wissenschaftlichen Analyse der Franzosen und ihrer Lebenswirklichkeit aus der spitzen Feder eines englischen Oxford-Professors und ausgewiesenen Frankreichkenners.

Vertiefendes zu Geographie, Kunst, Politik und Geschichte Frankreichs

Lothar Baier: Die große Ketzerei – Verfolgung und Ausrottung der Katharer durch Kirche und Wissenschaft, Berlin 1987
Ders.: Firma Frankreich – Eine Betriebsbesichtigung, Berlin 1988
Yves Bottineau: Der Weg der Jakobspilger – Geschichte. Kunst und Kultur der Wallfahrt nach Santiago de Compostela, Bergisch Gladbach 1987
Fernand Braudel (Hrsg.): Die Welt des Mittelmeeres – Zur Geschichte und Geographie kultureller Lebensformen, Frankfurt/Main 1987

Georges Duby: Die Zeit der Kathedralen – Kunst und Gesellschaft 980–1420, Frankfurt/Main 1984
Ernst Ulrich Große/Heinz-Helmut Lüger: Frankreich verstehen – Eine Einführung mit Vergleichen zur Bundesrepublik, Darmstadt 1996
Jacques Leenhardt/Robert Picht (Hrsg.): Esprit/Geist – 100 Schlüsselbegriffe für Deutsche und Franzosen, München 1989
Dietmar Loch: Der schnelle Aufstieg des Front National – Rechtsextremismus im Frankreich der 80er Jahre, München 1990

Architektur für Kinder

David Macaulay: Sie bauten eine Kathedrale, München 1977 (bis 10 Jahre)
David Macaulay: Es stand einst eine Burg, München 1977 (bis 10 Jahre)
Paul Maar: Türme – Ein Sach- und Erzählbuch von berühmten und unbekannten, bemerkenswerten und merkwürdigen Türmen, Hamburg 1987 (bis 12 Jahre)

Nachtleben

Das öffentliche Nachtleben im Languedoc-Roussillon findet bis auf Montpellier, Nîmes, Béziers, Narbonne und Perpignan nahezu ausschließlich in den Küstenorten und dort in den Spielkasinos und Diskotheken statt. An die Spieltische werden Herren nur mit Krawatte und Jackett gelassen. In Diskotheken geht es ähnlich leger zu wie in Deutschland. Die teilweise gigantischen Tanzpaläste füllen sich erst nach 23 Uhr, kosten durchschnittlich 100 FF Eintritt und bieten dafür gute Musik und drangvolle Enge bis zum Morgengrauen.

Öffnungszeiten

Ein Ladenschlußgesetz existiert in
Frankreich nicht, daher sind die Laden-
öffnungszeiten recht unterschiedlich.
Viele Geschäfte, vor allem die großen
Super- und Hypermarchées, sind Sa
und sogar So geöffnet, dafür aber häufig Mo morgens oder ganztägig geschlossen. Besonders in kleineren
Orten wird eine Mittagspause von
12–14 Uhr (auf dem Lande bis 16 Uhr)
eingehalten. Fast alle großen Kaufhäu-
ser und Supermärkte haben durchgehend geöffnet. Fällt ein Feiertag auf
einen Donnerstag, so bleiben am Freitag viele Banken, Verwaltungen, Geschäfte etc. geschlossen. Im allgemeinen gelten folgende Öffnungszeiten:

Banken: Mo–Fr 9/9.30–12 und
14–16/16.30 Uhr
Geschäfte: Viele Läden haben Mo–Sa
bis 19, Supermärkte bis 21 Uhr geöffnet. Blumenläden, Bäckereien, Metzge-
reien und Lebensmittelläden haben
auch in kleineren Orten So vormittags
geöffnet. Mo bleiben viele Geschäfte
geschlossen
Museen: Mo oder Di sowie an Feiertagen geschlossen; die unter den jeweiligen Orten (s. S. 282 ff.) angege-
benen Öffnungszeiten können nur
Richtwerte sein, da sich die Öffnungszeiten der Museen etc. sehr schnell
ändern. Als Kernöffnungszeiten gelten in der Saison 10–12 und 14–18
Uhr, in einigen größeren Städten
10–18 Uhr. Außerhalb der Hauptreisezeit sind die Besichtigungszeiten oft
sehr unregelmäßig, man sollte sich
bei der örtlichen Touristeninformation
erkundigen
Postämter: Mo–Fr 8–12 und 14–18.30
Uhr; in größeren Städten meist durchgehend geöffnet

Tankstellen: An den Autobahnen, mitunter auch an den Nationalstraßen,
haben die Tankstellen durchgängig geöffnet; ansonsten gelten sehr unterschiedliche Öffnungszeiten
Touristeninformation (Offices de
Tourisme bzw. Syndicats d'Initiative):
9–18 Uhr in größeren Städten, in kleineren manchmal nur vormittags oder
12–15 Uhr; in ganz kleinen Orten ist das
Verkehrsbüro nur während der Saison
geöffnet
Wochenmärkte: 8–12/13 Uhr

Polizei

Polizeinotruf: ✆ 17
In der Regel gibt es auch in den klein-
sten Orten eine Polizeistation. In den
größeren Städten sind für Diebstahl-
anzeigen die Hauptkommissariate zu-
ständig.

Post

Öffnungszeiten s. o.
Briefmarken (*timbres*) und Telefonkarten (*télécartes*) sind auch an Briefmar-
kenautomaten, in Zeitungs- und Ziga-
rettenläden sowie in Bistros erhältlich,
sofern sie zum Verkauf von Tabakwa-
ren autorisiert und mit einem roten
Schild »Tabac« versehen sind. Die
Postämter sind mittlerweile fast überall mit Faxgeräten ausgestattet.

Postkarten sind in der Regel 10–14
Tage nach Deutschland unterwegs,
etwas zügiger werden Briefe ins Ausland befördert. Muß es einmal schnell
gehen, sollte man den Brief gegen
eine Aufgebühr als Schnellbrief schik-
ken und mit dem Stempelaufdruck
»Lettre« versehen lassen. Post ins Ausland gehört in den mit der Aufschrift

»*Autres directions*« versehenen Schlitz
an den hellgelben Briefkästen.

Radio

Der französische Rundfunksender
France Inter sendet im Sommerhalbjahr
zwischen 10 und 17 Uhr auf Langwelle
162 kHz sowie auf Mittelwelle und UKW
nach den französischen Nachrichten
deutsche Nachrichten und Reisewetter-
berichte. Mit etwas Glück lassen sich
auch mit einem durchschnittlichen Au-
toradio deutsche Sender aus dem Äther
fischen, sofern das Gerät über einen
Kurz- bzw. Mittelwellenbereich verfügt.

Rauchen

Ausgerechnet Frankreich, das Land der
Vielraucher, hat im November 1992 die
bislang restriktivsten Gesetze in Europa
zum Thema Rauchen verabschiedet.
Rauchen in der Öffentlichkeit ist nur
noch dort erlaubt, wo es ausdrücklich
gestattet ist. In öffentlichen Gebäuden,
Cafés, Restaurants, Hotels, Bahnhöfen,
Zügen, Flugplätzen, Flugzeugen der Air
France etc. ist es verboten zu rauchen.
Im täglichen Leben wird diese Rege-
lung jedoch nicht sehr strikt gehand-
habt. In Restaurants, Bars und Cafés
wurden Raucherzonen eingerichtet.
Allerdings sollte das Rauchverbot dort,
wo es besteht, eingehalten werden. Bei
Zuwiderhandlugen kann eine Strafe
von ca. 300–600 FF verhängt werden.
   Zigarettenautomaten sind selten.
Rauchwaren verkaufen Läden, Bars und
Bistros mit dem Zeichen »*Tabac*« oder
»*Bar-Tabac*« bzw. dem rhombenförmi-
gen roten Symbol. Auch Restaurants
und Bistros führen zum Teil Zigaretten,
allerdings nur für konsumierende Gäste.

Reisedokumente

Ein Personalausweis oder Reisepaß ge-
nügt. Kinder unter 16 Jahren brauchen
einen Kinderausweis oder müssen im
Paß eines Elternteils eingetragen sein.
Wer mit dem eigenen Auto nach Frankreich fährt, muß Führerschein und Fahr-
zeugschein vorzeigen können. Die Internationale Grüne Versicherungskarte ist
zwar nicht zwingend vorgeschrieben,
erleichtert im Fall der Fälle aber vieles.

Reisezeit

Weniger das Wetter, das der gesamten
Küstenregion sowie dem Hinterland
auch im Winter manche Woche mit
sehr milden Temperaturen beschert, als
vielmehr die Schließung diverser Hotels
beschränkt in einigen Regionen die
Reisezeit auf die Monate März bis
Oktober. Dies gilt nicht für die größeren
Städte und Ferienzentren an der Küste,
wo die meisten Hotels ganzjährig geöffnet haben (s. S. 351 f.).

Sprache

Wer des Französischen nicht mächtig
ist, findet in dem kleinen französischen
Sprachführer aus der Kauderwelsch-
Reihe: Gabriele Kalmbach: »Französisch
(nicht nur) für Globetrotter«, Bielefeld
1995, einen leicht zu handhabenden
Retter aus der Sprachlosigkeit. Ein anderer Helfer in der Not ist der Sprachführer »walk & talk Frankreich«, Thomas
Schreiber Verlag, München 1995.

Strom

Stromspannung: 220 Volt Wechsel-
strom. Ein Adapter ist nur erforderlich,
sofern die elektrischen Geräte wie Föhn
und Radio nicht mit dem gängigen

Flachstecker ausgerüstet sind, da die Steckdosen zumeist einen hervorstehenden Mittelkontakt haben.

Telefonieren

Inzwischen sind in Frankreich fast alle Telefonzellen (*cabines*) nur noch mit Telefonkarten (*télécartes*) zu bedienen. Besonders auf dem Land, wo die Umstellung zum Teil noch im Gange ist, sollte man jedoch zum Telefonieren noch mit Kleingeld ausgerüstet sein. In Telefonzellen mit einem blau-weißen Glockenzeichen an der Tür kann man zurückgerufen werden; die Telefonnummer steht unter dem Symbol. Telefonkarten (50 oder 120 Einheiten) gibt es in Postämtern, Tabakläden, Bars und Bistros mit der Aufschrift »Tabac« oder »Bar-Tabac« und in Geschäften mit dem Hinweisschild »Télécarte en vente ici«.

Am günstigsten telefoniert man zwischen 21.30 und 8 Uhr, Sa ab 14 Uhr bis Mo 8 Uhr sowie an Feiertagen. Auf den Telefonkarten und in den Telefonzellen sind die verschiedenen Tarifzonen angegeben. Ein tagsüber geführtes Telefongespräch nach Deutschland kostet ca. 4 FF pro Minute. Die Bedienungsanleitung für das Telefon, internationale Rufnummern und Notrufnummern hängen in der Regel in den Telefonzellen aus.

Telefoniert man von Frankreich ins Ausland, wählt man 00, wartet den Brummton ab, dann folgen Landesvorwahl (Deutschland 49, Österreich 43, Schweiz 41), Ortsvorwahl ohne 0 und schließlich die Teilnehmernummer.

Seit 1996 sind alle französischen Telefonnummern zehnstellig. Vor die bisherige achtstellige Teilnehmernummer werden zwei Ziffern gesetzt, die für die jeweilige Region stehen. Für die Region Languedoc-Roussillon sind meist dies die Ziffern 04, nur das nördlichste beschriebene Département, l'Aveyron (12), hat die Vorwahl 05. Gespräche innerhalb von Frankreich – auch innerhalb derselben Provinz – beginnen also immer mit der zweistelligen Provinzziffer, gefolgt von der achtstelligen Teilnehmernummer. Bei Gesprächen von Deutschland, Österreich und der Schweiz nach Frankreich wählt man die 00 33, dann die 4 für die Region Languedoc-Roussillon – bzw. die 5 für l'Aveyron – (die 0 fällt dann weg) und schließlich die achtstellige Teilnehmernummer. **Nationale Telefonauskunft** ✆ 12 **Internationale Auskunft** ✆ 19 33 12 und die jeweilige Landesvorwahl

Tiere

Das Lieblingstier darf mitreisen. Hunde und Katzen müssen allerdings gegen Tollwut geimpft sein. Die Impfung muß mindestens einen Monat und darf nicht länger als zwölf Monate zurückliegen. Ganz junge Tiere (unter drei Monaten) müssen allerdings noch daheim bleiben.

Trinkgeld

Fast alle Rechnungen in Restaurants und Cafés ziert inzwischen der Schriftzug *service compris* (Bedienung inklusive), doch ein Trinkgeld wird mit Sicherheit niemand ausschlagen. Den Obolus von etwa 5–10 % läßt man einfach auf dem Tellerchen, auf dem die Rechnung gebracht wird, oder auf dem Tisch liegen. Taxifahrer, Gepäckträger, Fremdenführer, das Zimmermädchen und Platzanweiserinnen in Kinos rechnen ebenfalls mit diesem kleinen Zusatzverdienst (bei Taxifahrten etwa 10–15 % des Fahrpreises).

Unterkünfte

Hotels

Unter den jeweiligen Ortsinformationen (s. S. 282 ff.) sind Hotels in vier Komfort- bzw. Preiskategorien (dargestellt durch F, FF, FFF, FFFF) aufgeführt, die wegen Lage, Komfort, Einrichtung oder Service empfehlenswert sind. Je nach Größe und Attraktivität des Ortes sind mehrere Häuser verschiedener Kategorien aufgelistet.

Bei den Fremdenverkehrsämtern (s. S. 336 f.) können Unterkunftsverzeichnisse der gesamten Region Languedoc-Roussillon oder der einzelnen Departements angefordert werden. Eine rechtzeitige Reservierung während der Hauptreisezeit sowie über Ostern und Pfingsten per Fax oder Telefon ist angeraten. Hilfreich für die Planung der Reiseroute sind die beiden Hotel- und Restaurantführer Guide Michelin und Guide Gault-Millau, die jährlich aktualisiert werden. Sie sind in fast allen Tankstellenshops, Zeitschriften- und Buchläden in Frankreich und über den deutschen Buchhandel erhältlich.

Sehr ausführlich ist auch die Internet-Adresse »Hotelführer für Frankreich«, www.hotel-france.com/Pages/d/Frame.htm – hier kann man die meisten Hotels mit Adressen und kurzen Beschreibungen finden und auch buchen.

Die französische Organisation »Logis de France« gibt ebenfalls einen jährlich erscheinenden Hotel- und Restaurantführer heraus. Bei diesen unter einem Dachverband zusammengeschlossenen, ansonsten aber freien Hotels mit Restaurants handelt es sich überwiegend um Betriebe mit familiärem Pensionscharakter und einer gutbürgerlichen Küche mit gutem Preis-Leistungs-Verhältnis. Die Hotels des Logis de France sind entsprechend ihrer Qualitätskategorie an grünen Schildern mit ein, zwei oder drei gelben Kaminsymbolen zu erkennen und befinden sich vornehmlich in bzw. am Rande kleinerer Ortschaften. Das Verzeichnis der 4050 Logis-de-France-Unterkünfte in Frankreich ist kostenlos über die französischen Fremdenverkehrsämter in Deutschland, Österreich und der Schweiz zu beziehen (s. S. 336 f.) bzw. direkt bei Logis de France Services, 83 Av. d'Italie, 75013 Paris, ℐ 01 45 84 70 00, Fax 01 45 83 59 66, sowie in Frankreich an Tankstellen, in Buchhandlungen und in den Logis-de-France-Hotels zu erwerben (ca. 70 FF). In deutschen Buchhandlungen ist der Katalog für 21 DM zu haben.

Die Hoteldichte ist entlang der Küste, in den küstennahen Städten und in der alpinen Bergregion des Roussillon erheblich größer als im Hinterland. Es gilt überdies zu beachten, daß einige Hotels außerhalb frequentierter Ferienregionen während des Winterhalbjahres nur über Weihnachten geöffnet haben. Entsprechende Angaben enthalten die Unterkunftsverzeichnisse und erwähnten Hotelführer.

Hotels sind in Frankreich im Durchschnitt preiswerter als in Deutschland. Der Übernachtungspreis bezieht sich in Frankreich in der Regel auf das Zimmer, egal, wie viele der im Raum vorhandenen Betten genutzt werden. Einzelzimmer (*une chambre pour une personne*) sind rar und nur unwesentlich preiswerter als Doppelzimmer (*une chambre pour deux personnes*), die mindestens mit Waschbecken und Bidet (*cabinet de toilette*), mit Dusche, Badewanne (*douche, bain*) und/oder WC und wahlweise mit zwei getrennten Betten (*avec deux lits séparés*) oder den weichen französischen Betten (*avec un grand lit*) mit nur einer Decke angeboten werden.

Das Frühstück (*le petit déjeuner*) ist normalerweise nicht im Zimmerpreis enthalten.

Immer mehr Billig-Hotelketten schießen in Frankreich rund um die großen Städte an Autobahnausfahrten, Umgehungsstraßen und in Gewerbegebieten aus dem Boden. Mit Dumpingpreisen ab 150 FF locken sie ihre Gäste an. Die Hotelketten sind zwar anonym, aber preisgünstig, ordentlich und zweckmäßig eingerichtet. Zu ihnen zählen unter anderem Formule 1, Les Relais Bleus, Climat de France, Arcade, Les Balldins, Irsi-Urbis und Cottage Hôtels.

Sehr viel teurer sind die Unterkünfte in Schlössern und Herrenhäusern, die zur Vereinigung »Relais & Châteaux« gehören. Dafür gibt es hier viel mehr Atmosphäre – und wer möchte nicht einmal Schloßherr für eine Nacht sein? Informationen gibt es bei: Relais & Châteaux, Hannoversche Straße 55–56, 29221 Celle, ✆ 0 51 41/21 71 21, Fax 2 71 19, bzw. Relais & Châteaux, 9, Av. Marceau, 75116 Paris, ✆ 01 47 23 41 42, Fax 01 47 23 38 99.

Privatunterkünfte

Ferien auf dem Lande

Die Vereinigung Gîtes de France bietet unter dem Motto »Ferien auf dem Lande« Unterkunfts- und Zeltmöglichkeiten auf dem Lande an. Gegen eine Gebühr ist ein Katalog mit Informationen und Adressen erhältlich:

Maison de Gîtes de France, 35, rue Godot-de-Mauroy, 75439 Paris Cédex 09, ✆ 01 49 70 75 75, Fax 01 49 70 75 76.

Für die im folgenden beschriebenen Gîtes besteht auch ein zentraler Bu-

chungsservice bei der oben genannten Adresse.

Gästezimmer: In vielen Regionen mit geringer Hoteldichte bieten zumeist sehr gastfreundliche Hauseigentümer und Bauern *chambres d'hôte* an. Diese Gästezimmer sind in etwa mit hiesigen Pensionszimmern mit Frühstück bzw. der englischen Einrichtung des »Bed & Breakfast« vergleichbar.

Wanderhütten: Für Wanderer, Radfahrer und Reiter steht ein Netz von Wanderhütten (*gîtes d'etape*) zur Verfügung. Schlafsack und Decken müssen mitgebracht werden.

Camping auf dem Bauernhof: Beschaulicher als auf den großen Zeltplätzen geht es beim *Camping à la ferme* zu, da diese privaten Zeltplätze auf bäuerlichem Terrain auf sechs Parzellen bzw. 20 Personen beschränkt sind. Es ist eine sehr schöne Möglichkeit, der Natur und den Einheimischen nahe zu sein.

Ferienhäuser: Für Ferien mit Kindern oder in kleineren Gruppen eignen sich die etwa 3000 Ferienhäuser (*gîtes ruraux*) auf dem Lande. Es sind je nach Preiskategorie einfache bis sehr komfortable, freistehende Häuser, zumeist außerhalb von Ortschaften, die für 750–1900 FF wochenweise (jeweils Sa–Sa), in den Sommerferien häufig nur monatsweise vermietet werden.

Ferienwohnungen und Feriendörfer

Von den über 120 000 zu vermietenden Ferienwohnungen im Languedoc-Roussillon sind vier Fünftel in den letzten 15–20 Jahren entlang der Küste entstanden. Der überwiegende Teil der modernen Appartements befindet sich in Privatbesitz, ist komfortabel möbliert und wird über Agenturen in hiesigen Reisebüros angeboten. Das Comité

Régional du Tourisme in Montpellier (s. S. 337) versendet kostenlos eine jährlich aktualisierte Broschüre »Hébergement familial et Location de Vacances« der örtlichen Agenturen, mit denen man sich auch direkt in Verbindung setzen kann. Eine frühzeitige Buchung ist empfehlenswert.

Das Languedoc-Roussillon zählt etwa 70 der relativ preiswerten Feriendörfer für Familien mit Appartements, Studios oder kleinen Häuschen mit Vollpension oder zum Selbstversorgen. Die aktuellen Adressen sind ebenfalls der oben genannten Broschüre zu entnehmen.

Jugendherbergen

Im Sommer sind die preiswerten Unterkünfte fast restlos von Jugendgruppen belegt. Also: frühzeitig buchen, am besten über das elektronische Buchungssystem des Deutschen Jugendherbergsverbandes in Detmold. Die niedrige Buchungsgebühr wird nur erhoben, wenn man tatsächlich einen Platz bekommt. Der Computer spuckt direkt aus, ob noch etwas frei ist und wie teuer die Übernachtung ist. Die Kosten können bereits zu Hause in DM beglichen werden; der Beherbergungsgutschein (bon d'hébergement) muß aufbewahrt und in Frankreich vorgelegt werden.

Um sich in eine Herberge einzumieten, braucht man einen Internationalen Jugendherbergsausweis. Für Junioren kostet er pro Jahr 19 DM, für alle übrigen 32 DM plus einer einmaligen Aufnahmegebühr von 2 DM.

Deutscher Jugendherbergsverband (DJH) -Mitgliederservice-
Bismarckstr. 8
32756 Detmold
✆ 0 52 31/74 01-0

Österreichischer Jugendherbergsverband
Schottenring 28
1010 Wien
✆ 01/5 33 53 53

Schweizer Bund für Jugendherbergen
Mutschällenstraße 116
Postfach 80 38
8000 Zürich
✆ 01/4 82 45 61

Fédération Unie des Auberges de Jeunesse
27, Rue Pajol
75018 Paris
✆ 01 46 07 00 01

Ein Verzeichnis der französischen Jugendherbergen (auberges de jeunesse) gibt die Maison de la France in Frankfurt heraus (s. S. 336).

Camping

Die Region Languedoc-Roussillon verfügt über mehr als 800 Campingplätze. Dennoch ist eine Reservierung während der französischen Sommerferien von Anfang Juli bis Anfang September dringend erforderlich. Neben diversen u. a. von Automobilclubs herausgegebenen und in Buchhandlungen erhältlichen Campingführern ist eine kostenlose Campingplatzliste (»Camping/Caravaning«) bei den französischen Fremdenverkehrsämtern (s. S. 336 f.) erhältlich. Oftmals sind die von den Kommunen betriebenen Zeltplätze (camping municipal) schöner gelegen und wesentlich preiswerter als private Terrains. Sie verfügen dabei über den gleichen Standard.

Für sämtliche Plätze entlang der Küste gilt, daß sie generell der prallen Sonne ausgesetzt sind, da im nährstoffarmen Sandboden kaum ein Baum

Wurzeln schlägt. Also unbedingt Sonnenschirme einpacken!

Auskünfte erhält man beim Deutschen Camping Club, Mandlstraße 28, 80802 München, ✆ 0 89/33 40 21, oder bei der Fédération Française de Camping Caravaning (F.F.C.C.), 78, Rue de Rivoli, 75004 Paris, ✆ 01 42 72 84 04. (*Camping à la ferme* s. S. 352.)

Urlaubsaktivitäten

Allgemeines

Zu allen der hier nicht erläuterten, spezielleren Sportarten wie Angeln, Bergsteigen, Ballon-, Drachen- und Segelfliegen, Golf, Reiten, Segeln und Tauchen bzw. den im folgenden näher beschriebenen Aktivitäten erhält man detaillierte Auskünfte bei den jeweiligen Verbänden und Clubs, allgemeinere Hinweise und Übersichten sowie Adressenlisten französischer Verbände bei den hiesigen französischen Fremdenverkehrsämtern und den Auskunftsstellen im Languedoc-Roussillon (s. S. 336 f.).

Flußschiffahrt

Im Sommer werden auf der Rhône zwischen Lyon und Arles von französischen und deutschen Veranstaltern und Bootseignern etwa einwöchige Kreuzfahrten in sogenannten Kahnhotels mit Landausflügen nach Avignon, Orange, Nîmes, in die Camargue und an die Ardèche angeboten (Buchungen in den Reisebüros).

Höhlentouren

Allein im Hérault verbergen sich im porösen Karstgestein des Hinterlandes mehr als 2000 bislang entdeckte Hohlräume. In einige wenige kann man sich unter Anleitung (!) abseilen, um bäuchlings durch glitschige Gänge zu robben und hoffentlich wohlbehalten an anderer Stelle über schmale Strickleitern wieder ans Tageslicht zu gelangen. Informationen erteilen die touristischen Auskunftsbüros der einzelnen Departements, die an die örtlichen Syndicats d'Initiative gegebenenfalls weiterverweisen, in deren Bereich eine geführte Höhlentour möglich ist. Unter keinen Umständen sollte man auf eigene Faust in eine Höhle einsteigen. Die Todesfälle haben sich in den letzten Jahren erschreckend erhöht, weil viele Hobbyforscher und selbst Profis die Gefahr unterschätzen.

Im oberen Audetal, bei Usson-les-Bains, kann man sich für ca. 200 FF ohne Angst, aber mit gutem Schuhwerk

Schiffbare Kanäle im Languedoc-Roussillon

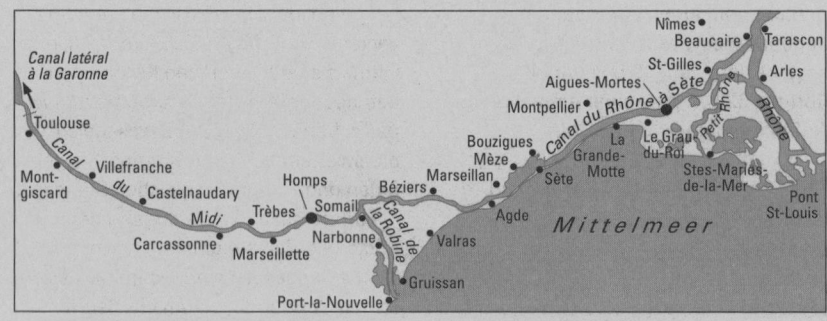

ganzjährig unter sachkundiger Führung auf eine etwa sechs- bis achtstündige Tagestour in die Grottes de l'Aguzou begeben (s. S. 229). Auskunft und Anmeldung im Syndicat d'Initiative von Quillan.

Kanalschiffahrt

Die wohl geruhsamste Art der Fortbewegung im Languedoc ist eine Fahrt auf einem der künstlichen, fast ausschließlich von Hausbooten frequentierten Wasserwege (s. S. 212 ff.). Entlang der Kanäle haben französische und englische Bootsvermietungen Niederlassungen, teilweise mit zwei bis drei sinnvoll verteilten Basen. Man muß daher nicht zum Ausgangspunkt zurückkehren, sofern man von dem Angebot Gebrauch machen will, sein Auto vom Bootsverleiher an den Zielort bringen zu lassen. Die Wochenmiete für das kleinste Zwei-Personen-Hausboot in der Nebensaison beginnt bei ca. 700 DM.

Die mit Abstand schönste Wasserstraße ist der Canal du Midi zwischen Béziers und Carcassonne, da er durch das landschaftlich abwechslungsreichste Gebiet führt, wenig Wind abbekommt, der das Steuern erschweren würde, und von schattenspendenden Bäumen gesäumt ist. Darüber hinaus existiert zwischen den Schleusen von Fonserannes bei Béziers bis Argens, auf halbem Wege nach Carcassonne, ein 53 km langes Stück ohne Schleuse. Zwar kommen auch die Kanäle in der Camargue und in der Héraultebene mit wenig Schleusen aus, dort aber hat man es überwiegend mit schattenlosen Wasserwegen zu tun, die in nicht immer ganz einfach zu befahrene Strandseen (*étangs*) münden. So muß man es schon mal mit böigen Winden und wechselnden Strömungen aufneh-

men. Überdies treten hier gewöhnlich mehr Mücken auf als am Canal du Midi.

Da diese und die anderen Vorteile von vielen geschätzt werden, sollte man sich bei einem geplanten Canal-du-Midi-Törn auf jeden Fall ein Boot vorbestellen. Dies gilt während der französischen Schulferien auch für die anderen Kanäle im Languedoc. Am besten informiert man sich und bucht über einen der folgenden Veranstalter, die über langjährige Erfahrungen verfügen und häufig die gleichen, auch vor Ort zu mietenden Boote günstiger als dort anbieten:

Arns Charteryachten
Postfach 10 01 31
42801 Remscheid,
✆ 0 21 91/7 00 38

Bohn Ferienbootcharter
Feichtmayrstraße 29
76646 Bruchsal,
✆ 0 72 51/8 83 70

Kuhnle-Tours
Nagelstraße 4
70182 Stuttgart
✆ 07 11/16 48 20

Locaboat Plaisance
Ludwigstraße 1
79104 Freiburg
✆ 07 61/38 10 85
Fax 2 07 37 73

Wer sich vorab genauer über die einzelnen Kanäle im Languedoc samt Schleusenbenutzungen, Restaurants und Einkaufsmöglichkeiten entlang der Ufer etc. informieren möchte, dem sei der Erwerb einer der aufgeführten Kanalführer empfohlen. Beide Bücher sind dreisprachig verfaßt, liefern detaillierte

Informationen und enthalten minutiöse Karten, die jeden Kanalmeter erfassen: H. Vagnon: Canaux du Midi, Guide Vagnon Nr. 7, les éditions du plaisancier, B. P. 27, 69641 Caluire CEDEX, ✆ 04 78 23 31 14, zu beziehen über den Buchhandel oder direkt beim Verlag. C. Vergnot: Les voies navigables du Midi, Navicarte 11, les éditions cartographiques maritimes, 9, Quai de l'Artois, 94170 Le Perreux-sur-Marne, zu beziehen über den Buchhandel oder bei Kuhnle-Tours (s. o.).

Das Comité Régional du Tourisme in Montpellier (s. S. 337) gibt eine Broschüre in englisch und französisch, »Tourisme fluvial«, heraus, die hilfreiche Angaben über die Kanalschiffahrt im Languedoc-Roussillon enthält.

Die Kanäle und Bootsbasen
Canal du Midi (Länge 240 km, 91 Schleusen): Hausbootvermietungen in Agde, Capestang, Carcassonne, Castelnaudary, Colombiers, Homps, Poilhès, Portiragnes
Canal de la Robine (Verbindung zwischen Canal du Midi – Narbonne – Port-la-Nouvelle, Länge 37 km, 13 Schleusen): Hausbootvermietung in Narbonne
Canal du Rhône à Sète (Länge 98 km, 1 Schleuse): Hausbootvermietungen in Beaucaire, Carnon-Plage, St-Gilles

Die Kanäle sind miteinander verbunden. Das Überwechseln von einem auf den anderen Kanal muß mit dem Verleiher abgestimmt werden.

Eine schöne, aber wesentlich teurere Alternative zum Selbststeuern eines Hausbootes ist die Fahrt auf einem Kahnhotel. Die einwöchige Tour zu höchstens acht Personen in einem umgebauten Lastkahn auf dem Canal du Midi einschließlich Vollpension, Transfer und Exkursionen kostet ca. 2000 DM. Auskünfte und Adressenlisten von Kahnhotels (*Péniches Hôtels*) beim Comité Régional du Tourisme in Montpellier, in Reisebüros oder bei Kuhnle-Tours (s. o.).

Kanu/Kajak

Die größeren Flüsse des Zentralmassivs, Ardèche, Cèze, Gardon bzw. Gard und dessen Quellflüsse Gardon d'Anduze, Gardon de St-Martin, Gardon de Mialet sowie Hérault, Jaur, Lot, Orb (Oberlauf) und Tarn sind bis auf sehr trockene Sommer ganzjährig zumindest streckenweise befahrbar und gehören der Kategorie leichterer Wanderflüsse und Wildwasser an. Die beste Zeit ist von Mai bis Juni, anschließend sinkt der Wasserstand, so daß häufig Steine aus dem Wasser ragen, die es mit einigem Können zu umfahren gilt.

Kajaks und (Kanadier-)Kanus werden entlang aller genannten Flüsse in großer Anzahl zum Verleih angeboten. Die Tagesmiete beträgt etwa 200–300 FF für ein Kanu und 100–200 FF für ein Kajak. Im Preis enthalten sind der Rücktransport zum Ausgangsort und häufig auch Plastiktonnen, um mitgeführte Utensilien bei eventuellem Kentern vor Nässe zu schützen, sowie eine Flußkarte, in der die zu paddelnde Ideallinie, etwaige Stromschnellen und Ausstiegsstellen verzeichnet sind.

Dourbie, Orb (Unterlauf), Trévezel und Vis werden der Kategorie schwerer Wildwasser zugeordnet und sollten deshalb ausschließlich von fortgeschrittenen Bootslenkern befahren werden. Dies gilt auch für die Pyrenäenflüsse Aude (Oberlauf), Tech und Têt. Ab Quillan wird der Aude zum leichteren Wanderfluß, dessen Befahrbarkeit allerdings ab Carcassonne erheblich eingeschränkt ist, weil viel Wasser in den Canal du Midi abgeleitet wird.

Für Fortgeschrittene ist der sehr detaillierte DKV-Flußführer Südfrankreich/Korsika zu empfehlen, der in der DKV-Wirtschafts- und Verlags GmbH, Postfach 10 09 50, 47009 Duisburg, erschienen und im Buchhandel erhältlich ist. Auskünfte und Flußwanderkarten erhält man bei der Fédération Française de Canoë-Kayak, 87, Quai de la Marne, B. P. 58, 94340 Joinville-le-Pont.

Radfahren

Im Land der Tour de France sind Fahrradwege praktisch unbekannt. Innerstädtische Radler, die das Fahrrad als Verkehrsmittel benutzen, gelten selbst in einer jugendlichen Unistadt wie Montpellier noch immer als Exoten. Allenfalls malträtiert man die geschundene Natur mit Mountainbikes (VTT), mit denen die französischen Radler regelrechten Leistungssport betreiben.

Trotz rasanter Verkehrszunahme in den letzten Jahren gibt es im Languedoc-Roussillon noch immer ein dichtes Netz verkehrsarmer Straßen, auf denen gemächliche Radwandertouren möglich sind. Am beschaulichsten radelt es sich mit Tourenrädern auf den (etwas holprigen) Treidelpfaden, beispielsweise längs des Canal du Midi, und den zahllosen Sträßchen der Weinanbaugebiete zwischen dem Flachland und den Bergen des Hinterlandes. Entlang der Küste erfordert es viel Spürsinn, sich nicht immer wieder in dem Knäuel der vielen Schnellstraßen zu verwickeln und das richtige Ende einer kleinen Provinzstraße zu erwischen. Mit den detailgenauen Karten von Michelin bzw. vom IGN (s. S. 345 f.) werden Radfahrer hervorragend zurechtkommen. Anfragen beantwortet die Fédération Française de Cyclotourisme, 8, Rue Jean-Marie-Jégo, 75013 Paris, ✆ 01 45 80 30 21. Die Broschüre »Radwandern in Frankreich«, herausgegeben von der Maison de la France in Frankfurt (s. S. 336), hilft ebenfalls weiter. Hier finden sich Vorschläge für Touren, Adressen von Pauschal-Radwanderveranstaltern und Verzeichnisse der (wenigen) ausgezeichneten Radwanderwege.

Die Anreise mit dem Rad ist nicht unproblematisch, da noch keine grenzübergreifende Fahrradmitnahme mit der Bahn nach Frankreich möglich ist. An einigen Bahnhöfen besteht die Möglichkeit, Fahrräder zu leihen (»Train + vélo«, s. S. 330). Wer sich zu dieser Variante entschließt, hat den Vorteil, das Rad nicht an dem Bahnhof zurückgeben zu müssen, wo man es geliehen hat – denn nicht jeder will eine Rundreise machen. Man kann drei Radtypen ausleihen: *traditionnel, randonneur* (10 Gänge) und *tout-terrain* (6-Gang-Mountainbike). Sofern man nicht mit der Kreditkarte bezahlt, muß eine Kaution von 1000–1500 FF hinterlegt werden.

Surfen

An vielen Stränden wird gesurft, und fast jeder Badeort hat eine Surfschule. Eine 160 km lange, leicht zugängliche Flachküste, 20 km Felsenküste, ablandige Winde entlang der gesamten Meeresgestade sowie einige für den nichtmotorisierten Wassersport freigegebene Strandseen bieten ideale Surfbedingungen. Auch im Hinterland kommen Surfer auf ihre Kosten, z. B. am Lac du Salagou, Lac de Laouzas und Lac de Matemale. Wer sich eingehender über Windverhältnisse, Wellengang und Wassertemperaturen informieren möchte, findet im Buchhandel einschlägige Bücher über die Surfspots entlang der französischen Mittelmeerküste.

Wandern

Im Languedoc gibt es ein Netz von etwa 4000 km Fernwanderwegen. Die hervorragend gewarteten, rot-weiß markierten und numerierten *Sentiers de Grande Randonnée* werden auf Wegweisern »GR« abgekürzt und führen in sinnvollen Etappen an Ortschaften mit Hotels oder (teilweise unbewirtschafteten) Wanderhütten (*gîtes d'etape*, s. S. 352) vorbei.

Die Wanderwege im Languedoc-Roussillon sind durchweg gut markiert. Taucht längere Zeit kein Richtungshinweis auf, sollte man an die zuletzt gesehene Markierung zurückkehren und von dort aus die Fortsetzung des markierten Weges suchen. Die Wanderwege sind teilweise recht steil und überwinden während einer Tagesetappe Höhenunterschiede bis zu 1000 m. Dennoch erfordern sie keine überdurchschnittliche Fitness, sofern man auf seinen Körper »horcht« und die Streckenabschnitte seiner Kondition entsprechend wählt. Überdies ist es nie zu spät umzukehren!

Schließlich gilt zu beachten, daß man sich niemals ohne solides Schuhwerk, Regen- und Sonnenschutz, Pullover, Bandagen, Pflaster und ausreichenden Trinkvorrat auf längere Wanderschaft begeben sollte. Für die unbewirtschafteten Unterkünfte sollte man Proviant und Schlafsack einpacken. Und auf gutes Kartenmaterial sollte man nie verzichten. Empfehlenswert sind die Wanderführer der Serie »Topo-Guides«, die man in französischen und gut sortierten hiesigen Buchhandlungen erwerben kann. Sie werden vom Comité National des Sentiers de Grande Randonnée herausgegeben (8, Av. Marceau, 75008 Paris). Die Fernwanderwege werden genau beschrieben, außerdem sind detaillierte Kartenausschnitte und Tips zu Unterkünften, Restaurants etc. in den kleinen Heftchen zu finden.

Über die Vielzahl der Wandermöglichkeiten informieren ebenfalls Fremdenverkehrsämter vor Ort. Auskunft für professionelle Kletterer erteilt der Französische Alpenverein: Club Alpin Français, 14, Rue F.-Pellouitier, 30000 Nîmes. Dieser hat eine Broschüre für Bergsteiger herausgegeben. Diverse französische Verlage haben auf die relativ junge Wanderleidenschaft der Franzosen reagiert und einige hervorragende regionale Wanderbücher auf den Markt gebracht, die teilweise auch mit durchschnittlichen Französischkenntnissen dank der Kartenausschnitte und üppigen Bebilderungen zu verstehen sind. Stellvertretend sei hier das Wanderbuch von François de Richemond »Les plus belles balades de la mer aux Cévennes« mit 50 Wanderungen im Hérault und Gard genannt. Das Buch ist erschienen bei »Les éditions du Pélican«, La Maison d'Eurydice, 114, Av. de M.-Teste. 24000 Montpellier, ☎ 04 67 45 24 21 und kann auch über den deutschen Buchhandel bezogen werden.

Wintersport

Sowohl in den Ausläufern des Massif Central (Cevennen, Mont Lozère) als auch in den Pyrenäen gibt es viele Möglichkeiten zum Wintersport. In elf Skigebieten können Langlauf, Abfahrt und Tourenski betrieben werden. Die Gebiete liegen zwischen 1200/1600 m (Massif Central) und 1500/2400 m (Pyrenäen) hoch und verfügen über abwechslungsreiche Pisten und Loipen für Anfänger und Fortgeschrittene. Einige Skizentren setzen bei ausbleibendem Schneefall Schneekanonen ein. Auskünfte erteilen die örtlichen Fremdenverkehrsämter sowie:

Maison du Capcir
66120 Matemale
✆ 04 68 04 49 86

Comité Régional de Ski des Cévennes
Maison des Sports
200, Av. du Père-Soulas
34094 Montpellier
✆ 04 67 41 78 58

Comité Départemental de Ski en Lozère
Pl. de Gaulle
48000 Mende
✆ 04 66 49 12 12

Schneetelefon (Horloge des Neiges)
✆ 04 66 49 17 17

Waldbrand

Jeden Spätsommer häufen sich die
Schreckensmeldungen und Fernsehbil-
der über verheerende Wald- und Garri-
guebrände in Südfrankreich. Sie sind
nicht nur das Werk von Pyromanen und
Baulandgewinnungszündlern, sondern
leider auch von Touristen, die unachtsam Zigarettenkippen wegwerfen oder
inmitten knochentrockenen Gestrüpps
und ausgedörrter Böden campieren
und Feuer machen. Ein leichter Wind-
stoß reicht, und die Garrigue steht in
Flammen. Also bitte Vorsicht!

Wettervorhersage

Die Wettervorhersage für die französische Provinz: ✆ 01 38 65 01 01.

Zeitungen

Die größte regionale Tageszeitung ist
der rechtskonservative »Midi Libre« mit
einer ausführlichen Berichterstattung
aus der Provinz, Veranstaltungshinwei-
sen, Wetterberichten und ärztlichem
Notdienstkalender. Das Tagesblatt
»L'Indépendant« ist aufgrund eines de-
taillierten Ferienteils ein guter Tip für die
Region Languedoc-Roussillon. Hier findet man aktuelle Veranstaltungstips,
Sportereignisse, Kulturelles und mehr.

Während der sommerlichen Hauptreisezeit gibt es in Schreibwaren-, Tabak-
und Zeitschriftenläden entlang der Küstenorte mit ein- bis zweitägiger Verspä-
tung diverse deutsche Tageszeitungen,
Magazine und Illustrierte. In den Bahnhöfen der großen Städte Nîmes, Montpellier, Béziers, Narbonne und Perpignan
sind deutschsprachige Printmedien das
ganze Jahr über erhältlich.

Zoll

Am 1. Januar 1993 sind die Zollschran-
ken innerhalb der Europäischen Union
gefallen: Waren zum privaten Gebrauch
dürfen unbegrenzt mitgeführt werden,
und Kontrollen finden kaum noch statt.
Überschreitet man allerdings die Richtmengen, so muß man bei einer Kon-
trolle glaubhaft machen können, daß
die Waren ausschließlich zum Privat-
gebrauch bestimmt sind – sonst
müssen sie versteuert werden. Die
Richtmengen liegen bei: 800 Zigaretten,
400 Zigarillos, 200 Zigarren, 1 kg Tabak,
10 l Spirituosen, 20 l andere alkoholi-
sche Getränke bis 22 %, zudem 90 l
Wein (davon max. 60 l Schaumwein)
und 110 l Bier.

Für Schweizer gelten folgende Men-
genbeschränkungen: 50 g Parfüm oder
0,25 l Eau de Toilette, 1 l Spirituosen
oder 2 l Likör und 2 l Wein, 200 Zigaretten oder 100 Zigarillos oder 50 Zigarren
oder 250 g Tabak.

Abbildungs- und Zitatnachweis

Abbildungen

Werner Richner, Saarlouis S. 19, 24/25
Martin Thomas, Aachen S. 60

Alle anderen Abbildungen:
    Heiko Specht, c/o laif, Köln

Kartographie: Elsner & Schichor,
    Karlsruhe

Zitate

S. 69 aus: Georges Duby,
    Die Zeit der Kathedralen,
    Frankfurt/Main 1980,
    © Suhrkamp Verlag
S. 156 aus: Ernest Hemingway,
    Der Garten Eden, deutsch von Werner
    Schmitz, Reinbek bei Hamburg 1987,
    © Rowohlt Verlag GmbH
S. 271 aus: Kurt Tucholsky,
    Ein Pyrenäenbuch, aus: Gesammelte
    Werke, Reinbek bei Hamburg 1960,
    © Rowohlt Verlag GmbH

Orts- und Sachregister

Umschlagvorderseite: Le Grau-du-Roi
Umschlaginnenklappe: Perpignan
Umschlagrückseite: Im Jardin de la Fontaine in Nîmes

Über den Autor: Dirk Althoff studierte Jura, Germanistik, Geschichte und ist Mitbe-
treiber einer Multimedia-Agentur in Hamburg. Im DuMont Buchverlag erschien von
ihm und Klaus Simon Richtig Reisen »Provence und Côte d'Azur«.

© DuMont Buchverlag
3., aktualisierte Auflage 2000
Alle Rechte vorbehalten
Satz und Druck: Rasch, Bramsche
Buchbinderische Verarbeitung: Bramscher Buchbinder Betriebe

Printed in Germany   ISBN 3-7701-3554-7

Montpellier   1 *Place de la Comédie*   2 *Opéra*   3 *Fontaine des Trois Grâces*   4 *Einkaufs-*
zentrum Triangle   5 *Einkaufszentrum Polygone*   6 *Le Corum*   7 *Hôtel St-Côme*   8 *Hôtel*
de Jacquet de Bray   9 *Hôtel des Trésoriers de la Bourse*   10 *Hôtel des Trésoriers de France/*
Musée de la Société archéologique/Musée Languedocien   11 *Hôtel de Varennes/Musée du*
Vieux Montpellier/Musée Fougau   12 *Musée Fabre*   13 *Préfecture*   14 *Palais de Justice*
15 *Arc de Triomphe*   16 *Promenade de Peyrou*   17 *Château d'Eau*   18 *Jardin de Plantes*
19 *Faculté de Médicine/Musée d'Anatomie/Musée Atger*   20 *Kollegiatskirche St-Pierre*